何以自美不欺：论FTC的广告规制

Pursuit of Commercial Speech Without Misleading:
Research on the FTC's Advertising Regulation

李明伟　著

中山大学出版社
SUN YAT-SEN UNIVERSITY PRESS

·广州·

版权所有　翻印必究

图书在版编目（CIP）数据

何以自美不欺：论 FTC 的广告规制/李明伟著. —— 广州：中山大学出版社，2024.12. —— ISBN 978-7-306-08337-1

Ⅰ. F713.82

中国国家版本馆 CIP 数据核字第 2024UC6168 号

HEYI ZIMEI BUQI：LUN FTC DE GUANGGAO GUIZHI

出 版 人：	王天琪
策划编辑：	曾育林
责任编辑：	孔颖琪
封面设计：	曾　斌
责任校对：	李昭莹
责任技编：	靳晓虹
出版发行：	中山大学出版社
电　　话：	编辑部 020-84110776，84113349，84110283，84111997，84110779
	发行部 020-84111998，84111981，84111160
地　　址：	广州市新港西路 135 号
邮　　编：	510275　传　真：020-84036565
网　　址：	http://www.zsup.com.cn　E-mail：zdcbs@mail.sysu.edu.cn
印 刷 者：	广东虎彩云印刷有限公司
规　　格：	787mm×1092mm　1/16　20 印张　369 千字
版次印次：	2024 年 12 月第 1 版　2024 年 12 月第 1 次印刷
定　　价：	98.00 元

如发现本书因印装质量影响阅读，请与出版社发行部联系调换

国家社科基金后期资助项目出版说明

　　后期资助项目是国家社科基金设立的一类重要项目，旨在鼓励广大社科研究者潜心治学，支持基础研究多出优秀成果。它是经过严格评审，从接近完成的科研成果中遴选立项的。为扩大后期资助项目的影响，更好地推动学术发展，促成成果转化，全国哲学社会科学工作办公室按照"统一设计、统一标识、统一版式、形成系列"的总体要求，组织出版国家社科基金后期资助项目成果。

全国哲学社会科学工作办公室

序　言

政府与市场关系演化史的美国缩影

南京大学　宋亚辉

翻开李明伟教授这本新著，一股清流扑面而来，脑海中立刻浮现出哈佛大学孔飞力教授勉励后辈的箴言："学术文章同样要写得生动易读，千万别把饶有兴趣的一个故事写成一篇干巴论文。"[①] 这本书做到了，其简洁明快的语言，让FTC（Federal Trade Commission，美国联邦贸易委员会）广告规制的百年史变得生动而有趣，大大降低了学术交流的成本。当然，文字只是载体，所传递的内容更值得关注。

FTC广告规制的百年史实际上也是政府与市场关系演化史在美国的一个缩影，它为我们深刻理解美国"自由主义市场经济体制"提供了一个生动的注脚。政府与市场之间的关系是所有市场经济国家都绕不开的永恒主题，中国当然也不例外。在这个意义上，本书不仅有助于读者深刻理解美国和美国广告规制法，而且为我们发展完善中国特色社会主义市场经济体制提供了一个很好的学术参照。正像比较广告能为消费者提供更多有效的决策信息而在美国受到政策鼓励那样，对广告市场监管体制进行国际比较，有助于总结经验教训，在探索中国广告市场监管理论和实践的道路上避开他人走过的弯路。在"知己"和"知彼"的意义上，诚如作者所言，国内学术界少见有对美国FTC广告规制史进行系统梳理的专著，聚焦于某一特定主题或特定制度的论文虽不断涌现，但体系性和系统性的不足影响了我们对美国广告规制体制的整体认知。本书在这方面的探索和尝试殊值肯定。虽然中美两国的法律文化和法制框架有别，市场经济体制迥异，但广告市场失灵的表现以及广告规制的对象本身却大同小异，这是人类社会共享的"商业逻辑""经济规律"和"经济人假设"在广告市场领域的集中展现。所监管的"问题"本身无文化差异，更无高下之分，这是理论和

---

① 李若虹：《史学文人的领衔者——怀念孔飞力教授》，《文汇报》2016年7月15日，第W11版。

实务界开展比较研究和国际对话的共同起点与平台。

所不同者，乃中美两国应对广告市场失灵的方法矣。以何种思路、方法与手段来规范广告市场、确保广告内容的真实性，这背后不仅蕴含着深刻的文化差异，而且具有源远流长的法治传统分野。譬如，一个显而易见的逻辑分歧是，同是广告监管机关，FTC在美国的出现是伴随着对自由市场的反思而出现，而中国的工商局（后改为"市场监督管理总局"）则是在对市场经济的反思以及政府放松管制的进程中应运而生。看似职能相近的两国广告监管机关，背后的生成逻辑却迥然有别，前者源于对高度自由化的市场边界的限缩，后者源于对市场行为自由的释放。这一逻辑分歧预示着两国广告市场监管体制的深刻差异。就此而言，最具标识性的差异无疑是中美两国广告监管体制的顶层设计——宪法框架。美国学者对广告监管的研究，言必称"宪法第一修正案"和商业言论的宪法保护问题，但这在中国法学界却几乎无人问津。这源于两国的文化背景和法制传统差异。美国自始至今都建立在对行为自由的崇尚和对政府不信任的基础上，这堪称美国的立国之基，而中国不管是在文化上还是体制上均建立在对政府高度依赖的基础上，任何具有社会公共性的事务在中国人眼中都归政府"管"。也正是基于这样的原因，美国FTC的百年演化史，实际上也是一部不断调整政府权力与市场边界的历史，其间伴随着复杂的权力博弈和党派政治纷争，是美国独特的政治、经济、社会、文化之间复杂关系的缩影，而美国宪法为此提供了一个不可逾越的谈判平台和博弈规则，于是便不难理解，为何美国有关广告规制的文献大半内容都在讨论宪法问题。也正是由于美国宪法的作用，FTC的百年史变得乱中有序。这也使本书的内容对于中国监管机关乃至学者而言都极富新鲜感。当然，难度也可想而知，对FTC百年史的描绘显然需要有深厚的法律专业背景，这对于一个广告与传播学领域的学者而言，其挑战性可想而知，本书也因此显得更加难能可贵。

通观全文，本书无处不流露出市场规制的基本法理。仅从FTC的机构和权限设置本身便可窥其全局。市场规制法的研究者习惯于将FTC称为"独立规制机关"，甚至称之为"准立法机关"和"准司法机关"。这一看似挑战美国宪法三权分立框架的权力配置方案，在市场规制法领域具有一定的正当性基础，这是政府规制机关应对市场经济动态变化的次优选择，也是政府与市场关系动态调整的历史演化结果。事实表明，授予行政规制机关一定的"准立法权"，可有效防止市场监管机关在"法无明文授权不可为"信条之下面临的监管滞后和僵化问题，本书着力叙述的"广告证实制度"和"更正广告制度"便是最佳例证；与此同时，授予行政规制机关一定的"准司法权"，有助于提高美国独特的司法决策体制下市场规制法的实施效率，避免因漫长的司法程序而错过市场规制的最佳时机。在提高决策效率的同时，制度设计者也并非全然不顾因此所可能带来的公正性质疑，作为回应机制，FTC 内部的行政法官（Administrative Law Judge）设置及其裁决程序几乎是联邦司法系统中初审法院的翻版，其看似 FTC 的内设机构，实则联邦司法系统的派出机构，FTC 内设行政法官的任免和薪酬都与联邦司法系统保持一致。不仅如此，FTC 内部还设置了由五人委员会所执掌的复议程序，保留了对行政法官的监督和制衡机制。

这样的 FTC 机构设置与权限配置与中国早期的工商局和今天的市场监督管理总局有较大差异。不管是中国的工商局还是改组后的市场监督管理总局，在决策体制上都属于"行政首长负责制"，在性质上属于典型的科层制行政机构；而 FTC 的决策体制类似于代议制机关的"委员会制"，由五个权力均等的委员来分享最高决策权。委员由总统提名，国会任命，直接向国会负责，五个委员的任期相互交叉且长于总统任期，不得有三名及以上的委员来自单一党派，最大限度地避免总统的干预以及党派政治的干扰，尽量确保独立规制机构的独立性。此外，一个随之而来的有趣问题是，为何 FTC 采用"委员会制"，而分享部分广告监管权的 FDA（Food and Drug Administration，美国联邦食品药品监督管理局）却采用传统官僚机构的"行政首长负责制"？这在美国并非历史的偶然性所致，实乃监管对象的差异使然。FTC 的监管对象主要是动态化的市场竞争行为，而 FDA 的监管对象主要是现代工业化社会的食药安全风险，食药风险的技术性、广泛性、双面性、灾难性和风险致害的不可逆转性特征，决定了 FDA 的决策体制必须专业且高效，"民主"价值必须让位于专业判断和快速反应。因此，正是竞争行为与食药风险之间的特殊性差异造就了监管机构的体制分殊，这正是市场规制法所秉承的"对策与问题"相匹配的基本原理之展现。但若回到中国，负责竞争监管和食药监管的市场规制机关为何均采用"行政首长负责制"，前者为何不采用"委员会制"，这显然并非市场规制法的原理所能充分解释的，这背后蕴含着源远流长的政治传统和法律文化上的差异。正是类似这样的政治、法律、文化和历史偶然性的交织融合造就了本书研究主题的复杂性。但凡事皆有两面，越复杂的问题，往往也越有趣。

除了研究监管机构本身，本书后半部分还对 FTC 的常用规制工具、实施机制、救济措施甚至违法广告的认定标准等内容展开了历史梳理和学术探讨，其中不乏真知灼见。但同时也必须承认，对于这些高度专业化的法学和法律议题，要进行系统、全面、准确的阐述，显然需要娴熟的法学功底和对美国法律体系的系统性认知。譬如，"广告证实制度"所涉及的程序法上的举证法理、广告规章制定（regulation）所涉及的联邦行政程序法上的正式与非正式行政规则制定、处罚违法广告的行政权与司法权配置体系、独立规制机关内部的行政法官设置及其在审级构造上与联邦上诉法院系统的程序对接问题，以及违法广告的停止发布禁令、强制披露禁令、更正广告禁令所涉及的美国法上极为复杂的一整套行政禁令与司法禁令制度等，本书对这些问题的阐释不管是在完整性还是准确性方面，都还有进一步提升的空间。当然，作为新闻传播专业的研究者，作者在书中融入的传播学原理以及对美国广告行业自律机构的系统性梳理颇具启发意义，此乃专业分工与比较优势之展现。以上这些也为我国未来的传播学和法学之间的跨学科研究提出了很好的问题和指引，在这个意义上，也许本书只是一个开端，期待作者在同主题下有更多大作面世。

目 录

第一章 背景、问题与研究设计 …… 1
  第一节 广告违法的乱象、公害与治理 …… 2
    一、广告违法的乱象与公害 …… 2
    二、广告监管的进步、问题与挑战 …… 5
    三、美国 FTC 广告规制的经验批判与借鉴 …… 8
  第二节 国内外研究概述 …… 8
    一、商业言论的宪法权利及 FTC 广告规制的合宪性问题 …… 9
    二、违法广告的立法界定与执法研判 …… 13
    三、FTC 广告规制的制度创新及争议 …… 17
    四、FTC 广告规制的效果与影响 …… 21
  第三节 研究问题与设计 …… 22
    一、研究问题：机制、制度及法理 …… 23
    二、研究方法：历史与个案，比较和思辨 …… 23
    三、主要内容：制度变迁、法理求证与经验批判 …… 24

第二章 FTC 广告规制的历史方位和法律权限 …… 27
  第一节 统一市场的干预需求与独立委员会的兴起 …… 28
    一、从自由竞争到垄断竞争 …… 28
    二、反垄断浪潮与独立委员会的兴起 …… 30
    三、不公平行为与商业广告规制 …… 35
  第二节 《联邦贸易委员会法》与 FTC 的成立 …… 37
    一、反垄断与跛脚的《谢尔曼法》 …… 37
    二、反不正当竞争与《联邦贸易委员会法》 …… 40
  第三节 商业言论的宪法权利与 FTC 的广告规制权限 …… 42
    一、商业言论的宪法权利：从完全排除、纳入保护到有限扩张 …… 42
    二、商业言论宪法权利的价值与法理 …… 50
    三、商业广告行政规制的司法审查 …… 56

第三章　FTC广告规制的体制方位 … 62
第一节　广告行政规制的三驾马车 … 63
一、FTC的权责与架构 … 63
二、FDA的权责与架构 … 66
三、FCC的权责与架构 … 68
四、三驾马车的争议与协作 … 70
第二节　广泛而灵活的行业自律 … 73
一、广告主的广告自律 … 73
二、广告公司的广告自律 … 76
三、广告发布媒体的广告自律 … 77
四、跨行业广告自律 … 79
第三节　广告教育与社会监督 … 83

第四章　FTC广告规制百年史略 … 86
第一节　保护企业法益，打击"不公平"广告(1914～1937年) … 87
一、保护竞争者而非消费者的利益 … 87
二、意思自治与买者自负 … 88
第二节　保护消费者权益，打击"欺骗性"广告(1938～1980年) … 90
一、惠勒-李修正案的立法扩权 … 90
二、民权浪潮下乘势突飞猛进 … 95
第三节　放松规制改革与适度强管机制的形成(1981～1993年) … 100
一、放松规制改革的浪潮 … 101
二、FTC广告规制的调整及对广告自律的扶持 … 103
三、FTC广告适度强管机制的形成 … 106

第五章　双驱规制与违法广告研判中的消费者本位主义 … 111
第一节　对不公平广告的规制：基于消费者立场的利弊权衡 … 112
一、飘忽不定的释义与判定 … 112
二、不公平广告的"三元测试法" … 115
三、不公平广告的立法界定与执法研判 … 116

第二节 对欺骗性广告的规制：从欺骗性到误导性 ……………… 121
　一、真假不是关键 ………………………………………………… 121
　二、关键是重要信息可能误导 …………………………………… 125
第三节 误导性广告的研判依据和认定标准 ……………………… 127
　一、客观事实还是主观意见？ …………………………………… 127
　二、是否实质性的信息？ ………………………………………… 129
　三、可能误导而不必是实际损害 ………………………………… 130
　四、是否误导理性消费者？ ……………………………………… 131
　五、一种误解与整体印象 ………………………………………… 133
　六、内部证据与外部证据 ………………………………………… 134
第四节 违法广告研判中的消费者本位主义 ……………………… 135
　一、理性消费者的立场 …………………………………………… 136
　二、双驱合力规制 ………………………………………………… 137
　三、严格程序正义与灵活自由裁量权 …………………………… 139
　四、预防重于追惩 ………………………………………………… 140

第六章 FTC 广告制度的创新及争议 ………………………… 141
第一节 广告证实制度：不能证实即为虚假 ……………………… 142
　一、广告证实制度的缘起 ………………………………………… 142
　二、证明义务的分配 ……………………………………………… 145
　三、广告证实制度的合理安排与规则演变 ……………………… 147
　四、广告证实制度的执行与发展 ………………………………… 153
第二节 广告披露制度：以信息对抗信息 ………………………… 156
　一、广告披露制度的缘起与法理 ………………………………… 156
　二、广告披露制度的内容设计与规则拓展 ……………………… 160
　三、广告披露制度的实效与反思 ………………………………… 168
第三节 广告管理规章与企业指南：刚柔并济 …………………… 174
　一、广告管理规章 ………………………………………………… 174
　二、企业指南 ……………………………………………………… 177

第七章 FTC 广告处罚措施的配置与创新 …………………… 180
第一节 停止令与禁止令：阻断违法广告 ………………………… 181
　一、停止令的范围争议：斩草还是除根？ ……………………… 181
　二、停止令的程序障碍与禁止令的急刹替补 …………………… 184

三、停止不实信息还是强推全面信息？ …………………… 187
        第二节　责令披露信息：不作披露即予禁止 …………………… 188
                一、从修法授权到在线适用 ……………………………… 188
                二、诱发型披露与无条件披露 …………………………… 190
        第三节　责令作出更正：消除广告误导的残余 ………………… 194
                一、更正处罚的适用与争议 ……………………………… 194
                二、更正处罚的必要性、责任主体及其制度优势 ……… 197

第八章　网络广告治理新政 …………………………………………… 202
        第一节　互联网广告的发展、问题与综合治理 ………………… 203
                一、互联网广告的发展 …………………………………… 203
                二、互联网广告的重点违法领域 ………………………… 206
                三、FTC 的及早干预和综合治理 ………………………… 208
        第二节　垃圾邮件广告规制的权益平衡之困 …………………… 214
                一、从鼓励自律到加强立法 ……………………………… 215
                二、CAN-SPAM 法案的执行及后续制度补充 ………… 219
                三、FTC 反垃圾邮件的现实困境与未来可能 ………… 224
        第三节　竞价排名的法律性质及广告披露规制 ………………… 230
                一、搜索引擎的吸金利器：竞价排名 ………………… 230
                二、社会投诉与 FTC 的认定及规制 …………………… 231
                三、竞价排名的商业模式及法律性质 ………………… 233
                四、魏则西条款与中国竞价排名的法律规制 ………… 237
        第四节　在线行为广告与个人信息保护 ………………………… 240
                一、OBA 精准营销及其隐私侵犯黑幕 ………………… 240
                二、从 FIPP 五项基本原则到 OBA 四大自律原则 …… 245
                三、对 OBA 在线隐私侵犯行为的依法规制 …………… 254
                四、在线隐私保护的"类普通法"规制模式 …………… 259
                五、OBA 治理与在线隐私保护的问题和困境 ………… 263
                六、OBA 治理的美国经验与中国个人信息保护的未来进路
                    ………………………………………………………… 268

参考文献 ………………………………………………………………… 273
        英文参考书目 …………………………………………………… 273
        英文参考论文 …………………………………………………… 275

中文参考书目 ………………………………………… 287
中文参考论文 ………………………………………… 295

后　记 ………………………………………………… 302

第一章

背景、问题与研究设计

第一节　广告违法的乱象、公害与治理

一、广告违法的乱象与公害

清晨，你匆匆忙忙地洗脸刷牙，然后边吃边走，疾步如飞来到了公交站台候车，你会看到站牌上的保健食品广告信誓旦旦地向你承诺能够治疗因生活压力而熬出来的胃病。你挤上了公交车，车体广告中的微笑女生似乎在向你暗示人工流产一点都不痛苦。如果你碰巧抢到了一个座位，椅背上的医疗广告会告诉你，到他们那里，再顽固的牛皮癣都可以得到根治。然后，你习惯性地开始刷微信朋友圈，常常一不小心就点开了一个广告推文，你一顿操作果断关闭了，但你不清楚甚至根本没想过这一开一关是不是已经被跟踪、记录和保存并用于将来的精准营销。你来到了办公室，上网第一件事就是查看电子邮箱，可是你不得不先花点时间来删除垃圾邮件，有时不小心还误删了客户发来的重要邮件。然后，你打开浏览常用网站，你的鼠标最好放准了位置再点击，否则误点了藏有木马病毒的广告，你的电脑也许马上就变成了一只任人宰割的"肉鸡"。临近中午，老板突然要你马上飞往另外一个城市办理业务。你立即上网搜索订购机票，不过你一定要小心搜索结果可能暗藏钓鱼网站，或者有些增值服务已经默认勾选。还好，你的谨慎小心让你顺利登机。百无聊赖中，你打开了座椅前面的杂志，里面可能就有大写着"升值潜力巨大"的地产广告。这也许会让你弱弱地自勉，有朝一日也可以坐享这些"尤物"。可你现在就是一个披星戴月、辛苦奔波的业务员，凌晨2点才赶到酒店，只能翻出随身携带的一点零食果腹。你本想边看电视边吃，可是换了几个频道之后你开始怀疑自己是不是打开了酒店有偿提供的成人节目：男女主人公个个都在表情陶醉地炫耀自己吃了某某产品之后，性事情绪如何高涨，双方如何满足。没办法，除了倒头睡觉，你实在没精力去抱怨每天"压力山大"的工作之外，竟还要忍受如此种种违法或恶俗广告给人带来的神经紧张和视觉疲劳。

在2012年10月召开的一个是否需要禁止非处方药广告的研讨会上，国家食品药品监督管理局（以下简称国家药监局）稽查局副局长邢勇透露，中国的违法药品广告包括假药和超适应证宣传情况十分猖獗，严重违法广告率高达58.2%。① 国家工商行政管理总局②的抽检结果显示，2011年国内70种都市类报纸的广告平均违法率是40.46%，其中，《北京晚报》《长春晚报》等10种报纸广告的严重违法率超过55%。③ 大量、严重的虚假违法广告屡屡给消费者造成重大伤害，也严重扰乱市场竞争秩序，污染社会文化和城市环境，成为社会一大公害。2009年终审裁定的"万里大造林"一案中，犯罪分子利用明星代言和虚假宣传蒙蔽消费者，以传销方式共卖出林地43万多亩，非法吸纳社会公众资金近13亿元，祸及12个省、自治区和直辖市的3万多名消费者，严重破坏了市场经济秩序，严重危及社会稳定，在全国造成了非常重大的恶劣影响。④ 在2007年裁定的杭州华夏医院虚假医疗广告案中，犯罪分子炮制宣传并非法实施一种未经临床验证的所谓"免疫平衡调节微创手术"，造成33名患者身体伤残，其中14名患者九级伤残。医院负责人黄元敏、该医院风湿科的投资人杨文秀和杨国坤以及承包管理负责人杨元其，分别被判处1年至1年6个月不等的有期徒刑和2万～3万元的罚金。⑤吸取这起首例医疗广告刑事案件的教训，国家工商行政管理总局和卫生部修订了《医疗广告管理办法》，从此禁止医疗广告宣传诊疗方法。

2016年，"魏则西事件"暴露了互联网领域令人触目惊心的广告违法恶行，引发了全社会对网络虚假广告猖獗横行积蓄已久的强烈不满。西安电子科技大学大二学生魏则西罹患滑膜肉瘤晚期，多地求治无果，后通过百度搜索找到武警北京总队第二医院，花了近20万元医药费却不治身亡。《中华人民共和国广告法》明令禁止的武警医院医疗广告，竟出现在最大的中文互联网搜索引擎平台。国务院相关部门成立的联合调查组发布的调查结果指出，百度搜索提供的竞价排名结果客观上对魏则西选择就医产生了影响，百度竞价排名机制存在付费竞价权重过高、商业推广标识不清等问题，容易误导网民，要求百度公司：①立即全面清理整顿医疗、药品、保健品等事关人民群众生命健康安全的商业推广服务，对违规信息一经发

---

① 人民网：《广告违法率达58.2% 强生等30家药企反对广告禁令》，2012年10月10日。http://bj.people.com.cn/n/2012/1010/c82839-17562602.html。

② 2018年3月，根据《国务院机构改革方案》，改组为国家市场监督管理总局。

③ 新闻出版总署网站：《2011年都市类报纸广告平均违法率上升为40.46%》，2012年2月。http://www.gov.vn/gzdt/2012-02/24/content_2075666.htm。

④ 新华网内蒙古频道：《"万里大造林"案终审宣判 终审维持一审判决结果》，2009年4月。http://www.nmg.xinhuanet.com/xwzx/2009-04/10/content_16212052.htm。

⑤ 浙江省杭州市江干区人民法院（2007）江刑初字第631号。

现立即下线，对未获得主管部门批准资质的医疗机构不得进行商业推广。②立即调整相关技术系统，改变竞价排名机制，不能仅以给钱多少作为排位标准。在2016年5月31日前，提出以信誉度为主要权重的排名算法并落实到位；对商业推广信息逐条加注醒目标识，并予以风险提示；严格限制商业推广信息比例，每页面不得超过30%。③畅通网民监督举报渠道，提高对网民举报的受理、处置效率；对违法违规信息及侵害网民权益行为，一经发现立即终止服务；建立完善先行赔付等网民权益保障机制，对网民因受商业推广信息误导而造成的损失予以先行赔付。2016年6月25日，国家互联网信息办公室发布《互联网信息搜索服务管理规定》。规定要求互联网信息搜索服务提供者应当落实主体责任，建立健全信息审核、公共信息实时巡查等信息安全管理制度，不得以链接、摘要、联想词等形式提供含有法律法规禁止的信息内容。提供付费搜索信息服务应当依法查验客户有关资质，明确付费搜索信息页面比例上限，醒目区分自然搜索结果与付费搜索信息，对付费搜索信息逐条加注显著标识。同年7月4日，国家工商行政管理总局公布了《互联网广告管理暂行办法》，终于在立法中确认搜索引擎提供的付费搜索为商业广告，该办法的第三条因此被称为"魏则西条款"。

而今，随着大数据、云计算、地理围猎、生物识别等高新技术突飞猛进的发展和广泛深入的应用，互联网广告正全面转向基于在线行为跟踪、个人信息收集、大数据挖掘和用户画像等技术应用的在线行为广告或者个性化推送广告。隐私侵犯已经成为互联网广告新生的最突出的问题，也是近些年备受关注的全球性问题。2018年，中国消费者协会发布的《App个人信息泄露情况调查报告》显示，77.0%的受访者认为推销广告是手机App采集个人信息的最主要原因，85.2%的受访者遭遇过个人信息泄露问题。当消费者个人信息泄露后，约86.5%的受访者曾受到推销电话或短信的骚扰，约75.0%的受访者接到诈骗电话，约63.4%的受访者曾收到垃圾邮件，在出现的常见问题中排名位居前三位。[1] 2019年12月5日，南方都市报大数据研究院与南都个人信息保护研究中心发布的《2019个人信息安全报告》显示，95.02%的受访者表示自己遭遇过信息泄露，但有逾七成的用户表示，感受到App个人信息保护正在改善。[2] 奇安信行业安全研究中心联合盘古实验室发布的《2021年App个人信息使用态势分析

---

[1] https：//www.cca.org.cn.
[2] https：//www.jiemian.com/article/3753658.html.

报告》显示，在近万款活跃的 App 中，56.3% 的 App 疑似存在违规收集使用个人信息的问题。在有违规风险的 App 中，疑似"未经用户同意收集使用个人信息"的 App 占比 64.6%；疑似存在"违反必要原则、收集与其提供服务无关的个人信息"的 App 占比 26%。①

二、广告监管的进步、问题与挑战

新中国广告的立法与监管②明显有三个时间节点和两个十年之期。1995 年，中国广告领域的第一部法律《中华人民共和国广告法》正式实施，首次确定了中国政府依法监管广告的法律地位和法律框架。2005 年，为贯彻党中央领导关于加强新闻媒体广告经营管理的指示精神，落实《国务院办公厅关于开展打击商业欺诈专项行动的通知》有关要求，中国广告监管的主导机关——国家工商行政管理总局——联合中宣部、公安部等 11 个部委，开始以年度专项行动的方式，在全国范围内重点整治药品、医疗、保健食品、医疗器械等类别的违法广告。为推动年度专项整治行动，工商总局牵头成立了部际联席会议制度，共同制定了《虚假违法广告专项整治工作方案》，推出了新闻媒体单位领导责任追究制度、违法广告公告制度、广告活动主体退市制度，提出了建立广告市场信用监管体系的目标。这十年，中国广告监管从初期工商部门单兵种、无规律的运动式整治过渡到了建制化的运动式整治——由相对稳定的多元行政权力联合开展的常态化、有规律的运动式整治。此后十年间，中国广告监管一直在探索建立长效机制，技术上力求对重点媒体进行实时监测，信用监管、违法公告等制度不断改进，广告立法的理念转向了以消费者为本。2015 年，《中华

---

① https://www.donews.com/news/detail/4/3152878.html.
② 根据学界目前较为公认的看法，"规制"一词更接近英文"regulation"的本义，是指政府依法约束和规范市场行为，强调政从法出，依法而行。很多文献也用"管制"来对应"regulation"。二者的基本含义相同，在很多文献中是等同使用的。但"管制"很容易使人联想到更强硬的命令和统治，比如道路交通管制、刀具管制。它依法但有时带有任意性和随机性，在遵从法治的程度上不如"规制"。在中文语境里面，这两个词都更多用于学术讨论，是学术用语，而"'监管'主要用于法律文本和政府实务中"（宋亚辉：《社会性规制的路径选择：行政规制、司法控制或合作规制》，北京，法律出版社，2017 年，第 1 版，第 3 页）。另外，"监管"主要是在法律制度通过后依法作出的监督管理行为，而"规制"和"管制"还包括政府机构依法订立法律制度、进行制度探索与创新的行为。本书主要使用"规制"一词；个别地方使用"管制"强调政府干预的力度，或是尊重引文原文和既定表达，或仅是出于行文方便；使用"监管"一词则是考虑中国语境和政府管制的实务。

人民共和国广告法》（以下简称《广告法》）第一次作出修订，把保护消费者利益前置为广告监管的首要目标，对"虚假广告"这个关键概念首次作出了正式的界定，增加授予广告监管部门调查权、取证权和查扣权等权力。

中国广告监管在这二十多年间的探索与发展，进步明显，成效显著，但建立依法治理的长效机制仍然任重道远。其一，从2015年新版《广告法》的条文规定到2017年《"十三五"市场监管规划》的政策设计，都贯彻了消费者本位的广告规制理念，但在实际操作中，有时对于违法广告的认定并没有真正转变为以是否可能误导消费者为主要依据。比如，《广告法》第五十五条对两年内有三次以上违法行为或者有其他严重情节的有加倍处罚的规定，并未得到切实的执行。一些应当刑事追责的案件没有依法移交给司法机关。不同地方广告监管的依据和目标有时仍是模糊多变的各种"公共利益"。然而，未经法律界定、没有明确含义的各种所谓"公共利益"，不等于也不能很好地代表消费者利益。

其二，中国广告监管的法治化进程还需大力推进。习近平总书记在2016年2月19日党的新闻舆论工作座谈会上的讲话中提出"广告宣传也要讲导向"，这是党和国家领导人对广告行业发展的一个最新表态。但"广告导向"显然不只是或者主要不是法律问题。具体是哪些类型什么性质的导向问题涉及法律，需要依法予以明确。正如有学者提醒，"中国广告业应当结合自身实际去全面、准确地理解习总书记讲话精神"，"既要反对动辄政治挂帅的狭隘理解，又要反对无限制延伸的泛化行为"。[①]

其三，中国广告监管的制度供给尚待发力。现有的一些制度，或是缺乏程序确权，例如退市制度；或是求助于党纪政纪，例如新闻媒体单位领导责任追究制度。面向新闻媒体的具体干预手法，多是建议、提示、约谈、告诫等行政指导的方式而非法律手段。而且，这些处理方式不仅与事后的法律责任没有合理地衔接与结合——比如，对于约谈或告诫之后发布违法广告的，应当加重处罚——反而常常代替了本该苛加的法律责任。为此，国家市场监管总局在2019年互联网广告整治通知中特意要求，"对违法情节严重的案件……不得以行政约谈代替行政处罚，不得以行政处罚代

---

① 丁俊杰、刘祥：《广告宣传也要讲导向》，《中国广播》2017年第4期。

替刑事处罚"。① "常态化治理能力实际就是制度供给能力。"② 制度供给相对匮乏,致使中国广告监管曾长期陷入运动式整治而难以自拔。③

中国在传统媒体领域还没有建立起有效隔离违法广告的强大防火墙,互联网领域又涌现了更多新的广告治理难题。其一,网络广告的体量前所未有的庞大。任何一个网站都可能成为网络广告的发布媒体,任何一个网络广告都能够以超链接、多媒体的方式立体展现和多级传播,并且随时更新。这对于政府主导型的中国广告监管体制而言,挑战尤其巨大。因为,简政放权是中国政治民主化改革的一项重要内容,这决定了广告行政监管的队伍不可能随着网络广告体量的剧增而大幅扩编。其二,既有的属地管辖模式难以应付全球性的网络传播。网络信息的生产、发布、浏览与扩散都超越了某一区域的地理限制,既有的属地管辖只能管制在本地注册的网络服务商,却难以约束异地生产、发布的网络信息在本地的扩散。这既是一个国家内部各地方之间,也是国与国之间共同面临的管辖权之困。其三,互联网信息泛化,新闻、广告、各种知识和各类科普之间不再像以前那样界限分明。"广告所体现在时间和空间上的形式不再明晰可辨,而是消融近无。"④ 哪些是广告,哪些不是广告,普通人难以辨识,专业人士也不容易讲得清楚,这让各地执法部门犹疑不定,踯躅不前。其四,违法事实的取证与法律后果的认定存在很大困难。网络广告的多变性、超链接、多媒体和大容量特征,决定了调查取证的难度远远高于传统媒体广告。而且,网络的横通纵连意味着广告主、广告经营者、广告发布者以及广告监管部门,都无法准确预估、判定广告的传播范围和影响大小。这造成了网络违法广告的法律后果非常难以考量。其五,互联网广告与个人隐私之间发生了前所未有的紧密关系和紧张冲突,如何协调互联网发展与消费者个人信息权益成为互联网广告日益突出的普遍性世界难题。

总之,中国广告监管筚路蓝缕三十来年,逐渐探索出一套中国特色的广告市场干预模式,在部门联动、专项治理、重点领域执法等方面积累了丰富的经验,也在建章立制方面作出了卓有成效的努力探索。但要对标中

---

① 国家市场监管总局:《市场监管总局关于深入开展互联网广告整治工作的通知》,2019年3月22日。http://www.samr.gov.cn/ggjgs/tzgg/201903/t20190327_292366.html。

② 孙峰:《国家治理现代化视域下运动式治理模式转型研究——以深圳禁摩限电为例》,《甘肃行政学院学报》2017年第2期。

③ 周雪光:《运动型治理机制:中国国家治理的制度逻辑再思考》,《开放时代》2012年第9期。

④ 舒咏平:《数字传播环境下广告观念的变革》,《新闻大学》2007年第1期。

国国家治理能力现代化的战略目标和"放管服"改革的时代需求，以及数字时代广告市场与广告业态的裂变带来的巨大挑战，中国广告监管还要比以往更加砥砺奋进，在强调本土问题和自我修复的同时广纳博采域外经验。

三、美国 FTC 广告规制的经验批判与借鉴

作为美国广告行政规制的主导机关，美国联邦贸易委员会（Federal Trade Commission）[①] 自 1915 年开始依法规制广告，迄今已经百年有余。历经百余年的政治动荡、政策变幻和角色摇摆，FTC 不仅确立了其在美国广告行政规制体系中的核心地位，而且它也因其探索发展出来的一套广告法律制度而广受瞩目。本书在当代社会治理转型和互联网发展进行时的大背景中，聚焦研究美国 FTC 的广告行政规制，这对政府主导型体制的中国广告监管来说无疑具有直接而重大的现实意义。

第二节　国内外研究概述

中国广告监管的法定机关是工商行政管理部门。但是，广告监管并非工商行政管理部门的首重职责。反垄断、打击假冒伪劣商品、规范商品价格与市场交易行为，都是比广告监管更为重要的法定职责，事实上也是问题更为突出、影响更为重大的执法行为。与此类似，FTC 是美国负责广告规制的最重要的唯一综合性执法机构，但它最主要的工作内容是反垄断和反不正当竞争。这就难怪，中外有关 FTC 的研究绝大部分都是讨论 FTC 的反垄断政策与执法。FTC 的广告规制无论是在法学、经济学、管理学还是在传播学领域，始终都是一个相当边缘的研究议题。

不过，有关 FTC 反垄断、反不正当竞争的研究还是为本书的展开提供

---

① 本书后文多用简写"FTC"。但 FTC 是一个拥有行政权、立法权和准司法权的独立管制机构，其内部权责划分与架构远较一般的行政机构复杂。以诉讼程序为例，对违法广告提出指控的是 FTC 的律师，对指控作出初审裁定的是 FTC 的行政法官，争讼双方如果对行政法官的裁定不服，都可以向 FTC 申请进行复议。统一用 FTC 指称这些主体，自然会产生"FTC 裁定 FTC""FTC 审议 FTC"这样的混乱和误解。故，书中一些地方又会用"联邦贸易委员会"或者"委员会"来表述，以求表意准确明晰。

了颇有价值的背景参照：其一，对 FTC 反垄断历史的研究，展现了 FTC 的成立背景及其规制的立场、理念与重点的历史变化图景，为本书梳理 FTC 广告规制的历史演进提供了一些有益的线索和片段；其二，对反垄断法包括《联邦贸易委员会法》的研究，让本书得以更好地把握进而廓清美国广告立法的宗旨、目标、法理及其与美国政治、经济、社会之间的复杂关系；其三，有关独立规制机构包括 FTC 的研究，使本书得以更深入地探究 FTC 规制广告的行政权能、执法权限及其独特功效；其四，所有这些研究让本书可以更精细地校准 FTC 的广告规制在美国消费者保护、市场规制乃至社会治理全局中的位置与分量，避免陷入一叶障目或妄言武断的偏颇与谬误。此外，应振芳对商业言论规制的理论基础的分析[①]，特别是宋亚辉对社会性规制的专题研究[②]，对本书在理论层面的思考颇有助益。

国内外与本书主题直接相关的研究依逻辑顺序主要集中在以下四个方面。

一、商业言论的宪法权利及 FTC 广告规制的合宪性问题

商业广告作为一种商业性质的言论，是否以及在何种程度上享有美国宪法第一修正案所保护的言论自由？在美国这样一个宪政国家，FTC 广告规制的合宪性要求是什么？自从"商业言论"（commercial speech）这一概念在 1942 年"双面广告案"[③] 中出现以后，商业广告的宪法权利一直是美国广告商主张自身权益的常用武器，后来也成为 FTC 建章立制、司法进行裁决的一个重要考量，在美国学术界则始终是一个长盛不衰的学术话题。Dorothy Cohen[④]，Karl A. Boedecker 等人[⑤] 以及 Fred S. McChesney[⑥] 以司法案例研究的方式勾勒了美国宪法第一修正案对商业言论保护的历史发

[①] 应振芳：《商业言论及其法律规制》，北京，知识产权出版社，2016 年，第 1 版。
[②] 宋亚辉：《社会性规制的路径选择：行政规制、司法控制或合作规制》，北京，法律出版社，2017 年，第 1 版。
[③] Valentine v. Chrestensen, 316 U. S., 52 (1942).
[④] Dorothy Cohen, 1978: "Advertising & the First Amendment", *Journal of Marketing*, 42, pp. 59 – 68.
[⑤] Karl A. Boedecker, Fred W. Morgan & Linda Berns Wright, 1995: "The Evolution of First Amendment Protection for Commercial Speech", *Journal of Marketing*, 59 (1), pp. 38 – 47.
[⑥] Fred S. McChesney, 1997: "De-Bates and Re-Bates: The Supreme Court's Latest Commercial Speech Cases", *Supreme Court Economic Review*, 5, pp. 81 – 139.

展进程。其中，1980年的Central Hudson案①是一个很重要的历史节点。法院在该案中提出的"四步分析法"自此以后成为判定商业言论是否享受第一修正案保护的重要尺度。"四步分析法"看起来似乎是"以明确而清晰的检验标准构建了对商业言论自由的保护机制"②，扩大了宪法对商业言论自由的保护，但实际上还是留下了很大的阐释空间。有学者回顾了中央哈德森案之后的司法判决，发现从1980年到1996年，第一修正案对商业言论的保护总体上明显收缩了。③ Fred S. McChesney的后续研究得出了同样的结论，而且发现商业言论的法律认定基本上仍然没有标准可谈。法院的判决也从当初看重的商业言论的经济价值，明显转向了消费者主权这一依据，即强调对商业言论的限制是否会对消费信息和商品价格造成不利影响。④ Jon M. Garon回顾了法院把第一修正案从报纸扩展到动画片以及视频游戏的过程，认为有必要重构商业言论的权利，以使其与宪法、公共利益和商业利益协调一致。⑤

无论宪法对商业言论的保护是何种尺度，应用这种尺度之前首先必得确认其为商业言论，这似乎是一个难度越来越大的问题。曾有一种"受众影响论"提出，如果人们更多地是以商品和服务的消费者身份受到某种信息的影响，那么这种信息就应该被视为商业性质的；如果人们是以选民或其他非消费者的身份受到该信息的影响，那么该信息就应被视为是非商业性质的，这可以通过分析信息为受众带来的利益来作出判断。⑥ 但具体如何操作，论者并未给出确切的方案。整合营销传播的广泛应用使这个问题变得更加复杂难解。"整合营销传播作为公共关系言论和商业言论的混合体，是否会被法院判定为商业信息，进而受到限制性保护，且必须遵循严格的真实性标准？"Kathy R. Fitzpatrick仔细分析了美国联邦最高法院在

---

① Central Hudson Gas & Electric Corporation v. Public Service Commission, 447 U. S., 557 (1980).

② 赵娟、田雷：《论美国商业言论的宪法地位：以宪法第一修正案为中心》，《法学评论》2005年第6期。

③ Karl A. Boedecker, Fred W. Morgan & Linda Berns Wright, 1995: "The Evolution of First Amendment Protection for Commercial Speech", *Journal of Marketing*, 59 (1), pp. 38 - 47.

④ Fred S. McChesney, 1997: "De-Bates and Re-Bates: The Supreme Court's Latest Commercial Speech Cases", *Supreme Court Economic Review*, 5, pp. 81 - 139.

⑤ Jon M. Garon, 2012: "Beyond the First Amendment: Shaping the Contours of Commercial Speech in Video Games, Virtual Worlds, and Social Media", *Utah Law Review*, 2, pp. 607 - 651.

⑥ Ross D. Petty, 1993: "Advertising and the First Amendment: A Practical Test for Distinguishing Commercial Speech from Fully Protected Speech", *Journal of Public Policy & Marketing*, 12 (2), pp. 170 - 177.

2002 年耐克公司广告案①中的判决意见,认为整合营销传播大有可能被视为商业言论而不能享受宪法的充分保护,警告企业对此应小心规避。②

随着社交媒体的兴起,在线行为广告和各种原生广告的性质认定问题更加复杂。Caitlin E. Jokubaitis 认为,既有的法律保护原则难以适应日益复杂的商业言论问题,商业言论的定义须因应新的互联网信息经济而作出改变,把消费者数据驱动的定向广告纳入商业言论范畴,把社交媒体平台视为广播那样的公用事业机构,修订法律对它们苛以更多的法律义务。③ Jan Trzaskowski 讨论了网红传播商业信息的行为与媒体编辑内容之间的模糊难辨,认为适用营销法而不是媒体法来规制可能更合理合适。④ Kerri A. Thompson 则主张区别对待 Facebook(脸书)上两种类型的言论:社区言论和商业言论。基于商业言论原则对算法广告依法规制,无须担忧宪法第一修正案的审查,这样既可以维护脸书的社区属性,也可以规范脸书的商业属性。⑤ Geoffery Comber 认为,法院在确定一种消费者数据驱动的言论所应享有的宪法保护程度的时候,应该区分来源数据的三种类型——自愿公开披露、自愿私下披露和非自愿披露——并据此权衡政府规制的相关利益的程度大小。⑥ 基于非自愿披露的数据的商业广告,不受宪法的保护。如果来源数据是消费者自愿披露的,则在宪法有限保护的范围内。

在商业言论第一修正案权利的争论背后,是关于此类言论的价值与地位的认识分歧。学界主流的观点都倾向于肯定商业言论的公共利益价值,认为它们有助于改善经济制度的运作。⑦ 而且,重点不在于其对广告主所

---

① Kasky v. Nike, Inc., 27 Cal. 4th 939 (2002).
② Kathy R. Fitzpatrick, 2005: "The Legal Challenge of Integrated Marketing Communication (IMC): Integrating Commercial and Political Speech", *Journal of Advertising*, 34 (4), pp. 93 – 102.
③ Caitlin E. Jokubaitis, 2018: "There and Back: Vindicating the Listener's Interests in Targeted Advertising in the Internet Information Economy", *Columbia Journal of Law & the Arts*, 42, pp. 85 – 122.
④ Jan Trzaskowski, 2018: "Identifying the Commercial Nature of Influencer Marketing on the Internet", *Scandinavian Studies in Law*, 65, pp. 81 – 100.
⑤ Kerri A. Thompson, 2019: "Commercial Clicks: Advertising Algorithms as Commercial Speech", *Vanderbilt Journal of Entertainment & Technology Law*, 21 (4), pp. 1019 – 1040.
⑥ Geoffery Comber, 2021: "Presume We're (Commercially) Speaking Privately: Clarifying the Court's Approach to the First Amendment Implications of Data Privacy Regulations", *George Washington Law Review*, 89 (1), pp. 202 – 232.
⑦ 邱小平:《表达自由:美国宪法第一修正案研究》,北京,北京大学出版社,2005 年,第 1 版,第 322 – 323 页。

具有的意义，而是关系到消费者的资讯接受权①或是消费者自主②。更重要的是，对商业言论的保护能够在实质上增进众所公认的、宪法第一修正案所鼓励的言论自由的价值。③ 如果对商业言论保护不力，则会威胁到宪法第一修正案最根本的价值。因为，"只要存在根据商业言论与非商业言论（包括政治性言论）之间的区别而在宪法保护程度上的显著不同，就存在一种风险：政府和法院会成功地将政治性言论或意识形态的言论仅仅归类为商业言论。这种错误的归类又会被用来压制非普遍的政治性或意识形态的言论"④。邓辉回顾了商业言论的宪法保护原则在美国确立与发展的特定历史背景，认为言论自由的核心属性虽然是政治自由权利属性，但兼具经济自由权利属性。对政治性言论与非政治性言论区别保护的做法，既缺乏司法保障，又徒增麻烦，而且也无正当理由。"任何言论对于社会的影响均需假以时日，而先斩后奏的做法必使言论市场上偏见纷呈，使社会言论朝着自我增强的道路一路走下去，既限制和压缩了言论市场的自我净化能力，又难有公平可言。"⑤左亦鲁则认为，广告不属于哈贝马斯所说的"公共对话"，不能把公共对话的言论自由原则和逻辑加诸广告，而应以"保护消费者"为新标准对其施以更严格的内容规制以保全和服务于公共利益。⑥

商业言论的宪法权利问题在中国的广告治理实践中极少受到关注，学术讨论也极不充分。而事实上，关乎广告宪法权利的矛盾却是屡见不鲜。比如，一些城市为举办大型活动，临时对户外广告采取特别管制措施，在某些区域禁止或限制商业广告牌的数量，或者强行统一广告样式。这些大规模的广告整治行动引起了学术界的关注。对于其中的深层次矛盾，国内

---

① 黄铭杰：《美国法上的言论自由与商业广告》，《台大法学论丛》1998 年第 27 卷第 2 期。转引自赵双阁《商业言论的法律保护：兼论广告表达权》，《经济与管理》2005 年第 9 期。

② Victor Brudney, 2012: "The First Amendment and Commercial Speech", *Boston College Law Review*, pp. 1153 – 1223.

③ Sean P. Costello, 1997: "Comment: Strange Brew: The State of Commercial Speech Jurisprudence Before and After 44 Liquormart, Inc. v. Rhode Island", *Case Western Reserve Law Review*, 47 (2), pp. 681 – 750; Martin H. Redish, Peter B. Siegal, 2012: "Constitutional Adjudication, Free Expression and the Fashionable Art of Corporation Bashing", *Texas Law Review*, 91, pp. 1447 – 1473.

④ R. George Wright, *Selling Words: Free Speech in a Commercial Culture*, New York: New York University Press, 1997, pp. 51 – 52.

⑤ 邓辉：《言论自由原则在商业领域的拓展：美国商业言论原则评述》，《中国人民大学学报》2004 年第 4 期。

⑥ 左亦鲁：《公共对话外的言论与表达：从新〈广告法〉切入》，《中外法学》2016 年第 4 期。

学者关注的视角一般是行政程序法等具体法规的适用，甚少从这些法规背后的根源即宪法保护言论自由的高度去反思讨论。宪法学有关的讨论主要集中在中国《宪法》是否保护非政治言论上，并未进一步深究商业言论是否或应否享有宪法的保护。①

刘松山分析了治理街头小广告与企业通信自由和通信秘密的权利，言论自由权利和经营自由权利之间的冲突，批评地方权力部门为限制街头小广告所作的立法和政策，超越了宪法和法律所赋予的立法权限，对维护法制的统一性危害很大。② 欧爱民概括了商业言论的特征，归纳了商业言论"次级保护原则"的三种理论，阐述了限制商业言论的四种主要措施。③

本书第二章第三节将深入讨论美国商业言论的宪法第一修正案权利，及在此框架下 FTC 的广告规制权限。其后各章在对 FTC 广告规制实践的具体分析中，也会一再论及商业广告的宪法权利、FTC 的规制权力及违宪审查之间的复杂动态关系。

二、违法广告的立法界定与执法研判

法律概念的明晰、确定是保证法律的可预见性以及执法公平的重要先决条件。在美国广告规制这个领域，这是一个久拖未决的问题。1914 年通过的《联邦贸易委员会法》第五条仅授权 FTC 规制"不公平"（unfair）广告。1938 年惠勒－李法案在第五条中增授 FTC 有权禁止"欺骗性"（deceptive）广告，并新增了第十二条授权 FTC 规制食品、药品、医疗设备及化妆品领域的"虚假"（false）广告——按照该法案的定义，即在"实质性"（material）信息方面具有"误导性"（misleading）的广告。"不公平""欺骗性""误导性""虚假"，这四个概念分别是什么含义？具体的认定标准是什么？它们之间是一种什么样的关系？美国国会和 FTC 很久都没有对这些问题作出明确回应，这引起了长期的混乱和各方的热议。

---

① 韩大元（《宪法学基础理论》，北京，中国政法大学出版社，2008 年，第 1 版）、姜峰（《言论的两种类型及其边界》，《清华法学》2016 年第 1 期）、孟凡壮（《中国宪法学言论自由观的再阐释》，《政治与法律》2018 年第 2 期）等学者认为，中国《宪法》所保护的言论自由不包括非政治言论。徐会平（《中国宪法学言论自由观反思》，《学术月刊》2016 年第 4 期）、陈明辉（《言论自由条款仅保障政治言论自由吗》，《政治与法律》2016 年第 7 期）等人认为，非政治言论也享有《宪法》所保护的言论自由权利。但这些研究并未深入讨论商业言论的宪法权利问题。

② 刘松山：《治理街头小广告的法律问题》，《法学家》2003 年第 4 期。

③ 欧爱民：《限制与保护：商业性言论的宪法学分析》，《理论月刊》2006 年第 8 期。

相对而言，针对"不公平"这一概念的研究不多。Simonson Alexander 比较全面地回顾了"不公平"概念在国会立法和 FTC 执法层面的历史演进，及其所关联的 FTC 规制权力范围的争议。① Cobun Keegan 指出，FTC 在隐私保护领域更多使用"欺骗性"而避免使用"不公平"指控来进行执法，这降低了企业和消费者对 FTC 一贯以来执法的信心。后者通过成本收益分析可以对在线隐私损害的利弊大小作出更精确的评估，所以 FTC 应强化对"不公平"行为的认定与执法。②

大量的研究对"欺骗性"和"误导性"展开了持续深入的探讨，积累了很多富有见地的结论。首先，广告的"欺骗性"是体现为广告内容的真假还是广告有无误导消费者，由此形成了两种定义类型的分野。内容虚假的广告不一定会让消费者对广告产品产生错误的认识，内容真实的广告也不是没有可能误导消费者的认知和购买行为。有学者试图调和这两类定义，提出"如果广告给消费者造成的印象与实际情况不符并导致消费者作出了不利的购买行为，便可认定为欺骗性广告"③。然而，新的问题又来了。虚假广告误导了多少个或什么样的消费者，便可被认定是欺骗性的呢？还有，对消费者的误导必须要有事实上的不利后果，还是说只要有误导的可能便可？David M. Gardner 较早强调了理性消费者与可能而非事实上的误导这两个标准。④ 另有学者在给 FDA 提出研判误导性广告的方法时，建议参考行为科学的惯例，灵活采用百分比的标准来认定广告是否具有误导性。⑤

按照一定比例的理性消费者被误导这个标准，越多的消费者被误导，说明该广告的欺骗性成分越大。但这里有一个不易察觉的悖论：如果很多的理性消费者都被误导，说明这种误导有可能不是广告信息本身造成的。Daniel Attas 由此提出了划分责任的二分法：如果确实是传播者造成了消费

---

① Simonson Alexander, 1995: "'Unfair' Advertising and the FTC: Structural Evolution of the Law and Implications for Marketing and Public Policy", *Journal of Public Policy & Marketing*, 14 (2), pp. 321–327.

② Cobun Keegan, Calli Schroeder, 2019: "Unpacking Unfairness: The FTC's Evolving Measures of Privacy Harms", *Journal of Law, Economics & Policy*, 15 (1), Winter, pp. 19–40.

③ David A. Aaker, "Deceptive Advertising", in D. A. Aaker & G. S. Day (eds.), *Consumerism: Search for the Consumer Interest* (Second Edition), New York: The Free Press, 1974, pp. 137–156.

④ David M. Gardner, 1975: "Deception in Advertising: A Conceptual Approach", *Journal of Marketing*, 39 (1), pp. 40–46.

⑤ Jacob Jacoby, Constance Small, 1975: "The FDA Approach to Defining Misleading Advertising", *Journal of Marketing*, 39 (4), pp. 65–68.

者对广告的曲解,可称为"误导"(misleading);如果是因为受众自己的理解偏差,则称为"误解"(misunderstanding)。论者还认为,即便消费者被误导,也不一定会将其付诸实践,由误导而导致的有害后果一般情况下是偶然的,因此误导不能作为谴责欺骗性的依据。① 此论虽有诡辩和为违法广告开脱之嫌,但却从一个侧面提醒我们重视消费者教育在违法广告治理当中的必要性和重要性。还有一些研究实验表明,理性消费者的专业知识和高信息卷入度反而使他们更容易受到欺骗,因此FTC以理性消费者这样的群体有无被误导作为判定广告是否具有欺骗性的标准并不合适。② 尽管尚有这些具体的认识分歧,美国学术界起码已经形成了这样一个共识:FTC应以广告有没有让消费者对广告产品产生错误的印象而不是广告内容本身的真假为标准来认定广告有无欺骗性。③

此外,根据1938年惠勒-李修正案对虚假广告的定义,以及1983年FTC就"欺骗性广告"发布的官方声明④,欺骗性广告是指广告在产品的"实质性"(material)信息方面有虚假表述或遗漏。Ivan L. Preston的研究指出,那些"吹嘘性"(puffy)的内容——比如"让你年轻三十岁"——因为夸张是如此明显,以至于消费者不可能信以为真。他还追溯了"实质性"这一关键概念的前后变化,并通过案例分析揭示了企业在证明其广告表述并非实质性时存在的主要问题,为企业提供了广告表述如何才能更好地满足FTC有关实质性的政策要求的具体建议。⑤ 美国学者麦克马尼斯(Charles R. McManis)在其专著《不公平贸易行为概论》一书中,比较深入地分析了FTC从"欺骗能力"和"实质性内容"这两个方面对广告欺

---

① Daniel Attas, 1999: "What's Wrong with 'Deceptive' Advertising?", *Journal of Business Ethics*, 21 (1), pp. 49-59.

② Russell N. Laczniak, Sanford Grossbart, 1990: "An Assessment of Assumptions Underlying the Reasonable Consumer Element in Deceptive Advertising Policy", *Journal of Public Policy & Marketing*, 9, pp. 85-99.

③ Jerry C. Olson, Philip A. Dover, 1978: "Cognitive Effects of Deceptive Advertising", *Journal of Marketing Research*, 15 (1), pp. 29-38. J. Edward Russo, Barbara L. Metcalf & Debra Stephens, 1981: "Identifying Misleading Advertising", *Journal of Consumer Research*, 8 (2), pp. 119-131. Fredric L. Barbour II, David M. Gardner, 1982: "Deceptive Advertising: A Practical Approach to Measurement", *Journal of Advertising*, 11 (1), pp. 21-30.

④ FTC Policy Statement on Deception, October, 1983. https://www.ftc.gov/public-statements/1983/10/ftc-policy-statement-deception.

⑤ Ivan L. Preston, *The Great American Blow-up: Puffing in Advertising and Selling*, Madison: The University of Wisconsin Press, 1975.

骗行为的认定及其背后的依据。①

对这些关键概念作出的各种定义的有效性如何？FTC 给出的官方解释与实际操作有何变化以及是否合理？很多文献通过实验的方法或者通过对 FTC 执法案例的分析，进行了验证和讨论。② Michael T. Brandt 和 Ivan L. Preston 基于对 FTC 在 3337 个案例中的处罚认定的分析，认为 FTC 已经从过去仅凭自己的"专业知识"来研判广告内容的真假，转向更多地使用消费者实验和调查来判定广告是否具有欺骗性。③ 另有两位学者在对 FTC 关于广告欺骗性含义的各种政策、观点进行了一番历史比较的分析之后，肯定了 FTC 1983 年的政策声明对广告"欺骗性"的含义作了一个比较适中的澄清与合理的界定。④ 时至 20 世纪 80 年代末，围绕这一问题的纷争已经基本消停。

国内涉及这一问题的讨论为数不多。孔祥俊参照域外包括美国的立法和执法经验，详尽解析了中国反不正当竞争法中"引人误解的虚假表示"这项法律规定，指出它排除了对引人误解的真实表示和不引人误解的虚假表示的规范，不足以全面客观地体现该法保护消费者的立法目的。因此，他建议取消"虚假"这一不周延的限定词，直接规定"作引人误解的表示"为违法广告。⑤ 2015 年我国《广告法》的一项重要修订是用定义加列举的方式对"虚假广告"这一关键概念首次作出界定。宋亚辉仔细分析了

---

① 〔美〕查尔斯·R. 麦克马尼斯：《不公平贸易行为概论》，陈宗胜等译，北京，中国社会科学出版社，1997 年，第 1 版，第 218－225 页。

② Gary M. Armstrong, C. L. Kendall & Frederick A. Russ, 1975: "Applications of Consumer Information Processing Research to Public Policy Issues", *Communications Research*, 2, pp. 232－245. Gary T. Ford, Philip G. Keuhl & Oscar Reksten, 1975: "Classifying and Measuring Deceptive Advertising: An Experimental Approach", *American Marketing Association 1975 Combined Proceedings*, Edward M. Mazze, ed., pp. 493－497. Gary M. Armstrong, Frederick A. Russ, 1975: "Detecting Deception in Advertising", *MSU Business Topics*, 23, pp. 21－32. Philip G. Kuehl, Robert F. Dyer, 1977: "Applications of the 'Normative Belief' Technique for Measuring the Effectiveness of Deceptive and Corrective Advertisements", *Advances in Consumer Research*, 4 (1), p. 204. Gary M. Armstrong, Metin N. Gurol & Frederick A. Russ, 1978: "Detecting and Correcting Deceptive Advertising", *Journal of Consumer Research*, 6 (3), pp. 237－246.

③ Michael T. Brandt, Ivan L. Preston, 1977: "The Federal Trade Commission's Use of Evidence to Determine Deception: FTC Shifts from Reliance on Its Own 'Expertise' to Consumer Testimony and Surveys", *Journal of Marketing*, 41 (1), pp. 54－62.

④ Gary T. Ford, John E. Calfee, 1986: "Recent Developments in FTC Policy on Deception", *Journal of Marketing*, 50 (3), pp. 82－103.

⑤ 孔祥俊：《引人误解的虚假表示研究：兼论〈反不正当竞争法〉有关规定的完善》，《中国法学》1998 年第 3 期。

新法这一突破在诸多方面对旧法可操作性不足这个老大难问题的化解,并建议:应该增加但书条款并通过对虚假广告定义进行法律阐释,以公正对待虚假广告与合理的艺术夸张表达;采用"理性人标准"来判断广告是否"引人误解"。这第二条建议参照的主要便是美国 FTC 的制度经验。[①] 此外,国内有关"欺诈"的含义及构成要件的讨论[②],间接上有助于本书更周全地考虑中美在广告违法认定上的差异。

三、FTC 广告规制的制度创新及争议

这方面的研究随着 FTC 规制措施的更迭发展而呈现出明显的阶段性特征。早期的研究几乎全都是讨论 FTC 的停止令(cease and desist order)[③]和禁止令(injunction)。1971 年 FTC 发出第一个更正广告处罚令(corrective order)并随后引为一种常规措施,讨论更正处罚制度的文献随后汹涌而出。大量的实证研究对更正广告的实际效果进行了测试。有的实验证明,更正广告达到了 FTC 的预期目标。[④] 有的结论则表明,更正广告不仅无法如预期的那样有效地把消费者的品牌认知恢复到被误导之前的状态,而且还产生了预定目标以外的效果。[⑤] 更具体的研究显示,消费者如果在更正广告之前对广告主的评价是消极的,事后对其品牌的评价会变得更糟;如果事前对广告主的评价是积极的,事后对广告主的评价也会变得不好。1977 年的李斯特林漱口液更正广告案[⑥],是美国更正广告处罚的一个轰动性案例,引起了学界的高度关注和旷日持久的热议。[⑦] William L. Wilkie 在

---

① 宋亚辉:《虚假广告的立法修订与解释适用》,《浙江学刊》2015 年第 11 期。
② 例如崔广平《欺诈概念辨析》,《河北法学》2003 年第 2 期。
③ 比较重要的有 Thomas E. Kauper, 1968: "Cease and Desist: The History, Effect, and Scope of Clayton Act Orders of the Federal Trade Commission", *Michigan Law Review*, 66 (6), pp. 1095 – 1210; Thomas E. Kauper, 1962: "Permissible Scope of Cease and Desist Orders: Legislation and Adjudication by the FTC", *The University of Chicago Law Review*, 29 (4), pp. 706 – 727。
④ Michael B. Mazis, Janice E. Adkinsona, 1976: "An Experimental Evaluation of a Proposed Corrective Advertising Remedy", *Journal of Marketing Research*, 13 (2), pp. 178 – 183.
⑤ Robert F. Dyer, Phillip G. Kuehl, 1978: "A Longitudinal Study of Corrective Advertising", *Journal of Marketing Research*, 15 (1), pp. 39 – 48.
⑥ Warner-Lambert Co. v. FTC, 562 F. 2d 749, 761, D. C. Cir. (1977), cert. denied, 98 S. Ct. 1575 (1978)。
⑦ 《公共政策与市场营销杂志》(*Journal of Public Policy & Marketing*) 1983 年第 2 卷集中刊发了系列研究论文。

1984年与他人共同发表的《更正广告的理论与实践》一文①，对更正广告制度作了截至当时最为完整的回顾，概括了适用这一制度的五个限制性原则，并以流程图的形式非常细致地描述了FTC作出更正广告处罚的七个主要环节。诚如他们所言，几乎所有相关研究都承认：更正广告确实发挥了作用，但却连纠正消费者的错误印象这一基本任务都不能完全胜任。最近二十来年美国又接连发生了若干有重大影响的更正广告处罚案例，如1999年的诺华公司旗下多恩（Doan）牌止痛药一案、2009年的拜耳制药公司避孕药一案，但研究的热度已大不如以前。

同样是为了弥补停止令和禁令的不足，更正处罚措施致力于清理欺骗性广告在消费者认识中残留的误导效应，强制披露制度（affirmative disclosure order）则是为了增强行政处罚的灵活性，以求更好地平衡商业言论自由和公共利益。两种制度都始于20世纪70年代，但与更正处罚制度相比，强制披露制度却持续发酵，日益成为学界关注的一个热点。早期，William L. Wilkie在这方面作出了卓有成就的研究。② 他从宏观上设计了广告披露制度研究的基本框架，又在微观上分析了广告披露的具体内容，提出了广告披露应实现的九个具体目标。大体依循前者设计的研究框架，David W. Stewart和Ingrid M. Martin③逐一分析了信息披露的类型、时机、目标、效果及其评估、消费者反应等方面的制度设计与实际表现，确认信息披露在某些条件下具有正面作用的同时，重点论证了这一制度对消费者反应未给予应有的关注，对信息的多义性及信息之间的复杂关系顾虑不周，以及某些情况下明确的信息披露并无必要等缺陷和问题。在他们看来，FTC的披露制度仅仅要求披露信息在呈现方式上"清晰而且显著"是远远不够的，应以消费者"理解并且使用"取而代之，以求信息披露能对

---

① William L. Wilkie, Dennis L. McNeill & Michael B. Mazis, 1984: "Marketing's 'Scarlet Letter': The Theory and Practice of Corrective Advertising", *Journal of Marketing*, 48(2), pp. 11 – 31.

② William L. Wilkie, 1982: "Affirmative Disclosure: Perspectives on FTC Orders", *Journal of Public Policy & Marketing*, 1, pp. 95 – 110. William L. Wilkie, 1983: "Affirmative Disclosure at the FTC: Theoretical Framework and Typology of Case Selection", *Journal of Public Policy & Marketing*, 2, pp. 3 – 15. William L. Wilkie, 1985: "Affirmative Disclosure at the FTC: Objectives for the Remedy and Outcomes of Past Order", *Journal of Public Policy & Marketing*, 4, pp. 91 – 111. William L. Wilkie, 1986: "Affirmative Disclosure at the FTC: Strategic Dimensions", *Journal of Public Policy & Marketing*, 5, pp. 123 – 145. William L. Wilkie, 1987: "Affirmative Disclosure at the FTC: Communication Decisions", *Journal of Public Policy & Marketing*, 6, pp. 33 – 42.

③ David W. Stewart, Ingrid M. Martin, 2004: "Advertising Disclosures: Clear and Conspicuous or Understood and Used?", *Journal of Public Policy & Marketing*, 23 (2), pp. 183 – 192.

消费者的认知、态度乃至行为产生正面的效果。

此外，对平面广告和电视广告信息披露执行情况的研究也有很多。Mariea G. Hoy 对电视广告的信息披露给予了持续十多年的关注。1993 年的研究显示，电视广告披露的主要指标并不符合 FTC 的要求，广告商大多有意采用尽可能减少消费者感知到披露信息的方式进行披露。① 2004 年的研究在这方面作了进一步的扩展。研究人员记录了 2002 年 2 月 1 日至 2 月 7 日美国三大电视网黄金时段的商业广告，详细分析了其中 1696 个广告样本的内容和形式，并与 1993 年的研究发现进行了对比。结果显示，主动披露信息的广告比以前增多了，但执行的完整与规范性并没有明显的提升；同时使用音频和视频披露信息的方式有一定的改善；披露的字体大小及背景反差出现了明显的倒退；此外，电视广告披露中的一些新问题有待关注，如内容干扰，音频披露的有限性。在此基础上，论者提出了改进广告披露的具体建议及未来研究的方向。②

为适应网络信息的呈现、传播与接触方式，FTC 已经就网络广告的信息披露发布了多个行政指南，相应的研究渐成热点。Kelly Schaefer 站在残疾人保护的立场提出，既有的广告披露制度不能有效地保护有视觉障碍的消费者，应补充建立适合残疾人专用的易访问性指导原则，以便最大限度地减少这一人群遭受来自网络广告的欺诈风险。③ Mariea G. Hoy 与 May O. Lwin 运用内容分析方法，选择美国排名前 100 名的网站，研究了其横幅广告的信息披露情况。④ Celine Shirooni 分析认为，社交媒体的"理性消费者"不再是"普通消费者"，FTC 对社交媒体上面的原生广告的披露要求应调整"理性消费者"标准，以反映特定平台的长期用户对广告的理解。⑤ 一项对几千个原生广告的调查发现，只有三分之一的披露符合联邦

---

① Mariea G. Hoy, Michael J. Stankey, 1993: "Structural Characteristics of Televised Advertising Disclosures: A Comparison with the FTC Clear and Conspicuous Standard", *Journal of Advertising*, 22 (2), pp. 47–58.

② Mariea G. Hoy, J. Craig Andrews, 2004: "Adherence of Prime-Time Televised Advertising Disclosures to the 'Clear and Conspicuous' Standard: 1990 versus 2002", *Journal of Public Policy & Marketing*, 23 (2), pp. 170–182.

③ Kelly Schaefer, 2003: "E-Space Inclusion: A Case for the Americans with Disabilities Act in Cyberspace", *Journal of Public Policy & Marketing*, 22 (2), pp. 223–227.

④ Mariea G. Hoy, May O. Lwin, 2007: "Disclosures Exposed: Banner Ad Disclosure Adherence to FTC Guidance in the Top 100 U.S. Web Sites", *Journal of Consumer Affairs*, 41 (2), pp. 285–325.

⑤ Celine Shirooni, 2018: "Native Advertising in Social Media: Is the FTC's Reasonable Consumer Reasonable", *Washington University Journal of Law & Policy*, 56, pp. 221–240.

贸易委员会的规定。① 2017 年开始，FTC 改变过去只警告企业在原生广告中披露不足的惯例，首次向为其代言的网红个人发出了停止令处罚函，这一变化表明了个人及其社交媒体账户可能要承担的新责任，引发了网红和普通社交媒体用户的担忧。② 有观点认为 FTC 的执法应仅限于企业和营销公司，而不应扩展到网红个人。③ 不过，直接处理企业而不是若干为其营销的网红，看起来仍将是 FTC 规制网红广告的主要方式，但除了是否充分披露，还应考虑网红对其推荐言论的行政和民事法律责任。④ 此外，有研究建议 FTC 增加与网红个人的合作，并以联盟网络和头部网红为重点。⑤ 但有研究指出，小网红的粉丝参与度高于头部网红的粉丝，也更容易被蒙蔽，所以粉丝人数在 2000 ～ 50000 的网红也要严加监管。⑥ Vanessa Chan 建议 FTC 还要与社交媒体平台保持密切的合作，在促进教育的同时，采用罚款和暂停社交媒体账户的措施以增强执法威慑力。⑦ 以 Lil Miquela 为代表的虚拟网红一面世即受追捧，它们不仅可以与消费者进行灵活充分的互动，还可以被企业自如地操控和支配，成为企业营销推广的新武器。对此，FTC 应紧跟增强现实技术及其驱动的虚拟网红的发展，依法加以规制。⑧

  1971 年开始推行的广告证实制度规定，一经 FTC 要求，广告主即须提供合格的证据来证实其广告中有关产品实质性信息的表示或承诺。早期的研究主要是解读 FTC 的这一新政，而且大都对其正面效果充满信心，并

---

① Marty Swant, 2016: "Publishers Are Largely Not Following the FTC's Native Ad Guidelines", AD WEEK (April 6, 1: 55 PM). https: //perma. cc/KJ5R-KC3L.

② Jennifer L. Schmidt, 2019: "Blurred Lines: Federal Trade Commission's Differential Responses to Online Advertising and Face to Face Marketing", Journal of High Technology Law, 19, p. 442.

③ Veronica N. Ramirez, 2018: "Fashion Statements Turned Endorsements: How FTC Enforcement Could Cripple the Internet's Trendsetters", Syracuse Law Review, 68 (2), pp. 483 – 508.

④ Tamany Vinson Bentz, Carolina Veltri, 2020: "The Indirect Regulation of Influencer Advertising", Food and Drug Law Journal, 2020, 75 (2), pp. 185 – 194.

⑤ Laura E. Bladow, 2018: "Worth the Click: Why Greater FTC Enforcement Is Needed to Curtail Deceptive Practices in Influencer Marketing", William & Mary Law Review, 59 (3), February, pp. 1123 – 1164.

⑥ Tyler Fredricks, 2019: "Not Content with Content Influencers: How the FTC Should Promote Advertisement Disclosure", Virginia Sports and Entertainment Law Journal, 19 (1), Fall, pp. 29 – 53.

⑦ Vanessa Chan, 2019: "When AD Is BAD: Why the FTC Must Reform Its Enforcement of Disclosure Policy in the Digital Age", Ohio State Business Law Journal, 13 (2), pp. 303 – 333.

⑧ Kelly Callahan, 2021: "CGI Social Media Influencers: Are They above the FTC's Influence?", Journal of Business and Technology Law, 16, pp. 361 – 386.

因此建议企业实施更为积极良性的广告策略以适应这一新政。① 然而,有学者提出,制度只要求广告主向 FTC 作出证实是不够的,建议这种证实义务扩展到或转向直接面对消费者。② 另有一些研究则指出,该制度要求的所谓"合格的"证据缺乏明确的标准,FTC 有必要向企业提供清晰的指引。③ 新近的研究则发现,FTC 执行的很多案例中所谓不能证实的实质性信息,对消费者而言其实并不具有实质性的价值。④

总体而言,这方面的研究高度集中在更正处罚、强制披露和广告证实这三种制度的执行与效果方面,较少论及制度背后的相关法理,对停止令、行政指南等其他规制手段关注不够,也鲜有探询这些制度、措施和手段之间的相互关系和结构性效果。这些都将是本书努力穷思追究的地方。

四、FTC 广告规制的效果与影响

一种法律制度或一项公共政策不仅要符合公平与正义,还要追求以尽可能低的成本投入获得尽可能高的效益产出。FTC 的广告规制牵动全美国的商业营销,更关系到全美国的消费安全,其效果及影响到底如何自然受到了各方的高度关切。致力于效果检验的实证研究自然不可能涵盖广大的时空,绝大部分文献或者集中讨论 FTC 的某一项具体制度,比如前面述及的有关更正制度和证实制度的执行效果,或者集中在某一个领域或类别的广告,比如价格广告规制或者儿童广告规制的效果。这些效果研究大部分重在了解 FTC 的政策及执法对相关商业或企业的影响,其次才是对消费者的消费决策与购买的影响。一项基于对 66000 多例广告样本进行的统合分析揭示了一个令人深思的问题:严格的广告规制可能会减少广告向消费者

---

① Robert E. Wilkes, James B. Wilcox, 1974: "Recent FTC Actions: Implications for the Advertising Strategist", *Journal of Marketing*, 38 (1), pp. 55 – 61. Dorothy Cohen, 1980: "The FTC's Advertising Substantiation Program", *Journal of Marketing*, 44 (1), pp. 26 – 35.

② Kenneth A. Coney, Charles H. Patti, 1979: "Advertisers' Responses to Requests for Substantiation of Product Claims: Differences by Product Category, Type of Claim and Advertising Medium", *Journal of Consumer Affairs*, 13 (2), pp. 224 – 235. Arch G. Woodside, 1977: "Advertisers' Willingness to Substantiate Their Claims", *Journal of Consumer Affairs*, 11 (1), pp. 135 – 144.

③ Janice Handler, 1983: "Pfizer Revisited: From 'Reasonable Basis' to 'Establishment Claims' in Advertising Substantiation", *Food Drug Cosmetic Law Journal*, 38, pp. 325 – 333.

④ Richard S. Higgins, Fred S. McChesney, 2011: "Materiality, Settlements and the FTC's Ad Substantiation Program: Why Wonder Bread Lost No Dough", *Managerial and Decision Economics*, 32 (2), pp. 71 – 83.

提供的有用信息的数量。该研究发现，FTC 严格规制时期（1971～1981年）与之后的宽松时期（1982～1992年）相比，样本广告中关于产品的客观信息明显减少了。① 另有一些研究考察的是以 FTC 为主的政府规制对行业自律的影响。早期的研究多认为，政府应尽量减少介入以推动行业自律的发展进步。晚近的研究则充分肯定了政府规制的存在对广告自律的刺激作用，因为行政规范不仅为自律行为设定了基本的政策框架，而且行政规制的威慑力度与行业自律的强度之间是一种正比关系。想要有更好的广告自律，就必须有政府更积极的行政规制。②

除了上述四个方面，还有大量研究讨论某一类别广告的规制问题，主要集中在烟草、酒类、信贷、教育等产品或服务类的广告③，以及比较广告、荐证广告、原生广告等领域。限于篇幅，且基于重要性、演进逻辑及为我所用的考虑，本书选择 FTC 对垃圾邮件广告、竞价排名广告和在线行为广告的规制展开专题分析。

第三节　研究问题与设计

新中国的广告行政监管迄今不过 40 余年，这一领域的研究无论是本土理论的积累，还是对国外经验的吸收，都还相当不足。国内迄今没有一本专门研究 FTC 广告规制的学术专著。学术论文的数量不多，且止步于一些表象与片段的引介。美国学术界相对重视的是 FTC 的反垄断与消费者保护，对 FTC 广告规制的研究还不够系统深入，某些新发的广告规制问题更亟待理论的求解。

---

① Avery M. Abernethy, George R. Franke, 1998: "FTC Regulatory Activity and the Information Content of Advertising", *Journal of Public Policy & Marketing*, 17 (2), pp. 239–256.

② Herbert J. Rotfeld, 1992: "Power and Limitations of Media Clearance Practices and Advertising Self-Regulation", *Journal of Public Policy & Marketing*, 11 (1), pp. 87–95. Herbert J. Rotfeld, 2003: "Desires Versus the Reality of Self-Regulation", *Journal of Consumer Affairs*, 37, pp. 424–427.

③ 有关食品、处方药广告监管的研究很多，这些主要由 FDA 负责监管，不在本书的讨论范围内。

一、研究问题：机制、制度及法理

整体上，本书致力于研究三个方面的问题。

（1）对 FTC 广告规制的历史考察，包括它从何而来，如何发展，历史分期和阶段特征，着重深究的是内外各种因素推动 FTC 广告规制长效机制逐步成长成型的过程及其内在的一些规律。

（2）对 FTC 广告规制的经验分析和理论批判，包括：在宏观层面，从宪法学的高度，仔细勘定美国宪法第一修正案限制和保护商业言论的总体原则、判例规则及其法理依据；在中观层面，从民法、行政法、经济法等相关法学分支来讨论 FTC 的广告规制对不同权益的折中与调和，对公平和效率、成本与投入的兼顾与平衡；在微观层面，考察研究这些制度在证明义务、证据标准、救济方式、程序正义等方面的规则设计，以及实际执行中的突出矛盾和政策修正。

（3）在中美比较研究的视野中，检视 FTC 广告规制创新与发展的规律和经验，思考中国广告综合治理守正创新的方向和对策。

二、研究方法：历史与个案，比较和思辨

本书希望在史与论两个维度都有所建树，故在研究方法上既有精细深入的微观研究，也有对社会历史的宏观分析。择要而言，本书主要采用的研究方法有：

（1）多学科交叉的研究视野和理论方法。把信息经济学和言论自由学说结合起来研究商业言论自由的价值、法理及其应然的法律地位。从规制理论和法经济学的视野，考察揭示 FTC 广告规制体系的改革思路和规制模式的转型逻辑。综合广告效果、举证责任和法律程序正义的相关理论命题，分析讨论规制机构对违法广告的研判、审理和裁定。

（2）历史研究。本书一方面透过美国经济、社会和政治的历史发展背景，追溯 FTC 广告规制的历史源头、功能定位和体制方位；另一方面把历史研究作为本体，深入揭示 FTC 广告规制的权限伸缩与制度嬗变的历史过程，及其长效机制的成长成型过程。

（3）个案研究。笔者搜罗了 FTC 自成立至今 1000 多个广告行政执法案例的文书，和 200 余个广告司法诉讼的判决文书。通过对典型个案的深入分析，力求最直接地获得消费者、企业、FTC、法院等相关各方的观

点、立场及其诉求指向，广告规制实践当中的矛盾、焦点和难题，进而透视其中各种因素的相互影响关系以及FTC广告规制的细节调整和微观流变。

（4）思辨研究。对商业言论与非商业言论，欺骗性、不公平、虚假、理性消费者等关键概念的辨析，对商业言论的宪法学分析，对广告披露、广告更正等一些重要制度的法理逻辑的讨论，主要运用的是思辨研究的方法。

（5）比较分析。孤立研究FTC的广告规制不是本书的旨趣。自始至终，本书都站在中国的立场和发展的视角来检视FTC的广告规制。无论是对历史的纵深考察，对制度的深入探讨，还是对相关法理的辨析，本书都希望能从中撷取于我有用的理念、制度和具体措施。

三、主要内容：制度变迁、法理求证与经验批判

本书共八章。各章主要内容如下：

第一章，背景、问题与研究设计。在综述国内外研究文献的基础上，提出本书研究的主要问题，为解决这些问题而设定的研究思路、研究内容及相应的研究方法，并阐明本书研究的创新所在。

第二章，FTC广告规制的历史方位与法律权限。FTC的广告规制源自美国政府对市场不正当竞争行为的干预。本章从美国反垄断、反不正当竞争的历史背景和立法进程中，追溯FTC广告规制职责的确立，及其权力的制定法来源。重点是应用信息经济学、言论自由学说和消费者主权理论，从商业言论之宪法权利的高度，研究廓清了FTC广告规制的法律权限及其背后的法理逻辑。

第三章，FTC广告规制的体制方位。FTC是美国主要的广告规制机构，但不是唯一的规制机构。为准确把握FTC广告规制在美国广告综合治理体系中的位置和角色，本部分比较全面地分析了美国广告综合治理的三个层面：行政规制、行业自律和社会监督。着重在广告行政规制之下，仔细区分了FTC、FDA和FCC（Federal Communications Commission，美国联邦通信委员会）这三个广告行政规制机构各自的权责，并阐述了它们之间的矛盾争议和协作关系。

第四章，FTC广告规制百年历程检视。历经百余年发展，FTC有无建立一套广告规制的长效机制？它如何一步一步确立了广告规制的权威地位？这部分透过美国的社会结构、政治气候和经济政策的历史变化，深入

剖析了FTC广告规制的理念更迭、立场转换、制度变迁以及机制创新的来龙去脉，提出了其百年历史应作四个阶段分期的观点，并梳理了FTC广告规制长效机制成型的渐变过程与历史节点。

第五章，FTC对违法广告的研判逻辑与认定依据。广告规制的一项重要内容是定义和研判什么是违法广告。综观《联邦贸易委员会法》的规定以及FTC的案例执法和政策阐述，FTC至少使用了"不公平""欺骗性""误导性"和"虚假"这四个术语来称谓违法广告。本章基于对相关法律制度的文本分析和法意推理，以及对FTC执法个案的剖析，阐释明晰了这四个概念的内涵与外延，尤其是归纳提出了FTC认定不公平广告和欺骗性广告的逻辑框架，又进一步分析提炼出了FTC研判欺骗性广告的六个考量因素及相应的标准。

第六章，FTC广告制度的创新、争议及其法理求证。行政干预市场主要有两种方式：一种是抽象行政行为，即建章立制；一种是具体行政行为，即个案执法。这一章对FTC最有创新也是最常使用的三项重要制度——广告证实制度、广告披露制度和广告规章与指南——展开了翔实深入的解析论证。不仅全面追溯了这些制度的缘起及其规则演变的过程，而且结合大量执法案例和司法个案研究了这些制度的具体应用和执行效果，并运用法律证明义务分配理论、信息不对称理论、治理理论讨论了这些制度的合法性与正当性问题。

第七章，FTC广告处罚措施的配置、争议及其法理求证。在制定法初期只授权责令停止这一种处罚方式之外，FTC一路开拓建立了包括扩限处罚、责令更正、强制披露等在内的一套较为完整而严密的处罚体系。本章通过对FTC具体行政行为的大量案例研究，仔细分析了这些处罚措施的适用条件、具体标准、实际应用及其引发的争议和学理问题。

第八章，FTC网络广告规制的新政与前沿。新媒体环境滋生了很多新的广告规制难题——隐私正面临广告带来的前所未有而且越来越严重的风险；各种原生广告的伪装程度和迷惑性越来越高，以至于神鬼难辨；技术裂变对广告规制机构的能力提出了越来越大的挑战。此时，广告规制的点滴突破都显得极为可贵。本部分系统梳理了FTC推进网络广告综合治理的过程，分析总结了其努力的主要方向和已有的可取经验。重点是对FTC依次着力的三个领域——垃圾邮件广告、竞价排名广告和在线行为广告——深入分析了其行政干预的理念、原则和规制措施的调整创新，以及行政干预面临的权益冲突和技术困境。

这应该是国内第一本集中研究FTC广告规制的专著。不仅在美国经济与社会发展的大历史背景中透视了 FTC 在广告规制领域变动不居的角色、沉浮不定的表现，而且深入考察了 FTC 历经百年探索建立的一些优良制度和成功经验，更穿越其历史雾霭与实践万象，追究了这些制度与经验背后的法理逻辑和发展机制。

本书的旨趣和初衷不是孤立地研究 FTC 的广告规制，而是从中国广告监管的问题和需要出发，有选择地撷取于我有用、可行有效的理念、经验与方法。本书研究认为，中国已经在立法和政策层面明确转向了以消费者为本的广告规制理念，但尚须在执法与司法实践中真正以穷尽对消费者权益的保护为目标。比如，广告违法的认定应该以保护消费者为核心，以消费者是否可能被误导作为判断广告是否违法的标准和依据。中国立法作出的广告证实、广告披露和广告更正等规定，需要发展并严格执行一套详尽而明确的行为规则。面对主要由在线行为广告引发的日益突出而严重的隐私泄露及数据安全问题，应改变目前"安全"理念主导下对刑法威慑这种事后处置方式的过于倚重，强化私法救济尤其是行政依法规制。对数据实践的各个环节，规制应作区别对待，重点指向数据的保全和使用。以交往场景及个人信息的细分理念为指导，探索隐私分级分类分场景灵活保护的机制，建立实质性公平的隐私协议机制。重视技术治理，在源头端推动伦理价值、人文主义对技术创新和研发的引领，倡导"负责任研究与创新"和"隐私设计"理念。长远来看，中国要转向法治监管，必须依法着力常态化的广告制度供给和创新，建立广告规制长效机制。

笔者曾于 2016～2017 年间作为国家公派留学人员到美国密苏里大学访学一年，还到过斯坦福大学、加州大学伯克利分校、加州大学戴维斯分校、乔治·华盛顿大学等高校访问交流，但非常遗憾的是没有进入美国联邦贸易委员会作直接的考察调研，对 FTC 的广告规制缺乏直观的体会和确认。另外，笔者固然有对法律的满腔热忱和持续多时的思考研究，但在法学知识体系和理论方面还很疏浅，对广告规制的研究与经济法、民商法、行政法等法学领域的相关理论衔接不够，理论提炼和创新还有很大的努力空间。最后，以在线行为广告为代表的各种精准营销引发的隐私风险和数据安全问题，日益成为全球性的互联网治理难题，尚待持续深入的研究。

第二章

FTC广告规制的历史方位和法律权限

第一节　统一市场的干预需求
与独立委员会的兴起

一、从自由竞争到垄断竞争

独立战争的胜利成就了美利坚合众国对外的主权独立,然而直到南北战争结束,这个新生政权内部实际上并未真正统一。政治上,联邦政府的权力贫弱,十三个州政府势力庞大,各据一方。经济上也是四分五裂,分散的地方市场和区域贸易是当时这个新生国家内陆经济的主要格局。形成这种经济格局的原因有很多,交通运输的落后是众所公认的关键因素之一。当时美国内陆的交通运输严重受限于天气和季节,几无规律可言。运输成本高昂,高得让人负担不起。交通工具也非常落后,四轮运货马车根本不适合运送易碎商品。速度更是慢得出奇,易腐坏的商品不堪运输。① 在这种情况下,几乎没有什么产品或行业可以拥有全国性的市场,自然就不可能出现集中度很高的全国性企业。当时商业组织的主要形态是个体户和家庭作坊,也许完全可以用"一盘散沙"来形容这一时期的美国经济。

尔后发生的交通革命、南北战争和第二次工业革命,完全改变了美国经济的这一局面,推动美国经济迅速走向了在全国统一开放市场上的自由激烈竞争,并很快过渡到了垄断竞争阶段。1825年,美国建成了第一条连接美国东海岸与西部内陆的水路交通快线——伊利运河,这条运河为五大湖地区新兴农业的过剩产品和五大湖地区的贸易往来开辟了一条新路。运河建成以后,运量迅速蹿升,其令人瞠目结舌的成功引来了一大批效仿者,很多州纷纷联合开发建设运河。正是运河将美国19世纪初约每吨1英里20美分的运输费降低到了19世纪30年代的每吨1英里2至3美分。根据最为保守的估计,由于运河将运费从1846年之前的平均17美分削减至此后的2美分,故所有运河建设的社会(运输商、消费者和所有者)收益率超过了50%。② 与运河相比,铁路的飞速发展及其所产生的经济与社

---

① 〔美〕杰里米·阿塔克、彼得·帕塞尔:《新美国经济史(上)》,罗涛等译,北京,中国社会科学出版社,2000年,第1版,第148页。

② 〔美〕杰里米·阿塔克、彼得·帕塞尔:《新美国经济史(上)》,罗涛等译,北京,中国社会科学出版社,2000年,第1版,第159-160页。

会效益还要更大。1828年，美国建成了第一条铁路——巴尔的摩铁路。"到19世纪60年代，美国铁路总长超过3万英里，占世界铁路总长的一半，为修这些铁路，美国花了约10亿美元，是美国运河投资的5倍。""到1900年，美国几乎有20万英里长的铁路营运，这一数字相当于美国历史上所修铁路总长的约3/4。……美国的铁路密度也达到了全国大部分地区都有可通行支线的程度。"[1] 美国铁路网的建设对美国自由市场经济的影响巨大而深远。一方面，纵横交错、遍布全国的铁路网就像美国这个经济有机体的血管，奠定了美国统一市场的重要基础，使商业贸易有条件在全国市场上自由运行。另一方面，正如沃尔特·罗斯托所言，铁路对美国经济起飞最为重要的可能是，它促进了现代煤炭、钢铁和工程工业的发展。[2] 而现代煤炭和钢铁工业正是后来美国垄断经济的代表和主力军。还有，美国铁路的大规模投资建设催生了少数几个大型铁路公司，实际上也是美国从自由竞争走向垄断竞争的先声。

交通革命为美国统一市场的形成提供了基础条件，南北战争则为全国统一市场的形成与发展提供了一个强有力的政治契约和框架。经由这场内战，美国最终建成了政治上统一的联邦制共和国，并在明确肯定各州高度自治的同时，前所未有地强调了联邦整体至高无上的利益和中央政府的集权。美国联邦政府从此可以站在全局的高度来规划全国的贸易市场和干预全国经济的发展，州际的各种贸易壁垒土崩瓦解，全国统一开放的市场真正建立了起来，这大大刺激了美国市场的自由竞争。此外，以北方工业州胜出的这场战争，推动美国从以农业为主的国家向现代工业国家转型。与此同时，活力四射的第二次工业革命为现代工业的规模化发展提供了标准的模具和高效的流水线，依托科学技术的电力、化学、汽车等新兴工业部门迅速发展，进一步丰富了以重工业为中心的资本主义工业体系。美国市场上出现了越来越多的巨型企业。

美国垄断资本主义的形成与发展，还与美国政府早期奉行的"夜警国家"的治国理念息息相关。这种理念强调政府的职能主要是维护国家主权和社会治安，政府应该放任市场这只"看不见的手"自由发展，自行调节。这种完全放任的自由主义经济氛围"鼓励人们通过不受限制的竞争和

---

[1] 〔美〕杰里米·阿塔克、彼得·帕塞尔：《新美国经济史（上）》，罗涛等译，北京，中国社会科学出版社，2000年，第1版，第148页。

[2] 转引自〔美〕杰里米·阿塔克、彼得·帕塞尔：《新美国经济史（上）》，罗涛等译，北京，中国社会科学出版社，2000年，第1版，第148页。

适者生存的经济原则追求技术进步所带来的收益"①。没过多久，资本主义这种达尔文式的自由竞争便造就了富可敌国的行业垄断巨头。

19世纪末20世纪初，巨型企业已经在美国一些重要的工业部门中占据了生产和流通领域的垄断地位。据历史学家霍夫斯塔德（Hofstadter）的研究，当时有些大公司的规模远远超过了各州的政府机构，相比之下，各州政府机构小得就像是这些公司的封地。到1883年，拥有1000万美元以上资本的铁路有40多条，其中资产达1.35亿美元以上的铁路就有8条。而到19世纪90年代，北方证券公司和美国钢铁公司分别坐拥4亿美元和14亿美元的资本。②

最具典型性的垄断组织要算老约翰·洛克菲勒的美孚石油公司。③ 1871年，它仅控制美国炼油生产能力的10%～20%。到1879年，这一数字就猛增至90%。1882年，它被改组为美国历史上第一个托拉斯组织——美孚石油托拉斯，控制散布各地的美孚系统的40多家公司。这"标志着美国历史上第一次企业兼并浪潮的开始，托拉斯从而在美国成为不受控制的经济势力"④。此后，棉籽油、威士忌酒、火柴和香烟等托拉斯组织又相继成立。⑤ 恩格斯1882年在《论美国资本的积聚》一文中也曾指出，当时"美国的资本积聚是以多么惊人的速度在进行。……纽约的万德比尔特先生是富翁中最大的富翁。这位铁路、土地、工厂等等的大王的财产约有3亿美元"⑥。

二、反垄断浪潮与独立委员会的兴起

便利的交通本来大幅降低了运费，充分的市场竞争理应压低商品价格。然而，自由资本主义的后期发展却大大出乎人们的意料。自由资本主义所追求的"创造财富"在垄断竞争中已经演变成为"掠夺财富"。各种垄断组织为攫取超额垄断利润，采取了包括固定价格协议、划分市场、掠

---

① 白艳：《美国反托拉斯法/欧盟竞争法平行论：理论与实践》，北京，法律出版社，2010年，第1版，第27页。
② 徐伟敏：《美国〈谢尔曼法〉研究》，山东大学，博士学位论文，2009年，第20页。
③ 储玉坤、孙宪钧：《美国经济》，北京，人民出版社，1990年，第1版，第11页。
④ 王黎明、沈君：《反垄断：从国别走向世界》，山东，山东人民出版社，2007年，第1版，第7页。
⑤ 龚维敬、甘当善：《美国垄断财团》，上海，上海人民出版社，1987年，第2版，第39页。
⑥ 中共中央编译局：《马克思恩格斯全集（第十九卷）》，北京，人民出版社，1963年，第1版，第337页。

夺性价格等一系列有悖市场规律、严重损害公众利益的行为。以铁路为例，为抢夺大客户，热门线路往往以低于成本的价格进行恶性竞争，反过来又在冷门线路上对散户恶意收取高价来回收利润。

铁路大亨们对不同用户的费率和服务实行差别待遇，他们一方面用支付"回扣"的办法来吸引和巩固谷物商、屠宰业主、煤炭商等大客户、大托拉斯，另一方面通过抬高小城市运费、支线铁路运费和零散商品运费的方法来弥补"回扣"的损失，并通过抬高垄断线路的收费以补贴竞争性的线路，这种交叉价格补贴导致了许多地区的垄断定价，最终发展为固定铁路运费的卡特尔协议。[①]

小型企业难逃被同行业巨头吞并的命运。农业散户更受垄断之苦，要么支付高额运费运出粮食去卖，换取微薄利润，要么眼睁睁看着自己的收成因不能及时运出而白白烂掉。这种情况在美国中西部地区尤为明显。作为美国重要的农业生产区，这里的农民曾经对投资建设铁路满腔热情，但铁路的发展却辜负了他们的热情与付出。垄断企业不仅在农产品的生产与销售环节让他们付出高额的成本，而且还让他们在生活开支上不得不支付垄断高价。而铁路大亨们却可以凭借自己的巨额财产，去做他们乐意做的一切。1882年7月，铁路巨头们就煤炭进入市场的数量和价格达成协议，图谋操纵市场价格。这导致了一系列严重后果，所有依赖于铁路运输的东西——木材、肉类、蔬菜、水果、羊毛、棉花，都被垄断，中小农场主和农户损失惨重。"诞生于自由竞争之中的垄断侵害了自由竞争本身。"[②] 这引起了铁路运输业、政府及社会各界的高度关注。[③] 参议员约翰·谢尔曼（John Sherman）向国会发出警告说，如果不控制垄断，美国人终将面对"一个控制了一切生产的托拉斯和一个决定了一切生活必需品价格的主人"[④]。

农业生产者最先组织起来抵抗垄断企业的市场掠夺。1867年12月4日，奥利弗·凯利（Oliver Kelly）组织了一个秘密的农场主兄弟会，全称"美国农业保护者协会"（the Order of Patrons of Husbandry），也称"格兰

[①] 徐伟敏：《美国〈谢尔曼法〉研究》，山东大学，博士学位论文，2009年，第20-21页。

[②] 任东来：《美国宪政历程：影响美国的25个司法大案》，北京，中国法制出版社，2004年，第1版，第147页。

[③] 谭克虎：《美国铁路业管制研究》，北京，经济科学出版社，2008年，第1版，第51-53页。

[④] 〔美〕H.N. 沙伊贝、H.G. 瓦特、H.U. 福克纳：《近百年美国经济史》，彭松建、熊必俊、周维译，北京，中国社会科学出版社，1983年，第279页。转引自任东来等《美国宪政历程：影响美国的25个司法大案》，北京，中国法制出版社，2004年，第1版，第149页。

其"(Grange)。到 1871 年，格兰其已在 9 个州建立了 180 个分会。1873年，随着美国经济状况的持续恶化，格兰其运动也在持续发酵，国内几乎每个州都有格兰其组织，尤以中西部为甚，仅明尼苏达州就至少有 37 个分会。到 1874 年，格兰其发展到了 32 个州共 21697 个分会，拥有会员近 80 万人，成为一支强大的政治势力。① 在格兰其之后，"绿背党"（The Greenback Party）、"绿背劳工党"（The Greenback Labor Party）等越来越多的反垄断组织涌现出来，形成了席卷全国的抗议浪潮，并在 19 世纪 80 年代的"平民党运动"（the Populist Movement）中达到了高潮。为了拉拢选民，民主党和共和党都表示支持平民党和格兰其的政治主张，反垄断浪潮开始在州和联邦、朝野上下涌动。

迫于社会压力，各州政府不得不着手采取反制垄断的措施，纷纷成立了专门的规制委员会。可是，一州的法律权限远不足以解决主要发生在州际贸易中和全国市场上的垄断行为，这就凸显了由联邦政府出面进行规制的必要性。然而，交由或成立什么样的部门来规制全国的市场竞争，却是一个更为棘手的难题。严重的市场垄断与不公平行为表明，市场这只"看不见的手"并不是万能的。仅凭这一只手指挥市场经济，既不能达成资本主义经济的发展目标，也与资本主义民主政治的基本价值格格不入。可是，政府这只"看得见的手"难道就是万灵的吗？这只手会不会扼杀资本主义自由市场经济的灵魂？再者，对全国贸易市场进行法律规制这个任务，既要求超越一州之上的权限，更需要超越传统单一行政部门的综合而强大的权力和能力。查尔斯·弗朗西斯·亚当斯（Charles Francis Adams）当时就建议设立一个由专家组成的"阳光委员会"来对铁路活动进行规制。在他看来，传统的立法分支不能有效进行以智识为基础的规制。为了填补公共利益和私人利益之间的鸿沟，在政府中必须有某个恒久的部分，有相应的分析专长，来处理相关的问题。② 然而，如此一来，兼有强大权力和不群能力的市场规制机构会不会一家独大？谁来对它进行监督和制约？

为了既能胜任对全国市场的有效干预，又能让这种强大的干预权力合法公正地发挥作用，美国创设了拥有混合权能的独立委员会。1887 年 2 月 4 日，总统克利夫兰签署法令，颁布了《州际商业法》(Interstate Commerce Law)，并由此设立了一个由 5 位无党派成员组成的州际商业委员会

---

① 焦健：《美国的农业合作社》，《中国合作经济评论》2011 年第 2 期。
② 宋华琳：《美国行政法上的独立规制机构》，《清华法学》2010 年第 6 期。

(Interstate Commerce Committee, ICC), 首先开始对铁路产业进行政府规制。该法的颁布和州际商业委员会的成立,既"预示了统治美国经济的自由放任理论的衰落"①,也开启了美国联邦政府以独立委员会为主体对市场经济进行行政干预的模式。1913年成立的美国联邦储备委员会(the Federal Reserve System),是美国财政与货币政策的掌舵机构,如今在美国乃至世界经济体系中都举足轻重。1914年成立的联邦贸易委员会(the Federal Trade Commission),是反垄断和消费者保护的主要机构。1916年成立的联邦海事委员会(the Federal Maritime Commission),主要负责海上商业活动的规制。

在罗斯福新政时期,建立了大量的规制机构,如联邦通信委员会(1934)、证券交易委员会(1934)、联邦能源委员会(1935)、国家劳工关系委员会(1935)、民用航空委员会(1938)等。仅在1933至1934年间就建立了大约60个规制机构,并且颁布了大量的规制法律以规制社会经济生活,试图通过专业化机构的规制,来克服市场失败带来的危害。

1965至1980年间被称为"权利革命"(rights revolution)时代,在此时期,随着法律所保护权利范围的扩张,美国联邦层次的规制再度扩张,社会性规制成为美国重要的公共议题,设立了诸如平等就业机会委员会、环境保护署、国家公路交通安全管理局、消费品安全委员会、职业安全和卫生管理局、原子能管理委员会等诸多规制机构。②

这些部门的职权各有不同,但它们都相异于传统的行政机关,是一种混合了多种权力的独立规制机构。它们很大程度上独立于既有的行政体系,其行政首长多数由国会而非总统任命,总统只有提名权和有限的免职权。独立规制机构直接向国会负责,定期向国会而非总统汇报工作。来自任一党派的成员都不能在此种规制机构中占到绝对多数,避免规制受党争所左右。而且,委员们的任期相互交叉且长于总统的每届任期,目的是防止独立委员会成为白宫的一个办事机构。独立委员会的经费通常也不走行政经费的来路,而是由国会批准预算,联邦财政拨付。如此设置在很大程度上保证了这些独立规制机构的相对独立性,大大减少了党派政治、总统

---

① 胡国成:《公司的崛起与美国经济的发展(1850—1930)》,《美国研究》1993年第3期。
② 宋华琳:《美国行政法上的独立规制机构》,《清华法学》2010年第6期。

任期等变数对它们的影响或控制。

独立委员会的权能混合集中体现在，它们都兼有行政权、准立法权（quasi-legislative power）和准司法权（quasi-judicial power）。享有行政权和准立法权并无特别之处，传统的行政机关也有这些权力。迥异的是，独立委员会有权对其管辖的对象是否违反法律依法作出裁决，而这原本属于法院的权力范畴。独立委员会"既制定规则又执行规则还裁决纠纷"①，这难道不是与美国奉为圭臬的三权分立南辕北辙吗？分权思想的首倡者之一，法国思想家孟德斯鸠早就阐明：

> 当立法权和行政权集中在同一个人或同一个机关之手，自由便不复存在了；因为人们将要害怕这个国王或议会制定暴虐的法律，并暴虐地执行这些法律。如果司法权不同立法权和行政权分立，自由也就不存在了。如果司法权同立法权合而为一，则将对公民的生命和自由施行专断的权力，因为法官就是立法者。如果司法权同行政权合而为一，法官便将握有压迫者的力量。如果同一个人或是由重要人物、贵族或平民组成的同一个机关行使这三种权力，即制定法律权、执行公共决议权和裁判私人犯罪或争讼权，则一切便都完了。②

所以，不难想象，当这种独立规制机构以行政、立法和司法三权集于一身的面目在美国出现时，会遭到何等的非议和攻击。"但是，美国联邦最高法院却并不认为设立独立管制机构的法律由于权力混合而违反美国宪法。"③ 因为，三权分立从来都不是绝对的，权力混合的情形在白宫和国会都有存在，并非独立规制机构所独有。再者，如前所述，要规制财大气粗的大型企业和垄断巨头，要能随时干预变幻莫测的全国贸易市场，非得有强大的综合权力才行。尤其不能忽略的是，这些独立规制机构实际上并非只有集权，没有制衡。所谓"独立"，绝不是指它们完全独立于任何权力制约之外。国会可以通过立法、预算、人事同意权，通过要求规制机构提交各种信息，通过行使调查权和立法否决权，来控制独立规制机构。总统可以通过各种方式对它们施加影响（而不是控制）。当然，法院也会时刻警惕，必要时运用司法权力审查这些独立规制机构的市场干预行为是否

---

① 郝建臻：《美国的独立管制机构》，《党政论坛》2003年第12期。
② 〔法〕孟德斯鸠：《论法的精神（上册）》，张雁深译，北京，商务印书馆，1961年，第1版，第156页。
③ 易涤非：《国会的武器：美国独立管制机构探析（上）》，《中国电信业》2003年第2期。

合宪、合法，是否越权或者滥用自由裁量权。此外，这些机构内部的架构与制衡还有一套精巧的制度设计，例如行政法官制度、行政程序法、阳光政府法案。

三、不公平行为与商业广告规制

在垄断阶段的早期，美国的商业竞争仍然停留在产品、价格和服务水平上面。产品的包装、商标与品牌都还没有成为商业竞争的要素。"烟草就是烟草，皮鞋就是皮鞋，肥皂就是肥皂，所有的商品几乎都没有自己的品牌名称，绝大多数商品都使用实用的大包装，运往市场后直接陈列出来出售，当时的人认为对每件商品都进行包装是件华而不实的事。"① 临近19世纪末，已经比较成熟的商品包装技术开始被广泛应用。生产企业再也不用像从前那样把产品送到批发商那里，然后由批发商将货品拆散并印上自己的名字向消费者出售。企业可以随自己的意愿为自己的产品包装，打上自己的企业名称和产品商标。这为企业应付激烈的市场竞争提供了一个新的手段，进而诱发产生了日益浓厚的品牌意识和越来越多的品牌产品，并随之催生了为品牌竞争鸣锣开道的广告行业。品牌建设的一项重要内容便是长期的、强大的广告宣传，品牌竞争的一个主要方面正是广告竞争。此外，纵横交错的交通运输网加快了地区间和人际间的信息传递与沟通。再加上，迅捷的电报网络也已经遍布美国主要城市。总之，到19世纪末，美国营销环境的巨大变化启动了商业广告营销的发展快车。"从1880年至1920年，美国的商业广告总量从约2亿美元增长到近30亿美元。"② 笔者2018年8月在美国学术交流期间到位于华盛顿的美国历史博物馆参观，在一楼西展馆"美国商业发展史"展板上面看到，"1870—1910年"赫然被称为"广告行业的形成期"（Establishing the Business）。

一个常见的现象是，很多新生事物在起步时难免泥沙俱下。20世纪初以前的美国商业广告便是如此：只要不出人命，它们几乎可以为所欲为。那些可疑的健康疗法广告、快速致富计划广告，以及其他令人发指的虚假广告，充斥报纸和杂志。③ 虽然有评论家斥责这些广告的道德伦理，但这些生产商与广告商的非凡成功证明了通过大肆的广告宣传强劲拉动产

---

① 黄勇编：《中外广告简史》，成都，四川大学出版社，2003年，第1版，第144页。
② Daniel A. Pope, *The Making of Modern Advertising*, New York: Basic Books, 1983, p. 2.
③ Juliann Sivulka, *Soap, Sex, and Cigarettes: A Cultural History of American Advertising*, Boston: Cengage Learning, 2011, p. 34.

品销售的可能性。美国商业广告的"先锋"——专利药（Patent Medicine）广告正是这种虚假夸大之风的滥觞和代表。

当时，美国药品匮乏，药品效果可以任意宣传。一些药品投机商趁机鼓唇摇舌，赚取不义之财。他们炮制出各种所谓"专利妙方"，甚至宣称可治疗所有疾病或病症。实际上，这些"专利药"均在不同程度上添加有酒精（高达30%）或鸦片、吗啡等毒品。① 在内战之前，专利药广告占许多报纸广告的一半以上，年销售额达350万美元左右。战后，专利药成为非常流行的救助物品，销量猛增至每年7500万美元，占美国出版商收入的三分之一。② 这些万能专利药的制药商凭借其雄厚的经济实力，独占商业竞争优势，打压正派的医药公司。残酷的竞争使一些诚实的医药公司不得不与之同流合污，开始做万能药的广告宣传。大多数医学专业刊物也刊载这类广告，虚假药品广告宣传登峰造极。19世纪最著名的广告词撰写人之一克劳德·霍普金斯（Claude C. Hopkins）说，药品广告是对广告人的最高考验，因为"这些药品一文不值，除非你用广告提前创造了需求"③。

企业不是努力通过提高产品质量、降低销售价格或者改进服务水平来扩大市场，而是把越来越多的钱花在上不着天、下不着地的自吹自擂上面，这显然悖逆了马克斯·韦伯（Max Weber）推崇的资本主义新教徒那种勤恳创造财富的正当性，反过来还严重打击了那些新教徒式的商人，让他们因为自己过于专注产品、不屑于广告吹嘘而利益受损。所以，与垄断一样，这种不正当的竞争方式必须得到有效的抑制。商业广告由此开始成为行政干预市场不正当竞争行为的一个领域。

---

① 王建英主编：《美国药品申报与法规管理》，北京，中国医药科技出版社，2005年，第1版，第3页。
② Juliann Sivulka, *Soap, Sex, and Cigarettes: A Cultural History of American Advertising*, Boston: Cengage Learning, 2011, p. 34.
③ 〔美〕菲利普·希尔茨：《保护公众健康：美国食品药品百年监管历程》，姚明威译，北京，中国水利水电出版社，2006年，第1版，第29页。

第二节 《联邦贸易委员会法》与 FTC 的成立

一、反垄断与跛脚的《谢尔曼法》

1890 年 7 月 2 日,哈里逊总统签署了国会通过的《谢尔曼法》(The Sherman Act)。该法共 8 条,最重要的是前两条。第一条规定,任何用来限制州际或对外贸易和商业为目的的合同、托拉斯或其他形式的企业联合或合谋,均属非法。任何人从事这些行为,都构成严重犯罪。第二条规定,任何人垄断或企图垄断,或与他人联合或共谋垄断州际或对外贸易和商业,均属于重罪。《谢尔曼法》的颁布奠定了美国反托拉斯的法律基石。然而,在其颁布实施后的 20 来年时间里,这部开山之法并没有收到明显的正面效果。不仅托拉斯的数目没有明显减少,反而还让美国在 19 世纪末 20 世纪初出现了第一次资本集中的高潮。1895～1904 年间,在 27 个工业部门中,中小公司合并为一家大公司的合并公司数在该部门所有公司总数中占比 75% 以上的部门有 20 个,占比 50%～70% 的部门有 6 个,占比 25% 以下的只有 1 个部门。此次合并浪潮中,61 家合并的大公司只占当时合并组成公司总数的 19.5%,其合并资产却占到了所有合并公司总资产的 62.7%。① 这让一些学者怀疑该法出台的目的可能是"为了保护当时遭受各州积极适用反托拉斯法打击的各个大型托拉斯集团的利益,是为了遏制州层面反托拉斯活动的高涨,其真实目的是希望通过联邦法的出台,利用联邦宪法第一条第八款之规定排除州法的积极适用,同时也是为了安抚当时日益高涨的民众运动和平息强烈的政治斗争之需要"②。

立法背后的深层次目的是否如此,大概只能是一种揣测和推理,而立

---

① 〔美〕拉尔夫·纳尔逊:《美国工业合并运动:1895—1956 年》,普林斯顿译,1959 年,第 56、63 页。转引自龚维敬《美国垄断资本集中》,北京,人民出版社,1986 年,第 1 版,第 7-9 页。

② Werner Troesken: "Did the Trusts Want a Federal Antitrust Law? An Event Study of State Antitrust Enforcement and Passage of the Sherman Act", in Jae C. Heckelman, John C. Moorhouse & Robert M. WhaPles, ed., Public Choice Interpretations of American Economic History, Dordrecht: Kluwer Academic Publishers, 2000, pp. 77-104.

法本身存在先天不足却是有目共睹的事实。首先，这部成文法的关键条款和术语，例如该法第一条中的"托拉斯""贸易限制""其他形式"，含义模糊，难于操作。第一条规定"任何"限制贸易的协议都为非法，事实上根本无法执行，因为任何契约都有限制贸易的效果（当我签订合同预售我的某些产品时，也就剥夺了我将这些产品出售给其他人的自由，因此限制了贸易）。如果按照这个法律执行，势必禁止一切商业交易。① 在1911年新泽西美孚石油公司案②的判决中，联邦最高法院的怀特（Edward Douglass White）法官依据合同法的古老传统，将"任何"解释为"任何不合理的"，确立了一个影响较大的"合理原则"（Rule of Reason）。这样，合理的限制为合法，不合理的限制为非法。在随后的美国烟草公司垄断案中，怀特法官进一步提出了进行合理分析的条件和步骤。即，如果没有先例或规定某种行为本身违法，或者法院没有充分的经验和把握来确定一种行为本身违法，法院就要对该贸易行为的目的和效果进行详细的事实调查，来推定其是不是一种不合理的限制贸易的行为。显而易见，限制贸易的目的和效果的"合理"审查实际上仍无明晰的标准，最后还是由法院灵活裁定。制定法本身的不确定性使法院的解释在该法的实际适用中发挥了关键作用。这既可以理解为是法律灵活性的体现，但也挡不住被某些人理解为是"为了维护垄断资产阶级利益，随心所欲地解释立法条文，是美国统治阶级在制定立法时有意设置的圈套"③。

其次是反垄断司法判例的匮乏。与欧洲大陆各国主要依据始自拿破仑时代的大陆法作为主要判案依据的法律制度不同，英美等判例法国家主要依据先前累积的司法案例来解决诉讼，这意味着大量的具体问题有待法院和相关行政机构在实际案件中进一步地判断和明确。《谢尔曼法》的执行高度依赖法院，可是法院并无先例可以遵循，所以一时难以找到准星。④再加上，法院和法官深受当时经济自由放任主义思想的影响，对执行反托拉斯法的态度比较消极。1895年，美国制糖公司兼并了宾夕法尼亚州的四家制糖厂。联邦司法部认为，此次合并使这家公司占有了美国精制糖市场95%的份额，明显形成了垄断地位。司法部依据《谢尔曼法》向法院提出

---

① 辜笑海：《美国反托拉斯理论与政策》，北京，中国经济出版社，2005年，第1版，第6页。
② "新泽西标准石油公司诉美国案"，《美国最高法院判例汇编》第21卷，1911年，第1页。
③ 龚维敬：《美国垄断资本集中》，北京，人民出版社，1986年，第1版，第283页。
④ 徐伟敏：《美国〈谢尔曼法〉研究》，山东大学，博士学位论文，2009年，第54页。

控告,联邦初级法院判决原告败诉。官司打到了联邦最高法院,最高法院裁定维持原判,理由是《谢尔曼法》不适用于制造业,收购新企业属于生产范畴,与贸易无关。① 这是《谢尔曼法》颁布后第一起反托拉斯诉讼,美国政府首战失利,以败诉告终。此后,在哈里逊总统时期,联邦最高法院只受理了5起反托拉斯诉讼。在克利夫兰总统任内,联邦最高法院共受理了7起反托拉斯指控,其中4起是控告工会非法限制贸易活动。截至1914年,在历届联邦政府提出的反托拉斯诉讼中,政府的胜诉率只有60%。在联邦最高法院审理的反托拉斯诉讼中,联邦政府的胜诉率也只有67.2%,其余均以联邦政府的败诉收场。②

最后,缺少一个强有力的执法机构。按照《谢尔曼法》的规定,美国联邦司法部和地方检察官负责对市场垄断和非法限制贸易的行为提出指控。作为专司法律的法务部门,司法部对市场经济缺乏足够的了解,不能够对合并、持股、垄断、限制等与反托拉斯有关的这些贸易行为的性质、程度、后果作出专业的评估和判定,因此,难以应付垄断资本巧立名目、千方百计控制市场,攫取垄断利润而损害市场竞争的行为。在这方面,法院也好不到哪里去。正如理查德·A. 波斯纳所言:"由于未受过处理经济争端的专业训练,法官在判决时总是倾向于和他们自己的偏见相符合的学派的观点。而且,必须记住,不管专业经济学家思想状况如何,律师和法官只是不称职的业余经济学家;他们会毫不犹豫地用他们自己的经济推理和证据代替经济学家的观点。"③ 在美孚石油公司案中,法院提出的合理原则虽然使立法条文明朗了一些,但也被指责为宽恕大企业留下了可观的回旋余地。大法官哈伦(John Marshall Harlan)就指责说,联邦最高法院"仅仅通过解释就修改了国会的这项法律,剥夺了它作为反对那些应被医治的弊端的一项防御措施的实际价值"。国会也对《谢尔曼法》的执行表示不满。④ 总之,仅依靠司法来实施《谢尔曼法》遏制市场垄断,引来了越来越多的质疑。公众要求建立一个由专家组成的行政委员会来实施反托拉斯法,确保其竞争政策目标的准确。⑤

---

① United States v. EC Knight Co., 156 U. S., 1 (1895).
② 胡国成:《塑造美国现代经济制度之路》,北京,中国经济出版社,1995年,第1版,第57页。
③ 转引自〔美〕马歇尔·C. 霍华德《美国反托拉斯法与贸易法规:典型问题与案例分析》,孙南中译,北京,中国社会科学出版社,1991年,第1版,第34页。
④ 辜笑海:《美国反托拉斯理论与政策》,北京,中国经济出版社,2005年,第1版,第6页。
⑤ 刘洪波:《美国反托拉斯法律评述》,《河南省政法管理干部学院学报》2003年第3期。

二、反不正当竞争与《联邦贸易委员会法》

在威尔逊总统的积极推动下，美国先于 1914 年 9 月 26 日通过了《联邦贸易委员会法》(*The Federal Trade Commission Act*)，紧接着在同年 10 月 15 日通过了《克莱顿法》(*The Clayton Act*)。[①]

与《谢尔曼法》相比，《克莱顿法》直接明确了四种非法的贸易限制行为：①价格歧视——禁止任何人进行价格上的差别待遇以减少竞争或制造垄断，除非它是由于销售或运输成本不同，商品等级、质量不同，或者出于正当竞争而体现出来的价格差别；②搭售和排他性交易合同——禁止销售商以承租人或购买者不使用或不购买竞争者的商品为条件，出租、销售商品或订立商品销售合同；③公司合并——禁止公司买入另一家公司的股票，如果买入这些股票可能实质性地减少或削弱竞争；④连锁董事会——禁止资本和赢利超过 100 万美元的公司及资本超过 500 万美元的银行与其他公司或银行建立连锁董事会。前三种行为都不必然违法，除非它们实质性地破坏市场竞争。"实质性"这一要件的"关键点在于执法机构和法院都不必证明已经存在着实际上的损害，也不必依靠过去的数据资料来证明对竞争的有害影响，但却可以根据预期会发生的最后结果来确定一个判例"[②]。《克莱顿法》借此对《谢尔曼法》中所谓的垄断和限制贸易行为作出了具体限定，以"可能"而非"已经"减少竞争作为认定标准，力图把各种托拉斯的共谋和垄断企图消灭在萌芽状态。

但是，这种"可能"的程度是多少？"实质性""排他性交易"等关键词又该如何理解？《克莱顿法》没有完全解决此前制定法条款模糊不清的问题。在此后的实施过程中，《克莱顿法》屡经修订：1936 年的《罗宾逊-帕特曼法》(*The Robinson-Patman Act*) 对价格歧视条款作了进一步的明晰；1950 年的《塞勒-基福维尔反合并法》(*The Celler-Kefauver Antimerger Act*) 和 1976 年的《哈特-斯考特-罗迪诺反托拉斯改进法》(*The Hart-Scott-Rodino Antitrust Improvement Act*) 对公司合并条款进行了补充；1980 年的《反托拉斯程序修订法》(*The Antitrust Procedural Improvements Act of 1980*)

---

① 《联邦贸易委员会法》1914 年 9 月 8 日在参议院以 43 票赞成和 5 票反对获得通过，9 月 10 日在众议院全票通过，9 月 26 日由威尔逊总统签署生效。《克莱顿法》1914 年 10 月 5 日在参议院通过，10 月 8 日在众议院通过，10 月 15 日经总统签署生效。

② 〔美〕马歇尔·C. 霍华德：《美国反托拉斯法与贸易法规：典型问题与案例分析》，孙南中译，北京，中国社会科学出版社，1991 年，第 1 版，第 38－39 页。

又对公司合并条款进行了扩充。

《联邦贸易委员会法》重点是解决反托拉斯既有立法规定的执行问题，及阻止使用不正当的商业竞争方式。该法第一条宣布设立联邦贸易委员会，并在前面三条当中规定了委员会主席的提名和任命，委员的选举任职与薪资待遇，委员会的经费资源及办公场所，以及原有的公司事务局撤销并入委员会等事项。该法最重要的是第五条，规定商业中的各种不正当竞争方法均属违法，授权委员会一旦发现并最终裁定个人、合伙人或公司在商业中使用不正当竞争方法，即可发布停止令（cease and desist order）要求相对人停止违法行为，并明确了具体的执法处理程序。为使委员会能够切实执行这部《联邦贸易委员会法》，该法第六条至第十条授予委员会很多辅助性的执法权力，包括对商业组织和商业活动进行调查、搜集信息的权力，调查行政相对人对处罚令执行情况的权力，获得、复印被调查企业有关证据的权力，发出传票要求证人出席并提交证词的权力，等等。

《谢尔曼法》和《克莱顿法》都属于刑事法律，触犯这两部法律可能招致联邦司法部的刑事控告。与它们不同，《联邦贸易委员会法》主要是一部用于对市场进行行政干预的经济法，违反该法要承担的主要是行政处罚。不过，它与一般的经济法又有显著不同。它以立法的形式为该法的施行设立了一个拥有混合权能且相对独立的专门机构——联邦贸易委员会。稍后颁行的《克莱顿法》宣布，联邦贸易委员会是负责实施《克莱顿法》的机构之一。《联邦贸易委员会法》和《克莱顿法》共同确立了联邦贸易委员会专职反托拉斯的权力角色和地位，扩大并强化了《谢尔曼法》反托拉斯的有关规定。自此，"美国反托拉斯法的实施采取一种'双轨制'，即 FTC 与司法部两者同时负责实施反托拉斯法"[①]。一般来讲，司法部管制的大多与价格固定（price fixing，即卡特尔）或垄断有关，FTC 的管辖范围则包括企业兼并和不正当竞争等。再者，司法部只能对市场垄断行为进行调查、起诉，FTC 不仅可以对市场垄断和不正当竞争行为进行行政执法，还可以依法进行审理和裁决。但 FTC 没有刑事调查权，相关的刑事调查只能由司法部展开。

《联邦贸易委员会法》和1946年颁行的《商标法》(*Trademark Act*，又名 *Lanham Act*) 是美国联邦政府对广告这种商业竞争方式进行规制的两部重要法律。前者自颁行以来，一直是美国广告规制的主要法律依据。全美各州仿照该法，大都制定了自己的"小《联邦贸易委员会法》"来规制州

---

① 唐绍欣：《美国垄断与反垄断：案例、趋势和借鉴》，《国际经济评论》2001年第5期。

区域内的广告。①

第三节　商业言论的宪法权利与 FTC 的广告规制权限

广告作为商业营销的重要手段，常常被用来进行不正当竞争，通过欺骗消费者、贬低竞争对手，为企业攫取不当利益。《联邦贸易委员会法》第五条授权 FTC 规制商业竞争行为，包括商业广告。什么样的商业广告属于不正当竞争手段，应依法予以禁止；什么样的商业广告属于正当的商业营销，依法不应加以干涉，《联邦贸易委员会法》颁行时并没有提供任何有效的指示。该法仅对其中的"商业"（commerce）、"公司"（corporation）、"反托拉斯行为"（antitrust acts）等几个概念作出了解释，没有对其宣布为非法并授权 FTC 规制的不正当竞争方法（unfair methods of competition）作出任何说明。换个角度来说，广告既是一种商业营销手段，也是一种商业言论表达，这种商业性质的言论是否享有美国宪法第一修正案的保护？FTC 对商业广告的规制是否会遭受违宪审查？实际上，自从商业言论是否享有美国宪法第一修正案的保护这一问题在 1942 年出现以后，商业言论的宪法权利便一直是美国企业排斥政府规制、维护自身权益的常用武器，后来也成为 FTC 建章立制、法院进行司法审查和裁决的一个重要考量。

一、商业言论的宪法权利：从完全排除、纳入保护到有限扩张

1942 年的双面宣传单案首次爆出了商业言论的宪法权利问题。该案中，克里斯坦森（F. J. Chrestensen）在纽约大街上散发传单广告，为他的一艘潜水艇招揽游客，被警官瓦伦丁（Lewis J. Valentine）制止。当时纽约法律禁止在街道上散发商业传单，政治宣传则不受限制。了解到这些规定以后，克里斯坦森改印了一批双面宣传单：一面是原来的商业招揽广告，另一面是抗议市政当局不让他使用码头设施做展览的个人声明。然而，当局再次强令其停止这一广告活动。联邦最高法院终审裁定克里斯坦

---

① James R. Maxeiner, Peter Schotthofers, ed., *Advertising Law in Europe and North America*, Alphen aan den Rijn: Kluwer Law International, 1999, p. 517.

森败诉,认为本案中的广告传单虽然包含政治言论,实际上不过是当事人刻意伪装以规避禁令的一个幌子;对于此种纯粹商业性的言论(pure commercial speech),宪法不限制政府对其进行调整和约束。① 商业言论由此被明确排除了宪法第一修正案的保护。直至1976年处方药价格广告案,该司法意见一直主导了商业广告的宪法命运。

1976年的弗吉尼亚州处方药价格广告案,是美国商业言论自由被纳入宪法保护的起点。② 该州1974年通过的一项法律禁止在该州注册的药剂师以任何方式宣传促销处方药,州医药局依据此法勒令一个药房停止发布一条含有处方药价格的商业广告。该州公民消费委员会和一位因病需要长期服用这种处方药的公民联合向州法院起诉,请求裁定1974年的那部法律违宪。他们认为,宪法第一修正案保障消费者有权获得专业药房愿意提供的处方药价格信息。州医药局则强调,药品广告作为一种商业言论不受第一修正案的保护。

---

① Valentine v. Chrestensen, 316 U. S., 52 (1942), pp. 54–55.

② 关于商业言论纳入美国宪法保护的起点,以美国流行教材《大众传媒法》(Don R. Pember, Clay Calvert, *Mass Media Law*, New York: The McGraw-Hill Companies, 2005.)为代表的文献认为是1975年的Bigelow v. Virginia一案。美国联邦最高法院在1983年的一个判决中也曾写道:"从1975年的Bigelow v. Virginia一案开始,最高法院把第一修正案的保护延伸到了商业言论领域。"[Bolger v. Youngs Drug Products Corp., 463 U. S., 60, 66–7 (1983), p. 64.]另一种观点认为,直到1976年的处方药广告案(Virginia State Board of Pharmacy v. Virginia Citizens Consumer Council),最高法院才对纯粹商业言论是否全然不在第一修正案的保护范围之内这个问题,作出了轰动性的否定回答。(Roger A. Shiner, *Freedom of Commercial Expression*, New York: Oxford University Press, 2003, Inc. 37.)本书持后一种观点。因为,Bigelow案的判决书恰恰显示,该案不是商业言论得享第一修正案保护的起点。判决书追溯先例,分析了三种情况:其一,1942年的双面传单案表明,商业言论不因为其有一定的公共利益内容就自然进入第一修正案的保护范围。传单其中一面上的公共言论只是行为人为规避政府禁令而刻意伪装的一个幌子,这不能改变其纯粹商业言论这一本质属性。其二,1964年的沙利文案表明,公共言论不因为其在形式上是付费的商业广告作品便失去第一修正案的保护。该案言论"传播信息,发表意见,表达不满,抗议侵权,并代表一个运动寻求财力支持,而该运动本身及其目标正是最高的公共利益和公众关切"(New York Times Co., 1964:266),所以属于宪法第一修正案保护的公共言论。其三,1973年的Pittsburgh Press案表明,宣传非法商业活动的商业言论不受保护,这暗示合法商业活动的商业言论也许会获得一定程度的第一修正案保护。判决书随后明确指出,Bigelow的堕胎服务广告与双面传单和匹兹堡新闻案中的招工广告有重大不同:它"不仅仅是提出一项商业交易。它包含明显是'公共利益'的事实材料。它的部分信息尤其是'堕胎目前在纽约是合法的,非纽约居民也可以'这样的内容,涉及交流信息和传播意见的自由"(Bigelow, 1975:822)。显然,联邦最高法院对Bigelow案的判决依循的是沙利文一案,最终之所以裁定被控言论享有宪法保护,关键不是因为它们与商业有些许关系,而是它们性质上属于第一修正案保护的公共言论。至于其中提到的合法商业言论受第一修正案保护之说,不过是法院从前例当中推测的一种可能,既不意味着必然,亦非Bigelow案的判决依据。

联邦最高法院最终以8∶1的投票结果维持州法院的判决，裁定州法无效。该判决宣告，即使纯粹的商业广告也并非完全不在第一修正案保护的言论自由范围之内。大法官布莱克门（Harry Andrew Blackmun）在判决书中写道：商业言论难道真的因其毫无思想可言，毫无一般意义上的真理、科学、道德和艺术可言，就失去了第一修正案的所有保护吗？联邦最高法院现在的回答是否定的。不管广告多么没有品位或者夸夸其谈，它们总是在传播一些商业信息。只要美国还坚守自由市场经济，那么资源分配在很大程度上就要依靠许许多多个体的经济决策来实现。这些决策整体上是否博识而明智，也就成了一个公共利益问题。商业信息的自由流通因此不可或缺。如果非要对比，判决书认为，消费者在商业信息自由流通中的利益，即使不大于，至少也不亚于他在每天最迫切的政治辩论中的利益。①

州医药局辩解，禁止处方药价格广告是为了防止处方药市场陷入低价竞争，损害药剂师的专业服务水平，进而不利于消费者健康。针对这种说法，联邦最高法院的判决书指出，州政府为了保护消费者利益而置消费者于无知状态，完全是一种家长式的做法。保护消费者的最好办法是让消费者充分获得无害而有用的信息，而不是封堵这些信息。所以，州政府不能因为担心广告信息可能会产生不良影响而彻底禁止有关合法活动之真实信息的传播。②

不过，此处应小心避免拔高这起司法案例的突破意义。判决书只是否定州政府对处方药广告的完全禁绝，没有任何文字表明最高法院否认或者是授权政府可以采取"完全禁绝"之外的其他限制措施。换句话说，商业广告是否只要真实便可享有宪法第一修正案的绝对保护，仍是悬而未决的问题。答案如果是，那就真正意味着真实商业广告拥有了核心言论（core speech）③的宪法地位。如果不是，那么政府在何种情况下可以对真实商业广告采取限制措施？这种限制既然不能像弗吉尼亚州对待处方药广告那样完全禁绝，其合理的尺度又在哪里？

1980年的哈德森中央电力公司诉纽约公用事业委员会一案，正面回应了这些问题。该案发端于1973年纽约州出现的能源紧张，当时纽约公

---

① Virginia State Board of Pharmacy v. Virginia Citizens Consumer Council, 425 U.S., 748 (1976), pp. 762, 763, 765.
② Virginia State Board of Pharmacy v. Virginia Citizens Consumer Council, 425 U.S., 748 (1976), pp. 767–770.
③ 有些宪政学者认为，宪法第一修正案保护的是核心言论，包括政治、文学、艺术等言论。有些认为，宪法第一修正案只保护公共言论（public speech），即政治言论（political speech）。

用事业委员会勒令该州所有电力企业停止一切鼓动用电的商业广告。能源危机结束后，委员会于1977年2月发表了一份政策声明，把广告分为刺激消费型的商业广告和制度知识型的偏公益类广告，声称前者违背国家有关能源储备的政策，会导致能源消耗不必要的增长，应予禁止。哈德森中央电力公司指控此举违反了宪法第一修正案。就案情及其所包含的基本法律事实而言，该案与前述弗吉尼亚州处方药广告案并无二致。依循先例，政府不能因噎废食，为了保护公共利益而完全禁绝既不虚假亦非误导性的商业广告。所以，联邦最高法院最后推翻了州法院和上诉法院的裁定，判决纽约公用事业委员会败诉。

本案最大的突破之处在于，联邦最高法院创造性地提出了政府限制真实商业言论的前提条件和考量逻辑，确立了权衡政府公共利益和商业言论利益的"四步分析法"。第一步，该商业言论是否受宪法第一修正案保护。有关合法活动且不误导消费者的商业言论，才享有第一修正案的保护。第二步，限制这种真实无欺的商业言论的理由是否充分，即是否有重大的公共利益需要政府去保护。第三步，政府采取的规制措施能否直接促进这一重大利益。如果不能实现这一利益，或者效果微乎其微，政府就不应该进行规制。最后一步，这些规制措施是不是为实现这一重大利益所必需的，而且是最为节制的。① "四步分析法"超越了之前司法审查仅仅停留在商业言论"在"或"不在"宪法保护范围内这一层面，提供了一个较为全面、具体而且看起来逻辑严密的审查指南。它要求法院在审查广告规制措施是否违宪时，必须查察这些措施与其所要实现的目标之间的匹配关系。就此而论，"四步分析法"既让司法审查也让政府规制和企业经营都有了较为清晰的章法可循。

在该案及弗吉尼亚州处方药价格广告案中，联邦最高法院都承认商业言论享有宪法第一修正案的保护。值得细察的一个重要区别是，处方药广告案只是明确对真实的商业言论不能完全禁绝，但并没有确认也没有否认政府对其进行规制的权力，这意味着真实商业言论进入核心言论的宪法权利殿堂理论上尚存一丝机会。而哈德森案把这道虚掩的大门给关上了，判决书传达了一个明确的信号：商业言论即使真实，也不配拥有核心言论所享有的那种程度的宪法权利；在公共利益高于商业利益的情况下，政府对真实商业言论可以采取必要而适当的规制。

---

① Central Hudson Gas & Electric Corp. v. Public Service Commission of New York, 447 U.S., 557 (1980), pp. 563 – 564.

此外,"四步分析法"看起来环环相扣,"以明确而清晰的检验标准构建了对商业言论自由的保护机制"①,实际上却因关键要件模糊不明而给政府规制留下了较大的自由空间。比如,何谓重大的公共利益?如何判定规制措施是否直接促进了这种公共利益?在 1986 年波多黎各赌场广告案中,同样是运用"四步分析法",以布伦南(William Joseph Brennan)大法官为代表的少数意见认为,缺少证据证明禁止发布赌博这种在当地属于合法活动的广告将直接有助于市政当局控制由赌博带来的危害后果,所以这种规制措施的必要性与正当性不足,违背了宪法对商业言论的保护原则。由伦奎斯特(William Hubbs Rehnquist)主笔的法院判决书则肯定,波多黎各市的这一禁令有利于促进政府的重大利益——减少当地居民对赌博活动的需求,进而保护他们的健康与福利。② 总体上,多项研究证实,第一修正案对商业言论自由的保护从 1980 到 1996 年间明显收缩了。③

1993 年辛辛那提市诉发现网络公司案和 1996 年 44 酒业公司诉罗德岛案,一改过去压低商业言论自由保护的主流司法意见,使商业言论的宪法保护再次峰回路转。发现网络公司 1989 年获得辛辛那提市政府授权,在人行道上建立了 62 个报摊来免费派发他们有关地产和教育的商业杂志。同时期,该市还有近 2000 个出售新闻类报纸的报摊。1990 年 3 月,市政当局通知要求 30 天之内移除这 62 个报摊,理由是该市法规禁止在公共场所派发商业传单。市政府在上诉时辩称,商业言论的价值低于报纸上的新闻,为确保街道安全和市容整洁,政府禁止其在公共场所散发完全是合理合法的。联邦最高法院以 6∶3 的表决结果维持下级法院判决,裁定辛辛那提市败诉。由史蒂文斯(John Paul Stevens)主笔的法院多数意见表示,对于真实的商业言论,政府的限制应适用"时间、地点和方式"原则和"内容中立"原则,而不是基于内容上的商业与非商业之区分作出歧视性的、绝对的禁止。大法官布莱克门在附议中强调,真实商业言论的价值不见得比非商业言论的价值低。地产和教育方面的商业信息对需要它们的读者而言,毫无疑问有很大的价值。此案中,政府对商业传单的限制应适用

---

① 赵娟、田雷:《论美国商业言论的宪法地位:以宪法第一修正案为中心》,《法学评论》2005 年第 6 期。

② Posadas de Puerto Rico Associates v. Tourism Company, 478 U. S., 328 (1986), pp. 352 – 353, 342.

③ Karl A. Boedecker, Fred W. Morgan & Linda Berns Wright, 1995: "The Evolution of First Amendment Protection for Commercial Speech", Journal of Marketing, 59 (1), pp. 38 – 47. Fred S. McChesney, 1997: "De-Bates and Re-Bates: The Supreme Court's Latest Commercial Speech Cases", Supreme Court Economic Review, 5, pp. 81 – 139.

对非商业言论那样严格的司法审查。[1]

在罗德岛一案中,最高法院多数意见认为,禁止真实、非误导的商业言论很少能使消费者免遭商业损害。相反,这种禁令往往只是掩盖了政府本可以不干涉言论即可实施的基本政策。禁令不仅妨碍消费者的选择,还阻碍有关公共政策的讨论。因此,政府有责任证明其规制不仅会促进而且会在很大程度上促进公共利益。虽然有记录表明禁止酒类价格广告可能会对适度饮酒者的购买方式产生一些影响,但州政府没有提供证据证明它的禁令会显著减少整个市场的消费。判决书还指出,鉴于信息自由流动在民主社会中的重要作用,宪法认为试图控制言论比试图控制行为更加危险。第一修正案因此指令政府不得像它压制行为那般轻易地压制言论;言论控制不能简单地作为政府用来达成其目的的另外一种手段。第一修正案的这些基本原则显然也适用于商业言论。[2]

有学者评价罗德岛一案"彻底改变了从 Bigelow 案以来的商业言论法理,把对商业言论的第一修正案保护提高到非商业言论的同样高度,从而最终完成了一场商业言论法理的革命"[3]。准确来说,本案不是把商业言论而是把真实且不具有误导性的商业言论的第一修正案保护,提到了只是接近但未并肩非商业言论的高度。自弗吉尼亚州处方药价格广告案以来,有关商业广告宪法权利的诉讼判决包括罗德岛一案的司法意见,一直都认为有关非法活动的广告以及欺骗性或误导性的广告不受宪法第一修正案的保护。罗德岛案的突破之处在于,它强调真实且不具有误导性的广告是消费者充分了解产品与市场、能够真正作出理性购买决策的重要信息来源,是市场自由配置资源的重要条件,而且也关乎公共政策的公开辩论,所以应享有第一修正案的充分保护。本案所谓的"充分"保护,既包含先例反复申明的政府无权完全或彻底禁止此类广告这一底线,又确立了其他程度或形式的限制措施必须接受比哈德森案的"四步分析法"更为严格的司法审查这样一个新标准。"更为严格"这一标准仅仅是相对于哈德森广告案而言,本案的判决书以及此后的司法审查实践都没有表明,商业言论因此得以与非商业言论共享同等程度的第一修正案保护。

在处理商业言论的宪法保护程度及相应的司法审查标准这一难题之前,通常不得不首先解决另外一个难题——判断一种言论究竟是商业言论

---

[1] City of Cincinnati v. Discovery Network Inc., 507 U.S., 410 (1993), pp. 429, 431.
[2] 44 Liquormart, Inc. v. Rhode Island, 517 U.S., 484 (1996), pp. 503, 505 – 506, 512.
[3] 邱小平:《表达自由:美国宪法第一修正案研究》,北京,北京大学出版社,2005 年,第 1 版,第 346 页。

还是非商业言论。在1964年沙利文诉《纽约时报》案中，被控言论虽然是付费发表，但联邦最高法院认为这无关宏旨，"它传播信息，发表意见，表达不满，抗议侵权，并代表一个运动寻求财力支持，而该运动本身及其目标正是最高的公共利益和公众关切"①，因而裁定其属于政治言论。1975年Bigelow诉Virginia案中的堕胎服务广告，因为"不仅仅是提出一项商业交易。它包含明显是'公共利益'的事实材料。它的部分信息尤其是'堕胎目前在纽约是合法的，没有居住方面的要求'这样的内容，涉及交流信息和传播意见的自由"②，最高法院同样认为这是属于政治性的。经法院认定属于政治言论的，适用政治言论的宪法保护标准和司法审查标准。凡被归入商业言论的，像克里斯坦森的双面传单广告、弗吉尼亚州的处方药价格广告，适用的则是商业言论的那一套保护与审查标准。过去，两种言论虽时有交叉模糊，多数情况下还算泾渭分明。20世纪末以来，随着包括广告在内的各种营销手段越来越深入地交织融合在一起，分辨两种言论的难题变得越来越棘手。在耐克公司广告案中，联邦最高法院对此甚至无奈选择了搁置不决。

1995年前后，为回应外界对其用工政策与环境的批评，耐克公司发起了一系列公关回应，包括给大学校长和运动教练致函，散发小册子解释公司的用工政策，召开新闻发布会反驳有关"血汗工厂"的指责，给《纽约时报》的编辑写信为其用工政策辩护，以及在媒体上发布有关其员工工作环境的调查报告。1998年，加利福尼亚州一位公民起诉耐克公司在这些公关活动中有不公平与欺骗性的广告行为，违反了加州的相关法规。耐克公司辩称，这些属于公共事务的讨论，受第一修正案的保护。初审法院和州上诉法院都判定耐克公司胜诉，认为被控言论本质上不是商业性的。什么才是商业言论？联邦最高法院经常依据的是其在1973年提出的一个定义："只是提出一项商业交易的言论"（no more than propose a commercial transaction）③。在1980年哈德森案中，它被认为是"只与言者及其听众的经济利益有关的表达"（expression related solely to the economic interests of the speaker and its audience）④。后来在1983年对Bolger案所涉

---

① New York Times Co. v. Sullivan, 376 U.S., 254 (1964), p.266.
② Bigelow v. Virginia, 421 U.S., 809 (1975), p.822.
③ Pittsburgh Press Co. v. Pittsburgh Commission on Human Relations, 413 U.S., 376 (1973), p.385.
④ Central Hudson Gas & Electric Corp. v. Public Service Commission of New York, 447 U.S., 557 (1980), p.561.

广告的分析中，联邦最高法院又提出了三要素的认定标准：①言论是广告形式；②内容指向某一产品；③背后有商业动机。[1] 但在加州高院看来，这些都只是针对具体案例所涉特定言论而提出的认定方法，联邦最高法院从未采纳过一个根据第一修正案来区分商业言论与非商业言论的通用标准。加州高院综合先例认为，本案中耐克公司言论的发布者为商业组织，言论指向的对象主要是潜在消费者，而且言论对有关产品作了事实性的表述，因此属于商业言论，不受宪法第一修正案保护。法院少数反对意见则指出，当批评者们充分利用他们的权利进行不受限制、辛辣而猛烈的指责时，被他们指责的对象却不能发表同样的言论；当耐克试图针对这些批评言论为自己辩解时，多数意见却否认这种辩解与批评言论一样享有第一修正案保护。对一方提供完全的言论保护，对另一方却苛以严格责任，这很难促进有意义的公共辩论。[2] 耐克公司向联邦最高法院提出上诉。在发出调卷令并听取双方的口头辩论之后，2003年6月，联邦最高法院裁决撤销调卷令，不予审理。法院提出了三个相互独立、都可作出该决定的充分理由。其中一个是，本案所涉言论混合了商业言论、非商业言论和关于重要公共事务的争论，这是"新的宪法问题"，法院不宜过早作出草率决定。[3] 2003年底，诉讼双方宣布和解。作为原告撤诉的交换条件，耐克公司同意捐出150万美元给一个监督工厂工作条件的社会组织。

案件出乎意料地结束了，司法难题却遗留未解：一个企业对自己受到的公共批评摆出事实公开辩解的言论，是商业性质的言论吗？应该适用何种程度的司法审查标准？联邦最高法院既有自己多次对商业言论提出的定义，也不乏对混合式言论成功作出甄别认定的司法先例，于此案却弃之不用。而且，对加州高院发展提出的商业言论认定标准——发布者、内容以及指向对象——也未置可否。可见，它所谓的新宪法问题之"新"，是指本案被控言论的混合性不同于以往的混合式言论，非此前那些商业言论的定义所能解决。这种混合性已经到了商业性成分和非商业性成分难分主次的程度，任何想要定性归类的尝试都不得不面对在难分彼此之处作出非此即彼之选的最大挑战。而今在社交媒体上，一个历史趣闻可以顺势带出某种商品，很多微信公众号利用标题和虚假新闻来吸睛营销，虚拟网红在越来越深入的日常互动中不动声色地为商业代言……可以预见，这个挑战在

---

[1] Bolger v. Youngs Drug Products Corp., 463 U.S., 60 (1983), p.67.
[2] Kasky v. Nike, Inc., 45 P.3d 243-Cal: Supreme Court (2002), pp.311, 320.
[3] Nike, Inc., et al. v. Kasky, 539 U.S., 654 (2003), pp.658, 663.

未来传播活动势必愈益复杂交错的情况下只会越来越突出。

二、商业言论宪法权利的价值与法理

逐案分析可以渐次映现言论宪法权利之司法意见的细微变动。价值比较与评判则是理论为不同言论的宪法权利进行论证排位的主流进路。这种方法经由众多法官和学者长久以来的开拓、积累和完善，已经形成了一套以价值判断为核心，借分类比较来划定区别第一修正案保护之界限的宪法学理体系。

（1）价值高低之分。言论因价值高低而享有宪法第一修正案不同程度的保护。如史蒂文斯大法官所言："我们有关第一修正案问题的判决在对言论的宪法保护方面建立了一套粗略的等级制度。重要的政治性言论享有最高等级的保护地位，而商业用语和没有猥亵内容但与性有关的言论属于次一等级的表达；淫秽和挑衅性言论则仅能得到最小程度的保护。"① 在这一梯级序列中，公共言论的推崇者往往会祭出约翰·弥尔顿（John Milton）的言论自由思想，有时候还会重温托马斯·杰斐逊（Thomas Jefferson）、詹姆斯·麦迪逊（James Madison）等美国先贤们的民主立宪理念，借此强调第一修正案唯政治言论的保护取向，力主排除对其他言论的保护。"他们认为，第一修正案着重的两个原则是，通过表达自由达到的自我实现和自我统治。商业言论充其量只是招徕生意或传递商业信息，完全没有满足上述原则。"② 桑斯坦（Cass R. Sunstein）就将第一修正案的目的视为促进"麦迪逊式民主"（The Madisonian Democracy），即以人民主权、政治平等和审议对话为核心的美国政体。米克尔约翰（Alexander Meiklejohn）也视政治言论为第一修正案的唯一、绝对保护对象。在他看来，美国宪法规定了两种根本不同的言论：第一修正案"仅仅保障直接或间接地涉及到那些必须由公民投票决定的问题的言论——因此它仅仅保障有关公共利益事项的思考和讨论"，"它是自治方案的惟一基石"，因此是绝对，不可削减的；第五修正案保护的才是私言论。私言论所享有的自由经正当法律程序可以被剥夺或者被限制，即使这种限制可能是不必要和

---

① R. A. V. v. City of St. Paul., 505 U.S., 377 (1992). 转引自〔美〕唐纳德·M. 吉尔摩等《美国大众传播法：判例评析》，梁宁等译，北京，清华大学出版社，2002年，第1版，第98－99页。

② 邱小平：《表达自由：美国宪法第一修正案研究》，北京，北京大学出版社，2005年，第1版，第322页。

不公平的。作为私言论,"商业广告的宪法地位和一个说客为委托人的游说活动的宪法地位,完全不同于一个公民筹划公共福利时所发表的言论的宪法地位"。①

概括而言,公共言论自由理论给出的理由主要有三个:其一,这种言论关乎公共事务特别是政治问题而非私人事项,因而是促进公共利益的讨论;其二,这种权利是天赋人权,关乎个人自治和自我实现;其三,在公共言论市场中,对话者是平等、自由和理性的,真理自会在充分、自由的公共讨论中胜出。前两个理由决定了公共言论的价值卓尔不群,必须予以最高程度的保护。第三个理由是坚信公共言论市场具备自我修正能力,对公共言论的任何规制都没必要,反而还会压制理性的发挥和真理的发现,因此宪法通过第一修正案就是要立法禁止对这种自由的任何干预。

可是,这三项理由既非公共言论所独有,亦非论者所言那般绝对和美好。政治言论固然多数情况下都关涉公共利益(不能否认,有些政治言论纯粹是一己之私),商业言论却并非全然与公共利益无关。加拿大经济史学家哈罗德·伊尼斯(Harold Innis)早在20世纪初的经济史研究中就发现,商品信息的快速传播是现代经济发展和变革的一个重要驱动力。② 经济学家科斯(Ronald H. Coase)也高度肯定了商业广告对经济和社会发展的重要意义,认为广告有助于改善经济制度的运行,提高消费者的品位。③ 对商业言论的保护不仅对市场经济的良好运转很有必要,更重要的是能够在实质上增进长期公认的、第一修正案所鼓励的言论自由的价值。④ 相反,对商业言论的限制与拘束会威胁到第一修正案的最根本的价值。因为"只要存在根据商业言论与非商业言论(包括政治性言论)之间的区别而在宪法保护程度上的显著不同,就存在一种风险:政府和法院会成功地将政治性言论或意识形态的言论仅仅归类为商业言论。这种错误的归类又会被用

---

① 〔美〕亚历山大·米克尔约翰:《表达自由的法律限度》,侯建译,贵阳,贵州人民出版社,2003年,第1版,第67、45、28页。

② Harold Adams Innis, *The Newspaper in Economic Development*, Political Economy and the Modern State. Toronto: University of Toronto Press, 1946, p. ix.

③ Ronald Coase, 1997: "Advertising and Free Speech", in Allen Hyman & Bruce Johnson, ed., *Advertising and Free Speech*, Lexington: Lexington Books, pp. 1 - 2.

④ Sean P. Costello, 1997: "Comment: Strange Brew: The State of Commercial Speech Jurisprudence Before and After 44 Liquormart, Inc. v. Rhode Island", *Case Western Reserve Law Review*, 47 (2), pp. 681 - 750.

来压制非普遍的政治性或意识形态的言论"①。对此，一位评论家表示了他的担忧：

> 政府可能为了保护我的孩子免遭玩具广告的侵扰而限制我的言论自由；可能为了让我远离罪恶的酒精而限制我的言论自由；可能为了让我免受赌博之害而限制我的言论自由；可能为了避免我由于看见性感的衣着裸露的女人、听见盥洗器使用的声音、看见卫生巾或一个喝啤酒的运动员而带来的震惊而限制我的言论自由；可能为了保护我的肺而限制我的言论自由。那好，我要说的是——我宁愿死于肺癌也不愿看见我的孩子们失去自由说话的权利。肺和人都是注定会消亡的，但民主不会。②

公共言论的所谓天赋权利和个人自治，采取的是"言者"（speaker-based）的立场，其价值是服务于发言者自身的利益。"我说故我在"，公共对话的目的就是要让言论"说"出来，只要"说"出来了，发言者自身的利益就已经在很大程度上得到了实现。而且，在公共对话中，进行表达和活动的主体（发言者）与这些表达和活动所服务的对象（也是发言者）是重合的。③ 因此，公共言论是所有参与者天赋共有的言说的权利。但是，言论自由显然不只是言的自由，还有听的自由，接触和接收各种信息和意见的自由。一个国家，如果公民不能充分而不受限制地接触、获取各种必要的信息，这个国家的言论自由就已名存而实亡，这个国家的公民就不可能实现所谓的个人自治，个人尊严也无从说起。在个人生活主要是经济活动的时代和社会里面，公民自由获取充分的商业信息据以作出自主的理性消费决策，既是日常生活所需，也是个人自治之必需。就此而言，剥夺商业言论自由与剥夺人们的政治言论自由一样，都是对个人自由、自治与尊严的侵犯。

至于第三个理由，明显是对经济市场歧视性的贬低和对言论市场想当然的美化。人的理性是有限的，"理性人"不过是一个理论假设。在言论

---

① R. George Wright, *Selling Words: Free Speech in a Commercial Culture*, New York: New York University Press, 1997, pp. 51-52.

② Michael Gartner, 1988: "Commercial Speech and the First Amendment", *University of Cincinnati Law Review*, pp. 1173-1178.

③ 左亦鲁：《公共对话外的言论与表达：从新〈广告法〉切入》，《中外法学》2016年第4期。

市场,人并非时时刻刻都保有理性,并非对任何意见和观点都能明辨是非。在经济市场,人也不是毫无理性、任由商业摆布的玩偶。公共言论自由理论所认为的平等对话,不过是把幻觉错当成了现实。正如杰罗姆·巴伦(Jerome A. Barron)教授所言:"在思想的传播与交流中存在着力量的失衡,这正如经济中的力量不均一样。承认后者而否定前者的想法不啻为堂吉诃德式的狂想。"所以,一个具有自我纠偏能力的"思想市场"是对观念传播与交流过程的浪漫而不切实际的描述。① 科斯完全否认思想市场比商品市场更重要。他指出,这种歧视性的态度源于对这两个领域中的公众能力和政府能力的错误认识。在思想市场,公众被认为可以毫无困难地在各种思想中作出选择;政府干预的动机不良,也难有成效。在商品市场,消费者对各种商品无法作出明智的选择;政府干预的动机纯洁,而且有能力胜任,因此应让政府进行更多的规制。②

(2)价值类型之分。这种考察方法是从"工具性"和"目的性"这两个方面来评判言论自由的价值。用德沃金(R. Dworkin)的话说,工具主义的观点认为言论自由会施惠于民:可能是发现真理,可能是保护人民自治,或者可能是免于政府沦入腐败。目的价值论则认为,言论自由是"一个正义的政治社会的基本的和'构组上'的特征"。在这样的政治社会中,政府将它的成年公民(不具行为能力的人除外)看成是富有责任心的道德主体。当政府颁布命令,声明它不能放任它的公民听从危险而大逆不道的蛊惑之言时,政府是在侮辱公民,并否认他们的道德责任。我们只有坚持,没有一个人——不管是政府还是大多数人——有权利认为我们不适合聆听和考虑某一观点从而取消我们的观点,从而维护我们作为独立的个人的尊严。③ 在工具主义那里,言论自由是通往真理或民主的必经之路、必备工具。在目的价值论那里,言论自由本身就是目的,是民主社会的当然内容。德沃金正是目的价值论的代表。在他看来,工具价值论诉诸的策略性目标在有些情形下可能是限制而非保护言论自由的理由,而且它只集中于保护政治言论。而目的价值论所主张的本质结构的合法化理由,原则上包容言论和思想的所有方面。

---

① 吴飞:《西方传播法立法的基石:"思想市场"理论评析》,《中国人民大学学报》2003年第6期。

② Ronald Coase, 1977: "Advertising and Free Speech", in Allen Hyman & Bruce Johnson, ed., *Advertising and Free Speech*, Lexington: Lexington Books, p. 9.

③ 〔美〕罗纳德·德沃金《自由的法:对美国宪法的道德解读》,刘丽君译,上海,上海人民出版社,2001年,第1版,第282-284页。

波斯纳（Richard A. Posner）是工具价值论的代表。他旗帜鲜明地表示，"自由仅在它促进诸如政治稳定、经济繁荣以及个人幸福等特定目标的范围内才受到重视"①。既然如此，一种自由的价值大小或者受保护程度高低，便可以通过对这种工具的成本与收益分析进行评估。例如，美国宪法第一修正案对商业言论的保护较弱而对仇恨演说却给予完全的保护，在波斯纳看来，这是因为仇恨言论的全部成本（非议、惩罚乃至法律责任）都由发表这一言论的人承担，而收益却分散于他人。相反，商业言论通常是以更高价格或更大产量来弥补其付出的成本。② 仅就此例而论，波斯纳对两种言论价值的分析明显存在逻辑不一致：对仇恨言论分别计算了个人的和社会的成本与收益，但对商业言论却有意无意忽略了对其社会收益——消费者理性消费和生活自治，以及市场灵活配置资源等——的考量。再者，波斯纳强调的终极目标，无论是政治稳定、经济繁荣还是个人幸福，时刻都会成为压制言论包括政治言论的借口。真理被冠以妖言惑众而拘厄遭难，正义之言因忤逆当道时政而被勒令封口，历史一向不乏这样的先例。

言论自由既有工具价值，又有目的价值。约翰·弥尔顿和约翰·斯图亚特·密尔（John Stuart Mill）的言论自由思想无不兼蓄了这两个维度上的价值。联邦最高法院大法官布兰代斯（Louis Brandeis）曾明确表示，"言论自由的价值在于它既是一种目的，也是一种手段"③。问题可能在于，不同的言论或者更多体现出工具价值，或者更多体现出目的价值。又或者，一种言论对这个群体和领域来说主要是一种目的价值，对另外一个群体和领域来说却主要是一种工具价值。就实际而非一种可能的情况而言，热衷于政治、具有强烈权利意识的人，更倾向于视政治言论自由为一种目的，埋头于日常生活的消费者可能更倾向于视商业言论自由为一种目的性需要；民主人士支持政治言论的无上价值和宪法地位，经济学家主张商业言论自由不可或缺。如此看来，无论是以单一的政治利益还是以单一的经济利益为标准来评判言论自由的价值，都可能导致不适当地厚此而薄彼，损害第一修正案的正当性与公平性。

---

① 〔美〕理查德·A. 波斯纳：《法律理论的前沿》，武欣、凌斌译，北京，中国政法大学出版社，2003年，第1版，第65页。

② 〔美〕理查德·A. 波斯纳：《法律理论的前沿》，武欣、凌斌译，北京，中国政法大学出版社，2003年，第1版，第85页。

③ 转引自〔美〕罗纳德·德沃金《自由的法：对美国宪法的道德解读》，刘丽君译，上海，上海人民出版社，2001年，第1版，第284页。

(3) 价值主体之分。商业言论自由的所谓"价值",是对谁而言?即宪法所应保护的商业言论自由的权利人是谁?商业言论早期仅被视作广告主的一项表达权利。双面传单案的判决明显反映了当时美国社会对商业言论的这种下意识的看法:纯粹的商业言论完全是广告主的一己之私;它不仅不属于法律要保护的公民权利,而且往往还会干扰乃至侵犯法律所保护的公民权利;法律应该允许政府为保护公民权利而禁止广告主的这种商业言论,哪怕它是对合法活动有一说一的诚实宣传。在这种观念主导之下,法院只需查明涉事言论是不是纯粹的商业言论,便可径直作出裁定,根本不用考虑消费者接触这种言论的权利。

到20世纪60年代,广泛而深入的消费者运动前所未有地突出了消费者的主体性。同一时期,经济学和法学对消费者在市场经济中的决定性作用给出了令人信服的理论发掘和论证。向来被认为是企业利益的商业言论自由,由此被溯源归根到了消费者那里。功不可没的人物之一是自由主义经济学家哈耶克(Friedrich August von Hayek)。他在《通往奴役之路》(1944年)、《自由宪章》(1960年)和《法律、立法和自由》(1973年)等一系列著作中,全面论证了消费者在决定商品生产的种类和数量上怎样起着至高无上的决定作用。[①] 现代经济的发展事实上也越来越显著地表明,经济增长的源泉是消费者的市场信心和购买力,而不是企业的生产力和竞争力。一旦消费者对产品质量、交易秩序和商业诚信缺乏信心,消费市场必定疲软无力,经济活力就会大受影响。相对于保护企业之间的公平竞争,保护消费者在市场交易中的利益才是保有市场活力的根本。随着这种观念的转变和消费者权利地位的呼声高涨,之前仅限于保护竞争者的反不正当竞争法转向强化其社会功能,保护消费者权益成了很多国家竞争法的终极目标,维护公平自由的市场秩序反倒被降格为实现这一终极目标的手段。

反不正当竞争法的重点既然是保护消费者权益,那么对消费者而言,哪些权益是重要因此是必需的?1962年,美国总统肯尼迪向国会提交了一份消费者权利咨文,首次提出了消费者的四项基本权利,其中两项分别是被告知的权利(the right to be informed)和自由选择的权利(the right to choose)。消费者被告知的权利即经济生活当中的资讯接受权,除了是对消费者人格的尊重,就市场交易而言它还是消费者实现自由选择权的前提。消费者只有充分了解产品各方面信息并有条件在同类产品之间进行比

[①] 张严方:《消费者保护法研究》,北京,法律出版社,2003年,第1版,第19页。

较,才会作出自由理性的消费选择。任何决策都离不开信息。理性、周全的决策需要准确和充分的信息。信息一旦不足或者失灵,往往会直接导致决策失误,使消费者遭受经济损失乃至人身伤害。信息经济学为我们揭示了信息不完全和信息不对称对市场交易的重大影响机制,他们的研究从一个侧面有力地证明,商业信息传播绝不仅仅是企业的私利,更是消费者很需要的一项重要权利。

循此而论,商业言论之所以理应受到宪法第一修正案的保护,关键不在于其对广告主所具有的意义,而在于使消费者能对自己的经济事务作出更加明智、理性的决定,进而促进市场经济的发展。因而,资讯接受权实为确保言论自由的终极实现而衍生出的一种权利,而此种权利之生成亦为商业广告或商业言论被纳入言论自由体系的决定性因素。[1] 正是托庇于自由市场经济理念,更准确地说是消费者的资讯接受权和自主决策权,商业广告才最终得以在20世纪70年代进入宪法第一修正案的殿堂。

三、商业广告行政规制的司法审查

(1)行业禁令适用严格审查。1976年至今联邦法院对各州有关商业言论的抽象行政行为的司法审查,基本确立了宪法第一修正案保护商业广告的两个基本原则:其一,诚信不欺地宣传合法活动的商业广告受第一修正案保护,消费者有自由接触这些广告的权利,禁止政府以保护消费者为由一禁了之;其二,若有更重要的公共利益需要维护,政府可以采取为实现这一公共利益所必需的、最为节制的规制措施,但一般不得发布面向全行业的广告禁令。前者始自弗吉尼亚州处方药广告案,后者出自哈德森广告案。哈德森案确立的"四步分析法"因为在关键环节——衡量规制措施是否最为克制及其所促进的公共利益是否足够重要——缺乏具体标准,而在具体司法应用中时有龃龉,深一脚浅一脚。比如1986年波多黎各赌场广告案当中,法官围绕广告禁令的公共利益效果所产生的意见分歧。以及在1989年大学宿舍推销案中,法院甚至借用"合理关系"原则替代了哈德森广告案"四步分析法"中的第四步,认为:尽管哈德森案及其他一些司法判决都主张政府对商业言论的限制只能采取维护政府利益所需要的最小限制手段,但这些意见从未要求政府的限制措施必须是绝对最小限制,毋宁说它们实际是要求政府所用的手段与其要达成的目的之间具备合理的

---

[1] 黄铭杰:《美国法上的言论自由与商业广告》,《台大法学论丛》1998年第27卷第2期。

关系（a reasonable "fit"）。① 但无论如何，商业言论自由已经戴上了宪法权利的桂冠，一禁了之的规制方式必然触发严格的司法审查，政府必须为其负担证明义务，这就基本淘汰了行业禁令这种传统的广告规制方式。

严格司法审查原则的确立，对广告市场和政府规制都产生了巨大影响。一方面，先前颁行的诸多广告禁令就此得以松绑，一些风险产品和特殊类型的广告由此涌入了市场，例如比较广告。正是从20世纪70年代开始，企业可以光明正大地利用比较广告在同类产品之间进行明确的、直接的对比宣传，只要广告所言能够被证实。这为消费者比较选择同类产品提供了很多具体而富有价值的参考信息，同时也大大刺激了同类产品之间的市场竞争，进一步带来了经济和社会福利。最令人刮目的重大变革当属处方药广告的部分解禁。处方药一向被认为只有专科医生才具备足够的专业知识和经验来正确安全地使用，因而被禁止面向公众进行广告宣传，只能在专业的医学药学刊物上刊发。1981年，美国出现了第一个直接面向消费者（Direct-To-Consumer, DTC）推销的处方药商业广告。经过反复多次的收益—风险分析，美国联邦食品药品监督管理局（FDA）于1985年正式放开DTC处方药广告市场，同时发布政策指南，要求这些广告在发布时必须作出充分的风险披露。美国的DTC处方药广告市场顿时就像决堤的江河，迅速遍布全国，广告投放额到1989年激增至1200万美元。②2005年达到42亿美元，占到了美国药品全部营销费用的40%。③ 至于此类广告的效果，大量研究以及FDA的多次调查与评估都相当一致地显示，DTC处方药广告并未对消费者产生人们所担心的重大伤害，相反却是大有益处：不仅向消费者直接提供了很多有价值的药品信息，还引导患者从医生那里了解相关的信息，并且提高了患者接受和依从药物治疗的可能性。④

另一方面，新的广告禁令，无论是地方政府立法还是联邦机构立法，都很难再获通过。即使通过，也极有可能被司法裁定无效。1978年初，FTC曾试图以泛泛的"不道德、不择手段"以及保护儿童的一些公共政策

---

① Board of Trustees of the State University of New York v. Fox, 492 U.S., 469 (1989), pp. 475–481.

② Wayne L. Pines, 1999: "A History and Perspective on Direct-to-Consumer Promotion", *Food and Drug Law Journal*, 54 (4), pp. 489–518.

③ Julie Donohue, 2006: "A History of Drug Advertising: The Evolving Roles of Consumers and Consumer Protection", *The Milbank Quarterly*, 84 (4), pp. 659–699.

④ Kim Bartel Sheehan, 2003: "Balancing Acts: An Analysis of Food and Drug Administration Letters about Direct-to-Consumer Advertising Violations", *Journal of Public, Policy & Marketing*, 22 (2), pp. 159–169.

为由制定行政规章，禁止所有面向儿童的商业广告以及所有含糖食品的商业广告。① 动议一出，即刻遭到了来自行业、国会和媒体的非议。《华盛顿邮报》戏称联邦贸易委员会是"国民保姆"。国会一度拒绝提供必要的资金，并关闭了联邦贸易委员会几天。1980 年 6 月，国会通过了《联邦贸易委员会改进法》(Federal Trade Commission Improvements Acts)，收紧了 FTC 干预市场的权力，特别是制定这种绝杀式行政规章的权力。自此以后，法院和国会都越来越倾向于否定委员会有权作出禁止性的抽象行政行为。20 世纪末以来，面对互联网领域丛生新发的各种广告问题，FTC 一直积极跟进，但始终克制冒进。委员会首选的是适用或修订旧法，更多是采取逐案执法的方式，同时引导和扶持行业自律。总之，FTC 不再轻易颁行新的行政规章，更没有动辄启用全行业禁令。

（2）事后规制但求合理。宪法第一修正案保护合法商业广告，不保护欺骗性广告。对于欺骗性广告，政府进行规制的依据、尺度和边界在哪里？这是商业言论的研究文献鲜少论及，然而对中国依法规制虚假违法广告更具有参考价值的一个重要问题。求解这个问题，必须深入考察司法对具体规制行为的合法性审查。

早至 1946 年的雅各布-西格尔公司虚假商标案，联邦最高法院就对 FTC 惩治虚假违法广告的具体行政行为提出了"合理关系"（reasonable relation）的要求。西格尔公司经营一款名为"羊驼"的上衣，并在其广告宣传中表示该产品含有进口安哥拉山羊驼毛。FTC 调查后发现，该产品实际上不含有"羊驼毛"成分，而且"羊驼"这一商标具有欺骗性，容易让消费者误以为该产品含有羊驼毛。FTC 责令西格尔公司停止作此表述，并停止使用该商标。西格尔公司上诉表示，FTC 可以要求在使用该商标时必须向消费者阐明不含"羊驼毛"即可，完全没必要剥夺被告使用该商标的权利。上诉法院审理后认为，FTC 有充分的证据证明上诉人从事了 FTC 所认定的违法事实，同时指出，只要能达到阻止误导宣传的目的，FTC 应选择最少限制的救济方案。这为评估 FTC 的停止令处罚是否适当，提供了一个重要的依据。更重要的是，法院于此案中表示：司法对 FTC 行政规制的审查不会超出这个范围，即委员会是否从它可用的诸多救济措施中作出了一个正当的选择；委员会拥有广泛的决定权，除非委员会的规制措施与被认定的违法行为之间没有合理的关系，否则，法院不会干涉委员

---

① FTC Staff Report on Television Advertising to Children (February, 1978). http://www.ftc.gov.

会的具体行政行为。①

李斯特林漱口液广告案是法院对 FTC 规制虚假违法广告作出合法性审查的一个典型案例。法院审查的核心是裁定 FTC 苛以的更正处罚是否超出了法定授权，是否必要而公正，其所依据的也是"合理关系"原则。1972 年，FTC 指控华纳兰伯特公司发布的李斯特林漱口液广告与事实不符，产品没有广告所声称的能够预防或减轻感冒和喉咙肿痛的功效，违反了《联邦贸易委员会法》第五条的规定。FTC 要求被告立即停止被控广告，并持续发布 16 个月的更正广告，其中须向消费者说明："与此前的广告宣传相反，李斯特林漱口液无助于预防或减轻感冒和喉咙肿痛。"而且，全部更正广告的总费用不得少于 1962～1972 年间该产品广告的年均预算额度。责令发布更正广告是 FTC 于 1971 年开始启用的一种处罚措施——相对人须在违法广告发布的同样范围内发布足够的更正声明，具体坦白违法广告的不实陈述。华纳兰伯特公司诉至哥伦比亚地区联邦上诉法院，直指 FTC 的更正处罚超出了法律的授权范围，依据是《联邦贸易委员会法》只规定 FTC 可以责令停止违法广告，没有任何条款授权其可以采取停止令以外的其他处罚措施。哥伦比亚地区联邦上诉法院援引两个先例，确认了 FTC 完全有权力灵活使用处罚的方式，作出停止令之外的其他处罚。1963 年泛美航空公司一案涉及的《民用航空管理法》就像《联邦贸易委员会法》一样，仅规定了当局有权发出停止令。联邦最高法院在对泛美航空公司案的裁定意见中表示："我们对这部法律不作如此狭窄的理解……如果不让民用航空管理局拥有此项权力，国会的目的将无法实现。……责令剥离资产这种权力作为行政权力的一部分，不需要明确写入行政当局的权力范围。"② 之后，在 1966 年迪恩食品广告案中，联邦最高法院应用了泛美航空公司案这一判决先例，认为联邦贸易委员会寻求临时禁令的权力不需要明确法定，"这种附属权力一向是委员会履行职责所必需"③。判例法一再表明，FTC 的规制方式不限于制定法文本，其有权采用法律条文之外的其他处罚措施。

那么，进一步的问题是，任何其他处罚措施都在这种灵活范围内吗？具体就本案当中的违法事实而言，FTC 作出的更正处罚是否必要而且合理？上诉方提出，即使 FTC 拥有这种灵活规制的权力，更正处罚也超出了

---

① Jacob Siegel Co. v. FTC, 327 U. S., 608 (1946), p. 613.
② Pan American World Airways, Inc. v. United States, 371 U. S., 296 (1963), pp. 311–312.
③ FTC v. Dean Foods Co., 384 U. S., 597 (1966), p. 607.

法律可允许的范围。他们摆出了三项理由：①立法历史上没有此种处罚措施；②它违反了宪法第一修正案，他们还特别强调联邦最高法院当时扩大了对商业言论的宪法保护；③它从未获得任何法院的同意。对于这些辩护，上诉法院的回应是：一个机构多年不行使某种权力并不意味着该机构没有这种权力；尤其是，法院并不认为更正处罚是一种新措施。这一叫法可能是新的，其隐含的观念却早已有之。在1952年的一个司法先例中，联邦最高法院曾经表示：如果要让FTC实现国会所设定的目标，就不能将其路障限定在违法者所走过的狭窄道路上；必须允许它可以有效地关闭所有通往禁区的道路，以确保没有人可以绕道而过却不受惩罚。而且，联邦最高法院也已明确：第一修正案不禁止政府为确保商业信息的溪流自由而洁净地流淌而对欺骗性或误导性广告进行规制。① 这无疑表明，司法认可FTC有权采取宽泛、灵活的规制措施，只要规制措施与违法行为之间存在"合理关系"。在李斯特林漱口液广告案的处罚令当中，FTC阐明了更正处罚与广告违法行为之间的"合理关系"：如果一则欺骗性广告让消费者对该广告所宣传的产品或服务产生了错误认识，并且这些错误认识在欺骗性广告停止以后仍将顽固存在，那就会继续影响消费者的购买决策，损害消费者和竞争对手的利益。在这种情况下，单单责令被控广告停止发布显然不足以完全杜绝危害继续，委员会因此适当要求行政相对人作出积极行动，纠正和清除被控广告在消费者心目中产生的错误认知，以对消费者和竞争对手施以更周全的保护。FTC引用华纳兰伯特公司的市场调查结果指出，被控广告已经持续发布了50多年，约70%的受访消费者能够回想起来它的主题是"感冒和喉咙疼痛的良方"；在被控广告停止6个月之后，这一数字仅降到了64%。另有两位营销调查领域专家给出的测试结果表明，消费者的这种错误认识在被控广告停止之后的2～5年内将不会显著减少。上诉法院认为，这些证据足以表明，FTC在此案中援用的更正处罚这种处罚手段符合联邦最高法院在西格尔一案中提出的"合理关系"原则。

不过，更正内容中最重要的那句——"与此前的广告宣传相反，李斯特林漱口液无助于预防或减轻感冒和喉咙肿痛"——中的前半句，上诉法院认为并无必要。因为，FTC处罚令要求所有更正广告都必须包含这一句，而且在平面广告中，这句话必须以至少与广告主要内容同样大小的字体来显示，并与广告主要内容分开显示以使读者注意到；在电视广告中，

---

① Warner-Lambert Co. v. FTC, 562 F. 2d 749, 752, D. C. Cir. (1977), pp. 759, 758.

必须同时以音频和视频的形式出现；在广播电视广告的音频更正过程中，不得有其他声音包括音乐出现。上诉法院认为，有这些细节要求作保障，更正内容必然会到达受众，引起受众注意。至于前半句"与此前的广告宣传相反"，无非是有两个目的，吸引大家注意后面的更正内容，或者让广告主蒙羞。如果是为了第一个目的，法院指出，有处罚令的那些细节要求已经足够了，前半句完全可以免除。第二个目的可能适合于一个故意性质的广告欺骗案件而非本案，因为证据表明他们并非故意欺骗。最终，上诉法院微调后裁定 FTC 的处罚令合法合理。① 按法院裁定的处罚令要求，华纳兰伯特公司从 1978 年到 1980 年连续刊登了 16 个月的更正广告，共计花费 1029.5 万美元。

此案是美国广告规制历史上的一个重大典型案例，引发了很长时期的广泛热议和持续研究。其重要意义在于，在联邦最高法院扩大对商业言论的宪法保护范围和力度的历史时期，司法审查意见重申了欺骗性广告不受宪法保护这个一贯的底线，同时明确肯定 FTC 有权力灵活寻求救济手段，只要规制工具与其指向的违法行为之间具有"合理关系"，而非无端用典或者恣意妄为。这为 FTC 在制定法之外灵活进行制度创新，探索建立广告规制的长效机制，走在广告规制的世界前列，提供了至为关键的前提条件。

---

① Warner-Lambert Co. v. FTC, 562 F. 2d 749, 752, D. C. Cir. (1977), p. 762.

第三章

FTC广告规制的体制方位

第一节 广告行政规制的三驾马车

在美国，对广告负有规制责任的公共权力机构主要是联邦贸易委员会（FTC）、食品药品监督管理局（FDA）和联邦通信委员会（FCC）。其中，联邦贸易委员会承担着广告规制最主要的职责。

一、FTC 的权责与架构

1914年9月26日，《联邦贸易委员会法》经由威尔逊总统签署生效，按照该法第一条规定，联邦贸易委员会同时即告成立。1915年3月16日，联邦贸易委员会正式开门运行。委员会由五位委员组成，不得有超过三个委员来自任何同一个政党。五位委员由总统提名，一经参议院同意任命，除非不能胜任、玩忽职守或者违法乱纪等法定事由，总统无权解除他们的职务。但委员会主席由总统从五位委员当中选择任命。委员会直接向国会负责，受国会监督，不需要向总统报告。"委员任期七年，而总统任期为四年，这样联邦贸易委员会的人事组成，就不像司法部长那样易受总统政策的影响，从而提高了联邦贸易委员会执法的相对独立性。"[①]

除了委员会主席和其他四位委员，联邦贸易委员会下设国会关系办公室、公共事务办公室和国际事务办公室，分别负责与国会的对接、与公众和媒体之间的关系，以及国际相关事务。此外还设有秘书办公室、政策规划办公室和首席隐私官办公室。政策规划办公室主要是协助委员会制定和实施长期政策和长远规划，向各相关立法机构、官员、法院和专业组织提供有关支持竞争和消费者保护方面的材料。首席隐私官办公室负责委员会内部的隐私合规。行政法官办公室和监察长办公室都是设在委员会内部但是独立于委员会的权力部门。前者主要负责对委员会的律师提出的每项指控组织进行听证，并作出初步裁决。后者负责对委员会的项目和运作进行调查审计，以防止欺诈、浪费和滥用，促进机构内部工作的效率和效果。经济事务局负责评估委员会的规制对市场和消费者的影响，为委员会在反垄断和消费者保护方面的政策制定提供经济分析，并向国会、专家机构和

[①] 唐绍欣：《美国垄断与反垄断：案例、趋势和借鉴》，《国际经济评论》2001年第5期。

社会公众提供有关反垄断和消费者保护等方面的经济分析。竞争事务局和消费者保护局是委员会最重要的两个核心执法部门。前者负责执行《联邦贸易委员会法》中有关限制贸易的条款以及《克莱顿法》，致力于促进贸易的自由公平竞争。后者专门对商业中或影响商业的不公平和欺骗性的行为或做法提起诉讼，致力于防止误导性广告和不合理价格，可以说是联邦贸易委员会也是全美保护消费者权益的最重要的行政部门。除了来自消费者个人、消费者团体和其他组织的投诉，FTC 处理的违法广告大部分是由消费者保护局及其下属的各区域办事机构发现线索并提出起诉的。图 3-1 是联邦贸易委员会目前的组织架构。①

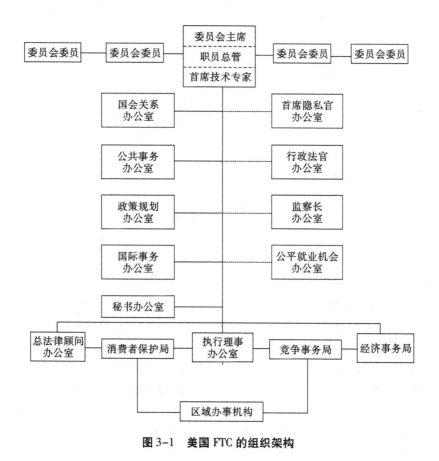

图 3-1　美国 FTC 的组织架构

---

① FTC Organization Chart. https：//www.ftc.gov/system/files/attachments/about-ftc/ftc_org_chart.pdf.

委员会规制广告的法律依据主要是《联邦贸易委员会法》。该法第五条、第十二条和第十五条授权委员会依法规制不公平广告和欺骗性广告。此外，依据《公平信用报告法》《儿童在线隐私保护法》等法律，委员会也可以对涉及侵犯个人信息的不公平、欺骗性或误导性广告行为进行规制。作为具有较高独立地位的行政规制机构，联邦贸易委员会不仅有行政执法权和准立法权，还享有准司法权。只要有合理的理由怀疑某一商业行为涉嫌违反这些法律，委员会的律师便可以发出指控，并由委员会内部的行政法官（Administrative Law Judge，ALJ）启动听证程序。行政法官表面看是委员会内设的一个下属岗位，但其选拔、任免及薪酬待遇都不归委员会管。行政法官主要负责召开听证会，审查原被告双方争议的事实、观点及证据，依法作出初审裁决。任何一方对ALJ初步裁决的结果不服，都可以向委员会申请复议。委员会的五位委员结合初审裁决的记录，研究复议申请人的请求、理由和证据，依法作出终审裁定，并发布处罚令。处罚令通常要求被告马上停止被控广告的发布和传播，或者必须按要求披露相应内容才可以继续发布，有时还须发布更正广告以纠正已经给消费者造成的错误认知。委员会还有权对被告处以高额罚款，或者向法院申请冻结被告的资产以备将来对消费者进行赔偿。

若对委员会的终审裁定不服，行政相对人有权在处罚令发出之后的60天时间内向联邦法院提起上诉，由法院对委员会的行政裁决进行司法审查。鉴于FTC和ALJ各自拥有超出一般行政机关和普通法官的专业知识与经验，联邦法院往往都会倾向于采信他们对事实作出的认定，而偏重于审查他们的法律程序和裁决意见。申请司法审查的60天期限一旦结束，或者联邦法院审理后判决支持委员会的裁定和处罚，委员会的处罚令便是最终的。或者，按照法院判决要求，经委员会修订后的处罚令也是最终的。对于终局性的行政处罚令，相对人必须遵照执行。违反或拒不执行终局处罚令的行为，每次或每天会被处以最高1万美元的民事罚款。

此外，根据《联邦贸易委员会法》，委员会拥有调查、发出传票、要求出庭作证、要求提供材料等权力。任何人拒不配合，可被处以1000～5000美元罚款，或/并判处不超过一年的监禁。任何人故意伪造证据、作假证或者提供错误的资料，可被处以1000～5000美元罚款，或/并判处不超过三年的监禁。

二、FDA 的权责与架构

19 世纪末 20 世纪初，美国的食品和药品市场非常混乱，深遭社会诟病。公众强烈呼吁对食品和药品进行立法规范。1906 年 6 月 30 日，美国通过了第一个药品法规《纯净食品和药品法》(Pure Food and Drug Act, PFDA)，授权美国农业部依法规制这一领域。当时的 PFDA 不要求药品在上市之前必须经过充分的临床试验，制造商也不需要在产品上市前证明其安全性和有效性。PFDA 的重点是强制生产商在药品标签上提供真实的药品信息，由消费者自主判断和选择消费。只要药品标签没有错误，药品广告虚假并不算违法。而且，PFDA 所禁止的伪标（misbranded）行为是指药品标签中该药品成分、纯度、含量等方面的信息与事实不符，不包括药效方面的信息虚假。1911 年，强生公司（O. A. Johnson）因其治癌药标签对疗效的虚假宣传被控伪标，联邦最高法院最终判决强生公司胜诉，理由是被控行为不属于 PFDA 定义的伪标行为。① 1912 年，国会通过了谢里修正案（the Sherley Amendment），开始严禁药品标签对药品疗效进行虚假宣传。只是，该修正案仅是针对药品的标签，并不包括药品的广告宣传。

自 1906 年颁行到 1927 年，PFDA 一直由农业部下属的化学局负责执行。1927 年，该局改组为食品药品和杀虫剂管理局。1930 年，改组为食品药品监督管理局。1933 年，食品药品监督管理局向国会提交议案，建议彻底修正已经过时的 PFDA。1938 年 6 月，《食品、药品和化妆品法》(Food, Drug, and Cosmetic Act, FDCA) 获准通过，替代了 1906 年的 PFDA。该法将食品药品监督管理局的管理权限扩大至化妆品和医疗器械领域，同时加强了其对药品安全性的检查权力。1961 年，一种非处方用新型安眠药"反应停"（Thalidomide）被发现导致 46 个国家的 1 万多名婴儿出生缺陷，事件激起了公众对进一步强化药品管理的强烈呼吁。此前被搁置已久的《克发尔·哈里斯药品修正案》(the Kefauver-Harris Amendments) 迅速在国会获得通过。这项修正案要求制造商在药品上市前必须向食品药品监督管理局提供安全性与有效性这双重证明，而且这些证明必须基于严格、合规、科学的临床试验。2012 年 2 月，食品药品监督管理局局长汉姆伯格（Margaret A. Hamburg）在旧金山的一个演讲中评价道：

---

① United States v. Johnson, 221 U. S., 488 (1911). https：//supreme. justia. com/cases/federal/us/221/488/case. html.

"这项修正案成就了今日科学规制的 FDA。坦率地说,它使 FDA 成为全球范围内的规制引领者和金科玉律。"①

现如今,FDA 的职责是确保美国的食品、兽药、人用药品、医疗器械、人用生物制品和血液供应的安全、有效和质量。它还规制化妆品、烟草制品、食品添加剂、辐射产品,并负责食源性疾病暴发的调查及处置。②以下组织框架图中间部分的各个中心是 FDA 执法的核心部门。③

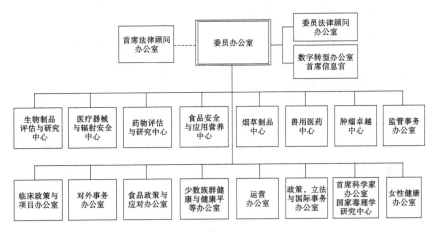

图 3-2 美国 FDA 的组织架构

20 世纪 60 年代以前,FDA 基本上没有广告规制的法定职责。1962 年通过的《克发尔·哈里斯药品修正案》将处方药广告的规制权从联邦贸易委员会移交给了 FDA。对于处方药广告,FDA 要求一般只能宣传该种药品已被批准的特定功能或医疗用途,广告内容须在宣传药品优点和披露药品风险之间把握平衡。1994 年颁行的《营养标识与教育法案》(*Nutrition Labeling and Education Act*)对一些比较模糊难定的广告用语——比如新鲜、轻快、低脂肪、低卡路里——作出了严格的界定,食品广告用语有了更加清晰的法律标准。除了食品广告和处方药广告,FDA 目前还负责兽

---

① Margaret A. Hamburg:How Smart Regulation Supports Public Health and Private Enterprise, at the Commonwealth Club of San Francisco, February 6, 2012. http://www.fda.gov/NewsEvents/Speeches/ucm290803.htm.

② 《应对全球化挑战,加强国际协作,促进健康和安全》,FDA 局长 Margaret A. Hamburg 2014 年 11 月 17 日在北京大学的演讲。

③ FDA Organization Chart. https://www.fda.gov/about-fda/fda-organization-charts/fda-overview-organization-chart.

药、化妆品、医疗器械、生物制品等产品广告的规制。

三、FCC 的权责与架构

联邦通信委员会（FCC）是美国广播电视媒体的主管机构，依照《1934 年通信法》(*Communications Act of 1934*) 于同年成立，负责管理所有非联邦政府机构的无线电频谱使用（包括无线电广播和电视广播）、美国国内州际通信（包括固定电话网、卫星通信和有线通信）和所有从美国发出或在美国终结的国际通信。FCC 同样也是一个独立规制机构，委员会主席及其他四位委员都由总统任命，但须经参议院批准，任期五年。来自同一政党的委员不能超过三个。所有委员都不得与 FCC 规制的行业有经济利益上的关系。五位委员组成委员会的最高领导部门。如图 3-3 所示①，FCC 现设有 17 个一级机构，包括 7 个局和 10 个办公室。这 7 个局分别是消费者与政府事务局、无线通讯局、媒体局、执行局、有线竞争局、公共安全与国土保障局、国际事务局。它们根据自己的权责需要各自下设了若干业务部门。

---

① Organizational Chart of the Federal Communications Commission. https：//www.fcc.gov/sites/default/files/fccorg‑10262021.pdf.

图 3-3 美国 FCC 的组织架构

依照国会立法授权及《1996年电信法》等法律的规定，FCC总体上负责确认广播电台和电视台的广告播出资格，"一般通过批准或吊销各类电台、电视台的营业执照而间接实施对广播、电视、电话、电报业等发布的广告实施监管"①。微观层面，FCC主要对广播电视广告的内容、表现形式、播出方式以及时间和数量进行把控和监督。例如关于政治类广告，FCC要求广播电视在播出竞选广告时必须给竞选对手相同的广告时长，而且以同一媒体同一时段的最低价格收费。商业性质的儿童广告必须与儿童节目相分离，严格限制儿童节目中的商业广告播出时长。禁止播放香烟、小雪茄、无烟烟草或咀嚼式烟草等产品的广告。禁止广告与节目混杂，任何不能使观众明了其为商业广告的广告都属非法。对于广告违法行为，FCC可以发出警告函，这可能会影响到广播电视许可证的持有和续约；勒令停止违法行为；罚款，如对违反儿童节目的行为，每次可处以8000～122500美元的罚款，而违反政治广告规则，每次可处以9000～122500美元的罚款；吊销执照或不续约，这是最严重的处罚，但FCC不轻易采用。如果媒体或广告商对这些处罚决定有异议，可以向法院起诉或向国会陈情，法院有权对FCC的处罚进行合法性审查，裁决予以支持或者推翻。被控媒体或广告商如果拒不执行这些处罚决定，委员会可向法院申请强制执行。

四、三驾马车的争议与协作

FTC先于FDA和FCC成立，是全美最主要的广告规制机构。FDA负责食品、药品、化妆品、医疗器械等产品的安全可靠及其标签和广告的真实准确。FCC是美国广播电视媒体的主管机构，既手握电波资源分配和营业执照许可的大权，亦对这些媒体的节目和广告负有规制职责。三个机构都对广告依法负有规制责任。区别在于，FTC规制的重点是广告本身是否真实无欺。FCC的工作重点是电子媒体对广告的表现，即它们是否以恰当的方式有效、完整地呈现广告信息，以确保消费者准确接收到产品信息或保护某些群体免受广告信息的侵扰。在监督处罚上，FTC规制的对象主要是广告主和广告公司，几乎不见其对发布违法广告的媒体进行处罚。FCC一旦确认媒体发布违法广告，主要是对涉事媒体进行警告、责令停止发

---

① 范志国主编：《中外广告监管比较研究》，北京，中国社会科学出版社，2008年，第1版，第47页。

布、责令更正或致歉、罚款,一般极少对违法广告的广告主或广告公司进行执法。

与FTC和FCC之间的关系相比,FTC与FDA之间在广告规制领域存在较多更为直接的业务交叉及分工协作。自1930年成立至1962年《克发尔·哈里斯药品修正案》通过这一期间,FDA对商品宣传方面的规制主要限于商标、标签、说明书以及企业直接邮寄给医生的产品宣传材料,FTC更侧重对广告的规制。有时,一些宣传内容既出现在产品标签上,也在广告中发布。为避免重复工作、执法冲突及对企业造成不应有的困扰和损害,FTC与FDA就各自职责的划分进行过多次协商。1954年6月,FTC与FDA达成了一个谅解备忘录:FDA主要负责食品、药品、医疗器械及化妆品的标签规制,FTC负责对除标签外的广告加以规制。1958年1月,为了进一步协调两个机构的工作,双方建立了联络员制度。随着相互协商合作的深入,双方逐渐明确了广告与标签的不同:广告主要是影响患者购买药品,在患者购买药品之前发挥作用;而标签是在患者已经作出购买决定之后,影响患者对品牌的选择,指导患者合理使用药品。[①] 1971年更新的谅解备忘录进一步明确,仅在非同寻常的情况下,两个机构才能对同一当事人都采取行动。[②]

1962年《克发尔·哈里斯药品修正案》通过以后,处方药广告的管理权限从FTC转移到了FDA。FTC继续承担非处方药(OTC)广告的规制责任。处方药在美国很长一段时期都被禁止发布直接面向消费者(DTC)的广告。20世纪70年代,患者治疗自主权运动在美国风起云涌,再加上制药行业和广告媒体四处游说鼓动,促使FDA尝试放开了DTC处方药广告市场。但到了1983年,FDA暂停了DTC处方药发布广告的权利,理由是这类广告可能导致患者向医生施压,要求开出本不必要的药物,导致药品费用增加;容易诱使患者要求治疗本可以不用治疗的疾病;会导致过多使用品牌药品;而且消费者衡量药品风险和疗效的能力也不可靠。1985年,FDA正式放开了DTC处方药广告,但要求审批通过的新处方药只有在过了设定的期限之后才能发布DTC广告。当时DTC处方药广告主要有三种:一种是宣传药品的,必须提供足够充分的风险和疗效信息;一种是提示式的,只能出现药品名称,不能含有疾病信息;还有一种是帮助式

[①] 左根永:《FDA和FTC围绕广告规制的争议》,《中国处方药》2007年第7期。

[②] Memorandum of Understanding Between the Federal Trade Commission and the Food and Drug Administration, March 10, 2009. http://www.fda.gov/AboutFDA/PartnershipsCollaborations/Memorandaof UnderstandingMOUs/DomesticMOUs/ucm115791.htm.

的，只对患者进行疾病知识的教育，可以不提供有关风险的信息。1997年，FDA发布了新的政策指南，允许DTC处方药广告提及处方药的品牌名称、治疗病症，可以不披露药品的全部风险，但必须披露最主要的副作用、禁忌证等风险信息。2004年，FDA又增加了一些行为准则，要求这些广告不能照搬标签内容，必须使用患者易于理解的文字披露最主要的药品风险，以使患者合理用药。在DTC处方药广告规制问题上，FTC基于其丰富的药品广告经验，经常为FDA决策提供一些专业意见，促进了美国DTC处方药广告市场逐步有序开放并且整体上有益于经济和社会发展。

两个机构之间的职责交叉与执法合作还突出体现在对功能性食品和膳食补充剂产品宣传的治理上。① 关于这些产品，生产商和经销商一般都清楚，FDA对标签的要求往往比FTC对广告的要求更为严格。但他们容易忽略或者不够重视的是，某些产品信息按照FTC的广告制度要求必须取得FDA的许可才能在广告当中使用，否则广告就是违法宣传。反过来，FDA在具体的执法过程中也会考虑相对人行为是否触犯了FTC执行的相关法规。针对未经证实或未被认可的健康与药物声明，两个机构会携手开展联合执法行动。② 2011年2月1日，FDA向田纳西科学公司（Tennessee Scientific）发出了一封警告函③，认定该公司网站上某款膳食补充剂产品的一些宣传内容未经FDA授权，而且把这款膳食补充剂说成了一种药物。FDA指控这种行为不仅违反了《食品、药品和化妆品法》，而且也不符合FTC的广告标准：广告声称产品能够预防、治疗或治愈人类疾病时，必须拥有可靠的科学证据，有时还应包括严格控制的人体临床研究，以证明其声称属实。这封由FDA独立签署发出的警告函还提醒，违反《联邦贸易委员会法》的行为可能会导致FTC采取法律行动，提示该公司在收到这封警告函的15个工作日以内联系并向FTC作出说明。

近年来，两个机构之间的合作不断增强和走向深入。前FTC消费者保护局局长戴维·弗拉德克（David Vladeck）在2009年10月的一次会议演讲中介绍，FTC与FDA的工作人员通过定期的电话会议等方式就各种问

---

① John E. Villafranco, Raqiyyah R. Pippins & Kristi L. Wolff, 2011: "Working Together: How Growing FDA and FTC Collaboration Changes the Regulatory Landscape for Food and Dietary Supplement Marketers", *Nutritional Outlook*, May 12, pp. 32 – 35.

② FTC and FDA Take New Actions in Fight Against Deceptive Marketing, June, 2003. http://www.ftc.gov/opa/2003/06/trudeau.shtm.

③ FDA Warning Letter to Tennessee Scientific, Inc., 2011. http://www.fda.gov/ICECI/EnforcementActions/WarningLetters/ucm241970.htm.

题进行协商,双方还就普通食品、膳食补充剂产品及非处方药的市场规制问题分别设立了三个工作小组来沟通协作。他还表示,FTC 将与各兄弟机构进行更好的合作,尤其是 FDA。①

第二节 广泛而灵活的行业自律

FTC、FDA 和 FCC 组成了美国广告行政规制的三元架构。由这些部门主导的广告行政规制,与广告行业自律和对广告的社会监督一起,共同形成了美国广告治理的三元架构。

广告行业自律是广告行业内部建立起来的一种自我约束和自我净化的机制,在美国广告的综合治理当中发挥着无可替代的重要作用。在政府和社会的压力之下,美国广告行业力求通过自律机制来进行自我规范,一方面是尽可能减少政府对广告行业的强干预和硬干预,另一方面是弥补政府干预的不足,最终促进企业自身及广告行业的长远良性发展。

美国广告行业自律组织的种类繁多,广泛存在于广告相关的各个领域和各个环节。一些大型企业和公司建有自己的广告自律机制和部门,广告主、广告代理、广告发布等各环节都有全行业性质的自律组织体系。各环节之间还相互协作,成立了若干跨行业的广告自律组织。就地域而言,既有地方性的广告自律组织、区域性的广告自律组织,还有全国性和国际性的广告自律组织。

一、广告主的广告自律

广告主是广告活动的发起者,广告费用的出资方,广告产品或服务的信息提供者,广告活动进程的重大影响者乃至实际控制者,常常也是广告活动的最大受益者。广告主的道德法律素质直接影响甚至决定了广告是否真实合法。在美国,许多大型企业如通用电气、苹果公司都自愿加入了广告自律行动当中,在企业内部建立了较为严格的广告审查与评估机制,确认广告当中的一些实质性宣传内容有据为证,以免遭到主管机构的指控、

---

① David Vladeck, Remarks before the National Advertising Division Annual Conference, October 5, 2009. http://www.ftc.gov/speeches/vladeck/091005vladecknationaladvertising.pdf.

查处，或者社会的责难与批评。"广告部或广告代理商制作的广告稿，需先提交到研究制作部，根据实验数据的记录和报告进行分析，然后再送到法律部审批，才能通过。"① 除了一些大中型企业各自的内部审查，一些行业协会如玩具制造商协会、全美律师协会、会计师协会也有专门的广告行业自律组织，负责制定本行业的广告规范，防止成员企业的广告行为触犯法律，损及全行业的社会形象和声誉。

卓有影响的是由很多大型企业成立的全国广告主协会（the Association of National Advertisers，ANA）。ANA 成立于1910 年，初衷是为了保护和促进广告主与消费者的利益，促进地区与全国广告行业、生产商与经销商、广告商与广告公司之间的合作关系。ANA 目前拥有1000 多家会员企业，大部分是汽车、银行、航空、保险、化妆品、制药、电子通信等行业的领军企业，这些会员企业每年的营销花费总额达到4000 亿美元的规模。② ANA 代表广告主的利益，为广告主提供专业服务。一方面，ANA 为广告主提供各类信息，每年向超过1 万个高级营销成员发行自己的杂志，组织广告业务培训，共享最佳营销实践，引领广告营销的发展。另一方面，ANA 竭力倡导并推动行业自律，以减少来自政府部门的硬性干预。

2010 年12 月，FTC 向国会递交了一份有关保护消费者在线隐私权益的报告③，建议国会通过立法把"谢绝跟踪"（Do Not Track）制度④合法化，以有利于对在线行为广告（Oline Behaviour Advertising，OBA）依法进行规制。报告甫一提出，ANA 政府关系办公室负责人丹·杰弗（Dan Jaffe）立即在自己的博客上发文⑤，指责此举有百害而无一利，强烈反对国会采纳这一提议。他指出，这种严格的限制性措施将会打击网络互动广告发展的积极性。而且，该制度不可能防范所有的网络广告，甚至还有可能让消费者接收到更多他们不想要的商业信息。另外，限制企业在合适的时间将合适的信息发送给合适的消费者，也会大大削弱在线营销市场的发展。杰弗表示，他认同 FTC 强调的消费者有权了解与选择有关他们的信息

---

① 翟年祥、邹平章主编：《广告学教程》，成都，四川人民出版社，2001 年，第1 版，第334 页。

② About the ANA. http：//www.ana.net/about.

③ Prepared Statement of the Federal Trade Commission on Do Not Track. https：//www.ftc.gov/sites/default/files/documents/public_statements/prepared-statement-federal-trade-commission-do-not-track/101202donottrack.pdf.

④ 即消费者有权选择是否同意被第三方网站追踪其在线行为，被称为网络版的"谢绝来电"（Do Not Call）制度。

⑤ Dan Jaffe，Do Not Track Should Not Pass Go, December 1, 2010. http：//www.ana.net/blogs/show/id/20772.

如何被搜集与使用这一主张，但在他看来，广告行业已经采取了比较有效的自律措施来保护消费者的这项权益，比如多家权威的行业自律组织联合于 2010 年 10 月 4 日发布了在线行为广告自律规则[①]。这个规则要求在线行为广告尊重消费者对自己的在线行为及个人信息的支配权，每个广告都应在旁边放置一个消费者容易识别的图标链接，把消费者导向广告教育和"退出"页面，供消费者自主决定和选择。杰弗认为，这项自律规则代表了广告主行业对 FTC 早前提议建立更加有效的在线行为广告自律机制的积极回应，希望 FTC 和国会在考虑通过严格的行政规制措施之前，能够允许其发展新的自我规范。

2011 年 3 月 8 日，FTC 消费者保护局负责人在一个演讲中指出，尽管广告行业已经努力加强在线行为广告的自律并取得了令人欣喜的进步，但还是有必要推行"谢绝跟踪"制度，并提出这项制度应包含五个重要部分：易于消费者使用，强制性，普适性，对数据收集和使用的详尽控制，以及消费者选择权。第二天，ANA 的执行官鲍勃·李奥迪斯（Bob Liodice）代表数字广告联盟（Digital Advertising Alliance）[②]对这一论调作出了回应，认为 FTC 并未就"跟踪"（tracking）、"收集"（collection）等关键概念给出明确的定义。相反，行业自律的制度文件已经就此提出了可操作性的定义。若能继续以行业规范为准，可以很好地避免概念混淆，在保护消费者权益的同时促进市场的发展。此外，FTC 认为"谢绝跟踪"制度在技术上是可行的，即通过在使用者的浏览器上安装 cookie 或者类似装置即可让消费者实现自主选择，但鲍勃认为，这种"基于浏览器的解决方案扰乱市场且阻碍行业自律的发展"[③]。

ANA 的意见不一定能够完全阻止 FTC 或国会推行更加严格的规制，但却能对 FTC 的规制理念、政策制定及规制方式产生较为直接的影响，形成一定的压力。在听取各方意见并综合考虑消费者权益保护、技术进步与商业发展等因素之后，FTC 在 2012 年 3 月公布了关于保护消费者在线隐私的最终报告——"急速变革时代中的消费者隐私保护：给企业和政策制

---

① 详见 http：//www.iab.net/public_policy/self-reg。
② 由 ANA、4A、AAF、DMA、IAB 于 2012 年联合组成。
③ ANA CEO Bob Liodice Responds to FTC's David Vladeck on Do Not Track，March 9，2011. http：//www.ana.net/content/show/id/21131。

定者的指引"①。报告的其中一个重要修订便是，缩小了指引的适用范围。原报告提议所有搜集或使用消费者信息的经济实体都应该遵从该指引要求，但考虑到其对小型企业带来的潜在压力，最终报告将那些每年搜集少于5000名消费者信息的企业推到了适用范围之外。

二、广告公司的广告自律

广告公司负责广告战略制定、广告内容创意与设计以及广告作品的投放，是广告活动的中间环节和最核心的执行力量。一方面，广告公司需要核实广告主提交的关于广告产品的各种资料证明，尽力确保广告内容及表现与广告产品的实际相符合。另一方面，按照FTC的广告政策，广告公司还需要审查并确保最终完成的广告作品整体上不会误导消费者。大型广告公司一般都设有专职广告审查的部门。小型广告公司通常安排公司的律师对广告进行审核把关。除了公司内部的自我审查，广告公司联合成立的行业组织发挥着更重要的自律作用，最广为人知的当属美国广告代理商协会（American Association of Advertising Agencies，AAAA 或 4A）。

1917年成立的美国广告代理商协会是全世界最早的广告代理商协会②，也是美国广告代理行业中最权威的行业组织，总部设在纽约。为了规范发展，4A制定了很高很苛刻的入会标准和行业准则。其成员单位即众所熟悉的4A广告公司大都是规模很大的综合性跨国广告代理公司，如Ogilvy & Mather（奥美），J. Walter Thompson（智威汤逊，JWT），McCann（麦肯光明），Leo Burnett（李奥贝纳），BBDO（天联）。这些会员公司承担着全美约80%的广告业务量。协会发布的《4A行为准则》（Standards of Practice of the 4A's）为成员公司提供广告运作的指导方针。任何违反《4A行为准则》的行为都将由4A执行理事会（the Board of Directors of 4A）作出相应的处理，包括取消会员资格。③ 4A主要从四个方面对会员公司进行管理和提供服务：制定统一的价格标准；为会员提供咨询、情报和资料服务；维护广告业的信誉，降低公众对广告的厌恶感；监督会员遵守协会规

---

① FTC Issues Final Commission Report on Protecting Consumer Privacy, March 26, 2012. https：//www.ftc.gov/news-events/press-releases/2012/03/ftc-issues-final-commission-report-protecting-consumer-privacy.

② 王健主编：《广告经营与管理》，北京，中国建筑工业出版社，2008年，第1版，第245页。

③ Standards of Practice. http：//www.aaaa.org/about/association/Pages/standardsofpractice.aspx.

则,并代表会员利益与政府部门交涉。①

例如,2007年初FTC就是否需要修订《荐证广告使用指南》(*Guides Concerning the Use of Endorsements and Testimonials in Advertising*)向公众征求意见。4A与其他行业自律组织一起向FTC陈情主张,该指南不需要再作任何修改。他们认为,已有的规制与自律体系足以维护广告主需求与消费者权益保护之间的平衡关系。针对FTC提出广告有关产品性能与效果的荐证应是在任何消费者那里都可以体验到的普遍表现这一动议,他们辩称如此要求将会给广告商带来不必要而且是不切实际的负担。② 同年年底,FTC就其发布的《环保营销宣传指南》修订事宜公开征求意见。③ 2008年2月11日,4A与AAF、ANA联合向FTC提交了一份建议书④,认为FTC提议的修改内容大多仅仅是基于FTC开展的消费者认知研究,并没有其他证据证明广告主在利用环保内容来作虚假或误导性的宣传,以及消费者被这些环保营销宣传所误导。建议书还指出,FTC针对一般性环保宣传的修改过于严苛,会给广告主造成不合理的负担。例如,FTC计划将第260.4(b)款中的部分内容修改为"营销者不得作出不合格的一般性环保宣传",但FTC并未就什么类型的信息是"一般性环保声明"(general environmental claim)作出明确界定或提供明确指引,也未能就何为合格的一般性环保声明提供明确的指导。他们认为,现有的指引已经有效地指导了如何真实且准确地宣传产品或服务的环保属性,修订实无必要。

三、广告发布媒体的广告自律

在美国,早期的广告自律正是从广告媒体发展起来的。大多数媒体不愿让虚假广告出现在自己的平台上。从长远利益来看,这将使其威信下降,最终导致广告来源的减少。媒体收到的消费者投诉越多,广告发布的

---

① 翟年祥、邹平章主编:《广告学教程》,成都,四川人民出版社,2001年,第1版,第334页。

② Major Advertising Associations Enlist Davis & Gilbert LLP to Draft Comments for FTC Endorsement Guides Review. http://www.dglaw.com/press-details.cfm?id=66#.VQAz6iuUdYt.

③ FTC Reviews Environmental Marketing Guides, Announces Public Meetings, November, 2007. https://www.ftc.gov/news-events/press-releases/2007/11/ftc-reviews-environmental-marketing-guides-announces-public.

④ Comments Submitted for the FTC Green Guides Regulatory Review, February 11, 2008. http://www.aaaa.org/advocacy/gov/news/Pages/021108_green.aspx.

数量就有可能因为强大的市场压力和更严格的证实要求而变得越少。① 就社会责任而言，严格执行广告审查标准，积极开展广告监督活动，有助于阻止那些法律不能制约但却对社会及消费者可能有不良影响的广告出现，保护市场发展与消费者利益。大型的广告发布媒体如谷歌、《纽约时报》、《华盛顿邮报》，一般都有自己的自律守则、法律机构和律师来负责处理消费者投诉和自我规范。各大电视网包括 NBC、CBS、ABC、CNN，也都制订有详尽的《广告接受准则条例》。② 根据美国法律规定，传播媒介有权利决定刊播内容，可以拒绝他们认为不适当的广告，而无须说明理由。

美国广告发布媒体自我约束和净化的行业组织主要是全国广播电视协会（the National Association of Broadcasters，NAB）和互动广告局（Interactive Advertising Bureau，IAB）。NAB 作为传统媒体行业组织，在美国广告自律的历史长河中发挥了巨大作用。1937 年制定的《广播准则》和 1952 年制定的《电视准则》，为广播电视广告提供了基本而具体的投放标准。两个行业准则都禁止香烟、烈性酒等产品的广告，并抵制那些品位不高的广告。虽然这两个准则关于广告播出的时间和长度的要求被裁定为不合法而最终被终止，但现在依然为许多媒体所借鉴。③ 1996 年成立的互动广告局是一个互联网广告媒体的行业组织，由超过 650 个从事数字营销的媒体和技术公司组成，涵盖了全美 86% 的在线广告市场。④ 它旨在通过行业协作与规范，推动互动广告市场的发展。凡是加入 IAB 的成员单位都必须遵循《IAB 行为准则》（IAB Code of Conduct）⑤，该准则为 IAB 成员提供了一系列的行为样本与指引。

2010 年 10 月 4 日，IAB 与 ANA、4A、DMA 及 CBBB 联合发布了《在线行为广告自律计划》（Self-Regulatory Program for Online Behavioral Advertising）⑥。该计划参照 FTC 在 2009 年 2 月修订的《在线行为广告自律准则》（Self-Regulatory Principles for Online Behavioral Advertising：Tracking，Targeting，

---

① Avery M. Abernethy，1993："Advertising Clearance Practices of Radio：A Model of Advertising Self-Regulation"，*Journal of Advertising*，22（3），pp. 15 – 26.
② 赵洁主编：《广告经营与管理》，厦门，厦门大学出版社，2007 年，第 1 版，第 214 页。
③ 范志国主编：《中外广告监管比较研究》，北京，中国社会科学出版社，2008 年，第 1 版，第 73 页。
④ http：//www.iab.net/about_the_iab.
⑤ IAB Code of Conduct. http：//www.iab.net/media/file/IAB_Code_of_Conduct_10282 – 2.pdf.
⑥ http：//www.iab.net/public_policy/self-reg.

and Technology)①，提出了在线行为广告的七项原则：①教育原则（the Education Principle）——广告商须尽力就在线行为广告问题对消费者及经营者进行教育；②透明原则（the Transparency Principle）——广告商应通过多种方式清楚地告知消费者在线行为广告对消费者信息及在线行为进行搜集跟踪的事实；③消费者控制原则（the Consumer Control Principle）——在线行为广告要提供多种机制让消费者有条件选择是否允许自己的信息或行为数据被搜集和使用；④数据安全原则（the Data Security Principle）——在线行为广告的广告商须严格保守搜集到的消费者信息和数据，并确保这些信息仅用于这些广告活动；⑤实质变化原则（the Material Changes Principle）——未经消费者事先同意，企业不得实质性地改变消费者初始同意的信息搜集方式；⑥敏感数据原则（the Sensitive Data Principle）——不得搜集13岁以下儿童的信息，以及未经允许不得搜集个人的财务数据和医疗信息；⑦义务原则（the Accountability Principle）——以上这些要求都是行业自律行为，在线行为广告商都有义务遵守。

四、跨行业广告自律

（1）美国广告联盟（American Advertising Federation，AAF），是由广告主、广告公司、广告媒体和广告俱乐部联合成立的一个综合性广告行业组织，1905年成立，总部位于华盛顿。目前，AAF有15个地区运作机构，200多个地方俱乐部，近4万名广告专业人士会员，并有超过200个大学分部，每年帮助几千名大学分部成员开始他们的广告职业生涯。② AAF不但对广告行业活动进行监督管理，而且还对政府制定广告法规政策作出反应。AAF的主要任务包括：通过全民性行动以及与政府互动来保护和提升广告业；为会员提供技术、创意和营销方面的培训；代表广告业参与一些事关行业未来发展的各种活动；褒奖广告业的突出成就者；通过鼓励雇佣不同文化背景的人才来促进广告行业多元化发展；加强行业内部沟通。此外，AAF还通过制定有关广告真实性和责任性的标准如《摩西条例与行为准则》（*Mosaic Principles & Practical Guidelines*）来规范广告实践，

---

① https://www.ftc.gov/sites/default/files/documents/reports/federal-trade-commission-staff-report-self-regulatory-principles-online-behavioral-advertising/p085400behavadreport.pdf.

② About AFF. http://www.aaf.org/default.asp?id=24.

着重维护广告的真实性和公平性。它还曾与美国广告学会（AAA）和美国广告代理商协会（4A）共同制定了《广告业务准则》，提出了广告六戒：不准发布虚假、夸张的广告；不准发布与事实不符的广告；不准发布破坏优良风俗的广告；不准发布危害广告业同行和竞争企业的广告；不准发布容易使人对商品价格产生误解的广告；不准发布曲解事实或专家言论的广告。①

（2）商业促进社（Better Business Bureau，BBB），起步很早，几经变迁，目前是美国非常重要的一个综合性广告自律组织。

1912 年，世界联合广告俱乐部（Associated Advertising Clubs of the World）设立了美国全国广告监督委员会。1915 年，该委员会改名为商业促进社，负责预防商业上的欺骗行为，纠正使人误解的广告，排除虚假广告。BBB 下设美国和加拿大共 100 多个地方性的商业促进社，每个地方的 BBB 都是一个相对独立的组织，由广告主、广告经营者、广告发布者以及公众代表组成，有自己的董事会，负责监督广告，受理企业和消费者的投诉。BBB 的经费来源主要是会费，举办各种培训班和开展各种学术活动的收入，以及政府机构和某些企业的赞助。BBB 为商业组织和慈善组织提供客观、无偏见的信息。它发布的可信度报告（BBB Reliability Reports）和智慧捐赠报告（BBB Wise Giving Reports），致力于帮助人们做出正确的购买和捐赠决策。BBB 还面向社会发布消费教育信息、情报以及有关商业欺诈的警告。BBB 独立或参与制定了一系列有关广告自律的程序性政策和实体性的审查标准，其中适用范围最广、影响最大的是《BBB 广告行为准则》(*BBB Code of Advertising*)②。准则要求，广告主的首要责任是确保广告真实。广告主在发布广告之前应能证实广告当中的承诺，并且能够应要求向广告发布媒体或 BBB 出示相关证据。广告商不仅要考虑广告文案中每个句子或表示的真实性，而且还要注意广告作为一个整体是否有可能误导消费者。广告既不该通过广告内容虚假来欺骗消费者，也不能有意无意地遗漏或掩盖产品的重要风险信息来误导消费者。

在消费者与商业组织发生争端时，BBB 还为双方提供争端解决服务。接到投诉后，BBB 会在两个工作日内转告相关广告主，请其回应投诉内容。广告主如果没有在规定时间内答复，BBB 会再次提醒。如果企业仍是不予理会，BBB 便会把企业名字公布出来，提醒消费者注意广告欺诈风

---

① Charles Weinberg, *Advertising Management*, London: Harper & RowLid, 2004.
② BBB Code of Advertising. http://indy.bbb.org/storage/93/documents/BBB-Code-of-Advertising.pdf.

险。如果广告主对消费者质疑的一些广告内容不能证实，则须对这些内容进行更换或者修改。同时，BBB会与广告发布媒体进行沟通，建议不要继续发布被投诉的广告。如果广告主拒不接受BBB的建议，BBB将把投诉交给规制机构处理。近些年，BBB每年受理80多万个投诉，解决的比例平均接近八成。表3-1① 是BBB近些年受理和解决投诉的基本情况。

表3-1 2013～2020年美国BBB受理的投诉及解决数量统计

（单位：件）

年份\类型	已解决	占比	未解决	占比	投诉中止	占比	投诉总量
2013	689601	78%	172802	20%	23442	2.65%	885845
2014	662148	78%	159624	19%	22112	3%	843884
2015	663936	79%	161503	19%	17380	2%	842819
2016	663966	80%	155124	19%	15283	2%	834373
2017	633894	79%	151369	19%	14238	2%	799502
2018	654890	78%	163936	20%	17020	2%	835846
2019	704110	78%	184172	20%	19281	2%	907563
2020	942031	81%	199678	17%	25282	2%	1166991

（3）广告自律理事会（Advertising Self-Regulatory Council, ASRC）。1971年，BBB、ANA、AAAA和AAF这四个广告自律组织联合发起成立了全国广告审查理事会（National Advertising Review Council, NARC），由BBB负责托管，相当于BBB自律体系的一部分。成立之初，NARC有两个下属机构：全国广告部（National Advertising Division, NAD）和全国广告审查委员会（National Advertising Review Board, NARB）。1974年，NAD增设了一个儿童广告审查小组（Children's Advertising Review Unit, CARU）。这三个是NARC最重要的业务部门。2012年4月，NARC更名为广告自律理事会（ASRC）。

NAD由广告领域的专业人员组成，负责监测全国性的广告并受理各方的投诉。NAD的案件线索大部分来自地方商业促进社、NAD自身监控、企业及消费者组织的投诉。接到一宗投诉后，NAD会要求广告主对被投诉的广告声称或承诺作出证明。如果证明不够充分，广告主将被要求中止

---

① View BBB Complaint Statistics. http：//www.bbb.org/council/consumer-education/complaints/view-national-complaint-statistics/.

或修改被投诉的广告。如果广告主对 NAD 的处理有异议，可以向 NARB 的五人专家小组提出申诉。NARB 是 NARC 的一个内部申诉机构，目前共由 86 位专业人士组成，包括全国广告商（48 位）、广告代理商（26 位）以及学者和公众人士（12 位）。① 这些成员均由 NARC 的关联机构（CBBB、AAAA、AAF、ANA）根据提名者在自己所属领域中的地位及专业经验来推荐，再由 NARC 指导委员会（NARC's Board of Director）遴选。NARB 的五人专家小组会就接到的申诉举行听证，最后作出仲裁。如果广告主不接受仲裁结果，NARB 会将它的处理意见公开，并将该案送交联邦贸易委员会或其他规制机构处理（见图 3-4②）。虽然 NARB 没有任何法律上的强制执行权力，但广告主基于利益考虑和对它的信任，一般都会接受 NARB 的处理。

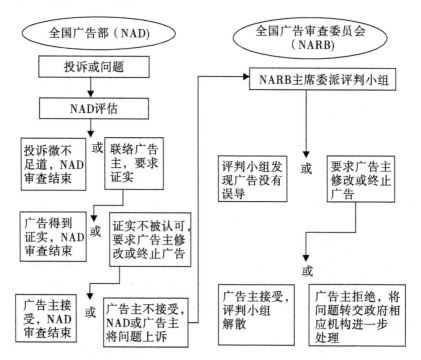

图 3-4　广告自律理事会（ASRC）的问题广告处理流程

---

① About the National Advertising Review Board, ASRC, August, 2011. http://www.asrcreviews.org/2011/08/about-the-national-advertising-review-board/.

② 〔美〕托马斯·奥吉恩：《广告学》，程坪等译，北京，机械工业出版社，2002 年，第 1 版，第 119 页。

21世纪以来，除了对传统媒体广告进行全面规范，NARC 逐渐加大了对互联网广告的监督约束。例如，2004年8月，应电子零售业协会（Electronic Retailing Association，ERA）的要求，NARC 设立了一个电子零售业自律项目部（Electronic Retailing Self-Regulation Program，ERSP），旨在向消费者提供一个快速有效的机制，解决直接响应广告（direct response advertising）的真实性和准确性问题，增强消费者对电子零售业的信心。[①] ERSP 接受 NARC 的指导，但独立运作。受理投诉之后，ERSP 会进行调查并作出处理。如果广告主拒绝遵从 ERSP 的决定，ERSP 就会把投诉转交给联邦贸易委员会或其他政府机构。2015年3月5日，全明星产品集团（Allstar Products Group）就自己使用的直接响应广告存在的问题与 FTC 达成和解协议，同意向消费者提供多次机会来确认他们的订单及退货，保证面向消费者的信息披露贯穿在线及电话销售的整个过程。就此，ERSP 认为，双方的和解协议"为电子零售行业的所有公司如何向其消费者披露信息提供了重要指引"[②]。

第三节 广告教育与社会监督

在美国，对广告的社会监督无时无处不在，这主要得益于美国为数众多的社团组织和公众强烈的权利意识。"1975—1995年，美国的社会组织在数量上大幅跃升，达120万个，总资产高达1.9万亿美元，收入近8990亿美元。在21世纪初的几年里，美国人向社会组织的捐款每年都在2400亿美元左右，社会组织的数量现在已达到180万个，而且每年还大约新增6万个。此外，还有约100万个不注册的、不具有法人地位的社会组织。"[③] 这些社团广泛积极参与公共事务和社会治理，与市场看不见的手和政府看得见的手，共同形成了社会综合治理的格局。

在广告相关的很多社团当中，消费者联盟（Consumers Union，CU）尤为重要而且广为人知。成立于1936年的消费者联盟是美国历史最长的

---

① About ERSP. http：//www.retailing.org/advocacy/self-regulation.
② Allstar Products Reaches Settlement with FTC and NY Attorney General. http：//www.retailing.org/memberreleases/allstar-products-reaches-settlement-ftc-and-ny-attorney-general.
③ 王振海等：《寻求有效社会治理 国内外社会组织发展范式分析》，北京，中国社会科学文献出版社，2010，第1版，第197页。

一个消费者权益保护组织,也是美国现阶段最主要的消费者组织之一。它广泛关注消费者权益问题,目标是努力为所有消费者构建一个公平、公正和安全的市场环境,增强消费者自我保护的能力。近年来,CU 越来越把加强消费者教育作为它的一项重要任务。"该联盟的主要任务是对商品进行比较检测,公布其结果;向消费者提供消费品的客观情报;通过发行杂志、书籍,联合管理报栏、电台节目等指导消费。该联盟还设有三个倡议办公室,它们代表消费者在立法、司法、制定规章方面提出意见。"①

CU 是一个独立的非营利性组织,不接受任何广告、赠品和免费样品以及任何商家的资助。它的经费大部分来自杂志售卖,还有读者及社会的捐助等。CU 经常进行产品检测,"它的全部测试品都是由员工以零售方式和售价在市场购入,然后在自己的实验室进行检测和鉴定"②。在可能的情况下,他们会采取与企业完全相同的方法或者企业广告演示的方法对产品进行鉴定,以增强说服力。

CU 通过自有媒体如闻名全国的《消费者报告》(*Consumer Reports*) 或者新闻发布会等方式,及时向社会公布产品检测结果。《消费者报告》在全美深入人心,是消费者保护领域最有影响的出版物,美国消费者普遍对它十分信赖。进入互联网时代,《消费者报告》在紧跟市场新产品的同时,建立并通过自己的网站③更及时地与社会互动。后来,"消费者联盟决定和其他网站合作,提供他们评级过的产品的链接,以方便其他网站的顾客购买,消费者的用户体验也被放在了专业评测结果的旁边"④,但此举招来了一些对其独立公正立场的非议。

在消费者教育方面,FTC 利用自身优势,也作出了巨大的努力和贡献。最常见的形式有发布调查报告,就某个具体问题召开专题讨论会,派发各种消费警示的小册子,或者在各种新媒体终端推送广告欺诈的警示信息。例如 2002 年 9 月,FTC 发布了一份有关减肥广告的调查报告⑤,指责此类广告普遍使用所谓的减肥前后的对比照片,宣称无须节食和运动便可快速减肥,而这些广告内容往往都是虚假的演示。FTC 提请消费者注意:

---

① 中国消费者协会网:《美国消费者联盟》。http://www.cca.org.cn/web/gjjl/newsShow.jsp?id=6917&cid=321。

② 加文:《一本帮美国人减少无数消费烦恼的杂志》,《羊城晚报》2012 年 10 月 13 日,B11 版。

③ http://www.consumerreports.org/cro/index.htm。

④ 唐玮婕:《一本杂志让乔布斯低头》,《文汇报》2010 年 8 月 15 日。

⑤ FTC Releases Report on Weight-Loss Advertising, September 17, 2002. https://www.ftc.gov/news-events/press-releases/2002/09/ftc-releases-report-weight-loss-advertising。

凡是承诺快速轻松减肥的产品或服务都是虚假的，想要减肥就得减少摄入卡路里并增加运动；减肥越快，反弹的可能性越大，专家建议的目标是一周一磅；不存在神奇的减肥产品，要小心那些声称能够永久减肥的产品或服务；有关健康减肥计划的建议，可以访问政府专门网站www.consumer.gov/weightloss。为有效应对日渐增多的欺骗性减肥广告，FTC同时还宣布将于2002年11月19日组织为期一天的研讨会，探讨这些广告对公众健康的影响以及阻止它们激增的新方法。此外，面向残疾人、儿童等特殊群体，以及少数族裔人群，FTC开展了富有针对性的消费者教育。2002年1月至2006年9月间，FTC组织翻译了近70种消费者出版物，派发了50万本西班牙文的消费者出版物，并将它们发布至FTC的西班牙语网站，网站西班牙语信息的访问量累计超过60万次。① 2019年，仅FTC下属消费者中心的博客就发布了英文帖子131个、西班牙语帖子79个，最受欢迎的帖子总观看次数超过560万。②

---

① FTC Continues Campaign to Halt Deceptive Advertisements & Other Scams Aimed at Hispanics, September 13, 2006. https：//www.ftc.gov/news-events/press-releases/2006/09/ftc-continues-campaign-halt-deceptive-advertisements-other-scams.

② https：//www.ftc.gov/reports/annual-highlights-2019/education.

第四章

FTC广告规制百年史略

第一节 保护企业法益，打击"不公平"广告（1914～1937年）

一、保护竞争者而非消费者的利益

美国在19世纪末20世纪初通过系列立法干预市场的主要目的，是打击垄断、贬损等不正当竞争行为，保护企业合法利益和市场竞争秩序，以促进市场经济发展。1890年通过的《谢尔曼法》，重点是禁止和刑事制裁市场垄断行为。1914年通过的《克莱顿法》，侧重于事前预防市场垄断行为。同年通过的《联邦贸易委员会法》，是授权联邦贸易委员会专职负责执行各项反垄断法律，阻止和打击各种不正当竞争行为，包括用于不公平竞争的商业广告。该法第五条规定：商业中的不公平（unfair）行为或做法，属于违法。此中所谓"不公平"是指市场竞争主体之间的关系，而非市场买卖双方之间的关系。广告只要侵害了竞争者的合法利益，不管有没有对消费者造成伤害，依据该法第五条便属于违法行为。1922年，一家公司因为在广告和商品标签中把羊毛不足10%的针织品宣称为全羊毛产品，被FTC指控为不正当竞争。法院对此案的终审裁定意见强调，该广告不仅欺骗了消费者，更重要的是使诚实宣传的竞争者丧失了许多本应该有的市场交易机会，是一种破坏公平竞争的行为。[①] 在1923年的Silver v. FTC一案中，联邦巡回上诉法院的法官丹尼森（Arthur Carter Denison）在回溯了FTC成立的历史和目的之后指出，委员会是一个反托拉斯和反垄断政策的执行机构，其法定职权仅限于与这些政策有关的公平关系。[②] 换言之，FTC只能依法处理企业与企业之间的不公平竞争关系，无权介入消费者与企业之间的不公平交易关系。

循此而论，广告只要没有侵害竞争者的合法利益，即使对消费者造成了某种伤害，也不在《联邦贸易委员会法》第五条禁止之列。联邦最高法院在1929年FTC v. Klesner一案中明确指出：《联邦贸易委员会法》第五条不就个人不法之事向私人提供行政救济（does not provide private persons

---

① FTC v. Winsted Hosiery Co., 258 U. S., 483 (1922).
② L. B. Silver Co. v. FTC, 289Fed. 985, C. C. A. 6th (1923), p. 994.

with an administrative remedy for private wrongs）；只有符合公共利益，FTC才有权提出指控；而仅有消费者被误导、被迷惑乃至被欺骗的证据，是不满足这一要求的。① 在两年后的拉拉丹公司虚假广告诉讼案中，联邦最高法院就 FTC 对不公平行为的管辖权进一步作出了详细的解释。该案涉事的拉拉丹公司在广告中声称，他们推出的一种全新减肥药安全、有效。FTC 调查后发现该药所含的一种成分会严重危害人体健康，据此认定其为不公平的竞争方法，责令拉拉丹公司停止发布这些广告，除非广告同时声明不在专业医生指导下使用这种减肥药可能会有危险。拉拉丹公司不服处罚，上诉至联邦最高法院。最高法院援引 Silver v. FTC 一案，把《联邦贸易委员会法》禁止的不公平行为进一步限缩解释为"既是不公平的，又必须是一种商业中的竞争行为"。一则广告如果不是一种竞争行为，或者 FTC 不能证明它是一种市场竞争行为，即使不公平也不能予以限制或禁止。判决书写道："很明显，'竞争'这个词包含了现有或潜在的竞争者，被指控为不公平的竞争方法一定是将会或可能会削弱或损害现有或潜在竞争者的生意。立法授权委员会规制的正是这种情况，立法授权委员会保护公众就是要抵制这种而非任何其他情况。"②联邦最高法院审理后认为，委员会没有证据证明对被控广告的禁止将保护哪些与之有竞争关系的产品或企业，被控广告虽然内容不实，且有可能伤害消费者，但不构成法律所禁止的不正当竞争行为，据此最终撤销了委员会的处罚令。

二、意思自治与买者自负

只要侵害竞争者的合法利益，即属于违法行为，不管有没有对消费者造成伤害；没有侵害竞争者利益，便不在法律禁止之列，即使对消费者造成了伤害。这样一种今日看来明显不合理、不公正的制度安排，背后是当时占据主导地位的自由市场经济思想——政府只是守夜人，责任是维护国家安全和公共秩序；私人领域由当事人根据自己的意思自治，政府应该置身事外。17～18 世纪，启蒙思想家在回顾总结欧洲自由资本主义发展经验的时候，提出了私人与国家应当相互分离的思想：私人领域应该由当事人根据自己的意思进行自治；除非为了保护公共利益，国家不得干预个体的事情以及私人之间的契约关系。之后，欧洲的政治哲学和古典经济学进

---

① FTC v. Klesner, 280 U. S., 19 (1929).
② FTC v. Raladam Co., 283 U. S., 643 (1931), p. 648.

一步发展了这种自由放任主义,把公民看作是完全理性而且精于利弊权衡和算计因而可以高度自治的个体。亚当·斯密(Adam Smith)就无比坚定地相信:"你认为,通过动机良好的法令和干预手段,你可以帮助经济制度运转。事实并非如此。利己的润滑油会使齿轮奇迹般地正常运转。不需要计划,不需要国家元首的统治。市场会解决一切问题。"① 国家不是实现公共利益的唯一手段,在有些领域也谈不上是主要手段,甚至完全只是多余的。

受此观念支配,在19世纪末之前的自由竞争阶段,资本主义国家的政府多是扮演守夜人又称夜警的角色,只承担少之又少的一些基本公共服务——主要是保护国家安全和维持社会治安。对于经济生活,政府选择置身事外,放任自流。负责调整经济关系的民商法确立了契约自由原则,尊重并保护当事人之间根据意思自治而自由签订合同的权利。"在消费交易领域普遍遵循着'买者留意'、'货物出门,概不退换'的交易准则。"② 到19世纪末,资本主义经济进入垄断阶段以后,层出不穷的外部性问题一再暴露了古典自由经济理论的短板。资本主义国家的政府纷纷开始有限地介入经济生活,于是出现了国家用以矫正市场失灵和外部负面效应的经济法这一新的法域。③ 不过,此时支配市场和政府行为的理论思潮仍然是自由主义经济学,对政府干预过度的戒备远多于对政府干预不足的担忧。1920年,哈定一路高喊着"恢复常态"的竞选口号入主美国白宫。他要恢复的"常态"在经济领域指的正是第一次世界大战前的自由放任状态,用他自己的话说:"这个国家需要的是'在企业中少一点政府;在政府中多一点企业'。"④ 哈定以及其后的柯立芝、胡佛等共和党政府都是奉行以契约自由原则为核心的市场经济政策。

所以,从19世纪末到罗斯福新政这段时期,美国有关行政干预市场的立法大多表现为对传统私法的引用和修正,尊重契约自由是这些立法共持的立场。国家反制垄断只是为了保护市场的公平竞争,并不干预消费领域的自由交易。"因而,竞争法并不需要给消费者以特别的保护,尤其是

---

① 〔美〕萨缪尔森:《经济学(下册)》,高鸿业译,北京,商务印书馆,1982年,第1版,第290页。

② 李昌麟、许明月编著:《消费者保护法》,北京,法律出版社,2005年,第2版,第20页。

③ 李昌麟、许明月编著:《消费者保护法》,北京,法律出版社,2005年,第2版,第21页。

④ J. Joseph Huthmacher, Warren Susman, *Herbert Hoover and the Crisis of American Capitalism*. Cambridge: Schenkman Books, 1974, p. ix.

反不正当竞争法只着眼于竞争者个体利益的保护，是为保护诚实商人而设计的。"① 对只是欺骗消费者但并未侵害企业利益的广告行为，国会特别是法院一再明确否认联邦贸易委员的规制权力。不仅如此，联邦最高法院还否认 FTC 有权对第五条当中的"不公平"概念作出自由裁夺，这进一步扼杀了 FTC 灵活适用法律以保护消费者的可能。在 1920 年 FTC v. Gratz 一案中，联邦最高法院驳回了 FTC 的请求，声明《联邦贸易委员会法》第五条所规定的"不公平"这个术语"在法律文本上没有定义，它的确切含义有待讨论。但最终决定该词法律含义的是法庭，而不是联邦贸易委员会"②。迟至 20 世纪 30 年代，法院才在一些司法判决中确认立法上的"不公平"概念是开放性的，具体含义由委员会自主把握。

"早在 1932 年，委员会就有超过 90% 的指控都是关于广告的。"③ 然而，囿于当时偏狭而且贫弱的广告立法，以及立场相当保守的司法审查，这一时期 FTC 的广告规制并没有产生多大的效果和影响。一方面，大量虚假广告侵害消费者利益，没有受到应有的法律制裁；另一方面，依照《联邦贸易委员会法》仅有的一个一般性条款，FTC 只能对以欺骗方式侵害诚实经营者的应有利益，以诋毁方式损害竞争者的商业声誉，或者宣传价格歧视内容的不公平广告施以极为有限的规制——除了勒令停止发布，别无其他有效的震慑与制裁手段。

第二节　保护消费者权益，打击"欺骗性"广告（1938～1980 年）

一、惠勒-李修正案的立法扩权

并非所有欺骗性商业宣传都是 1914 年立法规定的不公平广告。一种可能是，某些欺骗性广告发布的时候，市场上尚无同类产品或服务的竞争者。自然，也就无从按法律要求证明损害了竞争对手的利益。另一种可能

---

① 孙颖：《消费者保护法律体系研究》，北京，中国政法大学出版社，2007 年，第 1 版，第 112 页。
② FTC v. Gratz, 253 U.S., 421 (1920), p. 427.
③ Myron W. Watkins, 1932: "An Appraisal of the Work of the Federal Trade Commission", *Columbia Law Review*, 32 (2), pp. 272-289.

是，某些欺骗性广告具有明显的外部性，既给广告主带来非法所得，也会增加竞争者的获益机会。一家新能源车企业在广告中宣称新能源车绿色环保低消耗，这样的广告宣传对任何其他新能源车企业来说都乐于接受，乐见其效。因为，广告的成本由一家承担，广告的效果却可能家家有份甚至花落别家。同理，一家茶叶公司的广告宣传喝茶能够治病防病，其他茶叶经营者也会从中受益。此类欺骗性广告对竞争者整体产生的是外部经济，对消费者却是巨大的外部不经济。如果没有法律予以禁止，某个企业的这种自发行为很有可能变成同行业的合谋，他们会联起手来对消费者进行有组织的广告欺诈。而这些情况却不在 1914 年《联邦贸易委员会法》禁止范围之内。立法上的这个漏洞招致了越来越广泛的激烈批评，FTC 和一些国会议员多次提议对相关条款作出修订。

真正推动美国广告规制理念和立法转型的，是 20 世纪 30 年代发生的资本主义经济危机。这次经济危机以铁一般的事实表明，放任个体自由追逐一己之私不一定会促进社会整体利益，一个不受合理控制的自由市场难以保证经济平稳发展和社会福利。为解释这场经济危机，凯恩斯（John Maynard Keynes）对传统就业理论特别是萨伊定律[1]提出了尖锐的批评。凯恩斯试图证明，自由市场经济只是偶然才能实现决定储蓄量的消费倾向以及决定投资量的资本边际效率和利息率正好处于能维持充分就业时的数值。换言之，单纯依靠市场这只手不可能实现供需之间的平衡和资源的有效配置，自由市场经济因此必然而且常常会出现经济危机。治理和矫正这种由于市场失灵而导致的经济危机，需要国家进行直接的政策干预。凯恩斯的国家干预理论动摇了自由放任经济的哲学基础，推动政府从过去的守夜人角色转变为积极的干预者，自由资本主义经济由此过渡到了管制资本主义阶段。包括竞争法在内的很多制度安排开始更多地关注社会利益，而不再只服务于市场竞争主体。20 世纪 30 年代初，德国最高法院裁定某些殡葬企业的招徕业务和经营者免费赠送商品的促销都属于不正当竞争行为，正是这种制度转型的一个体现。当时的德国最高法院已经认识到，反不正当竞争法不仅应当保护竞争对手的利益，同时也要维护竞争规则和社

---

[1] 萨伊定律是 19 世纪法国经济学家让－巴蒂斯特·萨伊（Jean-Baptiste Say）提出的一种市场理论。这种理论认为，只要有供给，就会自动地存在着一种相应的需求。因此，一切产品都能被卖掉，社会不会出现生产过剩的现象。不仅如此，由于每个生产者都想享用品种最多和数量最大的各种物品，所以每个生产者都尽量制造出最大数量的产品和别人相交换。这就会使生产达到最高的水平，即达到充分就业状态。

会公共利益。① 在美国，除了一如既往保护公平竞争，政府对市场的干预开始追求民主、民权和民生这些更高的价值目标。总统罗斯福在1938年提交给国会的反垄断咨文中指出，对经济力的集中置之不理，破坏了美国的民主传统；为了确保政治和经济两方面的民主，必须排除经济力的集中，活跃竞争。这在美国历史上第一次确立了反垄断法的"民主"这个新目标。②

围绕此次经济危机的制度反思在把契约自由原则拉下神坛的同时，大幅抬高了"诚实信用原则"在市场交易当中的地位。交易不是抢劫，当然而且首先应该基于交易当事人的意思自治和相互同意。但仅有契约自由和意思自治，远远不够。因为，这种貌似尊重个人意志和相互平等的所谓契约自由，忽视了买卖双方的实力之差与人性之恶，无可避免地会纵容实力更强的一方利用交易相对方的一时困境、信息劣势或者经验不足，以欺诈的方式完成一项看起来是你情我愿的平等交易。如此交易不仅损害了当事一方的利益，更因为背叛和透支了交易双方之间的相互信任而污染了整个市场经济的源泉，由此导致市场交易成本的增加和市场交易秩序的混乱乃至瓦解，最终受害的是全社会的公共利益。特别是，"在垄断资本主义条件下，所谓的'契约自由'，对消费者来说仅仅是徒具形式而已，他们既不能根据自己的意愿自由地选择交易对象，也不能在平等的基础上与交易对方当事人协商决定交易的内容"③。这既非理论假说，也不是危言耸听，而是活生生的社会现实。在当时契约自由主导下的资本主义市场，广告欺瞒耍诈，产品假冒伪劣，企业巧取豪夺，消费者利益任由践踏，这些都成了相当严重的社会问题。所以，法律只要求严守契约是不够的，要求当事人严守诚信才是关键。换言之，法律应该保护的不是所有基于合意的契约，而是所有合乎公正的契约。法律不仅要保护竞争者的利益，更要保护消费者的利益。如此一来，"诚实信用原则"的地位应声而涨，成为法律可以用来限制乃至排除契约自由的一个充分条件，不仅在民法领域广为推广，经济法领域也渐有引入。保护消费者利益开始成为美国广告规制的目标之一。

在1937年标准教育协会广告案中，联邦最高法院便是依照"诚实信用原则"断然否弃了过去普通法传统所奉行的"契约自由"和"买者自

---

① 茹洋：《反不正当竞争法对消费者权益的保护》，《唯实》2004年第7期。
② 〔日〕金泽良雄：《经济法概论》，满达人译，北京，中国法制出版社，2005年，第1版，第175页。
③ 李昌麒、许明月编著：《消费者保护法》，北京，法律出版社，2005年，第2版，第21页。

负"的原则。标准教育协会在它的广告当中声称,协会将根据个人的声望和影响遴选少量消费者,向他们免费派送一套豪华版百科全书,受赠者仅需支付附带活页的费用69.5美元,而图书和附带活页的市场价是150美元,有时甚至是200美元。协会唯一需要的回报是,受赠者把自己的名字授权给协会在广告当中使用。FTC指控这些广告内容与事实不符——书和附带活页的市场总价本来就是69.5美元,而非150美元或200美元。FTC对十个州的消费者包括教师、医生、商人等的调查表明,被告不仅经常使用这种广告营销手段,而且成功蒙蔽了大量消费者。FTC下令禁止被告发布含有这些虚假内容的广告。被告不服处罚,FTC的处罚决定在上诉法院被部分推翻。FTC诉至联邦最高法院。联邦最高法院裁决认定FTC的处罚令除第十条需要稍作修改,其余都是正当的。雨果·布莱克(Hugo Lafayette Black)大法官代表最高法院撰写的判决书写道,"委员会发现,被告的行为不仅是'不公平',而且也是'虚假、欺骗和误导性的'","这些欺骗行为……违背了正派商业标准"(contrary to decent business standards),"人们早就确信,商业交易中最重要的是,诚实应当主宰企业的市场竞争。'买者自负'这一规则不应成为通过欺诈获利的通行证"(The best element of business has long since decided that honesty should govern competitive enterprises, and that the rule of caveat emptor should not be relied upon to reward fraud and deception.)。①

此案之后不久,1938年6月24日,惠勒-李修正案在国会获得通过。修正案最重要的是把《联邦贸易委员会法》第五条由原来的"商业中的不公平行为或做法,属于违法",扩充为"商业中的不公平或欺骗性行为或做法,皆为违法"。新增了第十二条,授予FTC对食品、药品、医疗器械、化妆品的虚假广告的管辖权。修正案还在第十五条中把新增第十二条所谓的"虚假"解释为"实质性方面是误导性的"(which is misleading in a material respect)。1914年立法只禁止侵害竞争者利益的"不公平"广告,规范的是商事主体之间的竞争关系;新规增加禁止"欺骗性"广告和"误导性"广告,干预范围扩及到了消费者与企业之间的交易关系。广告无论侵害竞争者利益、消费者利益还是两者兼有,从此全都属于违法广告。而且,修正案没有要求FTC必须明确被控广告究竟是不公平的、欺骗性的还是误导性的。制定法的这一改进使FTC无须再为证明广告侵害的是竞争者的利益抑或只是消费者的利益而犯难。事实上,FTC此后作出的绝

---

① FTC v. Standard Education Society, 302 U.S., 112 (1937), p.116.

大部分行政处罚，依据的正是被控广告构成了"商业中的不公平或欺骗性行为或做法"这样一种概括性的认定结论。此外，为及时阻止广告在被控期间可能继续危害社会，修正案授权FTC可以在发出指控以后向法院申请禁止令（injunction），强制被控广告立即停止发布。

惠勒-李修正案在法院那里获得了相当有力的司法支持，相较以前简直判若云泥。其中非常重要的一点是，关于广告的欺骗性或误导性是否须有实际损害的证据，法院认为FTC只需要确认被控广告有可能造成损害即可，无须进一步证实广告所产生的实际损害。有关后者的证据不是广告具有欺骗性或误导性的构成要件，它只是有助于FTC说明广告的违法程度，以便对其作出适格的行政处罚。以1949年Arrid腋臭霜广告案①为例，卡特公司在被控广告中声称这款腋臭霜可以立即停止腋下出汗，保持腋下1～3天干燥无异味，在剃刮腋毛后立即使用也不会刺激皮肤，不会导致皮肤发炎。FTC调查了这款腋臭霜的成分、性能和效果，发现该产品只会减少而不是如广告描述可以完全阻止腋下流汗，而且它会让某些人皮肤发炎，在剃除腋毛后马上使用可能会刺激皮肤和恶化皮炎。FTC最终认定，这些广告内容有趋势（tendency）和能力（capacity）误导和欺骗大量公众，是错误的、欺骗性的和误导性的，构成了《联邦贸易委员会法》第五条所禁止的"商业中的不公平或欺骗性行为或做法"。FTC责令被告立即停止制作、代理、发布和传播含有上述内容的所有化妆品广告，包括涉事的这款腋臭霜广告，以及成分或性能大体相似的任何其他化妆品的广告。再比如1949年FTC处罚的一则麂皮产品广告，把事实上是从其他国家进口的麂皮说成是从法国进口或者是采用法国工艺生产的。在当时，法国麂皮因为更柔软、更耐用而倍受美国消费者青睐。FTC认为，广告的这些宣传内容与事实不符，有可能让消费者对产品的产地、工艺、特性和品质产生误解。FTC没有求证这种虚假宣传是否造成了事实上的损害，而是径直认定其构成了法律所禁止的不公平或欺骗性的行为。

惠勒-李修正案大大扩展了联邦贸易委员会的广告规制范围，增强了委员会广告执法的权能，特别是在制定法层面初步确立了消费者保护在美国广告规制当中的核心地位，为美国广告规制最终形成以消费者为本位的机制奠定了法律基础。

---

① FTC v. Carter Products, Inc. and Small & Seiffer, Inc., 46 F. T. C., 64 (1949).

二、民权浪潮下乘势突飞猛进

20世纪60年代的西方民权运动不仅在社会和文化领域掀起了惊涛骇浪,前所未有地激发了黑人、女性、青少年等边缘群体争取平权的革命;还强烈波及到了经济法律领域,引发了一场虽不及黑人民权运动那般波澜壮阔,但也称得上声势浩大且卓有成效的消费者运动。消费者同样是要极力改变自己的弱势地位,在买卖双方交易中的弱势地位。然而,层出不穷的消费安全事故及其给消费者造成的触目惊心的伤害,让他们越发清醒地认识到,消费者个体在强大的商业力量面前是多么地无力无助。唯有联合起来,拿起法律武器,消费者才有机会扭转这种力量悬殊、弱肉强食的交易关系。于是,在民权运动的时代大潮中,公众利益调查组织、产品检测机构等各种致力于消费者权益保护的团体,雨后春笋般涌现出来。不少律师、科学家和经济学家参与其中,成为这些机构和消费者运动的领导人。1960年,在美国消费者联盟(CU)的大力促动下,美国、英国、澳大利亚、比利时和荷兰这五个国家的消费者组织发起成立了国际消费者联盟(International Organization of Consumer Union, IOCU)。1965年,拉尔夫·纳德(Ralph Nader)出版了《任何速度都不安全》(*Unsafe at Any Speed*)一书,用深入调查得来的大量事实揭露了美国汽车存在的诸多严重安全隐患,令人不寒而栗。榜上有名的美国通用汽车公司恼羞成怒,雇佣私家侦探对纳德进行跟踪威胁,被纳德以侵犯隐私权为由诉至法院并最终败诉。纳德的个人遭遇充分暴露了企业罔顾消费者人身安全的罪恶事实,及其背后唯利是图、自私贪婪的本性,最后促成美国在1966年通过了《全国交通和机动车安全法》(*The National Traffic and Motor Vehicle Safety Act*)。"据估计,因该法的实施,每年约有12000人的生命获救。"[①] 这一时期,消费者权益保护成了美国政府和国会立法的重要议题。1962年3月15日,肯尼迪总统在国会发表了《关于保护消费者利益的总统特别咨文》,首次提出了消费者的四项基本权利。1964年,约翰逊总统设立了总统消费者利益委员会(President's Committee on Consumer Interests)。国会积极响应,快速通过了一批重在保护消费者利益的法律法规,包括1966年的包装与标签公平法案(*The Fair Packaging and Labeling Act*),1969年的消费者信用保护法案(*The Consumer Credit Protection Act*)。

---

① 梁慧星:《消费者运动与消费者权利》,《法律科学》1991年第5期。

为适应这一新的形势，FTC对其广告规制作出了积极的改进。其一，优化组织架构，加强联邦与各州之间的配合协作。1966年，委员会设立了一个联络各州的办公室，大力鼓动并协助各个州制定执行各自的"小《联邦贸易委员会法》"。不到五年，绝大部分州都有了地方性的广告立法。地方各州与联邦政府呼应合作，很快织就了一张全国性的广告监管网络。其二，改进具体的工作方式和方法。重视利用听证会和研讨会等方式，广泛听取相关利益者的意见。主动接触消费者团体，增进对市场、产品和消费者的了解。在此基础上分析解决FTC既有制度的不足、执法存在的缺陷或者迎面而来的一些新生问题。比如，1968年11月，FTC召开了一个连续九天的听证会，意在分析消费者面临的主要消费风险和如何加强执法。1971年12月的一个听证会集中听取了电视广告对消费者影响的有关情况，探讨了如何对消费者施以更加有效的保护。其三，探索试行更有效的规章制度。1962年，委员会修改了它的《行为规范》(Rules of Practice)，开始大量发布面向全行业的贸易监管规则。比较多的是要求进行信息披露的贸易管理规章，包括1964年发布的要求香烟包装和广告披露吸烟危害性的管理规章，1969年发布的要求披露电灯泡的电力消耗、设计寿命等信息的管理规章，还有要求披露汽油泵的汽油辛烷值，要求汽车纺织品包装和广告提供产品清洗方法的行业规章。其四，针对广告违法的重灾区，组织开展专项执法行动。1965年，委员会对分期付款信用卡的零售及广告行为进行了集中整治，重点是对零售合同中的不公平条款、信用卡使用当中的不合理收费和易贷广告等较为突出的违法行为提出了指控。

然而，FTC的这些改革远未达到公众当时的预期，来自各方的批评似乎比以前更为激烈。其中，最重要的批评来自两份颇有影响的调查报告。一份是当时已经一呼百应的消费者运动领袖拉尔夫·纳德在1969年发布的报告，措辞严厉地指责委员会总是在违法广告发布之后才施以处罚，直呼委员会是一个"……官僚机构的样板，任人唯亲，被商业财团控制，脱离政府和公众监督"[1]。同一年稍后，美国律师协会（American Bar Association，ABA）应尼克松总统要求成立的一个特别委员会，也在其调查报告中对FTC的表现提出了诸多的批评。批评之外，重要的是这些报告都强调了增强委员会法定权力的必要性，以使其对消费者权益施以更周全

---

[1] Edward F. Cox, Robert C. Fellmeth & John E. Schulz, *The Nader Report on the Federal Trade Commission*, Boston: E. P. Dutton, 1969, p. vii.

的保护,而这恰恰应和了白宫、国会和广大消费者想要改革 FTC 的意图。①

1969 年,尼克松总统动手重组联邦贸易委员会,提名卡斯帕尔·温伯格(Caspar Weinberger)任委员会主席。温伯格虽然只在任九个月,但他主导设置了时至今日仍然健在的三个机要部门:竞争和消费者保护局,这是委员会执法的中坚力量;经济局,为委员会执法提供经济分析;法律事务办公室,负责向委员会提出法律建议并代表委员会出庭。同时,委员会辞退了一些长期任职的资深律师,吸收了大量年轻的律师、经济学者和社会工作者。国会则通过立法手段和大幅增加财政预算,把委员会推向了一个强大机构的巅峰。委员会在 1973 年专职负责违法广告的律师人数,与 1970 年相比增加了三倍。1976 年的预算经费与 1970 年相比则几乎翻了一倍。② 国会在 1974、1976、1977 年先后通过了三项信用卡法案(1976年的是对 1974 年的修正案),规定信用卡机会人人平等,法律保护消费者免于不公平信贷收集的行为。1975 年通过的能源政策与保护法案(*The Energy Policy and Conservation Act*)规定,委员会有权要求家用电器制造商披露其产品的能效信息。③ 1975 年,国会通过了马格努森-莫斯担保法(*Magnuson-Moss Warranty Act*)修正案,授权联邦贸易委员会可以向法院提起民事诉讼,为消费者因不公平或欺骗性行为受到的损害索取赔偿。这在一定程度上可以有效解决单个消费者因受损不多而无法起诉,但受害消费者总体众多因此损害后果很大的违法行为逃脱民事法律责任的问题。这个修正案还前置了委员会作出民事处罚的权力,可以对以下两种初次违法行为课以民事处罚:①故意违反委员会颁布的贸易管理规章;②故意违反委员会先前对他人发出的停止令。这有效提高了委员会及时预防和有力处罚违法行为的能力。在马格努森-莫斯担保法之前,委员会对初次违法行为只能责令停止,无权施以民事处罚。只要当事人在 60 天有效期内对 FTC 的处罚提出上诉,停止令就不能执行,被控广告有权继续发布。如果法院审理最终确认停止令有效,但被告仍拒不执行这个终局性的停止令,到这第三步才会被课以民事处罚,被控广告最终才被停止。这被讽刺为

---

① William J. Baer, 1988: "At the Turning Point: The Commission in 1978", *Journal of Public Policy & Marketing*, 7, pp. 11 – 20.
② Mary Gardiner Jones, 1988: "The Federal Trade Commission in 1968: Times of Turmoil and Response", *Journal of Public Policy & Marketing*, 7, Special Issue on the FTC, pp. 1 – 10.
③ William J. Baer, 1988: "At the Turning Point: The Commission in 1978", *Journal of Public Policy & Marketing*, 7, pp. 11 – 20.

"一个苹果咬三口"(three bites at the apple)的拙劣制度设计。①

在行政改组和立法扩权的基础上,联邦贸易委员会一改稍早前的温和改革模式,开始在广告制度建设上狂飙突进,试图给消费者以全方位、更有力的保护。在1969年10月的一次指控中,FTC首次引入了"冷静期"(cooling-off period)这种可让高压销售情境下的消费者事后解除交易合同的制度。1972年,FTC正式赋予消费者在所有挨户销售(door-to-door sales)交易中享有三天冷静期的权利。1970年开始,委员会针对儿童广告的指控明显增多。委员会明确宣告,必须充分考虑儿童缺少经验和认知能力这一现实,对面向儿童的广告加以更严格的规制。1975年马格努森-莫斯担保法通过后的两年时间里,FTC颁行了18个消费者保护法规,涵盖金融、助听器、二手车、处方药、葬礼服务等行业的广告。② 最重要的是在20世纪70年代初,委员会正式推出了三项后来被证明极富效力的广告制度:广告披露制度、广告证实制度和广告更正制度。广告披露制度要求广告全面展示产品的重要信息,特别是消费者有必要知道的风险信息。广告证实制度规定,企业在表述产品的实质性信息时须持有充分可靠的证据。一旦FTC要求对广告内容加以证实,企业就必须向FTC提交这些证据来证明广告中的这些实质性信息与产品实际相符。运用更正广告这种规制手段,FTC可以责令企业在不小于被控违法广告发布的范围内,自费以公开声明的方式对被控违法广告予以澄清和纠正,借此尽可能消除该违法广告已经在消费者心目中造成的错误认知。这些制度连同责令停止、扩限处罚(fencing-in)等其他措施,形成了一张对过去、现在、未来及其他领域可能发生的违法广告进行全方位立体防堵的制度天网:扩限处罚是"围",在涉事产品以外的领域围剿被告将来可能从事的同类或相似违法行为;责令更正是"追",旨在清除误导性广告已经对消费者造成的错误印象,追回消费者的原初认识;强制披露是"堵",确保广告不遗漏或隐匿对消费者重要的信息;责令停止是"截",拦截正在发布的违法广告,避免其继续误导消费者。

这些广告新政完全转向了以保护消费者利益为根本目的,而且保护的广度和力度空前,大大加重了广告商的违法成本和经济负担,因此遭到了来自商业组织各种方式的抵制。他们或者利用行业组织对国会议员进行游

---

① Thomas E. Kauper, 1968: "Cease and Desist: The History, Effect, and Scope of Clayton Act Orders of the Federal Trade Commission", *Michigan Law Review*, 66 (6), pp. 1095 – 1210.

② William J. Baer, 1988: "At the Turning Point: The Commission in 1978", *Journal of Public Policy & Marketing*, 7, pp. 11 – 20.

说，或者给 FTC 写公开信反对颁行这些政策，涉事企业更多是通过诉讼要求法院对 FTC 的行政执法进行司法审查。但在法律争讼中，这些新政总体上都获得了司法的支持。广告更正制度推行伊始被质疑违宪，剥夺了企业的沉默权。一些广告商还辩称，更正处罚让企业的形象和名誉尽毁，违反了 FTC 执法的非惩罚性原则。在轰动一时的李斯特林漱口液广告案中，广告主华纳·兰伯特公司即以更正处罚越权违宪为由，向哥伦比亚地区联邦上诉法院申诉。被判败诉后，再向联邦最高法院提起上诉。公司认为其广告虽然虚假，但 FTC 无权强制他们发布更正广告，理由是《联邦贸易委员会法》仅规定 FTC 有权责令停止，没有授权其他强制措施。哥伦比亚地区联邦上诉法院援引多个先例，包括联邦最高法院在 1952 年的一个先例中的判决意见——"如果要让 FTC 实现国会所设定的目标，就不能将其路障限定在违法者所走过的狭窄道路上；必须允许它可以有效地关闭所有通往禁区的道路，以确保没有人可以绕道而过却不受惩罚"，"第一修正案不禁止政府为确保商业信息的溪流自由而洁净地流淌而对欺骗性或误导性广告进行规制"——裁定 FTC 有权采取宽泛、灵活的救济措施，只要救济措施与违法行为之间存在"合理关系"。[①] 1978 年，联邦最高法院拒绝了兰伯特公司对此案的再次上诉。FTC 颁行的广告更正制度以及颁行制定法之外的制度的权力，最终获得了司法的肯定。

逐案执法是针对特定违法广告的当事人，贸易管理规章则是对某个行业或若干行业作出普遍的强制性要求。因为貌似"连坐制度"和"一刀切"的管理方式——多是个别企业的违法行为触发针对全行业的行政强制干预——贸易管理规章更容易招致有关行业的集体抵制。1970 年，因不满委员会颁布的一项强制所有汽油经营者都要标明汽油辛烷值的贸易管理规章，全国炼油协会（National Petroleum Refiners Association）向法院提起告诉，指控委员会的这一抽象行政行为越权。联邦地区法院的裁定意见是，《联邦贸易委员会法》赋予委员会制定规章的权力仅局限于它的内部管理，委员会无权制定约束企业的规章，但这一判决随即被联邦上诉法院推翻。全国炼油协会又诉至联邦最高法院，联邦最高法院拒绝对联邦上诉法院的判决进行司法审查。[②] 这意味着，联邦最高法院变相肯定了委员会颁布贸易管理规章的权力。不久，1975 年通过的马格努森-莫斯担保法以

---

① Warner-Lambert Co. v. FTC, 562 F. 2d 749, 752, D. C. Cir. (1977), pp. 759, 758.
② National Petroleum Refiners Association v. FTC, 482 F. 2d 672, DC Cir. (1973), cert. denied, 42 Law Week 3482 (1974-2-26).

制定法的形式，明确赋予 FTC 有权制定行业管理规章，以求对一些普遍性的行为或做法作出统一的引导乃至强制性的规定。总之，在这一历史时期，面对规制与被规制之间的角力，法院和国会大都选择站到了委员会这一边，为其打造强大而有效的消费者保护体制提供了至为关键的法律支持。

整体而言，1938 年至 1980 年是联邦贸易委员会广告规制历史上一段昂扬奋进的时期。1938 年的惠勒-李修正案结束了委员会对消费者利益漠视的状态，把广告规制的目的从保护企业利益的轨道扳到了保护消费者利益的轨道上。这既扶正了委员会广告规制的立足之本，大幅扩张了委员会的职权，也让委员会从此日渐成为美国消费者保护的主要政府机构。经过 20 世纪 60 年代社会运动的推波助澜，"人们越来越清楚地意识到不正当竞争行为在损害竞争对手权益的同时，也损害消费者合法权益的事实，要求反不正当竞争法承担起保护消费者权益之任务的呼声因而也越来越高"[①]。与保护企业利益相比，反不正当竞争法"保护消费者绝非一个附带的目的或间接的功能，而被视为同等重要"[②]。消费者本位从理念、入法进一步落实到了制度和监管实践当中。国会、白宫、法院、联邦贸易委员会和消费者站到了同一条战线，向违法广告发起了力度空前的打击。作为广告规制的主导力量，联邦贸易委员会乘势作出了一系列制度创新，基本上形成了一张立体防堵违法广告的制度天网。至此，美国广告制度的大厦蔚然已立，消费者为本的理念便是这座大厦的牢固根基。此后至今，联邦贸易委员会的广告规制总体上都不过是对这些制度的实践或者改良。

第三节　放松规制改革与适度强管机制的形成（1981～1993 年）

就在委员会大力推进广告规制之际，一场新的规制革命已经呼之欲出。

---

① 邵建东：《德国反不正当竞争法研究》，北京，中国人民大学出版社，2001 年，第 1 版，第 12 页。

② 谢晓尧：《论竞争法与消费者权益保护法的关系》，《广东社会科学》2002 年第 5 期。

一、放松规制改革的浪潮

诱发这场规制革命的是,资本主义经济又一次身染重病:竞争活力消退,服务质量恶化,价格虚高不下……一边是政府规制越收越紧,一边是市场失灵非但没有治愈,反而日见加重。之前被寄予厚望的政府干预这只手,此时遭到了各方质疑。首先,大量研究揭示,政府规制远远超过了必要的限度。最刺眼的是,从罗斯福新政开始,各种规制性质的法规政策如潮水般涌现。在罗斯福任职总统的头100天里,国会通过了14项法律。约翰逊总统任期内,仅在水和空气净化方面的环保条例就有7万多项。到20世纪70年代,美国政府制定的工商规制条例比以前增加了两倍。[1] 政府规制是如此之多,以至于美国的资本主义被人讥笑为"管制资本主义"[2],"过去一直是工业民主国家中集权最少的美国政府变成了集权最多的政府之一"[3]。其次,研究显示,过度规制加重了企业负担,削弱了企业的竞争力,妨碍了市场自由竞争和经济社会发展。美国企业研究所的研究人员默黑·威登博姆用数据指出,从1967年到1974年,国家干涉使私人企业承受的负担增加了50%。[4] 另一项研究发现,1977年,48家公司仅为遵守联邦政府的规章(主要是环境方面的规定)就花费了26亿美元。[5] 再者,过度规制导致官僚机构持续膨胀,规制成本令人咋舌。1970年设立的环境保护局,其财政预算到1978年的时候超过了5个亿,增加了6倍,下属职员约7000名。[6] 1970年负责市场规制的8个联邦机构的总预算是1.66亿美元,到1975年,这类机构增加到10个,总预算涨到了4.28亿美元。与此同时,公共社会组织或辅助性社会组织的预算从14亿

---

[1] 徐邦友:《自负的制度:政府管制的政治学研究》,复旦大学,博士学位论文,2007年,第66页。
[2] 〔美〕丹尼尔·耶金、约瑟夫·斯坦尼斯罗:《制高点:重建现代世界的政府与市场之争》,段宏等译,北京,外文出版社,2000年,第1版,第57页。
[3] 〔美〕卡普洛:《美国社会发展趋势》,刘绪贻等译,北京,商务印书馆,1997年,第1版,第245页。
[4] 〔法〕亨利·勒帕日:《美国新自由主义经济学》,李燕生、王文融译,北京,北京大学出版社,1985年,第1版,第157页。
[5] 周汉华:《行政立法与当代行政法:中国行政法的发展方向》,《法学研究》1997年第3期。
[6] 徐邦友:《自负的制度:政府管制的政治学研究》,复旦大学,博士学位论文,2007年,第66页。

美元上升到43亿美元。① 凡此种种出人预料的后果，让理论界开始反思凯恩斯主义的政府干预理论，主张自由放任经济的新古典学派应势而起。"1978年对经济学家的一项调查表明，47%的人认为取消州际商业委员会和民航局的管制权力会增加美国经济的效率，31%的人有保留的同意，22%的人不同意。……放松管制在70年代晚期已成为一个流行话题。"②

所谓"放松规制"（deregulation），是指西方国家在政府过度规制的情况下，为削减财政赤字，激发经济活力，通过一些自由化和市场化的手段，对政府职能进行重新定位，对规制手段进行重新设计的一场意义深远的活动。③ 20世纪70年代中期开始，美国联邦政府逐步放松了对一些产业的规制，包括证券、铁路、航空。里根总统把美国放松规制的改革推向了高潮。1981年初，里根签署第12291号行政命令，成立了以副总统布什为首的放松规制工作小组来推进这场改革。该行政命令要求，实施规制行为的政府机构必须提供这种规制的必要性及预期后果的充分信息，特别是要有证据表明规制给社会带来的收益将会超过规制所需要的成本，否则这种规制行为将不予批准。另外，政府规制的预期目标应该是使社会利益最大化，且达此目的所采用的须是成本最小的方案。

从此，市场规制法规和干预政策的出台都要做成本效益分析（cost-benefit analysis），行政管理与预算办公室（Office of Management and Budget，OMB）专门负责这方面的审查。设了这道闸门以后，里根政府发布的规则数量与前届政府相比减少了41%，每天在联邦登记处登记的新规则的数量减少了53%，平均每天149页。放松规制带来的效果也非常喜人：得到一张社会保险卡的时间从49天减少到了10天；得到一张护照的时间从43天减到了10天；得到一张出口许可证的时间从75天减到了17天。④

> 到1982年10月，即里根政府第一个财政年度结束的时候，他几乎把联邦文职人员裁减了5%。与国防无关的机构几乎都减员，减员

---

① 〔法〕亨利·勒帕日：《美国新自由主义经济学》，李燕生、王文融译，北京，北京大学出版社，1985年，第1版，第157页。
② 〔美〕赫伯特·斯坦：《美国总统经济史——从罗斯福到克林顿》，金清、郝黎莉译，吉林，吉林人民出版社，1997年，第1版，第355页。
③ 邓念国：《从放松管制到重新管制：新公共管理运动中政府微观干预的嬗变》，《社会科学辑刊》2007年第4期。
④ 〔美〕罗纳德·里根：《里根回忆录》，萨本望、李庆工译，北京，中国工人出版社，1991年，第1版，第333页。

最多的正是一些享有管制权力的政府部门，如商务部裁减26%，教育部裁减25%，劳工部裁减21%，能源部裁减19%，运输部裁减14%，卫生和公共服务部裁减9%。除了这些政府部门减员外，那些真正意义上的管制机构如平等就业委员会、环境保护署、食品和药品监督管理局、联邦贸易委员会也全部减员，多者竟达1/4。这些机构的经费总体上也减少了。1982年美国管理和预算办公室估计，通过放松管制，节约了政府成本40－60亿美元，并且使州与地方雇员每年免除1180万工时的公文汇报工作。①

除了行政成本的显著减少和行政效率的大幅提升，放松规制还如愿带来了喜人的经济绩效。

管制经济学对此已有充分的分析总结。托马斯·凯尔·穆尔说，减少政府干预的计划对提高美国产业的竞争力起到了相当大的作用。自1982年以来，美国制造业的劳动生产率年均提高了5%，整个就业人数大约增加了1500万。同时，在1986和1987年，美国制造业中的单位劳动成本呈下降趋势。温斯顿还具体分析了放松管制后的福利增殖。他说，在美国，通过放松管制而获得的福利是巨大的，通过进入和退出的限制的消除，及定价的自由化，一年的总福利增加350亿－460亿美元，其中，消费者从价格的降低和服务质量的提高中获得320亿－430亿美元，而生产者从效率的提高和成本的降低中一年获得大约30亿美元。另据理查德·派欧斯在《美国政治与政府》一书中估算，里根总统放松管制在10年内可给公司和消费者节省1500亿美元的开支。②

二、FTC广告规制的调整及对广告自律的扶持

作为行政干预市场的一个重要机构，联邦贸易委员会受到了这场改革的很大冲击。昨天还鼎力支持FTC的国会，此时围绕对委员会限权的各种提案出现了严重的分歧。在国会内部一时陷入僵局的情况下，拨款委员会暂停了对FTC的财政拨付，直至国会正式通过实质性的立法。1979年10

---

① 转引自徐邦友《自由的回归：放松管制的意义探寻》，《行政论坛》2007年第4期。
② 转引自徐邦友《自由的回归：放松管制的意义探寻》，《行政论坛》2007年第4期。

月12日，国会参考拨款委员会的一时之计，对FTC实施了一个休克疗法：要求FTC接下来30天不得使用国会拨款来制定任何新的贸易管理规章，也不得采取任何新的执法行动。① 到1980年5月，FTC经费殆尽，工作眼看就要停摆。在最后时刻，国会最终达成一致意见，同意通过立法的方式重新确认FTC的基本法定职权，同时对它的权力行使加以程序性的限制。1980年6月，国会通过了《联邦贸易委员会改进法》(Federal Trade Commission Improvements Acts)，在重申FTC基本职权的同时，重点是压缩和监督FTC的权力，特别是严格限制它发布面向全行业的行政规章，以减少不必要的市场干预。法案要求FTC制定任何行业规章都必须交由国会审查。新规章颁布90天之后才能生效，在此期间，国会有权予以否决。不过，国会有权否决FTC制定的规章这一条款，后因有悖分权原则而被认定违宪。

此时，联邦贸易委员会是由彭楚克（Michael Pertschuk）主政（1977～1981年）。他组织领导了一个才智超群、专业多元的团队，前期积极寻求制度创新和发起能动执法。1978年前后曾因提议禁止所有电视儿童广告，招致非议四起。在他主持推动下，委员会发起了内部行政程序的改革。一方面，委员会下属各个局都规范了评估程序，每个项目从开始到结束的整个过程都要进行评估，以改进项目的成本—收益结构，优化行政资源的配置。另一方面，针对广受诟病的行政程序繁复笨重的问题，包括没头没尾的听证、浩如烟海的记录，还有过度的延迟，委员会尝试及早聚焦关键议题和主要当事方，并设置时间表，这大大提高了委员会的行政效率。1978年，委员会还重新评估了马格努森-莫斯担保法通过前那几年颁布的152个贸易行为规则，仅保留了其中7个。②

1981年，里根任命詹姆斯·米勒（James Miller）出任联邦贸易委员会主席。"米勒以对政府规制的激烈批评而著称，他与里根总统的看法一致，认为如果政府不施加规制，那么大多数事情会更好地运行。"③ 米勒是历届委员会主席当中罕有的经济学者，他把自由市场经济理念和成本—收益分析深深植入了联邦贸易委员会的市场规制事业。在他的主导下，委员会的市场规制从激进模式转换成了节制模式。米勒之后，丹·奥利弗

---

① Act of Oct. 12, 1979, §101 (e), Pub. L. No. 96-86, 93 Stat. 656, 658.

② William J. Baer, 1988："At the Turning Point: The Commission in 1978", *Journal of Public Policy & Marketing*, 7, Special Issue on the FTC, pp. 11-20.

③ Richard A. Harris, Sidney M. Milkis, *The Politics of Regulatory Change: A Tale of Two Agencies*, New York: Oxford University Press, 1996, 2 edition, p. 186.

(Dan Oliver)接任 FTC 主席(1985~1989年),继续朝着无为而治的目标大步迈进,FTC 几乎完全失去了十年前的锐力,职员们士气低落。最认真负责、最有理想的一些员工,要么投奔私营企业,要么转岗到其他公立机构。一位离职的委员批评这一时期的 FTC 对消费者权益保护的贡献乏善可陈,指责里根总统提名的委员会主席破坏了 FTC 昂扬向上的势头。① 从 1982 财年到 1986 财年,联邦贸易委员会的财政预算从 7800 万美元减少至 6400 万美元,机构人员从 1665 人减到 1168 人,裁幅达 30%。② 受此波及,委员会的广告规制相应地有所收缩,主要体现在三个方面。其一,用于广告规制的人力、财力相比以前少了一些,这直接影响了广告执法的范围和力度。据粗略估计,从 1978 年到 1987 年间,FTC 的广告执法资源减少了 42%,广告执法行动也显著减少。③ 其二,解除了之前颁行的一些贸易管理规章,特别是禁止性的全行业规章,包括针对律师、药剂师、验光师等职业服务类广告的禁令。处方药广告宣传不再必须使用 FTC 指定的用语,比较广告也获准自由发布。其三,委员会关停了一些区域办事处,证据显示 FTC "大量减少了对广告尤其是全国性广告的规制"④。

放松规制浪潮和广告规制转向节制模式,为广告行业自律送来了壮大发展的良机。正如里根总统的白宫消费者事务顾问弗吉尼亚·诺尔(Virginia Knauer)所言,很多观察家认为,政府放松规制对商业来说是一个千金难买的机会来证明他们能够比联邦政府更好地保护消费者。⑤ NARC 抓住这一机会,通过队伍建设、制度建设、程序建设和对大量案例的低成本高效率解决,逐步成就了自己的权威地位和广泛影响力。NARC 的主席很自豪地说:"FTC 开始高看我们。即使拉尔夫·纳德也承认这些

---

① Avery M. Abernethy, George R. Franke, 1998: "FTC Regulatory Activity and the Information Content of Advertising", *Journal of Public Policy & Marketing*, 17 (2), pp. 239 – 256.

② 吴瑞坚:《新公共管理放松政府管制取向与行政法发展》,《云南行政学院学报》2001 年第 2 期。

③ Ross D. Petty, 1992: "The Impact of Advertising Law on Business and Public Policy", Praeger, p. 60. From Avery M. Abernethy, George R. Franke, 1998: "FTC Regulatory Activity and the Information Content of Advertising", *Journal of Public Policy & Marketing*, 17 (2), pp. 239 – 256.

④ Miles W. Kirkpatrick, 1989: "Report of the American Bar Association, Section of Antitrust Law, Special Committee to Study the Role of the Federal Trade Commission", *Antitrust Law Journal*, 58 (1), 37th Annual Spring Meeting: Part I, pp. 43 – 178.

⑤ Karen De Witt, 1981: "Reagan's Consumer Chief Notes Policy Shift", *New York Times*, April 4, p. 21.

自律机制具有公信力。"①

三、FTC 广告适度强管机制的形成

然而，美国广告规制事实上并未随着放松规制改革而有实质性的"放松"或者明显弱化，反倒是经此而形成了稳健有力的适度强管机制。

首先，美国广告规制自 1938 年惠勒-李修正案通过以后，便已从纯粹的经济性规制变成了主要是社会性的规制。而放松规制浪潮在社会性规制领域产生的影响，与其对经济性规制领域造成的冲击大有不同。日本学者植益草最早对这两种规制作出了权威的定义：社会性规制是"以保障劳动者和消费者的安全、健康、卫生、环境保护、防止灾害为目的，对物品和服务的质量和伴随着提供它们而产生的各种活动制定一定标准，并禁止、限制特定行为的规制"；"经济性规制就是指在自然垄断和存在信息偏在的领域，主要为了防止发生资源配置低效和确保利用者的公平利用，政府机关用法律权限，通过许可和认可等手段，对企业的进入和退出、价格、服务的数量和质量、投资、财务会计等有关行为加以规制"。② 按照美国管理与预算办公室和美国学界的主流观点，经济性规制是政府对企业的价格、服务、市场进出等主要经济活动加以约束；社会性规制是政府通过建立使外部性内部化的机制来解决负外部性问题，通过强制企业公开生产与服务中的信息，解决信息不对称所造成的损害。③ 政府对企业与企业之间关系的经济性规制不宜太多，否则，商业就会失去自由的空间和竞争的活力。政府对商业组织与公民和社会之间关系的社会性规制不宜太松，否则，弱小的公民个体就会变成商业刀俎之下的鱼肉，深陷欺诈和掳掠，甚至连基本的人权都危如累卵。

在对经济滞胀进行反思和求解中发端的放松规制改革浪潮，主要是在经济性规制领域澎湃汹涌，直至后来出现了过度放松及由此导致的新的市场失灵。"在航空、银行、有线电视等行业中，由于放松规制，有保证的公平价格、优质的服务和市场中的诚信受到威胁和挑战。从全球范围来

---

① John McDonough, 1996: "A Commemorative: 25 Years of Self-Regulation", *Advertising Age*, 67, pp. c1 – c2.

② 〔日〕植草益：《微观规制经济学》，朱绍文等译，北京，中国发展出版社，1992 年，第 1 版，第 22、27 页。

③ 蒋抒博：《美国社会性管制的经济学分析》，吉林大学，博士学位论文，2009 年，第 8 – 9 页。

看，亚洲金融危机以及与之类似的金融悲剧事件频频发生，都被认为是与政府放松管制，政府不能充分行使适当的管制职能有关。"① 与之相比，社会性规制的放松幅度和节奏缓和很多，某些领域如环境保护甚至还加强了规制。到了布什总统任期，"社会性管制日益严格，管制成本逐年增加"②。作为社会性规制的一个重要领域，广告行政规制正是要消弭消费者与广告主之间的信息不对称，避免消费者被广告误导而作出错误的消费决策，面临健康或安全方面的威胁。由此目标来看，以解除比较广告的禁令为例，这种"放松规制"实质上不是放松，不是收缩，而恰恰是更好地保护消费者。因为，允许竞争对手之间进行针锋相对、有据为证的比较宣传，有利于增加面向消费者的信息供给，促进商业之间的竞争，这对消费者无疑大有利好。比如，正是比较广告让消费者知道了饮料有"含糖"和"无糖"之别，方便面原来是有"油炸"和"非油炸"之分，空调有专长于"静音"所以更适合卧室的，和专长于"快速制冷"所以更适合场所入口处的品类。

其次，由惠勒-李修正案确立、经消费者运动而落实到广告制度当中的消费者本位理念，非但没有松动，还进一步深深扎根到了广告监管实践当中。1982年，自由派立场的委员会主席米勒主动向国会提议限缩委员会的广告执法权，主张把消费者伤害作为欺骗性行为的必要条件之一，FTC应该把资源和精力只用于处理消费者因为信赖广告而遭受实际损害的那些案子。此前，委员会早已明确不把实际损害作为广告欺骗的构成要件。米勒的提议无疑会把FTC的欺骗性标准回升到民事欺诈侵权所要求的严格程度上。③ 提议遭到了来自FTC内部和社会的严厉批评，国会拒绝采纳。但米勒的意见还是影响了FTC在1983年对欺骗性行为首次作出的公告解释。④ 公告在对欺骗性行为的定义中强调，法律要求的是可能误导而非是否误导（whether the act or practice is likely to mislead, rather than whether it causes），但在后面的解释中又说要求的是损害消费者利益（to the consumer's detriment）的误导。至于"误导"，公告在有的地方表示是

---

① 王炳毅：《政府医疗管制模式重构研究》，西南财经大学，博士学位论文，2008年，第42页。

② 蒋抒博：《美国社会性管制的经济学分析》，吉林大学，博士学位论文，2009年，第68页。

③ Jef I. Richards, Ivan L. Preston, 1992: "Proving and Disproving Materiality of Deceptive Advertising Claims", *Journal of Public Policy & Marketing*, 11 (2), pp. 45-56.

④ FTC Policy Statement on Deception, October 14, 1983. https://www.ftc.gov/public-statements/1983/10/ftc-policy-statement-deception.

认知或理解层面的（beliefs/interpretation），有的地方又说是选择购买这样的行为层面（action/conduct）。不过，在公告发布之后，米勒在多个场合声明，欺骗性行为的关键要素是"实质性"，而是否实质性不需要事实上的损害加以证明。FTC 委员道格拉斯（Douglas G.）也一再公开澄清，政策仅要求说明对消费者可能造成伤害，只要是有关广告产品的实质性信息虚假或遗漏，这一点即可不证自明。① 重要的是，FTC 自公告发布以来的广告执法实践及司法意见表明，欺骗性广告所要求的误导确实不需要事实上的损害证明，往往也不需要证明是否可能影响消费者的购买选择，而仅需证明广告表述或遗漏的实质性信息有可能误导消费者。什么是实质性信息，既不由广告主说了算，也不是 FTC 依自我偏好而定，而是经由大量执法案例发掘、业已众所公认是理性消费者据以作出明智选择（informed choice）的考量因素——包括但不限于用途、功能、产地、质量、成分、效果、费用、保证、安全性或耐用性等有关产品或服务的核心特征的信息，以及其他机构对该产品调查或检测得出的结论。对这些类型以外的或者确有争议的，FTC 是以理性消费者对该内容的合理理解为依据来研判是否属于实质性的信息。是否可能误导同样不由广告商或 FTC 决定，而是取决于理性消费者的认知状况。如果理性消费者对被控广告内容的理解与广告产品的事实不符，即使从某个角度看该被控内容属实，FTC 依然是根据消费者的理解认定其构成误导。

对不公平广告的规制从此也转向了以保护消费者为根本立场。最初二十年，不公平广告的唯一构成要件是损害竞争对手的利益。此后三十年，违反公共政策或者可能损害消费者利益，是认定不公平广告的两个常用依据。1964 年，FTC 基于对有关不公平广告的大量处罚决定而提炼抛出了不公平广告的"三元测试法"（Three-Prong Test）：被控行为是否违反了公共政策；它是否不道德、令人难以忍受或不择手段的；它是否对消费者（或竞争者或其他商人）产生了重大伤害。1980 年 12 月，FTC 就不公平所作的官方解释公告②，取消了"三元测试法"中的第二个依据，把"伤害消费者"抬举为不公平广告的最重要的认定标准，并提出了"伤害消费者"包含的三个条件：这种伤害是重大的；这种伤害无以抵消，即被控行为的弊远大于利；消费者无法合理避免这种伤害。历经十多年的执法应用，

---

① Gary T. Ford, John E. Calfee, 1986: "Recent Developments in FTC Policy on Deception", *Journal of Marketing*, 50 (3), pp. 82 – 103.

② FTC Policy Statement on Unfairness, December 17, 1980. https：//www.ftc.gov/public-statements/1980/12/ftc-policy-statement-unfairness.

FTC 的不公平新政基本获得了各方的认可。1994 年，国会通过的《联邦贸易委员会法》修正案正式把委员会关于伤害消费者的三大要素写入了法典。修正案还规定，委员会在判定不公平行为时可以把公共政策拿来参考，但不可以作为一个独立依据来使用。如此一来，原本"三元测试法"中的两元都已被卸掉，伤害消费者成为不公平广告的唯一认定依据。委员会提出的伤害消费者的三个条件，本质上也就成了不公平广告的三个构成要件。

最后，无论是早期制定法赋予的责令停止的权力，还是后来 FTC 逐步争取到的禁止令、民事罚款、责令更正、强制披露等更具威胁性的权力，都没有因"放松规制"改革而被削弱，更没有被剥夺。它们的最大变化是趋向严明，在给消费者提供更好保护的同时，减少乃至避免给企业带来不必要的负担。在推行之初，广告证实制度没有明确要求广告中的哪些内容需要证实、何种证据有效以及需要证实到何种程度，这让企业无所适从，加重了他们遵从制度的负担。1975 年以后，FTC 逐渐发展提出了"合格可靠的科学证据"（competent and reliable science evidence）这一证实标准，为企业提供了一个客观、易把握的行为指南。1980 年以后，根据《联邦贸易委员会改进法》的规定，FTC 不再向社会公开广告商提交的广告证实材料。因为这些篇幅很长、专业性很强的证明材料，既对消费者没什么用，又容易导致商业机密泄露，损害企业利益。1984 年，FTC 又专门就广告证实制度发布了一份政策声明，全面阐述了这一制度的各项主要内容，特别是正式提出了"实质性信息"这个概念，明确了制度要求证实的广告内容。在明晰制度内涵及要求的同时，FTC 把广告证实的义务主体从广告主扩及到了广告公司和广告荐证者，禁止所有这些主体在广告中信口吹嘘。

正是历经"放松规制"改革的淬炼，FTC 广告规制的权限由暗昧而明朗，制度从粗疏到严明，执法改激进为稳健，倚重逐案执法而再不轻易施行"一刀切"式的全行业禁令，形成了以消费者为本位、适度强管的长效广告规制机制。在新问题丛生的互联网广告规制领域，FTC 的这种机制——充分的信息披露，严格的证实义务，积极的逐案执法——依然是中流砥柱，在持续运行。

中美两国的国情和历史不同。中国广告监管部门也不是美国 FTC 那样的独立规制机构，没有超越一般行政机构的市场干预权力。但中国要探索形成自己的广告规制机制，仍然可以从美国的先行之路中汲取一些经验。第一，理念矫正是前提。尊重市场经济的规律和本源，正视买卖双方不平等的市场地位和交易关系,以及商业广告于中发挥的信息供给与消费引导功能,确立消费者主权的理念。第二,依法规制,法尽其用,强化司法的能动介入,特别是要严格执行广告领域的基本法《广告法》,完善广告证实、广告披露等重要制度的细则及执行,依法着力广告制度的供给和创新。第三,与美国主要是诱致性广告制度变迁的路径不同,中国广告监管主要依靠国家自上而下的自觉改革与强制推进。因此,作为中国广告监管的最高行政权力机构,国家市场监管总局应当抓住当前国家"放管服"改革的良机,主导推动形成真正以维护消费者权益为核心目标、宽严适度的社会性广告规制机制。

第五章

双驱规制与违法广告研判中的消费者本位主义

1914年通过的《联邦贸易委员会法》第五条规定,商业中的各种"不公平"(unfair)行为均属违法。1938年的惠勒-李法案在第五条中增加规定"欺骗性"(deceptive)行为非法,并在新增第十二条当中提出了"虚假(false)广告"这一术语。第十五条又把第十二条提出的"虚假"一词解释为"实质性方面是误导性的"(which is misleading in a material respect)。这之后,美国联邦贸易委员会的广告政策与具体执法经常变换使用"不公平""欺骗性""误导性""虚假"这四种说法。在不同的文件或执法行动中是这样,在同一份文件或同一次执法与处罚当中也常如此,一份文件同时出现这四种说法也不奇怪。不公平、欺骗性、虚假,还有误导,它们是同一个概念的不同说法而已吗?如果各不相同,它们的内涵与外延分别是什么?是否指向了FTC广告规制的不同领域?FTC具体如何使用它们来定义和研判违法广告?

本章在美国广告制度百年演化的历史长河中,紧扣联邦贸易委员会的广告制度创新和广告执法实践,仔细厘定这些关键概念的含义及其相互关系,勘察分析FTC研判违法广告的考量因素及内在逻辑,希望既能为中国新广告法的落地执行和未来广告制度创新提供行动的思路,也为中国"放管服"改革中的市场规制和消费者保护研究作出一些探索。

第一节 对不公平广告的规制:基于消费者立场的利弊权衡

一、飘忽不定的释义与判定

美国广告规制的主要法律《联邦贸易委员会法》脱胎于反垄断运动,其初始目的主要是打击各种妨碍市场自由竞争和破坏市场秩序的不公平行为。很多具体的不公平行为——如操纵市场价格、联合划分市场——很容易界定,但"不公平"这个抽象的概念与"正义""正当""善"等一样,是非常难以阐明的。国会在1914年通过《联邦贸易委员会法》的时候,很现实地搁置了这个难题。对此,众议院解释说:"不可能给出一个涵盖所有不公平行为的定义。人类在这方面的创造性是无限的。即使所有已知的不公平行为都已有具体的定义并被禁止,但也仍无可避免随时要推倒重来。如果国会采取定义的方法，势必引发无穷无尽的麻烦。"①

在立法没有作出界定，短时间内也没有司法先例可以参照的情况下，联邦贸易委员会并没有刻意努力要解决概念问题，而是针对当时市场不正当竞争的实际情况，倚重逐案执法的方式摸索前行。不过，作为执行该法的规制机构，委员会认为，"不公平"的概念应当富有弹性，足以包括未来所有不合理且有损公共利益的竞争行为，不管它以何种形式出现。因此，凡是限制贸易、减少竞争、可能导致垄断的竞争行为都属于《联邦贸易委员会法》第五条禁止的不公平行为。②委员会对"不公平"概念的这种宽泛理解只在初期获得了个别司法判例的支持。例如在1920年的格拉茨广告案中，法院认为不公平竞争方法是那些"以欺骗、不守信用、欺诈、强迫等为特征的背德行为，或者因有过度妨碍竞争或导致垄断的危险倾向而违反公共政策"的行为。审理该案的布兰代斯法官（Louis Brandeis）对"不公平"概念的这种广义论观点作了如下解释：

  既有法律的经验说明，太过严谨的定义会带来令人尴尬的结果，可能会使严格执法面临巨大的困难。某个行业内被视为不公平的竞争方法，某种情况下可能为另一个行业所允许，甚或同一个行业在其他情况下也会允许。此外，无论多么广泛地列举既有的不公平竞争方法，总是会很快证明这种列举是不完全的，因为不公平方法总是会随着新情况不断涌现而层出不穷。③

多数司法判决把"不公平"仅限于侵害企业利益的市场竞争行为，排除了没有侵害企业利益但侵害了消费者利益的不正当商业行为。法院1923年对Silver v. FTC一案④的终审裁定指出，FTC只能依法处理企业与企业之间的不公平竞争关系，无权介入消费者与企业之间的不公平交易关系。在1929年FTC v. Klesner一案中，联邦最高法院重申，《联邦贸易委员会法》第五条不就个人不法之事向私人提供行政救济。⑤ 在两年后的拉拉丹

---

① Senate Committee on Interstate Commerce, Senate Report No. 597, 63d Cong., 2d Sess., 1914.

② 1916 FTC Annual Report, 1916. https：//www.ftc.gov/sites/default/files/documents/reports_annual/annual-report-1916/ar1916_0.pdf.

③ FTC v. Gratz, 273 U.S., 421 (1920), pp. 436–437, (dissenting opinion).

④ L. B. Silver Co. v. FTC, 289Fed. 985, C. C. A. 6th (1923), p.994.

⑤ FTC v. Klesner, 280 U.S., 19 (1929).

诉讼案中，联邦最高法院对《联邦贸易委员会法》的"不公平"含义进一步作出了限缩性解释：

> 一种不公平行为不仅手段是不公平的，而且还必须是一种市场竞争行为；禁止这种不公平行为正是为了保护竞争对手免于此种行为可能带来的损害，以及因竞争受损或受限给公众带来的危害……很明显，"竞争"这个词包含了现有或潜在的竞争者，被指控为不公平的竞争方法一定是有当下或潜在竞争者的生意将会或可能会被削弱或受损害，立法授权委员会管制的正是这种而不是任何其他情况。①

这就把《联邦贸易委员会法》所禁止的不公平行为仅限于损害企业利益的不正当竞争行为，从而在外延上排除了欺骗消费者但没有侵害竞争者利益之虞的不正当竞争行为。

然而，个别司法判例比如1934年的Keppel案②，似乎又确认了"不公平"的另外两个充分条件：侵害消费者利益，或者违反公共政策。R. F. Keppel & Bros. 公司采用了一种新型的多重包装的方式销售糖果，FTC认为此举属于不公平的竞争方法，因为它让孩子们总是忍不住想要再撕开一层包装来获得大颗的糖果或奖品，因而过多购买和食用糖果。被告坚持认为，他们的商业行为既非对儿童的欺骗，也不可能侵害竞争者的利益，因为竞争对手可以很轻易地采用同样的销售方法。所以，被告主张，他们的销售方式不构成法律所禁止的不公平行为，FTC对此无权管辖。法院审理后指出，被告的这种营销方式一直是普通法所禁止的违反公共政策的行为，因为它诱使儿童博彩，还会迫使竞争者转而从事这种应受谴责的营销技巧。而阻止普通法所禁止的竞争方法，本来就是国会授予委员会的职权。与1931年的拉拉丹判例相比，此案判决在两个方面拓展了"不公平"的含义：其一，可能损害竞争者的利益不是不公平行为的必要条件，违反普通法规定或公共政策也可能构成《联邦贸易委员会法》所禁止的不公平行为；其二，一种主要是对消费者而不是竞争者不利的行为，也可能违反《联邦贸易委员会法》第五条的规定。③

司法有关"不公平"执法的判决意见就这样相互龃龉，令人捉摸不

---

① FTC v. Raladam Co., 283 U. S., 643 (1931).
② FTC v. R. F. Keppel & Bros., 291 U. S., 304 (1934).
③ Gerald J. Thain, 1972: "Advertising Regulation: The Contemporary FTC Approach", *Fordham Urban Law Journal*, 1 (3), pp. 349-394.

定。国会和 FTC 对这一难题默不作声。1938 年的惠勒-李修正案在增补第五条的时候，也回避了"不公平"的定义问题。

二、不公平广告的"三元测试法"

1964 年，"不公平"概念的含义在联邦贸易委员会那里有了第一次重大突破。这一年，委员会在制定香烟标签与广告规章的过程中，抛出了一个"三元测试法"（Three-Prong Test）。即，FTC 确定商业中的一种行为是否不公平的依据有三个：①该行为是否违反了公共政策；②它是否不道德、令人难以忍受或不择手段；③它是否对消费者（或竞争者或其他商人）产生了重大的伤害。委员会解释说，这个"三元测试法"是基于对有关不公平行为的大量处罚决定提炼出来的，"这些处罚决定至少明确，一种商业行为如果是掠夺性的或者不公正的，或者除了引起道德上的反感还严重有害消费者或其他人，便违反了《联邦贸易委员会法》第五条"[1]。

按照委员会的解释，这"三元"并非不公平行为的法律构成要件，具备这"三元"当中的任何"一元"都有可能构成不公平行为。当然，委员会也提到，如果一种行为同时满足这三个条件，即使没有先例，肯定是违反第五条的不公平行为。然而，自 1964 年提出这一方法到 1972 年间，委员会事实上选择了一种最保守的判定方法：须同时满足这三个条件，才认定其为不公平行为。由此导致的一个直接后果是，对不公平广告的规制在这一时期基本被搁置了。

1972 年，联邦最高法院在对 FTC 诉哈金森公司（Sperry & Hutchinson Co.）一案[2]的判决中，肯定了委员会判定不公平行为的"三元测试法"，支持委员会基于公共利益对不公平广告施行广泛而灵活的规制。最高法院的判决书写道："我们相信，委员会像衡平法那样考虑公共利益而不仅仅是反托拉斯法的字面意思与内在含义，并非越权。"判决书强调，公共政策可以作为一个独立的依据来判定不公平行为，这一方面表明法院支持委员会在提出"三元测试法"时对这三个条件的宽泛理解，允许委员会可以不必寻求同时满足三个条件便可确认不公平行为；另一方面，最高法院认可了违反公共政策这个判定不公平行为的依据，却没有对这样一个如此广义而模糊的依据作出任何具体的阐明或指导。这给委员会的不公平规制埋

---

[1] FTC Statement of Basis and Purpose of Trade Regulation Rule, 1964, p. 8355.
[2] FTC v. Sperry & Hutchinson Co., 405 U.S., 233 (1972).

下了两个隐患。

其一，如果倚重对公共政策的考量而忽略被控行为是否可能损害消费者或竞争者的利益，事实上既不利于保护消费者和竞争者，又会使 FTC 对不公平广告的规制极容易陷入因为公共政策风雨飘摇而变幻不定的尴尬境地。例如，美国食品药品监督管理局曾经制定了一项关于药品标签用语如何措辞的公共政策，但这项政策没有顾及可能给消费者带来的不便，没有考虑是否有其他措辞方式既可以让消费者合理规避欺骗又可以得到有益的药品信息。依据哈金森一案确认的不公平管辖权，联邦贸易委员会原计划在其发布的非处方药广告规章中要求非处方药广告只能使用 FDA 规定的药品标签用语，否则便是违反了公共政策。可当时 FTC 刚刚就不公平行为发布了一份官方声明，把认定不公平行为的重心转向了消费者利益。经过慎重考虑，FTC 最终一致同意不采纳 FDA 的这项公共政策，由此避免了一次尴尬，因为后来 FDA 取消了关于药品标签用语的这项公共政策。

其二，正是根据所谓"不道德""不择手段"以及保护儿童的一些公共政策，FTC 在 1978 年前后拟颁行规章全面禁止所有面向儿童的商业广告和所有含糖食品的广告，规制非法移民的雇佣问题及其逃税和污染问题。这些贸然、激进的干预政策让 FTC 陷入了严重的权力危机。媒体戏称委员会是"国家保姆"，商业组织指责委员会泼洗澡水把孩子也扔掉了。国会一度停止拨款并短暂关停了 FTC。最终，国会通过了《联邦贸易委员会改进法》，禁止 FTC 再使用不公平规制的灵活权限制定新的贸易管理规章。①值此之际，成本—收益分析已经成为主导美国政府规制的必经程序，任何规制措施都必须评估其预期收益是否能够抵消或超过政府实施这种措施所需的成本以及给相对人带来的成本。这要求 FTC 必须增强行政行为的确定性，充分考虑执法活动的整体收益。而且，消费者主权理念此时已经深入人心，政府对不公平行为的规制究竟是以竞争者利益、公共利益还是消费者利益为目标，成了 FTC 必须要解决的一个根本问题。

三、不公平广告的立法界定与执法研判

在各方压力之下，委员会于 1980 年 12 月 17 日发布了一份正式的官

---

① J. Howard Beales III, 2003: "The Federal Trade Commission's Use of Unfairness Authority: Its Rise, Fall, and Resurrection", *Journal of Public Policy & Marketing*, 22 (2), pp. 192 – 200.

方公告,集中阐述了其对《联邦贸易委员会法》中的"不公平"概念所持的立场和观点。① 公告取消了"三元测试法"中的第二个——"不道德、令人难以忍受或不择手段",确认"公共政策"仍然是不公平行为的一个独立认定依据,但为了避免滥用,公告强调仅适用于以下极少数情况:一项公共政策非常清晰明确,以至于可以毫无疑问地确定违反了它就有可能伤害消费者,而且委员会有权执行该公共政策的相关规定。此次公告公认的最大进步是,把"三元测试法"里面的第三个依据即"伤害消费者"抬举为不公平行为的首要认定标准,强调此乃《联邦贸易委员会法》关注的焦点。为使这一依据避免像"公共利益"或者"公共政策"那样捉摸不定,同时也为了追求对不公平行为的行政规制在整体上能获得净收益,公告进一步提出了"伤害消费者"所应包含的三个条件:这种伤害是重大的;这种伤害无以抵消(not be outweighed by countervailing benefits to consumers or competition that the practice produce),即被控行为的弊远大于利;消费者无法合理避免这种伤害。

这之后,联邦贸易委员会开始援用公告确立的认定标准,着重解决侵害消费者利益而有关欺骗性广告的立法与规制手段无法圆满处理的违法商业广告。1984年国际收割机广告案是当时较为典型也影响颇大的一个不公平广告执法案例。② 生产销售农业机械的国际收割机公司明知自己生产的拖拉机产生的燃油沉积物会威胁消费者安全,却没有在广告和产品说明书中向消费者披露这一情况。FTC的行政法官初审认定被控行为属于法律禁止的欺骗性商业广告,但鉴于被告在该案起诉时已经主动披露了这些风险信息,决定不予处罚。被告和委员会的起诉律师都不接受这一初审裁定,此案遂进入了委员会复审程序。

委员会的复审意见肯定了行政法官所认定的被告没有披露产品潜在风险并危及消费者安全这一调查结论,但强调有必要区分这种信息遗漏行为是欺骗性的还是不公平的。委员会仔细比较了其在1983年政策公告中对欺骗性行为的解释,和在1980年公告中对不公平行为的界定,认为没有披露这种概率很小的产品风险不等于在向消费者担保其产品绝对安全,因而不属于欺骗;但这种概率很小的风险对消费者已经及未来可能造成的伤害却很大,至少已有1人死亡和11人被烧伤,而公司作出披露所需的成

---

① FTC Policy Statement on Unfairness, December, 1980. https://www.ftc.gov/public-statements/1980/12/ftc-policy-statement-unfairness.

② International Harvester Co., 104 F.T.C., 949, 1061, n.47. (1984).

本微乎其微;再者,消费者没有其他途径可以了解产品存在的这些隐患,难以合理规避相应的风险。最终,委员会裁定被控广告属于不公平行为。

1986年奥金公司一案①涉及的主要是单方违约问题。奥金公司在1975年之前的广告、营销及与消费者签订的合同中承诺,只需按合同约定支付固定年费,消费者即可享受公司提供白蚁防治终生服务。但1975年后的新合同增加了提高年费的条款,并于1980年开始按照新的额度标准收取年费。如此一来,公司最初的承诺似乎是一个骗局,同样的服务现在却要求以更高的价格购买。但细作分析,公司却是严格按照前后两个不同的合同来收取年费。换句话说,合同规定是多少,公司就按多少收费,不存在言行不一的欺骗行为。公司还辩解说,他们有权根据通货膨胀的实际情况提高年费额度。委员会调查后认为,虽然该公司的广告及合同没有明显的欺骗性,公司单方面提价给每个客户增加的经济损失只有每年十来美元,但给几十万客户带来的损失总量却非常巨大,公司因此累计增收750万美元,而客户的损失却没有被弥补。另外,公司1975年前的合同没有任何条款规定公司可以单方面提高收费标准,也没有任何文字让客户知道年费可能会提高。因此,客户难以预料公司会单方面提价,没有能力规避提价所带来的损失。后果是否可以合理规避,委员会在国际收割机公司一案的终审意见中已经说过,不只是取决于人们是否知道如何采取措施去防止这种后果,还要看他们是否清楚规避风险的必要性。被告继续辩解说,客户完全可以拒绝接受更高的年费,转而以原价甚至更低的价格购买其他公司提供的同样服务。可是,诸多证据显示,在没有附加条件(这将给客户带来额外的成本)的情况下,没有竞争对手承担或者愿意承担该公司在1975年前的合同中约定的服务。综合这些情况,委员会最终认定,公司的单方违约行为构成了《联邦贸易委员会法》第五条禁止的不公平行为,责令其恢复到1975年前合同约定的年费标准,并通知每一位受影响的客户;除非合同说明未来可能会涨价,否则禁止该公司收取超过合同约定的年费。

历经十多年的执法应用,FTC的不公平新政基本获得了各方的认可。1994年,国会通过的《联邦贸易委员会法》修正案把委员会关于伤害消费者的三大要素正式写入了法典。修正案还规定,委员会在判定不公平行为时可以参考公共政策,但不能用作独立依据。如此一来,原本"三元测

---

① Orkin Exterminating Co., Inc., 108 F. T. C., 263 (1986); aff'd., FTC v. Orkin, 849 F. 2d 1354 (1 Ith Cir. 1998).

试法"中的两元都已被卸掉,伤害消费者成为不公平广告的唯一认定依据。伤害消费者的三个要件实际上也就成了不公平广告的三个构成要件。修正案给出的"不公平"定义是:

> 委员会不得基于一种行为是不公平的就判定其为非法行为,除非它给消费者带来或可能带来无法合理避免的重大伤害,而且这种伤害大于该行为给消费者或竞争者带来的利益。在判定一种行为是否不公平的时候,委员会可以拿已出台的公共政策作为依据来思考,但不能作为最终决断的主要依据。①

依照制定法给出的这个法律定义,FTC对不公平广告的研判分为三个步骤:

第一,被控行为有无或是否可能对消费者造成重大伤害。伤害必须是事实上的,还是只需要是一种可能?二者的区别显然很大。证明一种行为可能给消费者带来伤害,显然要比证明一种行为给消费者带来了实际上的伤害容易很多。委员会1980年关于"不公平"的政策公告没有直面这个问题。在1984年国际收割机广告案中,委员会表示:"不像欺骗性行为的分析依据的是'可能'伤害,不公平的认定通常要求事实上的已有伤害。虽然也有可能基于'可能'来判定不公平,但此非惯例。"到了1994年,国会通过的《联邦贸易委员会法》修正案把这一标准改为"带来或可能带来",这让FTC不仅可以更多地发现违法行为,而且可以在损害后果发生之前及早予以制止。比如,要判断一则香烟广告中使用未成年人崇拜的偶像是否构成不公平行为,委员会不必求证这种行为与未成年吸烟人群的增加或者未成年烟民的烟瘾加剧这样的事实之间是否存在因果关系,而是可以通过控制实验、科学调查等方式来检验这种广告宣传对未成年人的吸烟态度、愿望的改变情况,预判其可能会有的风险,及早阻止危害的发生。

此外,伤害无论是经济上的还是健康或安全方面的,都只能是客观上的损益而非主观上的不利影响。委员会在1980年的政策公告里面写道,仅仅情感上难以接受往往是不够的。至于"重大"(substantial)伤害该作何理解,FTC一位委员在1992年消费者法律第三国际会议上的发言中指出,受害人群不多但个体遭受的伤害很大,或者个体遭受的伤害很小但受

---

① Federal Trade Commission Act Amendments of 1994, Section 9. U.S. Congress House 1994.

害人数很多,都可能构成"重大伤害"。① 但委员会一直没有给出数量上的任何具体标准。

第二,被控行为可能产生的重大伤害是否超过给消费者和竞争者带来的利好,即总体上是有害的。此外,委员会还要评估规制成本,包括决策、文书、执行等各方面的消耗。不过,FTC 广告规制要保护的消费者利益固然包含可计算的经济利益,但更有难以量化估算的健康、安全、平等、自由选择和自主决策等权益。而且,美国广告规制自 1938 年惠勒-李修正案通过以后便已从纯粹的经济性规制变成了主要是社会性的规制。所以,FTC 不公平广告规制中的成本—收益分析不可能也并不像"放松规制"(deregulation)改革对经济性规制要求的那么严格。通常,这都由 FTC 在具体案例中基于一定的证据和合理的推理来自由裁量。

第三,消费者能否合理规避这些伤害。对于这个要件,委员会在一些案例执法中表示,他们不仅要看消费者是否知道如何规避,而且还要看他们是否清楚需要规避。FTC 通常是检查被控行为是否妨碍消费者经充分了解而独立作出消费选择,不管消费者是否已经或将会作出这种选择。设置这个要件旨在确保消费者能够依凭自己的理性判断独立作出消费决策,避免因误导、不知情、公开胁迫而选择自己原本可能不会选择的商品或服务。这既是对消费者自主决策权的保护,也是尊重市场对资源的自由配置。比如,很多人把网络游戏当作洪水猛兽乃至精神鸦片,主张予以禁止。但如果通过制度规范、行业引导和消费者教育,消费者可以合理规避网络游戏可能产生的危害,那么委员会就没有必要替这些消费者作出家长式的选择,强行剥夺它们进入市场的机会。

1994 年立法确定的"不公平"概念及其后联邦贸易委员会采用的研判逻辑,有学者认为反映了委员会市场规制的几个基本原则:首先,委员会的角色是促进消费者的选择,而不是对消费者的选择事后嚼舌,此为合理规避这一标准的要义;其次,当一项政策的成本与收益难分伯仲或者是否伤害消费者这个问题存疑的时候,委员会无须为市场后果而纠结,这是重大伤害这一衡量标准的要义;最后,委员会不应该就其要执行哪项公共政策而犯难作出重要的政治选择,这是立法写明公共政策的有限角色的要

---

① M. L. Azcuenaga, Remarks of Commissioner Mary L. Azcuenaga before the Third International Conference on Consumer Law, 1992. https://www.ftc.gov/system/files/documents/public_statements/509631/ma31192.pdf. (2021-9-20)

义所在。①

第二节 对欺骗性广告的规制：
从欺骗性到误导性

1938年惠勒-李修正案之前，《联邦贸易委员会法》仅规定不公平行为违法，并没有欺骗性的相关条款。在此期间，大多数不公平广告都是因为广告内容与事实不符而遭到处罚，但委员会执法依据的却是这种行为的不公平性——虚假广告剥夺了诚实竞争者原本可能会有的市场机会——而不是它们欺骗了消费者，虽然事实上它们多数是通过欺骗诱使消费者作出错误的选择而损害了竞争者的利益。1938年的惠勒-李修正案正式立法禁止欺骗性（deceptive）商业行为，但没有对"欺骗性"作出任何定义或者哪怕是说明。修正案新增第十二条（a）款规定，禁止可能诱使购买食品、药品、医疗器械或化妆品的虚假广告（false advertisement）。第十五条对第十二条所谓的"虚假"给出了定义："虚假广告"这个概念指在重要方面有误导性的一则广告而不是标签。第十二条（b）款补充规定，违反了第十二条也就违反了第五条。从执法实践来看，FTC自1938年以来对所有欺骗性广告发出的指控都是依据《联邦贸易委员会法》第五条，当被控的是食品、药品、医疗器械或化妆品之类的虚假广告时，会同时提及第十二条。这说明，第十五条所定义的"虚假广告"属于第五条禁止的欺骗性行为。此外，还有大量不属于第十二条的违法广告属于第五条所禁止的欺骗性行为。这些广告要么是这四种产品之外的虚假广告，要么是虚假广告之外的其他违法广告。

那么，"虚假"和"欺骗"这两个概念到底是一种同构关系、包含关系还是交叉关系？虚假欺骗是不是一定误导？欺骗性广告规制的对象究竟是什么？它是与不公平广告规制并行不悖的一种规制方式吗？

一、真假不是关键

（1）广告真实却有可能误导消费者。广告声称产品是法国货，实际上

---

① J. Howard Beales III, 2003: "The Federal Trade Commission's Use of Unfairness Authority: Its Rise, Fall, and Resurrection", *Journal of Public Policy & Marketing*, 22 (2), pp. 192-200.

只是在法国组装，生产却是在其他国家。广告的字面意思不能说是假，但很容易误导人们以为是法国制造的产品。律师在广告中自称拥有博士学位或者教授职称，这会让消费者误以为他们在诉讼方面更有专业优势，但实际上他们拥有的并非法律专业而是其他领域的博士学位或教授头衔。某品牌汽车广告引用权威机构的检测报告宣称自己的急刹性能比同类型其他车快20%，却闭口不提该报告调查发现的该款车的刹车片寿命比同类型其他车的刹车片要短35%。房地产广告宣传某楼盘距离最近地铁站仅800米，却没有讲明这是两点之间人车都无法通行的一个直线距离，而消费者大多会以为是实际交通距离。

这些广告的误导伎俩都是只讲于己有利的局部事实，隐瞒或模糊于己不利但却影响消费者选择的重要事实。这就是1938年惠勒-李修正案第十五条特别提示的广告因遗漏重要信息而误导消费者的情况。在此之前，FTC早已注意到，消费者既有可能被广告说了什么所欺骗，也有可能被广告没说什么而欺骗。在此之后，联邦最高法院在1948年唐纳森诉李德杂志（Donaldson v. Read Magazine）一案中明确指出："虽然广告的每个句子单独从字面来看都是真实的，但广告作为一个整体可能完全是误导性的。这大概是因为该说的内容被遗漏了，或者因为广告刻意如此安排或印刷以误导消费者。"①

另有一些广告客观上讲的都是事实，也没有遗漏其他重要事实，但仍有可能误导消费者。一种手段是突出于己有利的内容，淡化或以其他方式使消费者注意不到广告当中于己不利的信息。比如，超市广告宣传全场一律七折，同时在广告最下面很不起眼的位置又表示部分商品不参加此次促销活动。网络环境中这种情况更多见，因为网页可能需要下拉很多才能到达网页底部，或者打开下一级链接才能看到后续内容。那些于广告商不利但对消费者而言重要的决策信息，可能就会被故意掩藏在这些犄角旮旯的地方。另一种手段是故意突出某些不言而喻的道理或者同业竞争者都要履行的法律义务，让消费者错以为广告当中的产品或服务卓尔不群。比如某果酱制造商在广告中强调他们生产的果酱不含任何稀释剂，而事实上法律本就禁止在果酱中加入稀释剂，只不过许多消费者不知道这一事实而已；面包广告强调他们不使用经化学处理的面粉，但这实际上是面包行业的惯例；商家在销售门窗的广告中突出强调咨询和安装免费，这可能也是该行

---

① Jef I. Richards, Ivan L. Preston, 1992: "Proving and Disproving Materiality of Deceptive Advertising Claims", *Journal of Public Policy & Marketing*, 11 (2), pp. 45-56.

业通行的惯例，其他商家也都不收咨询和安装的费用。①

（2）广告虚假但不一定误导消费者。广告内容虚假多数情况下会误导消费者。雅马哈国际公司在它的一个"学习驾驶"服务项目的广告中表示，只要经过正确的指导学习，驾驶摩托车可以像驾驶汽车一样安全。然而，统计数据显示，摩托车车手因事故导致的死亡和重伤比例要显著高于汽车司机。FTC认定该广告误导消费者，构成了法律所禁止的欺骗性行为，责令被告停止这样的广告宣传，并向所有该项目的学员发信告知：不管有没有受过训练，骑一辆摩托车不如开一辆汽车安全。② 一个销售宠物食品的网站在其隐私政策、操作提示及广告中宣称，消费者按提示输入的银行卡等个人信息是安全的，不会被泄露，也不会被用于任何其他商业用途。但事实上，黑客很容易进入这个网站窃取消费者的个人信息。FTC禁止该网站再作如上宣称，并按照信息安全法的规定建立信息安全系统，还要求在未来二十年内须请合格、客观、独立的第三方专业认证机构每两年来给网站做一次安全评估和报告，确认网站安全系统有效，能够有效保护消费者的个人信息。③

但也有广告虚假却不一定引起消费者误解的情况。有些广告的自我吹嘘是如此过分，或者广告的内容太假了，以至于消费者不可能信以为真。对此，各国法律多是不予追究。中国台湾地区学者也早就提出，如果广告客观上虽有不正确表示如吹嘘、夸大事实，但消费者能正确了解，没有误导消费者之虞，法律便不加干预。④ FTC在1983年就欺骗性发布的政策公告中写道：

> 委员会通常不会追究那些明显夸大或吹嘘的表述，因为普通消费者不会把它们当真。不过，有些夸张表示可能会让消费者信以为真，误导其采取行动。例如，一个被告辩解说，使用"电子奇迹"这样的字眼来描述电视天线不过是一种吹嘘。在否认被告的这一观点时，委

---

① 邵建东：《德国反不正当竞争法研究》，北京，中国人民大学出版社，2001年，第1版，第166页。

② FTC Decision Vol. 86. 1975. In the Matter of Tysons Corner Regional Shopping Center, ET. AL. http：//www.ftc.gov.

③ FTC Decision Vol. 139. 2005. In the Matter of Petco Animal Supplies, INC. http://www.ftc.gov.

④ 朱钰祥：《虚伪不实广告与公平交易法》，台北，台湾三民书局，1993年，第63页。转引自孔祥俊《引人误解的虚假表示研究：兼论〈反不正当竞争法〉有关规定的完善》，《中国法学》1998年第3期。

员会表示：我们理解被告的意思是，"奇迹"这个词一般是在类似变水为酒的情况下使用，但我们仍必须指出，在被告大吹大捧的文本中使用"电子奇迹"，会让消费者增加对其整体暗示——该设备优于其他类型的电视天线——的信任。①

广告内容真实可能会也可能不会误导消费者，广告内容虚假同样可能会也可能不会误导消费者，区别仅在于内容虚假则误导的情况更多一些。各国广告立法规制的重点不是广告内容的真假，而是广告是否可能误导消费者。所以，欺骗性广告规制的对象实际上就是误导性广告。

（3）广告真假不明亦有可能违法。广告内容有真有假，也有真假不明的时候——即无从证明其是真是假，或者说无法以真假来论。在1943年森林培训学校诉FTC一案②中，被控广告声称，电视时代已经来临，到该学校接受其电视工作训练的人都将进入电视行业且薪资丰厚。FTC指控这些宣传内容严重夸大、虚假，具有误导性和欺骗性。因为电视尚处于起步阶段，就业机会很少，电视领域的人才需求不足以确保该校培训的学员都可以入职。涉事学校认为，广告宣传学员毕业后能够进入电视行业，这是关于未来的一种预测和看法，而非对既有事实的描述。即使未来发展证明这样的预测有误，也不意味着这种善意的言论就该受到压制。法院审理后认为，FTC没有证据证明学校对未来就业机会的预测是错误的，但学校也不能证实自己对未来就业机会所作的那些描述，这就有可能误导和欺骗大量的消费者，因此判决支持FTC对其违法行为的认定。澳大利亚贸易行为法有大体同样的规定，法人作出的任何有关将来事情（包括作为和不作为）的表示，只要没有据以作出该表示的合理根据，该表示即被认为是误导性的。③

在1963年一个充气游泳装置的广告案中，委员会指出，"广告主在作任何宣传之前，都有义务对宣传内容的真假做出合理的调查。作为一个理性、谨慎、诚实守信的经营者，他应该持有相关的信息可以证明广告内容属实。未经最低限度的证实便进行广告宣传，是罔顾人类健康和安全的表

---

① FTC Policy Statement on Deception, October, 1983. https://www.ftc.gov/public-statements/1983/10/ftc-policy-statement-deception.

② De Forest's Training, Inc. v. FTC, 134 F. 2d 819, 821, 7th Cir. (1943).

③ 孔祥俊：《引人误解的虚假表示研究：兼论〈反不正当竞争法〉有关规定的完善》，《中国法学》1998年第3期。

现,且显然是不公平和欺骗性的做法"。① 1971年,FTC正式推行广告证实制度,要求广告主在宣传产品或服务的安全、性能、质量、效果或者比较价格等实质性内容的时候,须持有证据可以证明这些内容。一旦认为广告内容可疑,FTC有权要求广告主提供这些证据。广告主若不能按要求证实广告当中的这些实质性内容,便有可能被认定触犯了《联邦贸易委员会法》第五条之规定。不过,对于广告主不顾及或者没有验证广告内容真假便进行宣传这种情况,FTC有时是控之以不公平,有时又指其为欺骗性。有学者统计了1982~1985年间FTC的所有广告执法案件,发现几乎所有的指控都既涉及未经证实又指向了欺骗性,只有五宗案件是对广告欺骗性的指控而没有涉及广告内容未经证实这种情况。② 这表明,FTC规制的欺骗性广告包括实质性内容不能加以证实的商业广告。

二、关键是重要信息可能误导

1983年10月14日,FTC在应众议院要求正式发布的公告中,首次对其规制的"欺骗性行为"作出了界定:一个表述、遗漏或其他做法如果有可能误导理性消费者,便构成欺骗性行为。公告全文详细阐述了它的三个内涵:其一,广告对产品或服务的表述或者信息遗漏可能误导消费者;其二,是否误导消费者一定要从理性消费者角度来考察;其三,广告表述或遗漏的内容必须是实质性的。

综上所论,广告既有可能利用特定的内容(所言信息)来欺骗消费者,也有可能通过有意无意地遗漏于己不利的信息(遗漏信息)来误导消费者。被控广告内容真假固然是常常需要考虑的一个主要因素,但欺骗性广告研判的关键依据是,广告所表达或遗漏的实质性信息是否误导了理性消费者。图5-1是FTC研判欺骗性广告的依据和路径。

---

① Kirchner, 63 F. T. C, 1282-1293 (1963), aff'd, 337 F. 2d 751, 9th Cir. (1964).
② Kimberly Int'l, Trade Reg. Rep. (CCH) 22, 282 (1985); Jim Clark's Beef, Inc., Trade Reg. Rep. (CCH) 22, 013 (1983); Encyclopedia Britanica, Inc., 100 F. T. C., 500 (1982); Nat'l Ass'n of Scuba Diving Schools, Inc., 100 F. T. C., 439 (1982); American Motors Corp., 100 F. T. C., 229 (1982). From Charles Shafer, 1986: "Developing Rational Standards for an Advertising Substantiation Policy", *University of Cincinnati Law Review*, 55 (1), pp. 1-79.

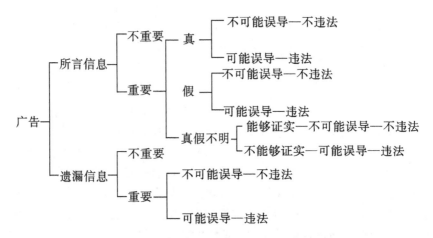

图 5-1　FTC 研判欺骗性广告的依据和路径

展开来说，其一，如果被控广告内容是无关重要的信息，即使虚假浮夸，也不构成欺骗性行为；如果是重要信息且有可能误导消费者，无论它们是否属实，都属于欺骗性广告；如果行为人对被控广告中的重要内容不能加以证实，即可推定其有可能误导消费者，构成欺骗性行为。

其二，如果被控广告是通过遗漏或掩盖某些信息来欺骗消费者，只要这些被遗漏的信息对消费者是重要的，而且可能会令他们对广告的产品或服务产生误解，就属于欺骗性行为。"沉默"也能构成欺诈，这在很多国家都有立法规定。江平认为："欺诈可分为积极欺诈和消极欺诈。消极欺诈是指行为人根据法律或根据诚实信用原则，具有对事实说明的义务，但是行为人违反这种义务，故意不作说明，致使对方认为自己的行为建立在真实的基础上，作出判断，并为意思表示。"① 尹田强调，沉默欺诈是一种例外情形，只是在根据法律、合同约定以及交易习惯，一方负有告知另一方事实真相的义务而未告知的情况下，才构成欺诈。② 早在 1884 年，英国就有一个因广告遗漏重要交易信息而导致的合同诉讼（Smith v. Land and House Property Corp.）。③ 原告在其旅馆出售广告中宣称该旅馆当时租给了"一个理想的租户"，购买该旅馆"属于一项一流的投资"。被告据此与原告签订了购买合同。但实际上，那个"理想的租户"拖欠租金已久，旅馆濒临破产。后来，被告因拒绝履行交易而被原告诉至法院。被告

---

① 江平：《民法学》，北京，中国政法大学出版社，2011 年，第 2 版，第 151 页。
② 尹田：《民法典总则之理论与立法研究》，北京，法律出版社，2010 年，第 1 版，第 556 页。
③ 何宝玉：《英国合同法》，北京，中国政法大学出版社，1999 年，第 1 版，第 511 页。

则反诉原告在广告中作了虚假陈述，要求取消合同。原告在一审败诉后，以其广告表达的只是观点为由提起上诉。二审法院认定原告的广告内容属于事实陈述而非意见表达，最终维持原判。

与民法尊重意思自治和寻求赔偿的立法宗旨不同，广告立法与规制的目的主要是阻止违法广告的发布和传播。FTC对欺骗性广告的认定，不像民法关于欺诈所要求的那样必须证明欺诈行为是出于故意并造成了实际损害。首先，如果这些被遗漏的信息不重要，就不具有欺骗性。其次，如果被遗漏的是有关产品的性能、安全、费用、有效期等核心特征方面的信息，或者消费者据以评价广告产品和作出消费选择的其他信息，这些信息对消费者来说就是重要的。那么，FTC接下来要考察的是，这些重要信息的遗漏是否会误导消费者。一般来说，既然这些重要信息是消费者评价和购买产品的依据，广告未作提示或告知，当然就有可能误导消费者的判断和选择。然而，是否可能误导既要看广告遗漏的那部分信息，也要看广告给消费者带来的整体印象。多数情况下从广告遗漏的重要信息便可推定其可能造成消费者的误判，但有些情况下还需要从消费者认知的层面来调查这种可能性的存在。无论如何，只有确认了广告遗漏重要信息并有可能误导消费者，FTC才会最终认定该广告构成了第五条所禁止的欺骗性行为。

不难看出，是否可能误导理性消费者，是FTC认定欺骗性广告的决定性和终局性的环节与标准。制定法条款中的欺骗性广告，在规制机构FTC这里就是误导性广告。在执法研判中，FTC需要考量酌定更多具体的因素。包括，所谓重要信息是关于产品客观事实的表述还是一种主观的意见？重要性的判断标准是什么？对消费者的误导是指认知层面的误导还是行为层面的误导？误导消费者有没有一个量的标准，依据是什么？

第三节 误导性广告的研判依据和认定标准

一、客观事实还是主观意见？

广告是一种商业营销手段，也是一种艺术表达方式。广告无关产品具体客观事实的一些艺术创作，一般不会引起消费者误解。比如某品牌汽车广告的视频画面中，一家人开车行驶在辽阔的田野上，车里其乐融融，个

127

个笑容满面，车外鲜花灿烂，天上是蓝天白云彩虹，整体上给人幸福自在的感觉。正常消费者不会相信，开上这款车就一定会拥有广告所传达出的那种家庭美满的幸福感。所以，各国广告法规普遍是规范广告对产品客观事实的表示，而不干涉广告在主观方面的艺术创作与表达。FTC 在 1983 年有关欺骗性的政策公告中明确表示："委员会一般不考虑主观性的广告声称（如味道、感觉、外观、气味），或者正确表述而消费者又了解其来源和局限性的个人观点性质的声称。"①

然而，主观与客观，事实与价值，并不总是泾渭分明。有些时候，主观描述的内容可能是客观事实，对客观事实的陈述可能是一种价值判断。例如，羊绒产品广告宣称手感很好，汽车广告借专业赛车手之口赞扬该车操控性能优越。"手感"显然是一种主观感受，但就羊绒产品而言，它无疑是产品品质的一个重要方面，是消费者评判选择此类产品的一个重要指标。"操控性能优越"也绝非一个纯粹的价值判断，因为汽车的操控性能可以从动力、悬挂系统、转向系统等方面来进行综合测评。德国联邦最高法院认为，在遇到此种情况时，应当尽可能偏向于认定其为事实陈述。多数国家采取的一个更可行的解决办法是，看消费者如何理解。"发表的言论究竟是事实陈述还是价值判断，本来既不取决于行为人的意图和理解，也不取决于某个中立的专业人员的看法，而是取决于广告所面向的交易相对人的立场和观点：他们是如何看待行为人发表的言论的？他们对行为人言论的理解才具有决定性意义。"②

FTC 于 1983 年发布的官方公告反复强调，如果广告里面的观点或者夸大之辞被理性消费者合理地理解为是对产品事实的描述，这些内容就应被视为事实进而检查其是否可能误导消费者。如果广告引用专家意见或者科学观点但却对专家资质和观点依据作出虚假表示，这也会招来 FTC 检查其有无可能造成消费者误解。总之，欺骗性通常来自广告当中有关产品事实的客观描述，但 FTC 也会检查广告中的主观性内容。如果一些内容是否属于事实陈述无法从内容本身加以判断，FTC 则会以理性消费者的认识为准。

---

① FTC Policy Statement on Deception, October, 1983. https：//www.ftc.gov/public-statements/1983/10/ftc-policy-statement-deception.

② 邵建东：《德国反不正当竞争法研究》，北京，中国人民大学出版社，2001 年，第 1 版，第 156 – 157 页。

二、是否实质性的信息?

法律不要求广告陈述的所有事实都必须真实。FTC 1983 年的公告明确,欺骗性广告的第三个构成要件是"实质性",即广告当中的实质性信息不能虚假不实、误导消费者。这里所用的"实质性"这个概念最早是 1938 年惠勒-李修正案用它来解释第十二条当中的"虚假广告",但当时并未阐明它的含义。在之后的执法实践中,这个概念经过 FTC 和法院的不断阐释而渐趋明朗。在 1951 年的一个仿制珍珠广告案中,法院的判决书写道:"没有披露关于商品的实质性事实,而且这种事实一旦被目标消费者知道,就可能影响他们是否要购买的决定,这是违反《联邦贸易委员会法》第五条的不公平行为。"[1] 该案涉及的不是第十二条里的那四种健康类产品,所以法院的这个判决等于首次把"实质性"这个标准扩展到了所有类型的违法广告。

何谓"实质性"?FTC 1983 年的公告写道:"一个'实质性'的错误表示或做法可能影响消费者对相关产品的选择及行为。换句话说,就是对消费者来说重要的信息。"公告进一步列举了 FTC 认为属于实质性信息的类型。第一,广告当中的明示。如果广告主已知或者应知目标消费者可能需要某些信息来评价其产品或服务,却依然在广告中不披露这些信息;如果广告主已知或者应知某些内容是错误的,但依然在广告中宣传。显然他们是知道这些遗漏或虚假的信息可能影响消费者的判断,由此便可推定这些信息是实质性的。第二,广告有意作出的暗示,即刻意强调某些信息以暗示产品在某些方面事实上并不具有的独特性。例如在美国家用品公司广告案[2]中,被控广告之所以刻意强调其产品含有的独特成分,意在暗示它与普通的阿司匹林不同,具有非同一般的镇痛效果,但事实上它的主要成分正是阿司匹林这种普通成分。FTC 指出,广告有意作出类似暗示,显然在于广告主清楚地了解这些暗示内容对消费者的认知和决策很重要。所以,但凡广告有意作出的暗示,同样属于实质性的信息。第三,理性消费者通常都会关注的产品或服务的关键信息,例如用途、功能、产地、质量、成分、效果、费用、保证、安全性或耐用性,以及第三方机构对该产

---

[1] L. Heller & Son v. FTC, 191 F. 2d 954, 7th Cir. (1951).
[2] American Home Products, 98 F. T. C., 136, 368 (1981), aff'd, 695 F. 2d 681, 3d. Cir. (1982).

品调查或检测所获得的结论,类似"某某机构实验证明""某某机构调查发现"之类的宣传内容。某些信息可能会因产品、广告表述、营销对象等的不同而表现出不同程度的重要性——在这种产品广告里对消费者而言是重要的,在另一种产品广告里可能无关紧要——这就需要具体案例具体分析。如果基于对广告文本的分析不能断定被控广告内容是否是实质性的,FTC就转而依据理性消费者的理解,常常还会辅以自主展开或第三方完成的消费者认知调查。

三、可能误导而不必是实际损害

在美国广告规制领域出现"实质性"和"误导"这两个术语之前,联邦贸易委员会判定广告违法的依据多是虚假广告有无可能导致消费者购买其原本不会购买的产品。1950年阿波提诉FTC一案的司法意见表明,只要广告遗漏的信息可能会让消费者对产品的优缺点产生误解,广告就属于误导性的,不管这种误解接下来是否导致购买行为。[1] 此后,FTC判定广告是否具有误导性,只须看对理性消费者的认知层面的影响而无须证实行为层面的后果。对FTC来说,前者显然是一个相对较小的证明负担,便于FTC履行其保护公共利益的职责:在公共利益遭受更多的损害之前及时阻止违法广告,而不是在消费者受到了实际损害之后才出手干预。FTC 1983年的公告首次正式确认了这个研判的原则。孔祥俊对此有较为全面的分析:

> 为有效地禁止虚假宣传,法律不要求消费者实际上上当受骗,只要广告有使人产生误解的可能就足够了,因此不必对确实受骗举证。否则,如果要求消费者必须对其受骗举证,任何对引人误解的广告的起诉都会旷日持久,即使胜诉也会姗姗来迟,而行政查处也将极为困难,不足以打击虚假表示行为。这是各国立法的普遍认识。例如,在美国,按照联邦贸易委员会的习惯做法,在确认违反联邦贸易委员会法第5条的欺骗性行为或做法时,只需要确定有能力或欺骗的倾向。卖主进行欺骗的意图是不必去证明的,也不必证明消费者是否确实受到欺骗。日本、韩国、澳大利亚等国家的竞争法都将可能引人误解的

---

[1] Jef I. Richards, Ivan L. Preston, 1992: "Proving and Disproving Materiality of Deceptive Advertising Claims", *Journal of Public Policy & Marketing*, 11(2), pp. 45-56.

情形纳入到此种不正当竞争行为之列。①

邵建东也指出："德国学术界和司法机关普遍认为，判断广告是否引人误解，只要考察该广告是否具有引人误解的可能性，而不要求真正发生了误解的结果。消费者无须证明自己的购物决定与引人误解的广告之间存在事实上的因果关系。"②

四、是否误导理性消费者？

判断一则广告是否引人误解，首先涉及到以何种主体作为考察对象的问题。德国学术界和司法机关一致认为，由于广告是针对交易相对人发布的，因此在考察其是否引人误解时，应当以交易相对人对广告内容的理解为准。不论广告行为人本身对其广告内容的理解，还是某个中立的语言研究者对广告内容的理解，抑或法院对广告内容的理解或辞书对有关广告用语的权威解释，都不具有决定性意义。只有广告所针对的相当一部分交易相对人在受领广告内容时，通过普通的、表面性的观察，对该广告内容作出的理解，才具有唯一的决定性意义。③

与通行的理性消费者原则一致，FTC 1983 年公告声明，行为的欺骗性必须从理性消费者（reasonable consumers）的角度来判定。所谓理性消费者，是指普通的（average）、一般的（general）、平常的（ordinary）消费者。如果广告误导的是一些不具有代表性的消费者，比如愚蠢的、迟钝的消费者，那么这种误导行为不需要为此承担责任。对于面向某一特定人群如儿童、孕妇、老年人的广告，FTC 则以此一群体中一般人的认知与理解来作出评估。例如，儿童广告的内容是否欺骗，不以普通消费者的理解

---

① 孔祥俊：《引人误解的虚假表示研究：兼论〈反不正当竞争法〉有关规定的完善》，《中国法学》1998 年第 3 期。FTC 早期广告政策与执法中的表述是：被控广告是否有倾向或能力（tendency or capacity）使人误解。自 1983 年欺骗性公告发布至今，表述几乎一直是：被控广告是否可能（likely）使人误解。两种表述只是用词不同，并无表意上的区别。

② 邵建东：《德国反不正当竞争法研究》，北京，中国人民大学出版社，2001 年，第 1 版，第 164 页。

③ 邵建东：《德国反不正当竞争法研究》，北京，中国人民大学出版社，2001 年，第 1 版，第 164 页。

力和消费经验来分析，而须以一般儿童的理解力和经验为标准。

然而，面对同样的广告内容，各个普通消费者的理解不尽相同。

> 一些人可以正确理解一个含糊其辞的表示，一些人则可能对于一个比较明确的表示发生误解。因此，引人误解不可能是指使所有表示对象都发生误解，受骗的不可能是全部表示对象，而只能是其中的一部分。既然受骗的只能会是部分人，那么，如何确定是否误解的标准？
>
> 国外有人认为，原则上说，所有消费者，包括少数消费者的利益必须受到保护。据此，德国法学理论认为，如果广告使得对象中的相当部分的人们产生误解，该广告就被视为已经使人产生了误解。但是，这种过分的保护倾向又带来了其他问题，即市场调查表明，任何广告信息，无论真假，广告对象中相当部分的人们总是容易误解，这些人平均占5%。因此，有人建议，最好的办法是，不必努力查明广告接受者的百分比，并以此作为判决具体案件的标准和判决某广告是否引人误解的依据，而应建立在更为实际的考虑上，如确定这样一个具体标准，即在法官看来，一个普通的广告对象，对广告信息施以正常的注意，是否会对广告产生误解。①

《联邦贸易委员会法》没有对广告误导理性消费者的比例规定具体的量化标准。FTC 和法院也极少提出明确的数量要求。在1965年贝罗斯表业公司诉 FTC 一案中，法院提出，14%的消费者受误导构成一个"有权要求保护的比例"②。在费尔斯通公司广告诉讼案中，法院认为，"如果被广告误导的消费者达到 10%，便很难推翻 FTC 认定其为欺骗性的调查结论"③。有联邦贸易委员会官员建议取 20%～25% 这样一个标准，但他又补充说，如果潜在危害很大的话，更小数量的消费者受误导也同样构成违法。④ 这与不公平行为构成要件中"重大伤害"的灵活处理——受害人群

---

① 孔祥俊：《引人误解的虚假表示研究：兼论〈反不正当竞争法〉有关规定的完善》，《中国法学》1998 年第 3 期。

② Benrus Watch Co. v. FTC, 352, F. 2d 313, 318, 8th Cir. (1965).

③ Firestone Tire & Rubber Co. v. FTC, 481 F. 2d 246, 6th Cir, cert. denied 414 U. S., 1112 (1973).

④ Ross D. Petty, 1992: "FTC Advertising Regulation: Survior or Casualty of the Reagan Revolution?" *American Business Law Journal*, 30, p. 11.

不多但个体遭受的伤害很大，或者个体遭受的伤害很小但受害人数很多，都可能构成"重大伤害"——大体一致。现实中，广告是否误导理性消费者一般都是由 FTC 根据常识或经验自行作出认定。虽然个别时候 FTC 会寻求消费者调查或实验数据来证明理性消费者被误导的具体情况，但多少理性消费者被误导不是欺骗性广告认定必须要明确证实的一个问题。

五、一种误解与整体印象

广告引人误解的方式有多种可能。FTC 1983 年的公告指明，以下无论哪种方式的误导，都要承担法律责任。

第一，被控广告内容如果使理性消费者产生不止一种理解，只要其中有一种理解是错误的，即属违法。这就明确了在广告内容有歧义的情况下，只要其中一种含义与事实不符，广告商便不得以广告传达的其他含义皆为真来为自己抗辩。

第二，如果被控广告的各部分内容分开来看都真实无误，但广告整体上让理性消费者产生了错误的理解或印象，这也是法律所禁止的欺骗性广告。在 1963 年的史特灵药品广告案中，委员会自称他们要检查的是广告整体而非广告中的只言片语（the entire mosaic, rather than each tile separately）。① 在 1972 年的辉瑞广告案中，委员会强调是从广告受众的角度来看广告的整体印象（net impression）。② 在 1974 年加州标准石油公司广告案中，委员会重申，评判广告是否引人误解的标准是看广告传达出来的整体印象（net impression）而不是断章取义。③ 在 1982 年美国家用品公司广告案中，委员会再次声明其所依据的原则是，广告整体给人的印象（the impression made by the advertisements as a whole）。④ 1996 年的多恩止痛药广告案中，委员会秉持的依然是整体考察原则（examines the entire ad and assesses the overall net impression it conveys）。⑤

第三，广告正文当中的准确信息不一定可以澄清标题所作的虚假表示，因为理性消费者可能只对标题匆匆一瞥，所以可能构成欺骗性行为。

---

① FTC v. Sterling Drug, 317 F. 2d 669, 674, 2d Cir. (1963).
② Pfizer Inc., 81 F. T. C., 23 (1972).
③ Standard Oil of Calif, 84 F. T. C., 1401, 1471 (1974), aff'd as modified, 577 F. 2d 653, 9th Cir. (1978), reissued, 96 F. T. C., 380 (1980).
④ American Home Products, 695 F. 2d 681, 688, 3d Cir. Dec. 3 (1982).
⑤ http://www.ftc.gov/opa/1999/05/doans.shtm.

不过也有一些案例，委员会认为，虽然广告标题有误导性，但因为消费者不得不看广告正文，因此广告整体上不会使人产生误解。① 广告针对其中某些可能误导消费者的内容作出免责声明，或者随附披露相应的事实，不一定能够避免理性消费者对广告产生误解。例如在李斯特林漱口液广告案中，被控广告虽然声明不保证绝对可以预防感冒，但紧接着又承诺可以减少感冒。委员会认为，广告如此声明不能纠正其所传达的该产品可以预防感冒这样一个虚假信息。② 广告还有可能使用小号字体印刷、转移消费者对披露信息的注意等方式，致使免责声明或披露信息徒具其表，以达到误导消费者和糊弄规制机构的目的。另外，公告还提到，如果卖方在与买方的初次接触当中存在欺骗性行为，即使此后让买家知悉了真相，也有可能构成违法。总之，广告可以通过声明或披露相关事实以纠正广告中引人误解的内容，但披露必须符合一定的要求，确保广告在整体上没有误导理性消费者。否则，这种披露就不影响对其欺骗性行为的认定。

六、内部证据与外部证据

委员会对被控广告内容是否重要以及是否引人误解的判定，通常仅需依据其对被控广告文本自行作出的分析。在如此分析所获得的证据不足以确证的时候，委员会才会寻求外部证据，包括专家意见、消费者测试、模拟实验、市场调查或其他任何有关消费者认知的可靠证据。

分开来说，如果被控广告内容是一种明确的表示或承诺，委员会重点是分析这种明示是否属于法规政策明令禁止的性质或类型，例如有关产品或服务的成分、质量、功效、安全性。大部分欺骗性广告仅需依此便可作出认定。如果被控广告内容涉嫌暗示产品或服务的某些特征，委员会一般是检查广告文案给人的整体印象，文案中各种语句的组合所传达的意义，进而判定其是否引人误解。1975年被控的李斯特林漱口液广告，前面夸口说该产品一接触便可以杀死数百万细菌，紧接着宣称该产品专为一般的医学性口臭、感冒及由此导致的喉咙疼痛而研制。委员会认为，被控广告把这两个句子放在一起，传达了一种信息：李斯特林漱口液可以杀死数百万细菌，所以它可以治愈、防止、缓和感冒及喉咙疼痛。而该产品事实上

---

① D. L. Blair, 82 F. T. C., 234, 255, 256 (1973).
② Warner Lambert 86 F. T. C., 1398, 1414 (1975), aff'd, 562 F. 2d 749, D. C. Cir. (1977), cert. denied, 435 U. S., 950 (1978).

根本不具有这种功效，因此构成法律所禁止的欺骗性广告。

如果对被控广告文本的分析不足以确定其宣传或遗漏的内容对消费者而言是否重要，是否可能误导消费者，外部证据在这种情况下就必不可少。否则，委员会不会轻易提出指控。不过，FTC 1983 年公告强调，要求提供外部证据并不意味着这些证据非常精确以至于可以确认被控广告一定会欺骗消费者。

多数情况下，委员会只是为了强化论证而寻求外部证据的支持。在克拉夫特公司奶酪片广告案中，FTC 从被控广告作品中提取的四个方面的事实已经证明，被控广告表达了该公司生产的牛奶酪片等同于牛奶这样的意思，无须再借助外部的证据即可认定其构成欺骗性行为。但 FTC 仍然表示，从其可获得的外部证据来看，也会得出相同的结论。[①] 同样，在多恩牌止痛药广告中，委员会对广告本身的分析已经可以确证其完全符合欺骗性行为的各个构成要件，但委员会还是提出了详尽有力的外部证据。这些证据包括：第一，广告主委托第三方所做的市场调查表明，多恩牌止痛药的品牌形象与其他领先市场的止痛药品牌相比弱很多，广告主因此决定通过广告宣传把它塑造成一个更有效的止痛药产品，在随后八年时间里投入巨额广告费来突出多恩牌的止痛效果更好。广告主刻意作此宣传，显然可以推定广告中的这些宣传内容是实质性的。第二，同样是来自广告主的一些调查数据表明，该产品电视广告的目标受众到达率高达 80%～90%，30%～45% 的受试消费者从广告中接受了该产品效果更优越的信息，这说明被控广告如愿达到了误导消费者的目的。

第四节　违法广告研判中的消费者本位主义

联邦贸易委员会对违法广告的认定与规制走过了从企业利益、公共政策到完全转向消费者立场的一个发展历程。最初二十年，委员会和法院几乎一致认为，广告只要可能损害竞争对手的利益，便构成不公平行为。侵害消费者利益而未给竞争对手造成损失的广告，并不违法。20 世纪 30 年代至 70 年代，广告违反公共政策或者可能损害消费者利益，都被视为违

[①] 〔美〕唐纳德·M. 吉尔摩等：《美国大众传播法：判例评析》，梁宁等译，北京，清华大学出版社，2002 年，第 1 版，第 466－472 页。

反《联邦贸易委员会法》第五条的行为。不过，委员会一直很少把违反公共政策单独作为一个构成要件来认定违法广告。20 世纪 70 年代，委员会一度高举公共政策的大旗，试图扩大对违法广告的认定和打击，但被国会断然否决。违反公共政策这个本就不为常用的构成要件，经此役而近乎绝迹。从此，是否可能损害消费者利益成为 FTC 认定违法广告的唯一关键依据，无论是具有欺骗性的违法广告，还是构成不公平的违法广告。20 世纪 80 年代初，FTC 先后发布了对其规制的欺骗性行为和不公平行为的两份政策公告，算是大体阐明了 FTC 界定和研判违法广告的主要依据和基本逻辑。可以看出，FTC 以欺骗性和不公平这两种案由双驱规制违法广告，又得益于制定法、法院和国会在总体权力羁束下留出的灵活的自由裁量空间，在广告违法研判的主要环节和细目上都站在消费者立场，以理性消费者的认知和损害风险为判断依据，以保护消费者为规制目标，体现出显著的消费者本位主义。

一、理性消费者的立场

如图 5-2 所示，欺骗性广告的三个要素分别是：被控广告内容是否事实性质的表述或遗漏；该内容对理性消费者而言是否重要；被控广告是否可能误导理性消费者。关于前两个要素，联邦贸易委员会在有关公告、指南及执法裁决文书中，不厌其烦地一再罗列属于重要事实的信息类型。这些类型的划定不是来自广告主的意见，也不是委员会依自我偏好任性而定，而是委员会基于大量执法案例归纳提出，而且众所公认是消费者据以作出明智选择的考量因素。如果被控内容不在这些类型之内，或者对其是否属于重要事实确有争议，FTC 就会以理性消费者对该内容的理解为准。第三个要素是误导性，这是欺骗性行为的本质，更是取决于理性消费者的认知状况，而不由广告商或 FTC 的意志决定。只要理性消费者因被控广告而可能对广告产品或服务产生误解，即使该广告的某些方面属实或者换个角度理解属实，也是属于欺骗性行为。

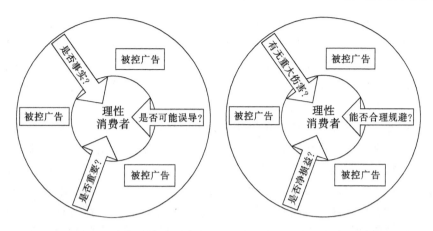

图 5-2 欺骗性广告的构成要件　　图 5-3 不公平广告的构成要件

欺骗性广告的认定重在看其是否可能误导理性消费者，原本指向竞争权益保护的不公平行为规制现在也是以保护消费者权益为目标，重在看其对消费者可能造成的伤害。后者的三个要素所依据和指向的同样是理性消费者。如图 5-3 所示，FTC 不仅要看被控广告对消费者可能造成的伤害，还要权衡这种伤害是否大过其给消费者带来的利好。如果禁止被控广告可以避免消费者受到伤害，但代价却是让消费者因此不能获得比这种伤害更大的益处，禁止这种广告便不可取。再者，只要理性消费者可以合理规避被控广告可能产生的危害，即使这种危害大于给消费者带来的益处，FTC 也依然不会采取行动。这体现了 FTC 对消费者的自主决策权及其整体利益的充分考虑和实质性保护。

二、双驱合力规制

FTC 规制违法广告的案由有两个：不公平行为和欺骗性行为。FTC 1980 年公告和 1983 年公告对它们分别作出了详细的官方说明。紧接着在 1984 年国际收割机公司广告案的裁决中，委员会进一步阐述了这两种规制的区别。

择要而言，广告只要可能误导理性消费者便是欺骗性的。欺骗性广告的认定不需要比较被控行为的利弊大小，因为它们是"纯粹负面的"（unalloyed negative qualities）[1]，需要采取快速简便的方式以便更有效地加

---

[1] International Harvester Co., 104 F. T. C., 949, 1061, n. 47. (1984).

以制止。不公平广告的研判通常要求有关消费者伤害的事实证据，而且还需要进一步分析被控广告给消费者带来的利弊轻重及对其进行规制的成本收益，确认被控广告总体上是负面的而规制总体上是净收益，是一种更为全面而严格的分析研判。按照 FTC 的说法，"不公平是一套普遍的原则，欺骗性是其中一个广为人知的高效的机制"①。

据此，非欺骗性的广告宣传如果会给消费者带来重大的伤害，可能就属于不公平行为。在国际收割机公司广告案中，委员会指出，并非所有遗漏产品重要信息的广告行为都是欺骗性的。一方面，消费者认为重要的信息，数量非常之多。就拖拉机而言，除了价格、动力、功能、油耗、安全性，消费者可能还想知道拖拉机的比较价格、使用寿命、流行程度，甚至消费税。仅就拖拉机安全性方面的信息来说，就包括刹车的制动性能、油路的封闭程度、水箱的散热功能等很多方面。要求广告披露所有这些信息，显然是不可能的，而且极有可能给广告商和消费者带来净损益。另一方面，消费者不是绝对真理的化身。消费者既有的错误印象就像人类会犯的错误一样多不胜数，要求广告全面披露商品信息予以纠正，既不现实，且代价惊人。委员会认为，该案中被控广告遗漏的风险信息固然重要，但此种风险发生的概率极小，而且广告并未借此暗示产品是绝对安全的，所以不属于非法的欺骗性行为。然而，这绝不意味着，消费者因此遭到的重大伤害就得不到法律的救济。这种情况下，可以应用有关不公平行为的法律规定来保护消费者利益。

不公平规制可以打击那些不构成欺骗性行为但可能对消费者造成重大伤害的违法广告。它在保护消费者的同时，不至于让企业付出不合理而且最终会转嫁给消费者的成本，不至于在禁止某种违法行为的同时把合法的商业行为也禁掉。鉴于不公平规制的这种优势，委员会把它广泛灵活地应用于单方违约、消费退税、信用修复、未经授权的电话收费、垃圾邮件，以及一些新型的欺诈行为比如利用网络链接控制消费者电脑的行为。② 2001 年，委员会向联邦法院提出了一项针对此类行为的不公平指控。③ 被告用知名网站的错误拼写方式注册了 6000 个地方域名，误导消费者登录这些网站进而把消费者的电脑变成一只"肉鸡"，迫使他们浏览其网站上的大量广告产品包括赌博、心理服务、成人娱乐。消费者关掉一个窗口，

---

① International Harvester Co., 104 F. T. C., 949, 1061, n. 47. (1984).

② J. Howard Beales III, 2003: "The Federal Trade Commission's Use of Unfairness Authority: Its Rise, Fall, and Resurrection", *Journal of Public Policy & Marketing*, 22 (2), pp. 192 - 200.

③ FTC v. John Zuccarini, d/b/a Cupcake Party, et al. No. 01-CV-4854 (2001).

就会弹出更多的窗口。这里虽然也有欺骗和误导，但仅以欺骗性为由不足以向消费者提供充足的法律救济。因为，强行弹窗强迫浏览严重妨碍了消费者在网上的自由冲浪，绑架消费者的电脑主机给消费者带来的伤害是重大而且难以合理规避的。可是，合理使用弹窗一般不会对消费者造成伤害，多数情况下还是有益于消费者的正面信息供给。委员会以不公平为由提出指控，意在用罚分明，给消费者更好的法律保护。垃圾邮件通常也极易满足不公平行为的三个要件：垃圾邮件给消费者的电脑系统带来了明显的经济损失；删除垃圾邮件所花费的时间成本在每个消费者那里可能微不足道，但总量巨大，远超其给部分消费者带来的益处；而且，消费者没办法预料和保护自己免于垃圾邮件的侵犯。

无论是欺骗性、不公平，还是现实中绝大部分既有欺骗性又是不公平的广告，都是 FTC 的规制对象。FTC 借由欺骗性和不公平这两个案由，可以对几乎所有可能给理性消费者带来损害的违法广告进行规制。这种双驱配置为 FTC 一步步发展成为美国广告规制和消费者保护的主导机构提供了最重要的法律前提。时至今日，FTC 绝大部分的广告行政处罚依据的仍然是，被控广告构成了"商业中的不公平和欺骗性的行为和做法"这样一种概括性的认定结论，比如 2021 年 4 月委员会对两家公司膳食鱼油补充剂广告营销活动的指控①，2020 年 12 月首次对含大麻二酚产品的广告采取的执法行动②。

三、严格程序正义与灵活自由裁量权

FTC 是兼有行政、准立法权和准司法权，依法对洲际贸易进行调控的一个专业化和综合性的独立规制机构，本身享有国会立法授予的强大干预权力。其中，广告规制属于社会性规制，FTC 拥有更为灵活的自由裁量权。这在违法广告的研判环节突出表现在两个方面。其一，被控广告内容是客观事实还是主观意见，对消费者是否重要，是否可能引人误解，通常是由 FTC 站在理性消费者的立场，基于对广告文本自行作出的分析来判定。只有在这种方式不敷使用的时候，委员会才会求助于一些外部证据。其二，不公平广告的认定要求考察一则广告及对它的禁止可能给消费者带来的利弊，这些利弊既有可衡量的经济利益，也包含难以计算的精神或身

---

① https：//www.ftc.gov/legal-library/browse/cases-proceedings/192-3088-basf-se-matter.

② https：//www.ftc.gov/legal-library/browse/cases-proceedings/202-3080-cbd-meds-inc-matter.

体方面的权益，难以像经济性规制那样做出具体的量化分析。实践中，虽然 FTC 也会尽力分析这些利弊的大小，但主要还是根据自己对这些利弊的一个总体判断来得出结论。法院和国会默认 FTC 可以不必严格执行有关政府规制的成本—收益分析的规定。

此外，对立法规定的不公平和欺骗性行为，FTC 一直积极摸索，无论是在个案执法中提出"三元测试法"，还是研究发布正式的公告解释，都可足见其对自由裁量权不遗余力的应用。但这种灵活应用绝非任性滥用权力，它既受制于国会的直接监督、法院的司法审查，也必须遵从内部严格的行政程序，包括听证、文书记录、案件公开等。

四、预防重于追惩

现代商业广告是大众传播的伴生品，通常都是经过精心设计，并利用大众传播媒介长期大量发布，志在入眼、入耳、入脑、入心，直至左右消费者的购买行为。误导性广告一旦发布，其所造成的风险可能非常大却又难以计算，而且短期内难以消除，这正是贝克所谓晚期现代性风险的其中三个特点。[①] 对于这种风险，上佳之策是预防和阻止，而不能倚重事后追惩，这就需要规制部门对违法广告的损害风险及早作出预判。FTC 对广告误导性的研判不需要考虑广告有无造成事实上的损害，也不需要考虑对消费者行为的实际影响，而仅需确定其是否可能使消费者对广告商品或服务产生错误的认识和印象。为了预防可能对少量消费者造成重大伤害的广告，FTC 通常也不需要仔细推算被控广告究竟会误导多少理性消费者。这些制度安排包括前述相当灵活的自由裁量权，让 FTC 有更多的机会及早发现和阻止违法广告，对消费者施以更周全的保护。

---

① 〔德〕乌尔里希·贝克：《风险社会》，何博闻译，南京，译林出版社，2004 年，第 1 版。

第六章

FTC广告制度的创新及争议

第一节　广告证实制度：不能证实即为虚假

美国联邦贸易委员会在 20 世纪 70 年代创立的广告证实制度（Advertising Substantiation Program），明令广告商须应 FTC 要求对可疑广告内容予以证实。若拒绝或不能证实，便有可能被 FTC 认定违法，这实际上确立了在前期调查阶段广告商必须履行的广告证实义务。广告证实制度的初衷与法理何在？广告证实的内容、方式、标准是什么？不履行这种证实义务会有什么样的法律后果？这一制度能否及如何用来破解中国广告治理的困局？中国新版《广告法》在第四条新增一款规定，广告主应当对广告内容的真实性负责，这是否等同于 FTC 施行的广告证实制度？

一、广告证实制度的缘起

"最初要求证实广告声明的是一个名为回应型法律研究中心（the Center for the Study of Responsive Law）的组织。"[①] 该中心两位研究员拉尔夫·纳德和艾琳·考恩在 1969～1970 年间收集了几百个大众媒体广告，然后向 57 家广告主致函，要求他们就各自广告当中的一些断言或者保证提供证据证明。结果是：16 家企业未作任何回应；6 家企业拒绝向他们提供证实材料，认为政府才有资格向他们提出这样的要求；35 家企业提供了一些信息，但没有任何清晰有说服力的证据。[②] 两位研究员遂联合其他一些消费者组织，提请 FTC 颁布一个贸易管理规章，要求企业须能证实他们广告当中的关键内容，并向社会公开这些证据信息。

事实上，广告须得言之有据是 FTC 对广告活动很早就提出的一个法定性质的义务。20 世纪 40 年代，一所培训学校没有证据却利用广告宣称，任何接受他们的电视工作训练的学员都可以进入薪资丰厚的电视行业，被

[①] Dorothy Cohen, 1980: "The FTC's Advertising Substantiation Program", *Journal of Marketing*, 44 (1), pp. 26 – 35.

[②] Ralph Nader, Aileen Cowan, 1973: "*Claims Without Substance, the Consumer and Corporate Accountability*", pp. 90 – 97. From Arch. G. Woodside, 1977: "Advertisers' Willingness to Substantiate Their Claims", *Journal of Consumer Affairs*, 11 (1), 1977, pp. 135 – 144.

FTC 认定违法。① 在 1963 年一个充气游泳装置的虚假广告案中，委员会进一步表明了立场：

> 广告主在作任何宣传之前，都有义务（duty）对宣传内容的真假做出合理的调查（make reasonable inquiry）。作为一个理性、谨慎、诚实守信的经营者，他应该持有相关的信息可以证明广告内容属实。未经最低限度的证实便进行广告宣传，是罔顾人类健康和安全的表现，且显然是不公平和欺骗性的做法。②

1971 年 6 月，联邦贸易委员会正式出台了"广告证实制度"③。制度规定，一经 FTC 要求，广告主就必须向 FTC 提交测试、研究报告或其他有效的证据，来证实广告当中有关商品的安全、性能、效果、质量或比较价格等方面的宣传内容。早期，委员会主要通过两种方式来执行这一制度。一种是面向全行业的"巡查"，要求一个行业内的众多企业就可疑的广告内容作出证实。首轮被巡查的行业包括汽车、空调、轮胎、冰箱、电视机、助听器、非处方药及宠物食品等。例如，FTC 要求，轮胎生产商必须能证实其广告所声称的轮胎的制动与抓地功能，助听器广告如果宣传减噪效果也要有相应的科学依据。多家龙头企业在首轮巡查中被处理：通用汽车公司被责令停止宣传其 Vega 汽车是美国操控性能最好的轿车；费尔斯通公司被责令禁止在其广告中声称其轮胎的制动速度比其他轮胎快 25%。在对行业巡查的基础上，1976 年开始，FTC 尝试按广告内容的类型来进行巡查。这种面向某一行业或某一类型广告进行巡查的方式，虽然能够以一当十，阻止大量信口开河的广告，但给遵法守法的企业带来了不必要的负担。1977 年以后，随着放松规制改革大潮的兴起，FTC 不再通过巡查来执法，只保留逐案质询的方式——即向发布可疑广告的特定企业发函要求予以证实——来执行这一制度。

施行至今，广告证实制度一直是 FTC 广告行政执法的重要手段。几乎所有针对欺骗性广告的指控、处罚决定及同意和解令（consent order），都部分建立在这一制度之上。在 1972 年的辉瑞公司虚假广告案中，联邦贸易委员会主席迈尔斯·柯克帕特里克（Miles W. Kirkpatrick）阐明了广告证

---

① De Forest's Training, Inc. v. FTC, 134 F. 2d 819, 821, 7th Cir. (1943).
② Kirchner, 63 F. T. C., 1282 – 1293 (1963), aff'd, 337 F. 2d 751, 9th Cir. (1964).
③ Federal Trade Commission. Special reports relating to advertising claims, 36 Fed. Reg. 12, 058, 1971.

实制度的正义基础：广告商有义务在做广告宣传之前对这些广告声明进行证实；广告商在广告中为产品作正面宣传，却没有作为相应合理依据的实验或研究证据来证实这些宣传，这是不公平和非法的。① 证实广告是广告主的一种法律义务。如果企业不能或拒绝就 FTC 要求予以证实的广告内容提供合格而且可靠的证据，FTC 就会指控其为欺骗性广告，责令企业停止此等广告宣传，直到企业拥有合乎制度要求的证据。

很多时候，涉事企业还会因此被处以高额罚款，用以对消费者进行补偿。2007 年 1 月 4 日，美国四种减肥药广告的广告主因为无法提供证据证明其所宣称的减肥效果，不得不与 FTC 协商并同意接受共计 2500 万美元的罚款。② 具体情况是，新泽西州塞托迪科技公司在其产品仙纳得恩（Xenadrine EFX）的广告中声称，消费者可以像广告中的模特那样快速减肥。事实是，广告展示的模特身材都是经过严格节食和锻炼后才拍摄的。可体燃脂速（Corti Slim）的生产商"视窗岩石"（Window Rock）健康实验室以电视脱口秀的形式变相发布广告，并在广告中许诺使用本产品可以快速并永久性减肥，该公司被处以 1200 万美元的罚款。生产美身综合维生素（One-A-Day Weight Smart）的拜尔公司宣称自己的产品可以加速人体新陈代谢，却不能提供任何这方面的科学证据，被处以 320 万美元的罚款。清脂瘦身片（Trim Spa）广告宣称该产品可以快速有效减肥，但同样没有合格可靠的证据，生产商被处以 150 万美元罚款。2014 年 1 月，FTC 对另外四家减肥产品广告商作出共计 3400 万美元的罚款。其中，森莎公司（Sensa Products, LLC）的一款粉状食品添加剂广告声称，把该产品洒到食物上可以让消费者吃很少就会感觉吃饱了，无须节食便可快速持久减肥。但公司不能应 FTC 的要求提供足够的证据证实这样的广告宣传，因此被认定构成欺骗性行为，勒令退赔顾客 2600 万美元。③

---

① Pfizer Inc., 81 F. T. C., 23 (1972).
② Federal Trade Commission Reaches New Years Resolutions with Four Major Weight-Control Pill Marketers, January 4, 2007. http：//www.ftc.gov/news-events/press-releases/2007/01/federal-trade-commission-reaches-new-years-resolutions-four-major.
③ Sensa and Three Other Marketers of Fad Weight-Loss Products Settle FTC Charges in Crackdown on Deceptive Advertising, January 7, 2014. https：//www.ftc.gov/news-events/press-releases/2014/01/sensa-three-other-marketers-fad-weight-loss-products-settle-ftc.

二、证明义务的分配

行政法治原则要求行政执法机构在作出具体行政行为时，必须在法定职权范围内，在查明事实的基础上作出行政决定。这意味着，在行政执法程序中，执法机构负有证明相对人违法的法定义务。《美国联邦行政程序法》第五百五十六条第四款规定，"除非法律另有规定，否则应当由规章或处罚令的提议者承担证明义务"。广告证实制度似乎"打破了这个一贯的证明规则，因为相对人被要求提供证据证明产品符合其广告宣传，否则即被认定违反了《联邦贸易委员会法》"[1]。

真像表面看起来那么匪夷所思吗？实则不然。行政执法过程包含事实证明和法律证明这两种证明义务，它们紧密相关但又不全然相同。事实证明是指，围绕相对人实施的行为或拥有的资质等事实方面进行的证据的搜集、开示、查验与认定。法律证明是指，运用法律规定分析相对人的法律事实、违法情节等方面的相关证据，以证明执法机关或相对人的法律主张是否成立的一种义务。事实证明在先，要证明的事实的内容一般有七个方面，具体指何人、何事、何时、何地、何物、何情、何故。[2] 法律证明在后，主要是要确认法律事实、违法情节以及据此作出的法律裁决。广告规制机构要处理一则涉嫌违法的广告，首先需要查实和确认这则广告的宣传内容是什么，谁在什么地方发布的，发布了多长周期和多少次，以及广告内容是否与广告产品的实际表现一致等等，这些都属于事实证明的范畴。这则广告适用哪些法律法规，其中哪些内容涉嫌违法，违法的性质、程度如何，对消费者及竞争对手可能造成或已经造成了什么样的法律后果，以及该处以什么样的行政处罚，这些则属于法律证明的范畴。

就行政规制机构和行政相对人这双方而言，前者显然占有法律和权力优势，后者往往具有信息方面的优势。尤其是在相对人不是普通公民而是一个商业机构的情况下，后者更是天然地比规制机构更了解产品经营方面的内情，包括自己的产品添加了哪些特殊成分，这些成分的潜在风险有哪些以及风险概率有多大，自己是否持有足够有力的证据可以证明产品的这些风险完全符合行业标准或者是在可接受的范围之内。正因为如此，规制

---

[1] Charles Shafer, 1986: "Developing Rational Standards for an Advertising Substantiation Policy", *University of Cincinnati Law Review*, 55 (1), pp. 1–79.

[2] 郑永流：《法律方法阶梯》，北京，北京大学出版社，2008年，第1版，第90页。

机构的法定权力即使持续扩张，它们自身仍然必须不断提高行政规制的专业性，越来越多地通过实验、测试、市场调查与消费者研究等科学方法来证明相对人的违法事实。然而，面对日新月异、高精尖端的新技术，花样迭出的新产品，还有迭代变幻的生产与经营方式，规制机构在事实证明环节还是常常力有不逮。就此而言，法律不应该让不从事生产与经营的规制机构来负担商业组织的市场行为的全部证明义务。

当然，证明义务的分配不能只考虑双方证明能力或条件的优劣之分，还需要正视双方实力的强弱之别。毫无疑问，强大的行政权力如果使用不当乃至恣意滥用，很容易对市场规制过度，破坏企业的自主经营和市场的自由竞争。约束行政规制权力的方式和制度有很多种，比如行政法官制度、行政案卷制度、听证会、司法审查。把证明义务向行政规制机构倾斜配置，固然也是其中一项不可或缺的重要措施，然却不宜绝对，不能罔顾行政机关在某些环节或细节上的证明弱势。所以，在不少国家，行政相对人在行政程序中也负有一定的证明义务，须向行政执法机构提供部分证据材料，并确保这些材料真实准确。美国《联邦贸易委员会法》第六条（b）款规定：委员会有权通过一般性或具体的命令，要求商业中或影响商业的个人、合伙人和公司向FTC提供有关它们的组织、商业、行为、管理等方面的资料，以便FTC可以撰写年度或专项报告，或者针对特定问题作出书面答复。这无疑是在制定法上授权FTC可以订立制度或政策，要求相对人提供其广告内容属实的有关证据。这也符合《联邦行政程序法》第五百五十六条第四款有关"法律另有规定的除外"之范畴。

除了事实证明的能力优势这一客观因素，相对人负担广告证实义务还有法理逻辑上的应然性。有观点认为，把行政程序中的证明义务归于行政执法机构而不是相对人，是宪法规定的"禁止自证其罪"原则的基本要求。① "禁止自证其罪"是国际公认的刑事案件中的一个重要法律原则，意指不能强迫犯罪嫌疑人作不利于自己的证言。广告证实制度并非强迫相对人"自证其罪"，它事实上是民法当中的"诚实守信"原则和广告法要求广告应当真实的一种制度体现。这一制度不是强迫相对人证明自己的广告含有虚假的内容或者误导了消费者，而是要求相对人出示证据证明自己广告当中的某些内容或演示与产品的实际表现相一致。即，广告所言为真，且言之有据。与证明自己的广告虚假相比，证明广告言而有据显然是

---

① 余凌云、周云川：《对行政诉讼举证责任分配理论的再思考》，《中国人民大学学报》2001年第4期。

一种更轻微的证明负担，也是"诚实守信"原则的应然要求。"当诚实信用原则由最初的债务履行原则，逐渐扩展适用于债权行使乃至于一切民事权利的行使和民事义务的履行，甚至成为整个法律的基本原则时，诚实信用原则作为法律'一般条款'即成为学者公认。"① 诚实信用原则不仅约束平等的民事主体之间的关系，而且"在当事人与社会的利益关系中，诚信原则要求当事人不得通过自己的民事活动损害第三人和社会的利益，必须在权利的法定范围内以符合其社会经济目的的方式行使它们"。如果当事人不履行或没有履行应有的注意义务，出尔反尔，诚实信用原则还授予司法"相当大的自由裁量权"，来恢复当事人与社会之间的利益平衡。② 按照传统民法的主流观点，商业广告只是要约邀请，广告经营者没有义务履行其在商业广告中的保证或允诺。而正是依据"诚实守信"原则，越来越多的国家和地区通过行政法的强制规范把商业广告拟制成了要约。③ 美国联邦贸易委员会前主席米勒曾强调指出，市场这套资源配置系统自如运转的一个重要前提是精准的市场信息，如果广告辜负了消费者的信赖，传递虚假的商品信息，就会让消费者购买他们本不想买的商品，导致资源分配的不合理，而政府的职能就是要保护消费者对广告的这种信赖。④ 依此来看，FTC创设广告证实制度，要求相对人证明其广告内容属实有据，实乃法定授权范围内的合理正当之举。

三、广告证实制度的合理安排与规则演变

作为一个集行政权、准立法权特别是还有准司法权的独立规制机构，FTC被国会授予了很大的自由裁量权，但享有这种权力的前提是不得滥用这种权力。FTC自主引申创设的广告证实制度，当然也必须被限制在法律所要求的合理范围之内。

（1）证实义务的客体限定：委员会而非消费者。谁有权利或权力向广

---

① 郭琛：《不实荐证广告的多重赔偿理论分析：以名人代言广告为研究对象》，《理论导刊》2009年第9期。

② 徐国栋：《诚实信用原则研究》，北京，中国人民大学出版社，2002年，第1版，第3-4页。

③ 宋亚辉：《论广告管制规范在契约法上的效力：基于海峡两岸司法判决的整理与研究》，《华东政法大学学报》2011年第3期。

④ J. C. Miller, Before the San Francisco Advertising Club 6 (9.30.1983), J. C. Miller, Before American Advertising Federation 1, 4 (6.4.1984). From Charles Shafer, 1986: "Developing Rational Standards for an Advertising Substantiation Policy", *University of Cincinnati Law Review*, 55 (1), pp. 1-79.

告主提出证实广告内容的要求？广告主负有向谁作出证实的义务？这是这一制度最初提出的时候便暴露出来的一个前提性问题。当纳德和考恩以普通消费者身份向广告主发函要求他们证实广告内容的时候，部分企业正是以消费者无权向他们提出这种要求为由，拒绝向他们作出证实。作为最直接、最广泛的广告受众，消费者最有可能更及时、更大量地发现可疑广告。如果制度赋予广大消费者类似民事请求一样的权利，让他们可以向广告主提出证实广告的要求，无疑会织就一张广告监督的天罗地网，迫使企业在广告发布之前进行严格小心的自我审查。

然而，不容忽略的是，绝大部分消费者的个人专业知识远不及FTC职员的水平，后者不是律师就是经济学者。FTC职员能够凭借自己的专业素质和经验，对一则广告是否空口无凭提出合理而非任意的怀疑。相反，消费者很容易因为有意无意的误判，轻易向广告主提出证实主张，使企业陷入类似"滥诉"一样永无休止的法律困境。甚至，还极有可能出现一些消费者出于不正当的目的，恶意向企业提出证实要求。即使消费者是基于合理怀疑而提出证实要求，这仍然是一种不经济的制度安排，因为广告主不得不向每个提出证实请求的消费者重复进行证实，承受不必要的沉重负担。更进一步假设，即使广告主依消费者请求向其提供了广告证明材料，消费者对那些专业性很强的检测报告、实验数据等往往也难以鉴别真假，最终实际上无所作为。也许正是出于这些考虑，委员会在1971年颁行的广告证实制度仅规定企业须对FTC的证实要求作出回应，没有赋予消费者向广告主提出证实要求的权利。紧随其后，国会曾提出"广告真实法案"（*Truth in Advertising Act*），拟强令企业须应消费者要求提供广告证明材料。对此，FTC建议应谨慎而为。最终，该法案未获通过。

与此相关的另外一个问题是，广告主向委员会提交的证明材料是否有必要向社会公开？起初，FTC依据《联邦贸易委员会法》第六条（b）款的规定，向社会公开了广告主提交的相关证据材料。委员会认为，此举有助于消费者基于这些客观证据来评估广告产品的实际性能，以作出理性的消费决策。而且，方便同行业者声讨那些没有事实依据信口胡言的广告，进而促进公平竞争。委员会则可以借助广大消费者及同行业的力量来监督违法广告，以弥补自身资源与条件的不足。① 但是，委员会下属的消费者保护局在1972年完成的调查报告显示，广告主向FTC提交的证明材料篇

---

① Federal Trade Commission. Special reports relating to advertising claims, 36 Fed. Reg. 12, 058 (1971).

幅很长,技术性也非常强,在消费者那里基本上都不能得到有效使用。而且,相对于消费者组织,很少有消费者个人会主动寻求这些材料。① 1980年,国会通过的《联邦贸易委员会改进法》补充规定:委员会无权公开任何商业机密,或者从任何人处获得的任何保密或机密的商业或财务信息。国会的意图是要限缩委员会公开信息的权力,以确保广告证实制度既能有利于消费者,又不至于损害广告主的合法权益。委员会遂不再将执行这一制度而获得的广告证实信息向社会公开。

(2)证实内容的厘清:实质性的信息而非所有广告内容。这项制度一开始就声明,需要证实的是有关广告产品或服务的安全、性能、效果、质量等方面的宣传内容,而不要求对广告当中的全部内容进行证实。时任委员会主席迈尔斯·柯克帕特里克解释说,它不是一个要求充分证实或者反对广告进行正当"吹嘘"的制度。如果广告里说"味道好极了",这不要求证实;如果广告断言"这款车的制动速度比其他车快三倍",这项制度就要求广告主在广告发布之前必须可以证实这一断言。②

早期,委员会主要通过大量的逐案执法和发布面向各种类型广告的行业指南,具体阐明不同类型产品广告需要证实的宣传内容。例如,环保广告如果使用"可循环""可降解"等环保专业术语,须拥有充足的证据来证明其广告产品达到了这些专业标准。汽车轮胎、化妆品和护发产品广告宣传产品的安全性,家电广告声明的产品可靠性,汽车广告中的油耗、静音和结构强度等内容,以及空调广告宣传的制冷能力等等,这些内容都需要有凭有据,能够予以证实。

在解决诸多具体个案及某些行业广告的基础上,委员会试图概括提出广告证实制度在内容方面的统一要求。1984年7月,委员会发布了一份有关广告证实制度的政策声明,提出了客观断言(objective assertions)的证明原则。③ 即广告当中有关产品或服务的客观表现的内容,最明显的例如宣传"医学研究证明"或者"科学实验发现",广告主应能予以证实。至于广告表达出来的主观感受,则属于广告自由创作的天地,不适用广告证实制度。但也不是所有的客观断言都需要证实,比如广告中说明折扣促销

---

① Dorothy Cohen, 1972: "FTC Says Delay 'Truth in Ad Act' Pending More Investigation", *Marketing News*, 6 (1), p. 9.

② Dorothy Cohen, 1980: "The FTC's Advertising Substantiation Program", *Journal of Marketing*, 44 (1), pp. 26 – 35.

③ FTC Policy Statement Regarding Advertising Substantiation, November 23, 1984. http://www.ftc.gov/ftc-policy-statement-regarding-advertising-substantiation.

的时间、地点以及对象。除了把证实要求指向广告当中的客观断言，1984年的政策声明同时划定了广告产品的"实质性信息"（material information）这一证实范围。"实质性信息"是消费者作出合理判断和理性选择常常重点参考的依据。如果知道企业没有证据可以证实广告当中的这些实质性信息，消费者就不太可能信赖这些广告。后来，"实质性信息"取代"客观断言"，成为委员会执行广告证实制度的一个主要标准。

只要是实质性的信息，在广告当中无论是以显而易见的文字语言来表示还是以情景画面来传达，无论是明示还是暗示，都有可能被要求予以证实。州际烘焙公司2000年发布了一则广告来宣传自己的"神奇面包"（Wonder Bread）。在电视广告画面中，一位名叫Wonder的教授在向妈妈们宣讲给孩子喂食神奇面包的好处。这位教授透过一个孩子的耳朵看到，孩子的大脑里面有一群外貌穿着像神经元一样但无精打采的孩子们，他们在吃了一片神奇面包之后马上就兴奋地跳着叫着说："让我们去做家庭作业吧！"委员会律师认为，广告画面传递了一个明确的信息——吃了神奇面包会让孩子马上变得聪明有活力，质疑该公司未经证实在广告中发布这种实质性信息。公司认为，广告这样设计仅仅是为了强调这款面包的钙含量比较高，公司对此可以证实。但FTC质疑的不是产品的钙含量是否较高，而是产品是否如广告画面所表示的那样能即刻产生效果。公司否认广告意图传达这样的含义，也没有这种即刻效果的相关证据，并表示如此创意只是想让广告变得有趣。面对FTC准备发出的指控，州际烘焙公司最终选择与FTC签署了一个同意和解令，承诺以后不再发布这则广告，虽然它们已于一年前停止发布。[1]

（3）证实标准的客观化：从"合理依据"到"合格可靠"。既然要求企业须对广告当中有关产品或服务的实质性信息予以证实，制度就不仅要明确何谓实质性信息，还应当同时向企业指明证实的方式和标准。推行广告证实制度不久，委员会便在1972年的辉瑞广告案[2]中提出了"合理依据"（reasonable basis）标准。该案中，FTC律师指控被告涉嫌在未经"充分而且严格控制的对照研究"（adequate and well-controlled scientific studies or tests）予以证实的情况下，在广告中宣传其生产的Un-Burn牌非处方药可以麻痹神经、快速止痛。被告提出了两方面证据来为自己辩解：

---

[1] In the Matter of Interstate Bakeries Corporation, April 19, 2002. https://www.ftc.gov/enforcement/cases-proceedings/012-3182/interstate-bakeries-corporation-matter.

[2] Pfizer Inc., 81 F.T.C., 23 (1972).

根据既有的医学文献，本产品含有的苯唑卡因和薄荷脑这两种成分确有显著的镇痛效果；公司专家的临床经验以及这些药品的使用历史也可以证明广告有关产品效果的宣传内容。委员会复议后指出，广告商须能证实广告中的实质性信息，这种证实不一定必须是原告律师主张的"充分而且严格控制的对照研究"，而在于广告商是否拥有"合理依据"。委员会认为，被告所依据的医学文献、历史和临床证据符合这样的标准，因此最终撤销了 FTC 律师提出的指控。

按照委员会在该案复议意见中给出的解释，"合理依据"标准要求广告主不仅要提供自己知道的事实，而且还要提供一个理性谨慎的广告主应该知道的事实。换言之，广告主在从事广告活动时，须尽到理性人应该尽到的注意义务。委员会同时又强调，"合理依据"标准不单单是一个理性人的测试，它本质上是一个现实问题，需要具体案例具体分析。委员会主席迈尔斯·柯克帕特里克解释说，广告宣传的依据是否合理受如下因素相互之间的影响而不同：①广告内容的类型和特性，如安全、效果、饮食、健康；②产品类型，如食物、药品及其他具有潜在危害的消费品；③广告内容不实可能产生的影响，如人身伤害、财产损失；④消费者对广告内容的相信程度；⑤广告内容相关证据的可获得情况。① 这个解释表明，委员会想要尽力确保制度的公平和对消费者的周全保护，但这对广告主而言却近乎一个无从把握的标准，因为他们事先难以确定一则广告具体需要如何进行证实才合乎要求。广告主以自己的条件和实力进行力所能及的实验能够证明自己的广告内容属实，或者依据一篇公开发表的实验报告推测自己的广告内容属实，这是否就等于拥有了合理依据？辉瑞案的裁定意见对此似乎是肯定的。但是，公开发表的实验报告未必正确，公司自己做的实验不一定科学、客观。广告主想要敷衍应对，显然并非难事。

法律理应"是一种有确定性、明确性、普遍性、可靠性的人类有目的性的事物"②。1975 年以后，委员会开始尝试在发布的若干行业指南当中，就不同产品广告提出一些具体的证实要求。例如，关于汽车轮胎的安全及效能的宣传，须有合格的科学实验证明；汽车油耗的广告宣传须持有独立实验室的测试证明；洗碗机的清洁效果宣传须经合格可靠的科学实验或专家证言证明；有关空调制冷能力的表示应有合格的科学技术数据；对除皱

---

① Gerald J. Thain, 1972: "Advertising Regulation: The Contemporary FTC Approach", *Fordham Urban Law Journal*, 1 (3), pp. 349 – 394.

② 张文显等编：《法理学》，北京，法律出版社，2007 年，第 3 版，第 214 页。

产品美化效果的声明须有来源可靠的书面资质证书。FTC 对部分类型产品广告的证实要求见表 6-1[①]。

表 6-1 FTC 对部分类型产品广告的证实要求

产品	广告内容	广告证实所需的资料
汽车轮胎、化妆品、护发产品	安全及效能声明	合格的科学测试
汽车	操控性能的比较	
汽车	油耗	独立客观的实验室测试
洗碗机	清洁声明	合格可靠的科学测试或专家意见
汽车	结构强度和静音	测试，包括示范、实验、调查、报告和研究
家电用品	可信性与可靠性声明	
家电用品	优越性声明	
糖类产品		
空调	制冷能力	合格的科技数据
邮购公司的"所有产品"	安全与性能	合格且客观的书面证明材料
假牙粘合剂	舒适声明	含有测试或其他客观数据的专家意见
除皱产品	美化声明	来源可靠的书面资质证书

在如此分类处理的基础上，委员会后来逐渐形成了"合格可靠的科学证据"（competent and reliable science evidence）这一标准，即广告主应就广告当中有关产品或服务的实质性信息的宣传内容，委托有资质的人或机构使用行业内普遍认可的方法进行客观的测试、分析、调查、研究，或由相关领域专家提供证据，而得出准确可靠的结论。与"合理依据"这一相对内在的、主观的标准相比，新标准显然更多地转向了对外部客观要素的衡量，包括实验的中立性与科学性，实验者的权威性，实验方法的可靠性。

[①] Dorothy Cohen, 1980: "The FTC's Advertising Substantiation Program", *Journal of Marketing*, 44 (1), pp. 26–35.

四、广告证实制度的执行与发展

联邦贸易委员会下属消费者保护局在 1972 年提交的一份调查报告中指出,广告证实制度可能发挥两方面的作用:一种是对消费者进行教育的机制,另一种是阻止广告信口开河的机制。① 第一种作用比较有限,因为消费者个体鲜有接触和理解这些证实材料的动力、意愿和能力。作为一种制约虚假广告的机制,广告证实制度实际产生的效果是否尽如人意呢?

在广告证实制度正式施行之后,伍德赛德(Arch G. Woodside)仿照拉尔夫·纳德和艾琳·考恩的做法,在 1973 年进行了第二次调查研究。② 他向 373 个杂志广告的广告主发函,要求提供支持他们的广告声明的证据。其中,67% 的请求收到了回复,超过 60% 的回复没有试图回答请求函提出的问题。典型的回应是:"我们不希望进入这种开放式的对话","我相信你可以理解,对于公司来说,回复个体请求,说明每一个特定的语句和声明的理由是不可能的"。只有极少数广告商作出了正面的回应,并给出了较为详细可信的证明材料。两年之后,伍德赛德再次向 48 家公司发出了 54 封信,要求他们对 54 个不同产品的 27 个电视广告和 27 个杂志广告进行证实。在总共收到的 45 封回信中,有 10 封针对问题作出了详细的回答。其余 35 封回函要么提供的信息不充分,要么没有提供广告内容的任何证明材料。从三次调查的结果来看(见表 6-2③),广告证实制度虽然没有让广告证实的情况焕然一新,但拒不作出回应的情况明显减少,特别是针对问题提供充足证据的比例大幅增加。

---

① Dorothy Cohen, 1972: "FTC Says Delay 'Truth in Ad Act' Pending More Investigation", *Marketing News*, 6 (1), p. 9.
② Arch G. Woodside, 1973: "Will Advertisers Back Their Claims? Not Very Often, St Discover", *Advertising Age*, February 12, p. 68.
③ Arch G. Woodside, 1977: "Advertisers' Willingness to Substantiate Their Claims", *Journal of Consumer Affairs*, 11 (1), pp. 135-144.

表 6-2　三项广告证实研究发现的数据对比

	纳德和考恩	伍德赛德	
	1973 年	1973 年	1975 年
样本数量	57	373	54
未有任何反馈	28.1%	32.8%	16.7%
有反馈，但未含信息	14.0%	—	—
提供信息，但信息明显不充分	57.9%	60.3%	61.1%
提供清楚且有说服力的证据	0.0%	7.1%	22.2%

比广告商的这种反馈态度更重要的是，广告证实制度确实提高了广告可信度，或者说减少了广告误导的可能性吗？按照这一制度的要求，广告吹嘘的内容不需要被证实。那么，广告商会不会为逃避规制，尽量减少广告当中的实质性信息，转而增加吹嘘性的内容？果真如此的话，执行这一制度还能促进消费者的理性决策吗？从广告证实制度一开始推行，周遭就弥漫着这样的疑虑。当时的 FTC 主席克里克·帕特里克也担心这一措施会使广告减少事实方面的信息。他觉得，广告商很有可能认为，执行这一制度的成本远远高于含有实质性信息的广告给他们带来的收益，因此他们会转而选择不含有实质性信息的广告。①

之后有学者观察发现，与制度执行前相比，商业广告中的空洞吹嘘确实越来越多。②广告证实制度减少了消费者可以从广告中获得的有用信息即实质性信息。③研究者选择止汗剂广告和宠物食品广告这两种受证实制度影响的产品广告作为受试组，拿润肤霜广告和方便食品广告这两种产品广告作为对照组，对比了它们在广告证实制度执行之前和执行之后的广告内容变化。研究发现，受试组广告内容发生了明显变化——广告当中的内容要么是可以证实的，要么就是模棱两可、无从验证的，这与以前貌似言之凿凿实则不能证实的广告表现方式大相径庭。这说明，面对广告证实制

---

① 1971: "FTC Opposes 'Truth Bill'; Moss Seeks Consumer Unit", *Advertising Age*, October 11, p. 70.

② S. E. Cohen, 1972: "Government, Consumers, Business: They're All Banking on the Coming Year", *Advertising Age*, January 3, p. 3.

③ John Samuel Healey, 1978: "The Federal Trade Commission Advertising Substantiation Program and Changes in the Content of Advertising in Selected Industries", Ph. D. Dissertation, Marketing, University of California, Los Angeles. From Charles Shafer, 1986: "Developing Rational Standards for an Advertising Substantiation Policy", *University of Cincinnati Law Review*, 55 (1), pp. 1 – 79.

度，广告商选择要么言之有据、要么就是空洞的吹嘘这种策略，来躲避委员会的广告证实规定。那些剔除了有关产品的性能、效果等重要事实的广告，无益于消费者对广告产品的确切了解，也就无助于消费者作出合乎自己理性需求的购买决策。有评论据此认为，广告证实制度事实上已经导致商业广告减少了有关产品重要事实的信息数量，并代之以对消费者毫无价值的夸大之辞。①

但有学者指出，这一研究存在很多问题。其一，研究样本不能说明问题，因为它不是随机选取被试产品和被试广告，而且仅选取了平面广告而未调查广播电视广告。其二，虽然研究发现了制度执行前后的变化，但没有深入论证这种变化与制度执行之间的因果关系。换言之，即使这些变化是真的，诱因却未必是这项制度的施行。其三，即使制度执行以后广告包含的实质性信息减少了，但这项研究没有去追问消费者是否可以通过其他途径获得这些实质性信息。制度迫使广告商放弃发布未经证实的信息，大有可能减少对消费者的误导，这倒意味着制度施行的正面效果。②

索尔（Raymond D. Sauer）和勒弗儿（Keith B. Leffler）两位学者的研究，更深入细致地讨论了广告证实制度的具体影响。③ 他们假设，在一般情况下，消费者对广告宣传内容保持的怀疑程度与虚假声明出现的频率有直接关系。如果制度能够降低这些频率，消费者的怀疑将减少，符合证实要求的广告数量因而会提高，广告宣言的可信度也就会随之增加。在这个大的假设前提下，他们从广告强度、媒介选择和新产品上市三个方面，研究了广告证实制度的实际影响。研究发现，证实制度对市场领导企业有积极的作用，促进了广告的正面信息供给。无论是电视还是印刷媒体，证实制度都可以增强广告的可信度，虽然电视广告执行证实制度的成本高于印刷媒体广告。总之，这项研究的结论是，广告证实制度增加了广告的可信度，并且通过把证明负担转移给广告商，减少了联邦贸易委员会的执法成本。

委员会也在持续关注和评估这项制度的执行情况与实际效果。来自

---

① Lee M. Weiner, 1980: "The Ad Substantiation Program: You Can Fool All of the People Some of the Time and Some of the People All of the Time, But Can You Fool the FTC?", 30 *AM. U. L. REV*, 30, pp. 429 – 476.

② Charles Shafer, 1986: "Developing Rational Standards for an Advertising Substantiation Policy", *University of Cincinnati Law Review*, 55 (1), pp. 1 – 79.

③ Raymond D. Sauer, Keith B. Leffler, 1990: "Did the Federal Trade Commission's Advertising Substantiation Program Promote More Credible Advertising?" *The American Economic Review*, 80 (11), pp. 191 – 203.

FTC 职员的调查显示，广告公司正在规范他们的行为以遵从广告证实制度，过去长期大量存在的含有明显错误或是虚假宣传的广告明显减少了。[①] 无论如何，自 1971 年颁行以后，广告证实制度很快就被加利福尼亚州、威斯康星州、科罗拉多州、俄亥俄州等多个地方采纳，并拓展到了多个领域、环节和主体。1975 年委员会发布的《广告代言与荐证应用指南》(Guides Concerning the Use of Endorsements and Testimonials in Advertising)，进一步要求广告主须能证明荐证者的消费经历确有其事，而且广告模特演示的产品效果在普通消费者身上也可以应验。1984 年的《能源政策与节约法案》(The Energy Policy and Conservation Act) 规定，生产商须应委员会要求提交有关能耗与能效比率的证据报告。《家庭绝缘材料标签及广告法案》(Labeling and Advertising of Home Insulation) 要求生产商必须持有测试 R-值的方法记录。汽油的炼油商、生产商和分销商必须持有辛烷值的记录证据。

第二节　广告披露制度：以信息对抗信息

一、广告披露制度的缘起与法理

在政治领域，公开是惩治腐败的良药。在经济领域，披露是欺诈的克星。任何一项交易，如果其中一方隐瞒有关这项交易的一些关键事项，往往会导致另一方依据对此项交易的不完全了解而作出意思表示。这样的意思表示，极有可能与基于对交易的完全理解而作出的意思表示迥然有别。所以，充分了解交易事项既是消费者作出理性决策的一个先决条件，也是公平交易原则的一项重要内容。

广告是消费者了解商品或服务的一个重要渠道，是消费者作出购买决策的一个重要依据。然而，作为卖家的一种宣传促销手段，广告常常是刻意遮丑，溢美自己。它们既有可能无中生有，往自己脸上贴金来欺骗消费者；也有可能视有若无，绝口不提自己的缺陷来误导消费者。早至 19 世纪末期，广告遗漏重要信息在一些国家和地区已经被裁定为一种欺诈行

---

① Collot Guerard, Julie Niemasik. Evolution and Evaluation of the Advertising Substantiation Program Since 1971, U. S. Federal Trade Commission, 1978.

为。在美国,1938年通过的惠勒-李修正案在对虚假广告的定义中写道:"判断一则广告是否有误导性,不仅要考虑广告表述、字词、设计、声音或者它们任意组合所传达或暗示的意思,还要考虑广告多大程度上没有披露这些内容当中的重要事实,或者消费者使用这些广告内容所描述的产品而可能导致的后果方面的重要事实。"基于此项法律规定,美国联邦贸易委员会在随后的政策制定及执法裁决中,逐步把广告披露发展成了一套制度,并于1970年提出了广告披露须达到"清晰而且显著"(clear and conspicuous standard,后文缩写为CCS)这一标准。在1983年有关欺骗性行为的政策公告中,委员会重申,广告未披露相关重要信息而可能误导理性消费者的,构成《联邦贸易委员会法》所禁止的欺骗性或不公平行为。

相较于委员会高度原创的广告证实制度和广告更正制度,广告披露制度明显源自普通法有关欺诈的规定,以及由此衍生出的信息披露制度。英国1845年的《公司法》就已对公司信息披露作出了规定,以防止欺诈或掏空公司行为的发生,避免公司经营失误或产生财务上的混乱。1929~1933年间,美国证券市场全面崩溃,除了经济危机这个重要原因,还与上市公司信息不透明、内幕交易、欺诈、谣言、股价操纵等行为的盛行有着直接的关系。危机过后,美国朝野上下十分关注以什么原则为基础来建立新的证券法规,保护投资者利益。1933年,美国《证券法》确立了通过发行注册而进行信息披露的制度,即公开原则。[1] 1936年,美国的消费者联盟(CU)创办了《消费者简报》,自发收集并向消费者提供有关商品或服务的风险信息。[2]

1937年,新制度经济学的代表人物罗纳德·科斯在《企业的性质》一文中,提出了交易成本这个概念。[3] 交易成本包括信息搜寻成本、谈判成本、签约和监督履约情况的成本、可能发生的处理违约行为的成本。其中,信息搜寻成本是指交易双方为获取有关交易的关键事项,所需支付的时间、精力、资金等成本。广告是向消费者提供商品或服务信息的一个重要形式。如果广告不能向消费者准确提供其进行交易所需的主要信息,消费者要么可能受广告提供的片面信息的误导作出非理性的决策,落入欺诈的陷阱;要么每个消费者就得为搜寻、分析甚至购买所需信息而付出本可

---

[1] 余芸春:《上市公司信息披露制度建设》,中国社会科学院研究生院,博士学位论文,2003年,第30页。
[2] 张严方:《消费者保护法研究》,北京,法律出版社,2003年,第1版,第38页。
[3] 〔英〕罗纳德·科斯:《企业、市场与法律》,盛洪、陈郁译,上海,格致出版社、上海三联书店、上海人民出版社,2009年,第1版,第1-23页。

以避免的交易成本,这就会窒息市场交易的活力,造成社会资源的浪费。如果披露这些信息的成本低于消费者搜寻这些信息的成本,和消费者因为欺诈而遭受的损失,那么信息披露就是必要而且合理的。正如英国信息披露立法的奠基人、1845年《公司法》的主要起草者格莱斯通(Gladstone)所言:"一切要做的就是披露,显露出来的欺诈没有杀伤力。"美国大法官路易斯·布兰代斯(Louis Brandeis)在1913年讨论金融监管的时候,也曾强调:"公开是医治现代工业社会疾病的良药;就如阳光是最好的杀菌剂,灯光是最有效的警察。"①

20世纪60年代席卷资本主义国家的消费者运动和随后兴起的信息经济学,进一步强化了消费者作为信息不对称关系中的弱势一方所应享有的获知充分信息的权利,促使信息披露制度朝着更加有利于保护消费者的方向继续发展。由消费者运动而产生的消费者主权理论宣告,市场经济的源头活水和主导力量是消费者而非生产者。消费者喜欢某种商品,愿意花钱去买它,就等于向这一商品的生产者投了一票。生产者只有使自己的商品适合消费者的需要,消费者才会投他的票,也就是愿意购买他的商品。否则,商品就会滞销,生产者就会亏本,市场就会停滞不前。1962年3月15日,美国总统肯尼迪向国会提交了"消费者权利咨文"(Consumers' Bill of Rights),首次提出了"消费者权利"这一新的权利概念,而且阐明了这种权利的四项基本内容:①寻求安全的权利(the right to be safety),即保护消费者生命健康免受危险商品危害的权利;②知情的权利(the right to be informed),即对于欺诈、暧昧、夸大不实的广告、商标或者说明书,消费者有权要求展开调查及明了事实真相的权利;③自由选择的权利(the right to choose),即自由地选择不同商品和服务的权利;④消费者意见被听询的权利(the right to be heard),即政府在制定政策以及立法与执法时,应充分听取消费者的意见。在这四种权利中,知情权是最基本的,是实现其他三种权利的前提和基础。没有对商品或服务的充分了解,就难以自主自由地作出选择,难以避免消费中潜在的危害。随着社会分工越来越细,商品和服务的技术含量越来越高,消费者据以作出自主理性决策所需了解的相关信息越来越多,对信息披露的要求自然也就越来越高。广告传达什么样的内容不能任由广告商自行安排和决定,而须周全考虑消费者的信息需求,以消费者能够接触和理解的方式提供影响他们决策的充分信息。

---

① 盛学军:《证券公开规制研究》,西南政法大学,博士学位论文,2002年,第1-2页。

信息在经济决策、市场交易及社会行动中的重要作用，日渐为人们所了解。信息论创始人申农（C. E. Shannon）深刻洞见了信息的本质和重要价值，在20世纪50年代提出了影响深远的信息定义：信息是用来减少随机不确定性的东西。① 经济学家阿玛蒂亚·森（Amartya Sen）指出："在社会选择、道德哲学、确定性和不确定性下的理性选择以及实际行为研究这些领域中的原则都可以根据它们所蕴含的——通常是隐含的——信息约束来加以解释和分析。"② 20世纪70年代崛起的信息经济学，正是通过对市场信息状况的分析，一举击碎了新古典经济学对完全市场即交易双方信息完全对称的假设。现实当中，卖方之所以能向买方兜售次品，是因为双方各自掌握的信息不对称。交易双方之间的信息不对称会诱发"逆向选择"（adverse selection）和"道德风险"（moral hazard），这将导致交易一方利益受损，严重降低市场运行效率。正如信息经济学的代表人物约翰·斯蒂格利茨（Joseph E. Stiglitz）说："市场的许多局限性都与信息的不完美有关。"③ 以广告为例，如果消费者知道广告是欺骗性的，他们就不会选择该广告宣传的商品。正因为消费者不完全掌握广告商品的实际情况，不能辨别广告的真假，所以极有可能被广告误导而选择了本不会选择的商品，错失了自己原本想要的商品。所谓"逆向选择"，是指交易双方的信息不对称造成的市场资源配置扭曲的现象。更糟糕的是，消费者不完全了解卖方的真实情况，而卖方却很清楚消费者所处的这种信息劣势。卖方往往会利用这种信息势差来追求自身利益最大化，并致消费者利益受损。信息经济学的研究显示，信息不完美、市场不完全及与其相关的市场失灵是广泛存在的，而且没那么容易被解决。④

虽然"不对称信息造成的市场均衡的无效性本身并不能为政府干预提供充分的理由"⑤，然而，信息具有公共产品的特性：其一，信息是非竞争性的，个人对该信息的消费不会减少其他人对它的消费；其二，信息是

---

① Claude Elood Shannon, 1948: "A Mathematical Theory of Communication", *The Bell System Technical Journal*, 27, pp. 379 – 423, 623 – 656.

② 〔印〕阿玛蒂亚·森：《理性与自由》，李风华译，北京，中国人民大学出版社，2006年，第1版，第327页。

③ 〔美〕约翰·斯蒂格利茨：《信息经济学：基本原理》，纪沫等译，北京，中国金融出版社，2007年，第1版，第5页。

④ 〔美〕约翰·斯蒂格利茨：《信息经济学：基本原理》，纪沫等译，北京，中国金融出版社，2007年，第1版，第23页。

⑤ 〔美〕丹尼尔·F.史普博：《管制与市场》，余晖等译，上海，格致出版社、上海三联书店、上海人民出版社，2008年，第1版，第76页。

非排他性的，要使其他人不消费该信息的成本非常高，以至于没有私人厂商愿意提供这些信息。① 这就使强制披露信息成为政府干预市场信息不对称的一个合理选择。而且，政府在这方面自有其独特的优势：第一，行政机构能动用强大的资源及时准确地调查了解市场状况；第二，行政机构有权发布命令提高市场的竞争性；第三，在管理信息公开计划方面更为有效。② FTC的广告披露制度便是在广告规制这个领域矫正信息不对称的一种努力，以保护消费者免受广告片面宣传的误导。

二、广告披露制度的内容设计与规则拓展

　　FTC的广告披露制度虽然脱胎于经济法领域有关信息披露的一些法规政策，但它的具体内容却是在大量逐案执法的基础上积累形成的。在1938年惠勒-李修正案通过以后，FTC便根据新增第十五条对虚假广告的界定，开始在具体案例中或者责令遗漏重要事实的广告停止发布，或者要求广告披露这些事实才能继续发布。FTC 1939年的年报显示，截至1939年6月30日，在FTC针对虚假广告发出的所有241个指控中，有5个指控涉及广告未披露商品的潜在危害。1940年的年报则把广告未披露商品的潜在危害单独列为不公平行为的一种类型。不久，在责令披露相关重要事实之外，FTC就披露的形式提出了"清晰而且显著"（CCS）③ 这一标准。例如在1949年的班纳制造公司虚假广告案中，FTC指控被告没有向消费者说明其广告宣传的防冻液产品的基本成分是氯化钙，这种以氯化钙为主要成分的防冻液可能对汽车发动机产生危害。FTC责令被告，如果不紧接着以清晰而且显著的方式披露以下内容——该产品会使发动机冷却系统生锈和腐蚀，可能阻塞冷却系统中的管道，以及对发动机产生其他损害——则应停止使用词语"防冻"或任何其他类似意思的表示，来宣传任何含有基本成分为氯化钙的机动车内燃机冷却产品。④

　　进一步，FTC对某些类别广告的披露要求，先后作出了统一的制度规

---

　　① 〔美〕罗伯特·考特、托马斯·尤伦：《法和经济学》，史晋川等译，上海，格致出版社、上海三联书店、上海人民出版社，2010年，第5版，第37页。

　　② Alan Schwartz, Louis L. Wilde, 1979: "Intervening in Markets on the Basis of Imperfect Information: A legal and Economic Analysis", *University of Pennsylvania Law Review*, 127 (3), pp. 630–682.

　　③ 在之后发布的法规政策及案例执法中，FTC偶尔还会用"clearly and prominently""legible and conspicuous"，与"clear and conspicuous"同义。

　　④ FTC v. Banner Manufacturing Co. Inc. etc., 46 F. T. C., 49 (1949).

定。1951年通过的《皮草产品标签法》(*Fur Products Labeling Act*)第六十九条规定，广告不说明以下几类信息即被视为虚假或欺骗性的广告行为：皮草产品来源动物的名称；是使用过或包含使用过的皮革；经过人工漂白或染色；完全或大部分是由爪子、尾巴、腹部的皮或废料制成；进口皮草的原产国名称。1966年的《烟草标签与广告法》(*Cigarette Labeling and Advertising*)强制要求，所有烟草广告必须标明指定的危险警示内容。1975年发布的《广告代言与荐证应用指南》提示广告商，此类广告应说明荐证的具体内容、期限、荐证人身份等信息。

不过，如何披露才算达到了"清晰而且显著"（CCS）的标准，委员会很长时期都没有给出统一确切的说明。一直到1970年10月，委员会才发布了一个政策公告①，首次列出了电视广告披露的CCS具体指标：

CCS1. 电视广告披露应以视频和音频的双重形式同时展现；

CCS2. 披露的视频部分应含有字体足够大的文字，使消费者在任何电视设备上都可以观看和阅读；

CCS3. 广告披露的视频部分应为单一背景色，且披露内容的字体颜色要与背景色有鲜明的对比；

CCS4. 披露音频内容的时候不得播放其他声音包括音乐；

CCS5. 视频部分的披露内容要持续显示足够的时长以便观众完整阅读；

CCS6. 视频和音频的披露内容都要紧邻与之相关的宣传内容。后者在广告中显示多少次，相应的披露内容就要显示多少次。如果要求披露的内容没有明显与之相关的宣传内容，那就应该紧跟广告的主要诉求内容。

公告不仅详细列举了电视广告披露在形式、时长、位置、字体大小、背景颜色等多个方面的标准，还在最后提示：电视广告披露应充分考虑披露内容的目标受众如儿童、老人、少数族裔，灵活披露信息以使他们能够注意到并且可以理解这些信息，不会因为消费者的语言使用、理解能力等问题造成误解或者欺诈。

可是，若从执行或落实的需要来看，其中一些标准仍显模糊，例如"足够大""足够的时长""便于观看和阅读"。其次，CCS对披露信息的时机与位置的规定还欠周全，这是影响披露效果的两个重要因素。从广

---

① Commission Enforcement Policy Statement in Regard to Clear and Conspicuous Disclosure in Television Advertising, October 21, 1970. http://www.ftc.gov/system/files/documents/public_statements/288851/701021tvad-pr.pdf.

告、决策、购买、使用到评价与反馈,信息应在消费过程的哪个环节向消费者披露最合适?在卖场促销活动中,如果只有部分商品参与促销,那么这一重要信息就应当在促销活动广告中向消费者披露,而不能等到消费者进入了卖场才告知。那些在购买前对消费者可能是无用或无关,但在产品使用时却很关键的信息,在产品说明书或标签中作出充分披露显然更加合理。在广告活动环节,同样有时机的问题。是广告活动或作品一开始即须披露,还是安排在广告活动或作品的末尾,或者应该由广告主自行决定?披露的位置也很关键——如果披露信息不是紧跟或者临近其要限制或补充的广告内容,这种披露就无助于消除片面信息可能误导消费者的风险。另外,除了披露内容的目标消费者、广告发布的媒介不同,广告的商品或服务类型不同以及广告内容的具体呈现方式不同,都有可能影响披露信息的传播效果。

委员会1970年的这份公告虽然没有把披露标准细化到这些层次,但也不像个别学者批评的那样"与其说是实施政策,不如说是理想标准"[1],因为制度永远不可能穷尽现实的所有可能与全部细节。与此前的"清晰而且显著"这样一个概括性的要求相比,1970年公告列明的6个CCS指标无疑是一个很大的进步。事实上,FTC此后的个案执法及诸多贸易管理规章和政策中但凡涉及广告披露要求的部分,无不是以这6个CCS指标作为主要的参考。

在1983年解释何谓欺骗性行为的政策公告中,委员会把遗漏本该披露的重要信息视为一种欺骗性的行为,并要求"合格的披露必须清晰可见、易于理解"(qualifying disclosures must be legible and understandable)。公告接着又补充声明,只要符合委员会1970年的披露政策,一般情况下就足够了。这说明,委员会已经把1970年提出的电视广告披露标准推及所有广告,成为一项普遍适用的广告披露政策。

1994年,FTC指控Eggland's Best公司在其鸡蛋产品的广告和销售材料中,没有清晰而且显著地以毫克数或一枚鸡蛋所含胆固醇占每人每日摄

---

[1] Jeffrey Stoltman, Fred Morgan & Darrel D. Muehling, 1991: "Televised Advertising Disclosures: A Review and Synthesis", *Proceedings of the 1991 Conference of the American Academy of Advertising*, Rebecca Holman (ed.), p. 16. From Mariea Grubbs Hoy, Michael J. Stankey, 1993: "Structural Characteristics of Televised Advertising Disclosures: A Comparison with the FTC Clear and Conspicuous Standard", *Journal of Advertising*, 22 (2), pp. 47–58.

入胆固醇最大值的百分比,来披露其产品中所含胆固醇的数量。① 在该案的和解同意令中,FTC要求其音频广告的披露必须有适当的音量、节奏及足够时长,以使普通消费者听到并且能够理解②,这进一步弥补了CCS在音频广告披露方面的不足。更重要的是,FTC在该案执法中首次比较完整地阐明了CCS对包括电视、广播和印刷品等在内所有大众传播媒体的广告以及包装标签的信息披露要求。

进入20世纪90年代,各种商业性质的营销和推广开始在网络空间迅速蔓延,在线消费者保护问题随之凸显。与传统媒体相比,互联网压缩了消费者从获取信息到选择购买的时间间隔,非理性的冲动型消费大大增加;同时也前所未有地突破了生产、销售与消费之间的空间距离,再加上在线行为跟踪和消费者数据挖掘的技术,这些因素加剧了市场交易双方之间的信息不对称,增加了欺诈的风险。

1998年5月,联邦贸易委员会就既有的消费者保护法规与政策——特别是广告披露的CCS——如何应用于互联网,公开向社会征询意见。2000年5月3日,委员会以5:0的投票结果一致通过并发布了网络广告披露的官方指南③,细致而全面地阐述了传统的信息披露要求在网络广告领域的具体适用与变通,特别是增加强调了对披露的位置与时机的要求,发展形成了新的CCS六项指标。指南一开始首先提醒广告商,网络空间绝非法外之地,不管是在什么媒介哪种平台,欺骗性行为都是违法的。《联邦贸易委员会法》绝不局限于任何一种特定的媒介。因此,指南不是提出网络广告的新法规,而是阐明现行法规如何适用于网络这种媒介的特别之处和新生问题。结合公众意见和对网络广告特征的考虑,FTC在指南中重点解释了衡量网络广告披露是否达到CCS的六个指标:

CCS1. 披露内容在广告中的位置及与其要限制的广告内容之间的距离。作为广告内在或者说不可分割的一部分,披露内容应该紧跟在相应的宣传内容后面,并且同在一个网页。一则钻石耳坠的广告在网页上端宣称是3/4克拉钻石,但在该网页最下端却补充说明:钻石重量不一,一颗

---

① Federal Trade Commission, Eggland's Best, Inc.: Proposed Consent Agreement with Analysis to Aid Public Comment. *Federal Register*, February 23, 1994. http://www.gpo.gov/fdsys/pkg/FR-1994-02-23/html/94-4044.htm.

② Mariea G. Hoy, May O. Lwin, 2007: "Disclosures Exposed: Banner Ad Disclosure Adherence to FTC Guidance in the Top 100 U. S. Web Sites", *Journal of Consumer Affairs*, 41 (2), pp. 285-325.

③ Federal Trade Commission, Dot Com Disclosures: Information about Online Advertising, 2000. http://www.ftc.gov.

3/4克拉的钻石可能是0.70～0.84克拉。消费者即使滚动网页也不大可能注意到网页底部的这些披露信息，这便构成欺诈。按照这一标准，一款仿真珍珠耳环的广告，不仅要把"仿真"这一需要披露的信息与"珍珠"这一需要加以限制和补充说明的信息放置在同一网页，而且还应并置在一起。有关广告产品或服务的费用或者健康与安全方面的披露信息，尤其要如此。一个网页显示了一款产品的总价，如果该产品还有消费者可能不会预料到的其他费用，那么这些额外费用的信息应该显示在同一网页，并且紧邻总价方面的广告内容。

如果需要披露的内容很多，以至于难以放置在它所限制的宣传内容之后，或者因电脑屏幕尺寸的不同而以不同的方式显示网页内容，需要消费者滚动网页、翻页或者点开链接才能看到披露的内容，在这些情况下，广告商应该使用文字或视觉指引的方式来把消费者的注意力引至信息披露的地方。广告使用文字提示如"以下还有更重要的信息"或者"请看以下极其重要的信息"，通常会有效提醒消费者往下浏览披露的内容。广告使用一般的或模糊的提示如"请阅读下面细节"，无助于消费者找到披露内容，不是一种充分有效的指引方式。对网页进行视觉上的特别设计也可以提醒消费者。例如，屏幕下方很明显不停游动的文字，会提醒消费者需要滚动网页以阅读其他信息。尽管电脑屏幕边上的滚动条会让一些消费者认识到他们还没有到达网页的底部，但这不足以有效地指引消费者去浏览披露内容，因为很多消费者事实上常常不看滚动条。何况，有一些互联网访问设备根本不显示滚动条。

除了使用文字或者视觉指引的方式来提醒消费者浏览披露内容，在披露内容很多或者需要重复的情况下，超链接是把披露内容与其要限制的广告内容并置在一起的一个特别有用的方法。指南给出了确保超链接有效发挥作用的一些具体建议：

第一，要对超链接作出标注和描述。①超链接要清晰可见，能够让消费者知道他们可以点击超链接来获取更多信息。②要向消费者传达超链接所指向的信息的性质、重要性和相关性，即要给消费者点击超链接的理由和动力。③不要遮遮掩掩。大多数情况下，仅对广告中的某个字或词语设置超链接是无效的，因为消费者对这些字词的性质和重要性可能有不同的理解。所以，那些简单地以"免责声明""更多信息""详情（细节）""条款与条件"等作为被链接内容的，都不是有效的超链接方式。④不要投机取巧。单纯的"星号"或其他符号都没有什么效果，因为它们不能让消费者明白为什么要留意相应的披露。

第二，使用的超链接样式要有连续性。不同网页使用的超链接样式可以不同，但在同一个网页里面使用不同的超链接样式容易让消费者忽略这些超链接。

第三，超链接在网页中的位置及其显著性。超链接在网页中的位置应接近其要限制的内容，使消费者容易看到并把它们关联起来。

第四，很容易便可顺着超链接到达目标网页上面的披露内容。超链接必须把消费者直接指向目标网页上面的披露内容，消费者不需要再搜索这个目标网页或者其他网页以寻找披露信息。目标网页必须包含全部披露内容，而且突出显示，容易理解。

有些浏览器可能无法正常显示选择框或者弹出式网页。一些人可能不小心最小化弹出式窗口以后，不知道如何恢复原状以获得披露内容。对于这些情况，广告主应该尽可能地考虑使用一些高科技手段来处理披露内容的位置，及与其要限制的广告内容之间的距离问题。如果网络广告与在线销售是一体的，那就应该在消费者点击"现在就购买"按钮或者"放入购物车"这样一个链接之前，让消费者看到并了解披露内容。需要注意的是，不能只关注订购网页，因为消费者可能不会把在订购网页看到的披露与在很多网页之前看到的信息联系在一起。所以，一些披露内容必须紧跟其要限制的广告内容或商品。

大部分旗帜广告因为尺寸很小，通常不提供关于商品或服务的完整信息，消费者点击进入目标网站才能获得更多信息，这些旗帜广告因此需要作出相应的披露。有些旗帜广告很容易嵌入需要披露的信息，有些则因为空间有限而无法嵌入详细的披露信息，这就需要在旗帜广告的目标网站上面清晰突出地向消费者传达相应的披露信息。是在旗帜广告中嵌入还是放在旗帜广告所指向的网页中，指南建议广告商考虑：披露信息对于防止误导的重要程度，需要披露多少信息，旗帜广告嵌入披露信息的难易程度，消费者从广告中能获取多少信息，披露信息放置在旗帜广告的目标网页中会有多大的效果。此外，有些旗帜广告可以让消费者与其互动，消费者可能不需要点击广告指向的网页便可以达成交易，这种类型的旗帜广告必须在其自身空间中披露所有应该披露的内容。

CCS2. 披露内容的显著程度。指南强调，广告商有义务吸引消费者注意法定的披露内容。为使披露内容显著突出，披露内容至少应该与广告文本的字体大小一样才更有可能发挥作用。披露内容的颜色应该与背景色有反差。鼓励使用图形进行披露。此外，不能把披露内容淹没在不相关的长篇大论当中。

CCS3. 广告中的其他元素是否干扰消费者对披露内容的注意。"清晰而且显著"不仅仅是对披露内容本身的要求。指南提醒广告商,考虑整个广告很重要,因为广告的图形、声音、文字或者超链接,都有可能导致消费者忽略披露内容。

CCS4. 广告是否很长以至于需要重复进行信息披露。消费者接触和浏览网站的方式多种多样。很多消费者通过主页,也有很多人可能通过链接或其他网页直接进入网站中间的一些网页。消费者可能不会点击网站的每一个网页,不会每个网页都滚动到最底部。所以,广告主需要自问,那些只看到部分广告的消费者是否有可能看不到必需的披露内容并因此被误导?另外,那些需要披露内容加以限制和警示的广告内容如果在整个广告当中不断重复,相应的披露也应该重复。

CCS5. 音频形式的披露信息是否以适当的音量和节奏来展示;视频形式的披露信息是否以足够的时长播放。音频广告应该用音频的形式进行披露。网络视频或动画广告中的披露内容应该显示足够长的时间,以使消费者注意、阅读和理解。

CCS6. 披露所用语言文字是否能够让目标消费者理解。披露内容应当使用通俗的语言和语法,避免使用法律的或者技术的行话,而且应当尽可能地简明、直截了当。

指南在针对网络广告的传播特征提出很多具体的披露要求之外,重申了委员会1983年公告对欺骗性行为的认定标准,要求广告主从理性消费者的角度考虑广告整体给人的印象。指南写道:"关于清晰而显著地披露,并没有一个固定的公式。在所有媒介上,广告披露的最好方法取决于要披露什么信息和广告的属性。广告主可以灵活进行广告创意,只要必需的披露得到了有效的传播,向消费者传达的整体信息没有误导。"

就在这个网络广告披露指南发布一年之后,委员会收到了名为"消费警示"(Commercial Alert)的一个美国消费者保护组织发来的投诉函,指责各大搜索引擎在搜索结果中嵌入广告却并未向消费者说明此为广告,认为这是一种误导和欺骗性的行为,请求FTC全面调查并采取行动。FTC调查后回函确认,以竞价排名(paid placement)方式展示的搜索结果属于商业广告,各大搜索引擎并未将这一事实充分披露,并把这些商业性的搜索结果与其他搜索结果即非广告内容清晰区分开。① 在对投诉作出答复的同时，FTC 下属的消费者保护局向全美所有搜索引擎服务商发函，劝告他们向消费者清晰而且显著地解释和披露竞价排名的性质，建议他们参考应用委员会 2000 年发布的网络广告披露指南，按要求灵活进行披露。

进入 21 世纪，智能手机、平板电脑等各种移动互联网终端和移动应用迅猛发展，网络广告规制再次面临新的问题。2013 年 3 月，联邦贸易委员会以 4 票赞成、1 票反对的投票结果通过了新修订的网络披露指南②，重点回应了小屏幕智能手机及社交媒体的信息披露问题。有律师认为，智能手机屏幕的空间十分有限，如果不用超链接或者其他方式进行披露，而是要求在广告发布同一页面清晰而且显著地披露相关的重要信息，可能会比较困难，甚至难以执行。对此，FTC 依然坚持认为，其所执行的消费者保护法规与政策不因媒体不同而区别对待。不管是通过电脑、手机还是电视、广播或报纸进行传播，广告都应确保消费者完整了解可能影响其消费决策的商品或服务信息。如果广告发布平台不能清晰而且显著地呈现披露信息，那么就不允许发布广告。

如何才能在智能移动终端、社交媒体上面作出符合 CCS 的信息披露？FTC 提出了一些要求和建议。在社交媒体中，广告荐证人必须在发表相关言论时披露其与商家之间的利益关系，避免误导消费者。③ 如果需要披露的是健康、安全方面的信息，则应避免使用超链接。若不可避免需要使用超链接进行披露，超链接须尽可能具体显著。由于弹出窗口常因浏览器设置等问题而不能正常显现，广告商应避免采用弹出窗口的方式进行披露。FTC 还建议从源头上避免和减少广告披露的难题，包括：移动应用开发人员应该让用户容易找到重要的信息披露，而不是将它们隐藏起来；应用开发人员应该限制用户信息的收集，要将收集到的信息精心保存，并在不需

---

① Letter from Heather Hippsley, Acting Associate Director for F. T. C. Division of Advertising Practices, to Gary Ruskin, Executive Director, Commercial Alert, 2002. http：//www.commercialalert.org/PDFs/ftcresponse.pdf.

② Federal Trade Commission, Dot Com Disclosures: How to Make Effective Disclosures in Digital Advertising, March, 2013. http：//www.ftc.gov/sites/default/files/attachments/press-releases/ftc-staff-revises-online-advertising-disclosure-guidelines/130312dotcomdisclosures.pdf.

③ 2009 年 10 月，FTC 新修订的《广告代言与荐证应用指南指引》（The Guides Concerning the Use of Endorsements and Testimonials in Advertising）进一步明确博客、论坛等消费者自主媒体（consumer-generated media）应向受众披露其中代言人与广告主之间的实质关系，如果这种实质关系不能为受众所预期。参见陈会平《美国消费者自主媒体代言规范：原理与启示》，《现代广告》2012 年第 7 期。

要时妥善处理这些信息。此外,伴随精准营销而日益突出的在线行为跟踪和个人信息的商业化收集与应用,使在线隐私保护成为迫切而严峻的问题。除了此前已经颁布的系列在线隐私保护法规和政策,该版信息披露指南也强调,应用开发软件收集有关未成年用户的信息需要获得其父母的同意,有关隐私和其他事项的重要信息披露不应该隐藏在难以阅读的长篇法律文件当中。

FTC 特别声明,指南提出的这些具体披露要求和方式只是建议,绝非可供广告商免责的"避风港"。新版指南重申,广告是否违法取决于具体事实。最终要看的不是披露内容的位置和字体大小,虽然它们是很重要的考虑因素,而是应予披露的信息实际上是否传达给了消费者。近几年,原生广告的广泛应用和虚拟网红的兴起引起了 FTC 的关注。2015 年 12 月,FTC 发布了《原生广告披露指南》①,重申透明是广告必须遵守的基本法律原则之一,原生广告必须清晰并突出地披露其商业属性,而且披露信息能被消费者注意、处理和理解。只要满足这些条件,广告商可以灵活自主决定具体怎么做。不过,指南还是罗列了一些具体的行为指南。比如,广告商有责任确保原生广告在消费者看到主广告页面之前就能被识别为商业广告,而不能用幌子来诱导消费者观看广告内容;原生广告在其他平台上重新发布时,相应的信息披露应保持不变。2019 年 11 月,FTC 发布了一份针对社交媒体网红的披露指南②,基本原则和要求都是沿用此前的在线披露政策。

FTC 拟定了如此繁复的披露指南,却又不作死板的强制性要求,这主要是为了使制度能够适应丰富多变的广告表现形式、传播方式和受众接收模式。该制度强调,无论广告如何披露,是否减少或避免消费者的误解才是披露达标与否的关键,这既是为了给消费者权益提供最大程度的保护,又给企业预留了自主灵活披露的自由空间。

三、广告披露制度的实效与反思

信息具有两面性。它既可以减少事物的不确定性,也可能增加事物的不确定性。信息经济学在发现信息不对称这种市场常态及其所导致的逆向选择和道德风险问题之后,提出了一系列摆脱这种市场困境的方法,包括

---

① FTC, Native Advertising: A Guide for Businesses. http://www.ftc.gov.
② FTC Staff, Disclosures 101 for Social Media Influencers. http://www.ftc.gov.

激励机制、信号传递与信号甄别等机制,具体措施有产品质量保证、差别合同、声誉、广告、计件工资制度、效率工资、接受教育等。① 在信息经济学这里,广告被视为解决消费者与企业之间信息不对称的手段之一。然而,广告本身也是一种信息,它自己也摆脱不了信息天然的两面性。正如有学者所言:"广告信息虽然是作为一种克服信息不对称的'信号'而出现,但……广告信息本身又具有与生俱来的不对称性。"② 广告商为追求自身利益最大化,很有可能在广告中遗漏或隐瞒于己不利的负面信息,发布于己有利的虚假信息或不实之言。消费者因此而陷入更加不确定、更加混乱的信息环境中,被迫只能依据不完全的或者错误的信息作出选择。这种不公平或欺诈性的交易势必瓦解消费者对自由市场的信心,最终将从根本上制约市场经济的发展。因此,"信息作为信息(information qua information)是不足以维持经济民主的"③。

既然广告具有两面性,政府干预就不能把孩子和洗澡水一起泼掉。对于虚假广告,一味禁止发布或者罚款并非良策,特别是当这些广告一旦增加告知了某些信息便可以消弭虚假的情况下,更是如此。因此,"需要积极的法律和执法来确保广告所言为实,从而保护诚实的广告商,并为消费者作出明智之选提供基本的必要信息"④。联邦贸易委员会的广告披露制度要求广告提供风险信息来补正广告中的片面或不实信息,这种以"信息"对抗"信息"的方式无疑是一种更为积极、更显柔性的干预策略。它既尊重了企业的商业言论自由这一宪法权利,允许他们宣传想要宣传的东西,同时又强制他们履行对消费者的法定义务,要求披露相应的内容以使消费者依据对广告商品的完整了解而作出合乎自己理性需求的选择,保护了消费者的知情权和自由选择权。因此,除了个别企业以侵犯沉默权为由提出异议,广告披露制度的推行几乎没有遭遇什么阻力。在 FTC 的各种政策声明以及逐案执法中,广告披露制度不断得到扩展和加强。⑤ 只是,

---

① 余芸春:《上市公司信息披露制度建设》,中国社会科学院研究生院,博士学位论文,2003 年,第 7 页。

② 陈先红:《论广告信息的不对称性》,《现代传播》2004 年第 2 期。

③ Earl W. Kintner, 1966: "Federal Trade Commission Regulation of Advertising", *Michigan Law Review*, 64 (7), pp. 1269–1284.

④ Earl W. Kintner, 1966: "Federal Trade Commission Regulation of Advertising", *Michigan Law Review*, 64 (7), pp. 1269–1284.

⑤ Mariea Grubbs Hoy, J. Craig Andrews, 2004: "Adherence of Prime-Time Televised Advertising Disclosures to the 'Clear and Conspicuous' Standard: 1990 versus 2002", *Journal of Public Policy & Marketing*, 23 (2), pp. 170–182.

制度所要求的披露标准是否充分、合理，披露处罚能否及是否得到切实执行，以及实际效果如何，一直都有争议。

首先，广告披露是只需要"合乎规格"便可，还是必须得"实际有效"？威廉姆·维尔基（William L. Wilkie）概括并分析了关于披露标准的两种取向。一种取向认为，广告只要按照 CCS 指定的规格作出披露即可，不管消费者是否选择使用那些披露出来的信息。另一种看法认为，除非消费者理解并使用那些披露出来的信息，否则披露就是无效的。① 斯图尔特（David W. Stewart）与马丁（Ingrid M. Martin）即持后一种看法，认为 FTC 的广告披露制度没有对消费者反应给予应有的关注，对信息的多义性及信息之间的复杂关系思虑不周。制度仅仅要求披露信息在呈现方式上"清晰而且显著"是远远不够的，而应以"理解并且使用"取而代之，以求信息披露真正能够纠正消费者的认知、态度乃至行为。②

第一种观点是对早期 CCS 的一个准确释义，当时标准只规定了披露内容在字体、位置、时长、与背景的对比度等方面的规格要求，并未强制要求披露信息一定要让消费者注意、理解乃至应用。如果披露内容只是"合乎规格"，却不能真正为消费者所使用，这种披露显然是毫无意义的。第二种观点主张以披露信息的使用为标准来评估披露处罚的有效性，固然更贴近这种措施的理想目标，然而也存在一个"使用"程度的界定问题。研究发现，有些消费者即使接收并理解了这些披露信息，也不一定使用这些信息。有时候，不同的消费者还会从完全相反的方向来使用同样的披露信息。比如，意图规避风险的消费者可能会适当考虑跳伞运动的危险，而极限运动的消费者却有可能对此不屑一顾，甚至把这些风险当作一个积极的信号。鉴于这种复杂的情况，要求披露信息一定要在消费行为层面产生实际效果，非但不太现实，而且对企业来说也将会是一个巨大的负担。维尔基认为，对消费者而言，把披露效果的标准设定在认知层面，保留了消费者基于自己的认知和喜好自主作出行为选择的权利和自由。如果一定要求改变消费者的实际行为，则会限制消费者的行为选择，把一些消费者的喜好和行为倾向强加于其他消费者身上。③ 有鉴于此，FTC 后来开始有意调

---

① William L. Wilkie, 1985: "Affirmative Disclosure at the FTC: Objectives for the Remedy and Outcomes of Past Order", *Journal of Public Policy & Marketing*, 4 (1), pp. 91–111.

② David W. Stewart, Ingrid M. Martin, 2004: "Advertising Disclosures: Clear and Conspicuous or Understood and Used?", *Journal of Public Policy & Marketing*, 23 (2), pp. 183–192.

③ William L. Wilkie, 1985: "Affirmative Disclosure at the FTC: Objectives for the Remedy and Outcomes of Past Order", *Journal of Public Policy & Marketing*, 4 (1), pp. 91–111.

整 CCS 的侧重点,在明确披露规格要求的同时,强调披露信息应能够到达消费者并让消费者理解,但并不强制要求改变消费者的行为选择。而且,在监督被告执行披露处罚的时候,兼顾核查披露信息对消费者认知层面有无产生实际影响。

此外,研究发现,某些情况下 CCS 客观上难以落实。比如,直接面向消费者(DTC)的处方药广告按规定必须全面披露药品标签中的所有风险信息,这些信息是如此之多,以至于很难与关联信息并置在一起而不得不分开,这就违反了邻近披露原则。在时空有限的广告作品中,广告披露难以达到清晰而且显著的标准。此外,不同媒体呈现信息的方式、能力和特征各不相同。麦克卢汉之所以把媒介划分为"冷媒介"和"热媒介",正是因为在他看来,不同媒介所呈现的信息的清晰度高低有别。对不同媒介广告信息传播效果的研究似乎也证实,电视这种媒介确如麦克卢汉所说,在向观众提供清晰明确的信息方面是一种消极无用的媒介。[1]

那么,广告披露制度的执行情况又如何呢?霍伊(Mariea Grubbs Hoy)和斯坦基(Michael J. Stankey)[2] 对美国 NBC、CBS 和 ABC 这三大电视网黄金时段电视广告的披露情况作了一番调查分析,发现 246 个样本广告的披露都未全面达到 CCS。大多数广告仅以一种方式而不是音频和视频同时呈现的方式进行披露。只有约 12% 的视频披露完全符合 CCS。而且,广告商千方百计——比如令披露内容与背景相混淆,披露部分占屏幕尺寸的比例过小以及播出的语速太快——使消费者不能充分注意到和理解披露内容。霍伊后来又和安德鲁斯(J. Craig Andrews)在这方面作了进一步的实证研究。[3] 他们记录了 2002 年 2 月 1 日至 7 日美国三大电视网黄金时段的商业广告,对其中 1696 个广告样本的内容和形式进行了详细的分析,并与 1993 年的研究发现进行了对比。结果显示,主动披露信息的广告比以前增多了,但执行的完整性与规范性并没有明显的提升;同时使用音频和视频披露信息的方式有一定的改善;披露的字体大小及背景反差方

---

[1] David W. Stewart, Paulos Pavlou & Scott Ward, Media Influences on Marketing Communications, in Jennings Bryant, Dolf Zillmann, ed., *Media Effects: Advances in Theory and Research*, New York: Lawrence Erlbaum Associates, 2002, pp. 363 – 406.

[2] Mariea Grubbs Hoy, Michael J. Stankey, 1993: "Structural Characteristics of Televised Advertising Disclosures: A Comparison with the FTC Clear and Conspicuous Standard", *Journal of Advertising*, 22 (2), pp. 47 – 58.

[3] Mariea Grubbs Hoy, J. Craig Andrews, 2004: "Adherence of Prime-Time Televised Advertising Disclosures to the 'Clear and Conspicuous' Standard: 1990 versus 2002", *Journal of Public Policy & Marketing*, 23 (22), pp. 170 – 182.

面有明显倒退；此外，电视广告披露中的一些新问题有待关注，如内容干扰，音频披露的有限性。2005年7月，霍伊又调查了美国最流行的前100个网站的横幅广告披露情况。他们发现，被调查的横幅广告包含至少一条披露信息，但在CCS方面还有很多需要改进。比如披露内容与其要限制的广告内容之间的距离不够接近，披露内容不很显著。① 2015年，一项对几千个原生广告的调查发现，只有1/3的披露符合联邦贸易委员会的规定。② 一项对83个高流量媒体网站原生广告赞助情况披露的调查显示，披露所用词语的含义非常模糊。这些赞助情况披露通过社交媒体重新发布时，不合指南要求的问题更多。③ 情况恰如威廉姆·维尔基几十年前所言，如果广告披露对商品销售有消极影响，那么FTC就不要指望广告商会提供有效披露。④

广告披露在消费者环节的实际效果也不理想。多项研究都证实，消费者对很多商品广告披露的风险信息的回忆率较低，包括抗酸剂⑤，止痛剂⑥，香烟⑦。对具体信息如营养数据⑧的回忆，更是不尽人意。金尼尔（T. C. Kinnear）、泰勒（J. R. Taylor）和古尔阿里（O. Gur-Arie）三位学者的研究表明，用披露形式来纠正消费者对商品的错误印象需要好几年。⑨ 摩根（Fred W. Morgan）和斯托曼（Jeffrey J. Stoltman）从2200个大学心理系学生里面挑选了258名受试者进行试验，发现电视广告的披露信息并

---

① Mariea G. Hoy, May O. Lwin, 2007: "Disclosures Exposed: Banner Ad Disclosure Adherence to FTC Guidance in the Top 100 U. S. Web Sites", *Journal of Consumer Affairs*, 41 (2), pp. 285 – 325.

② Marty Swant, Publishers Are Largely Not Following the FTC's Native Ad Guidelines, AD WEEK (April 6, 2016). https://perma.cc/KJ5R – KC3L.

③ Soontae An, Hannah Kang & Sra Koo, 2019: "Sponsorship Disclosures of Native Advertising: Clarity and Prominence", *The Journal of Consumer Affairs*, 53, pp. 998 – 1024.

④ William L. Wilkie, 1982: "Affirmative Disclosure: Perspectives on FTC Orders", *Journal of Marketing and Public Policy*, 1 (1), pp. 95 – 110.

⑤ Michael J. Houston, Michael L. Rothschild, 1980: "Policy-Related Experiments on Information Provision: a Normative Model and Explication", *Journal of Marketing Research*, 17 (4), pp. 432 – 449.

⑥ Jacob Jacoby, Margaret C. Nelson & Wayne D. Hoyer, 1982: "Corrective Advertising and Affirmative Disclosure Statements: Their Potential for Confusing and Misleading the Consumer", *Journal of Marketing*, 46 (1), pp. 61 – 72.

⑦ Gaurav Bhalla, John L. Lastovicka, 1984: "The Impact of Changing Cigarette Warning Message Content and Format", *Advances in Consumer Research*, 11, pp. 305 – 310.

⑧ Debra L. Scammon, 1977: "Information Load and Consumers", *Journal of Consumer Research*, 4 (3), pp. 148 – 155.

⑨ Thomas C. Kinnear, James R. Taylor & Oded Gur-Arie, 1983: "Affirmative Disclosure: Long-Term Monitoring of Residual Effects", *Journal of Public Policy and Marketing*, 2 (1), pp. 38 – 45.

不如想像的那样能为他们准确理解和真正应用，即使能动性很强且高度关注的消费者也在接触和理解这些信息方面存在困难。①

这些研究发现不免让人对广告披露制度心生沮丧，但不能据此便完全否定广告披露制度。这些研究事实上都证明，广告披露能使消费者对广告商品的缺陷或风险信息产生一定的认知、理解和记忆。广告若不作这些披露，消费者遭受欺诈、陷入未知风险的可能性就会更高。也不能据此就盲目提高标准，要求披露信息必须做到被消费者准确理解并用于消费决策，这既是不切实际的幻想，且有失法律的公平。消费者对广告披露信息的理解和应用，既与披露信息的方式方法有关，也与消费者的媒介素养、消费素养有关。即使消费者组织发布的产品风险信息，也不可能确保一定会使消费者据此作出理性决策。任何单方面的努力都不可能胜任对广告误导的有效应对。所以，联邦贸易委员会把广告披露制度的目标设定为"推动真实商业信息的自由流动，促使消费者改善其市场决策的质量"②，无疑是务实而合理的。再者，美国的广告规制既不能脱离宪法权利的框架，只能采取必要且对商业言论自由而言最为节制的限制措施；又必须在一定程度上经受成本收益分析的检验，权衡广告披露制度的经济与社会净收益。有学者发现，产品质量或安全的标准设定如果不合理，企业就有可能减少产品的种类以限制消费者选择的范围，结果导致消费者获利减少。③ 同样，如果广告披露制度提出过高的要求，企业可能会转而选择减少广告中的实质性信息以免除广告披露的麻烦和成本，这就势必削弱广告的有效信息供给，不利于消费者的理性选择。

---

① Fred W. Morgan, Jeffrey J. Stoltman, 2002: "Television Advertising Disclosures: An Empirical Assessment", *Journal of Business and Psychology*, 16 (4), pp. 515 – 535.

② *FTC Staff Report: Consumer Information Remedies*, Washington, DC: U. S. Government Printing Office, 1979, p. 14.

③ Walter Y. Oi, 1973: "The Economics of Product Safety", *Bell Journal of Economics*, 4 (1), pp. 3 – 28.

第三节　广告管理规章与企业指南：刚柔并济

一、广告管理规章

《联邦贸易委员会法》对违法广告的规定非常简单、笼统。虽经几次修订补充，该法也只是对欺骗性、不公平及误导性广告作出了概括性的规定，并不涉及任何具体的广告违法行为。联邦贸易委员会的逐案执法虽然可以解决特定违法广告的具体问题，但面对某一类广告行为普遍存在的违法问题，此举又显得极不节约。事实上，委员会不可能对每一家涉事企业逐一进行全部、公平执法。如果只对涉事的某一家公司采取行动，这种显然有失公平的执法势必会导致不公平的竞争后果。为高效、公平处理普遍存在的同类广告违法问题，联邦贸易委员会在 1962 年决定颁行广告管理规章。

1963 年，委员会颁行了十三项广告管理规章，不久又颁布了四项类似规章。它们指向的广告宣传涉及睡袋、台布及相关产品的尺寸测量，家用电动缝纫机的"自动"问题，双筒望远镜是否有棱镜，干电池的防漏功能，腰带的皮质，电视接收器的规格大小，玻璃纤维窗帘和帷幕的潜在风险，伸缩梯子的长度，速冻喷雾器产品的使用风险，灯泡的性能指标披露，扩音器的功率说明，纺织品的标签问题，家用绝缘产品的质量。从 20 世纪 60 年代末期到 80 年代，委员会颁布的第二批广告管理规章涵盖的广告营销活动计有：食品零售商店的广告，食品和汽油零售中的抽彩发奖，送货上门的销售（要求一段期限），分期付款的销售（"正当持票人规章"），选择退出销售法（"只要买主不回绝，就继续送货"），邮购规章（迅速送货）以及眼镜商品和服务（检查与销售分开进行）。[①]

广告规章是介于逐案执法和《联邦贸易委员会法》之间的一种广告规制手段，属于其颁行的贸易管理规章（Trade Regulation Rules）。一方面，广告规章是针对某一行业普遍存在的问题对《联邦贸易委员会法》的具体

[①] 〔美〕马歇尔·C. 霍华德：《美国反托拉斯法与贸易法规》，孙南申译，北京，中国社会科学出版社，1991 年，第 1 版，第 308 页。

适用。它们是 FTC"为了使《联邦贸易委员会法》第五条中的'不公平的竞争方法或不公平或欺骗性的做法'更为具体化而采取的重大步骤。典型的贸易法规规章的规定是：凡进行某种特定的做法或进行本规章中所列明的做法，都是不公平或欺骗性的行为或做法或者第五条所规定的不公平的竞争方法"①。制定广告规章的前提是，研究确定某一类别的广告是否违反了《联邦贸易委员会法》第五条的规定。一旦据此颁行了相应的广告规章，那么违反了此规章即等于违反了《联邦贸易委员会法》。只要确认存在适用于被控广告的广告规章，而被控广告又违反了这种广告规章，FTC 就无须判断被控广告是否违反了《联邦贸易委员会法》，可径直依据该规章作出裁定及处罚。

另一方面，广告行政规章不是为了解决某一个违法广告，而是致力于明确某一个行业或者某一类商品或服务的广告的合法性问题。它规定了该行业内的所有企业，或者说所有此类商品或服务的广告，该怎么做或者不该怎么做。换言之，它为某一个行业设定了一个共同的法律行为标准。例如，委员会在 1971 年颁布的《食品零售店广告与营销实践贸易规章》(Retail Food Store Advertising and Marketing Practices Rule) 要求，所有的食品零售店在发布促销广告期间，必须能够向消费者出售广告所促销的这些商品，除非广告清晰地说明这些促销商品是有限供应的。

与《联邦贸易委员会法》相比，广告行政规章可以让 FTC 更便捷快速地处理违法广告，因为后者是针对某一类广告而作的特别规定。逐案执法需要大量的执法资源，而且一案一处理很容易出现同类案件前后不一致的问题。行政规章不仅可以使 FTC 以一当十，而且可以平等对待所有同类的违法行为，实现更高程度的执法公平。不过，广告行政规章的弊端及风险也同样明显。其一，规章一旦形成便不能频繁改动，这与《联邦贸易委员会法》大体一样，难以适应迅速发展特别是当今一日千里的商业营销实践。其二，FTC 虽享有行政立法权，但受制于各种监督和约束，类似广告行政规章这样的建章立制通常都耗时耗力。它们既要接受来自司法的合宪性审查，受制于国会内部的纷争与杯葛，还要在听取相关行业与社会公众的意见之后综合考虑各方利益，接受最广泛的社会监督。1970 年，FTC 颁行贸易管理规章的权力首次遭到了正式的挑战。"全国炼油协会"(National Petroleum Refiners Association) 向法院起诉，FTC 发布规章要求

---

① 〔美〕马歇尔·C. 霍华德：《美国反托拉斯法与贸易法规》，孙南申译，北京，中国社会科学出版社，1991 年，第 1 版，第 49 页。

所有汽油经营商都要标明辛烷值的行为超越了它的法定权限。经过三级法院审理，协会对 FTC 的这一指控最终没有得到法院的认可。但是，FTC 另有一项针对职业学校的行政规章要求学校必须在宣传材料中披露学生被录取和就业方面的数据，后来被法院裁定撤回，理由是 FTC 未能界定此项规章意欲纠正的不公平行为。① 1975 年国会通过了《马格努森担保法案》，以制定法的形式，明确授权 FTC 制定有关《联邦贸易委员会法》第五条的行业规章，以求对一些普遍性的行为或做法作出统一的引导乃至强制性的规定。

其三，由于规章是对某一行业内的所有企业统一提出共同的要求，这往往被疑为一种连坐制度。批评意见认为，不能因为某一个企业的非法行为而剥夺同一行业内其他企业的合法权利。不过，这种批评难以服人，因为规章禁止的本就是违法行为，除非它们不适当地扩大了对不法行为的限制。还有一种批评认为，规章仅对某些行业作出特别限制，无疑会陷这些行业于不利的市场地位，是一种不公平的市场规制政策。例如《食品零售店广告与营销实践贸易规章》规定，食品零售店不得发布其所售食品的价格广告，除非他们备有库存，而且消费者确实能够以等于或低于广告中的价格买到。"有人指责说，这条规章会增加商店的成本（因为销售少而存货量更大），使商店必须雇佣更多的人员，并且由于损害了商店的利益而造成浪费。"②

FTC 也曾坦承，行政规章相对于逐案执法而言，粗疏而且难为，所以有时也会支持对制定规章的这种权力进行限制。只是，FTC 在这方面的立场一直摇摆不定。到了 20 世纪 80 年代的放松规制改革，FTC 颁行贸易管理规章的权力首当其冲被大幅削减。国会在 1994 年通过的《联邦贸易委员会法》修正案要求，FTC 在颁行规章之前必须"有理由相信拟议规章中的不公平或欺骗性的行为或实践是普遍存在的"③。

---

① 〔美〕特伦斯·A. 辛普：《整合营销沟通》，熊英翔译，北京，中信出版社，2003 年，第 1 版，第 57 页。

② 〔美〕马歇尔·C. 霍华德：《美国反托拉斯法与贸易法规》，孙南申译，北京，中国社会科学出版社，1991 年，第 1 版，第 309 页。

③ U. S. Congress. House: Federal Trade Commission Act Amendments of 1994, 103d Cong., 2nd sess., H. R. Conf. Rept. 103 – 617, 1994; reprinted in Congressional Record, 140, H. 6006.

二、企业指南

FTC 的贸易管理规章是在《联邦贸易委员会法》之下的一种行政法律制度，行政相对人必须遵守。企业指南（Business Guides）是为了更好地引导某些类别广告的制作、发布与传播，给广告商提供的一种政策性建议和提示。刚性的法律制度常常是明令必须做什么或者禁止做什么。企业指南则往往既含有对法律制度的具体解释，指导企业如何遵纪守法，又包含了对更高义务的倡导，鼓励企业应该做什么以及如何做，可以灵活应对最新的营销实践问题。指南不具有法律效力和强制性，企业可以遵从，也可以忽略，其执行情况有赖于整体社会经济的发展、企业的自律及消费者与社会力量的监督。

下面的例子可以说明《企业指南》和贸易调控规则的区别。假定联邦贸易委员会颁布一项贸易条例，要求所有阿斯匹林广告都含有"所有阿斯匹林都一样"的声明。如果联邦贸易委员会决定对违反此规则的案件都起诉，就应控告它没有包含所需要的声明，而不应说它是"欺骗性行为"。联邦贸易委员会所要证明的只是未含所需要的声明，而没有必要去证明支持这项虚拟规则的结论，说它未含所需要的声明是一种欺骗性行为。另一方面，如果联邦贸易委员会仅仅是颁布一项有关阿斯匹林广告的《企业指南》，联邦贸易委员会的起诉理由应是违反法规，而不是违反《企业指南》。联邦贸易委员会必须证明它犯有欺骗性行为，而不仅仅是违反《企业指南》。[1]

联邦贸易委员会一般是基于自己在某一领域长期的执法和研究，结合对边缘性和前瞻性问题的考虑，来制定企业指南。多数时候，委员会还要为此举行听证会或意见征询会，充分听取相关行业、企业、消费者及社会团体等各方的诉求和意见。例如，FTC 依据《毛皮标签与广告法》（*Fur Labeling and Advertising Rules*），曾经发布了一个《毛皮产品名称指南》（*Fur Products Name Guide*），指导毛皮经销商按照法律要求在标签和广告中注明动物名称、企业名称、原产地等信息，以使消费者作出理性的购买

---

[1] 〔美〕戴维·G. 爱泼斯坦、史蒂夫·H. 尼克尔斯：《消费者保护法概要》，陆震纶、郑哲明译，北京，中国社会科学出版社，1998年，第1版，第9页。

决策。2011 年 3 月，FTC 声明将向公众征求关于修订该指引的意见，包括是否应该使用综合分类信息系统来决定毛皮动物的真正的英文名称，是否有必要修改、增加或删除一些特殊物种的名称。2011 年 12 月 6 日，FTC 召开了听证会，围绕该修订的指引广泛征询公众意见。

FTC 迄今发布的所有企业指南当中，与广告有关的重要指南有：《广告代言与荐证应用指南》，《环保营销宣传应用指南》(Guides Concerning Use of Environmental Marketing Claims)，《反欺骗性价格指南》(Guides Against Deceptive Pricing)，《反诱售广告指南》(Guides Against Bait Advertising)，《网络广告披露指南》(Dot Com Disclosures)，2015 年发布的《原生广告披露指南》(Native Advertising: A Guide for Businesses)，2019 年发布的《社交媒体网红披露指南》(Disclosures 101 for Social Media Influencers)，以及 2021 年发布的《数据合规指南》(Data Breach Response: A Guide for Business)。

其中，《广告代言与荐证应用指南》在中国最广为人知。2009 年 10 月，联邦贸易委员会修订补充了对自媒体（consumer-generated media）当中广告荐证行为的政策指南。① 在自媒体当中，广告发布不总是受广告主控制。而且，是否受广告主的控制有时也难以识别。一些消费者发布的个人消费经验和体验，很难确认其是否属于商业性质的代言或者荐证。指南首先指出，商业代言是指任何让消费者可能认为反映了代言者而非赞助广告商的观点、结论或者经历的广告信息，包括语言表述、证明、名称描述、签名、任何类似可以识别个人或组织身份的名字或签章。代言人或荐证者可能是个人、组织或者科研机构。指南对自媒体广告代言与荐证提出了五个方面的要求：①广告代言的表达方式应当清楚明白，确保陈述是真实的、可验证的；②自媒体和在线营销公司应加强管理，确保荐证者向消费者提供的信息如实、可信、透明；③广告应披露消费者不清楚或不能预料到的代言人与广告商之间的"利益关系"；④广告商应加强对自媒体参与者如博主的有偿代言或荐证行为的监督管理；⑤代言内容如果虚假或者不可验证，或者广告没有披露代言人与广告商之间的"利益关系"，广告商和代言者可能要承担应有的法律责任。②

---

① Federal Trade Commission. Guides Concerning Use of Endorsements and Testimonials in Advertising. 16 CFR Part 255, 2009-10-15.

② 细节内容可参阅 Federal Trade Commission. Guides Concerning Use of Endorsements and Testimonials in Advertising. 16 CFR Part 255, 以及陈会平《美国消费者自主媒体代言规范：原理与启示》，《现代广告》2012 年第 7 期。

20世纪80年代开始,环境保护在美国日渐成为社会潮流和道德标杆。企业为增强其商业营销的亲和性,塑造企业致力环保的良好社会形象,越来越多地在广告中使用有关环保的内容,强调其产品或销售将给自然生态或社会环境带来的好处。环保广告由此成为一个特别的广告类型。为使消费者在选择环保产品时获得所需要的信息,同时也使企业从开发环保产品中获益,联邦贸易委员会在1992年发布了《环保营销宣传应用指南》,引导企业在商业广告中合法合理地使用环保修辞。后来,分别在1996年、1998年和2012年作了补充修订。指南详细列举了很多可接受和不可接受的营销方式。[1] 例如,使用可循环材料制成的软饮料瓶,即使瓶盖不是用可循环材料制成的,瓶体上也可标注"可循环利用"字样,这样做不会被视为误导性的宣传。如果产品可循环利用成分只是由2%增加到3%,广告却声称可循环利用成分比过去增加了50%,此虽属实,却很有可能误导消费者。不加限定地在广告中声称垃圾袋是可回收利用的,也具有误导性,因为在垃圾处理场,垃圾袋与垃圾通常是不分离的。企业在广告中声称洗发水瓶子可回收成分增加了20%,却没有说明是与竞争产品相比较还是与自己以前使用的瓶子相比较,这也会误导消费者的认知和决策。商品标签如果只标明其产品对环境无害或有利于环保,却不具体说明产品的哪些成分对环境无害或有利,同样也不可取。只要企业可以出示证据证明其产品的有害成分会在短期内被生物降解,便可以在广告中声称其产品是可生物降解的。

---

[1] Federal Trade Commission. Guides for the Use of Environmental Marketing Claims. 16 CFR Part 260, 2012-10-11.

第七章

FTC广告处罚措施的配置与创新

有效的规制既需要尽可能周全的事前预防,更少不了公平适格的事后处罚。联邦贸易委员会在这两个方向齐头并进,一方面探索推出了广告证实制度、广告披露制度、广告洁净方案等多种预防虚假广告的制度,另一方面逐渐完善针对违法广告的处罚手段,配置施行了责令更正、强制披露等多种行政处罚措施。这些措施各有特定的适用条件、目的目标、具体要求和执行程序,它们严密衔接,围堵正在发生的违法行为,追截已经造成的认知误导,阻止未来及其他领域可能发生的广告违法行为,整体上形成了一张惩前毖后、立体有致的恢恢法网。

第一节 停止令与禁止令:阻断违法广告

一旦确认某个广告违法,首先也是最基本的当然是停止它的刊播,以阻止其继续危害社会。所以,停止令(cease and desist order)是 FTC 最早也是最常使用的一种行政处罚措施,其内容主要是责令被告停止被认定违法的广告宣传。例如,在 1949 年 FTC 诉海湾与西印度公司及其老板密尔顿·柯恩(Gulf & West Indies Co. Inc., Milton Cohn)一案中,被告在其麂皮产品、包装箱、物价单和印刷品广告中宣称,他们的麂皮是进口的法国货,运用法国的工艺加工而成。FTC 调查后确认,被告经营的所有皮革都是从冰岛、南美、新西兰或澳大利亚进口,并由美国费城的一家公司以当地的工艺鞣制而成。当时,麂皮的加工生产工艺在美国和法国有着重要区别,法国的麂皮产品或者采用法国工艺加工的麂皮产品因为更柔软、更耐用,一般来说比美国的麂皮产品更受消费者的喜爱。FTC 由此认定被告的那些广告宣传是错误的、欺骗性的和误导性的,已经或可能让消费者对涉事商品的产地、工艺、特性和品质产生误解,诱使他们大量购买。FTC 责令被告立即停止使用"法国工艺"或任何其他类似文字描述实际上不是采用法国工艺鞣制或生产的麂皮,停止把任何事实上不是从法国进口的麂皮说成是从法国进口的。

一、停止令的范围争议:斩草还是除根?

然而,停止令并非表面看起来那么简单、明确。它责令被告停止的应该只是被控的欺骗性表述,还是被告所有类似的表述?只是涉事商品停止作此表述，还是被告经营的所有商品都停止作此表述？只是涉事的广告活动停止作此表述，还是被告正在从事的其他广告活动及以后可能从事的所有广告活动都不得作此表述？《联邦贸易委员会法》授权 FTC 可以发布停止令来阻止违法广告，但并未明确这一处罚措施的效力范围，这是一个留待实践解决的问题。

1941 年全国劳工关系委员会（National Labor Relations Board，NLRB）诉快报社（Express Publisher）一案①，提供了一个很好的参照——虽然此案中的停止令是由全国劳工关系委员会作出的，但司法就该停止令的宽严标准所表明的意见在当时被普遍认为适用于 FTC 的行政处罚。② 诉讼的缘起是，作为一个劳工保护机构，全国劳工关系委员会认定被告拒绝与圣安东尼奥报业工会进行友好协商，发表言论干预雇员行使《全国劳工关系法》（National Labor Relations Act，NLRA）赋予的权利，违反了 NLRA；责令被告停止这些违法行为，并不得再以任何方式参与或从事类似违法行为。法院审理后认为，被告拒绝进行协商［NLRA 第 8（5）条定义的不公平劳工行为］，与操纵或干预工会组织、行政或财政等行为［NLRA 第 8（2）条定义的不公平劳工行为］没有任何关系，也与该法第 8（3）条定义的不公平劳工行为无关。此外，全国劳工关系委员会没有证据表明，也并没有任何记录表示，双方协商失败预示着被告未来会参与或从事任何法案中规定的不公平劳工行为。法院的这一审理表明：法律授权 NLRB 阻止某种非法的不公平劳工行为，但没有授权它可以任意限制所有其他的不公平劳工行为；一个限制其他不公平劳工行为的宽泛的处罚令是否正当，取决于作出处罚的机构能否证明，被告的其他不公平劳工行为与其被控违法行为相似，或者从被告既往行为可以预料其未来有再犯的可能。到 1946 年雅各布-西格尔公司虚假广告案③中，法院对 FTC 在行政处罚上的自由裁量权给出了"合理关系"的原则性要求——法院不会干涉委员会作出的具体行政处罚，除非这种处罚与被认定的违法行为之间没有合理的关系——几乎成为此后 FTC 在此问题上的一个执法准绳。

停止令是局限于就事论事，还是在斩草之外进而除根，背后是法律公平和规制效率如何兼顾的重大问题。如果停止令只是禁止被裁定违法的广告表述，那么被告很容易变换一种方式从事不违反处罚令但违反同一法律

---

① National Labor Relations Board v. Express Publishing Co., 312 U.S., 426 (1941).

② Thomas E. Kauper, 1968: "Cease and Desist: The History, Effect, and Scope of Clayton Act Orders of the Federal Trade Commission", *Michigan Law Review*, 66 (6), pp. 1095 – 1210.

③ FTC v. Jacob Siegel Co., 327 U.S., 608 (1946).

规定的行为。对此，FTC 要么对被告提起新的诉讼，再作调查、审理、裁定和处罚，这无疑会增加行政规制的成本，有碍对公共利益的保护；要么只能对这些违法而不违令的行为视而不见，置公共利益于危险境地。法院最终明确 FTC 有权课以宽泛的停止令，以阻止被裁定的违法行为以任何其他方式在其他范围内再次发生，底线是 FTC 不滥用这种自由裁量权。具体来说，这种充分的自由裁量权是指，FTC 只要有理由相信被告可能会以其他的方式重蹈覆辙，即可作出 FTC 认为范围适当的停止令处罚。换言之，FTC 有权自主决定停止令的效力是仅针对被告的涉事产品，还是及于被告经营的所有产品；是仅针对被告的涉事行为，还是也包括其他行为；是仅限于涉事的市场范围，还是指向更大的市场范围；是针对涉事的交易主体，还是扩及所有可能的交易主体。

通常，FTC 据以裁量停止令范围大小的依据主要是：①被控违法行为的严重性和蓄意性；②被控违法行为的扩散性，即被告是否很容易在其生产销售的其他商品或服务的广告宣传中从事同类违法行为；③被告的违法前科。

以 FTC 在 2005 年最终裁定的 Ab Force 电子腹肌带一案为例，被告 Telebrands 公司在其经营的这款电子腹肌带产品的广告中声称，该产品有助于减肥瘦身，让腹肌变得清晰可见，而且是一种替代常规运动的有效方法。被告对这些广告表示无法予以证实，因此被认定违反《联邦贸易委员会法》第五条和第十二条发布欺骗性广告。如果就事论事，FTC 的停止令就只能责令被告停止在其 Ab Force 电子腹肌带广告中作出这些不能证实的表述。FTC 的控方律师认为这远远不够，而是主张禁止被告未来为其任何产品或服务作有关减肥、健身、安全性或者功效等方面的广告宣传，除非其有合格而且可靠的科学证据能够证明这些宣传内容。而且，处罚令还应要求被告在从事或帮助他人从事任何设备的生产、销售或促销之前缴纳 100 万履约保证金。行政法官确认了被告违法行为的严重性、蓄意性和扩散性，但认为被告的违法前科不足为据，况且又没有可靠的调查结果，故把限制范围仅扩大至任何旨在减肥、健身及与这些有关的产品或服务，而非所有产品或服务，同时驳回了要求被告缴纳保证金的请求。控方不服行政法官的裁决，向委员会申请复议。委员会复议后指出，首先，被告有计划地安排广告活动，故意与竞争产品进行比较，特别是在事前明知自己没有证据证明产品的那些效果却在广告中大肆宣传，而且广告花费巨大，传播范围极广，这些都表明了违法行为的严重性和蓄意性。其次，被告自 1987 年以来销售了数百种产品，他们已经把同样的违法促销策略应用到了其他产品上。这些违法促销策略是他们的标准手法之一,未来可能被用于其生产或销售的任何一种商品或服务。委员会强调,只要符合这两个条件,即可确定有必要采取全面的停止令措施,以确保被告将来不能使用同样或相似的广告宣传误导消费者。最后,被告此前曾与委员会达成多项认罪协议,被处以 90 多万美元的民事罚款。这些违法前科为课以全面的责令停止措施提供了更多的支持。委员会认为,是否要求被告缴纳保证金以及保证金的数额多少,除了依据以上这些事实,还需要考虑被告的财务状况。因为控方律师没有提供这方面的充分证据,委员会难以衡量该请求的合理性。据此,委员会裁定,禁止被告未经证实为其任何产品或服务作有关减肥、健身、安全性或功效等方面的任何宣传。

二、停止令的程序障碍与禁止令的急刹替补

停止令是在委员会确认被控广告违法以后终止此种违法行为,以防止其继续欺瞒消费者。然而,在真正生效之前,停止令往往要经过一个较为漫长的行政程序和司法程序,很多时候并不能够及时让违法广告停下来。在委员会内部,要经过调查、审理、听证、公开征询评议以及复议等多个环节的行政程序。委员会最终裁定作出停止令处罚之后,被告还可以选择对簿公堂,向法院申请司法审查。在司法审查最终确认之前,停止令仍然只是一纸文字,被控广告可以继续招摇过市。从发现违法行为,正式提出指控,到停止令最终生效,整个过程可能需要三五年时间,甚至一二十年。

FTC 诉卡特公司(Carter Products, Inc.)案就是一个典型的"马拉松"案例。委员会作出责令停止的行政处罚以后,被告以程序问题为由提起上诉,法院审查后把此案发回委员会要求重新举行听证。委员会单为此案组织了共计 149 次听证,前后历经 16 年(1943～1959 年),才最终让被告停止其违法宣传。[①] 1962 年,委员会指控 J. B. 威廉姆斯公司的一款产品的电视广告欺骗性地宣称该产品可以治疗疲倦、力量减退和身体疲惫。1964 年,委员会裁定要求该公司停止此类广告宣传,除非广告同时声明绝大多数感觉疲累的人并不是因为缺少该产品所含的铁或维生素。之后,这家公司因未遵从 FTC 的停止令被司法部起诉,于 1973 年被罚款 80 万美

---

① Boris W. Becker, 1983: "Injunction Powers of the Federal Trade Commission: Immediate Relief from Deceptive Advertising", *Journal of Advertising*, 12 (3), pp. 43 - 45.

元，但上诉法院裁定发回重审。① 1976 年，法院终审裁定被控广告违法，对公司判罚 28 万美元；此去发出指控那一刻已经 14 年。即使被告不予争讼，停止令也必须等 60 天申请审查期限结束后才会生效。一些短期促销广告足以在此周期内圆满结束，达到预期目的。

为克服这种弊端，及时阻止违法广告继续危害社会，1938 年的惠勒-李法案授权委员会在提出指控到停止令生效或者该指控被撤销这段时间内，可以向法院申请禁止令（injunction），请求法院责令被告立即终止发布被控广告。禁止令一经批准，自动即刻生效。被告如不执行，就会被诉以藐视法庭罪，或者被判民事处罚。禁止令简便、快捷，有利于保护公共利益，但对广告商显然不利，且有不公之虞。假如被控广告最终被证明不违法，禁止令无疑是不正当地剥夺了被告在禁止令生效到终审裁定这段时期内自由发布商业广告的权利，打乱了被告的广告营销计划，使被告在与对手的市场竞争中处于劣势。而且，立即停止被控涉嫌违法的广告未必一定有助于维护公共利益。所以，最终通过的惠勒-李法案要求委员会必须确信（has reason to believe）同时满足两个条件，才能向法院申请禁止令。其一，有人正在或将要从事被控的违法广告；其二，在停止令生效之前，禁止令有利于保护公共利益。一旦委员会恰当证明（proper showing）了这些条件，法院可立即依申请发布禁止令。

委员会要证明被控广告违法自然是不难，因为在此之前委员会已经认定其违法并发布了停止令。可是，如何证明禁止令符合公共利益以及由谁来证明，却是一个新的法律难题。在 1975 年 FTC 诉全国鸡蛋营养委员会（National Commission on Egg Nutrition）一案中，联邦地区法院在分析了鸡蛋市场之后指出，被控广告继续发布不会影响鸡蛋消费的市场总量。签发禁止令既会限制公众对胆固醇问题的有益争论，也损害被告的实际利益。综合考虑签发禁止令和不签发禁止令的各种后果，法院最后认为委员会没能恰当证明禁止令符合公共利益，因此拒绝其提出的禁止令申请。FTC 提出上诉，第七巡回法院给出了完全不同的司法意见：被控广告误导公众就等于侵犯了公共利益，地区法院既然承认了被控广告是误导性的，就不该否认发布禁止令符合公共利益这一不证自明的结论。第七巡回法院还认为，禁止令是否符合公共利益应属于 FTC 自由裁量的范围。若按照这样的标准，FTC 申请禁止令基本上就是唾手可得。FTC 只要证明广告是虚假的，就满足了禁止令申请符合公共利益这一条件，而 FTC 在提出禁止令申

---

① United States v. J. B. Williams Co., 498 F. 2d, 414 (2d Cir. 1974).

请之前就已经裁定了被控广告虚假。说穿了,FTC 向法院申请禁止令,并不需要负担比作出停止令处罚更多的证明责任。不过,该案确立的原则很快被新的判决推翻了。在 1976 年 FTC 诉西蒙管理公司一案中,第九巡回法院表示,FTC 只确信被控广告虚假是不够的。否则,广告这种商业言论就完全失去了宪法第一修正案的保护。发布禁止令是否符合公共利益,不应由 FTC 来证明,而须由法院查察裁定,特别是要权衡被控广告继续刊播可能造成的危害与禁止令的负面效果这二者孰轻孰重。

若从禁止令的制度功能及违法广告的危害特征来看,禁止令多数情况下并非一种十分必要的规制方式。因为,禁止令主要是用于尽早制止那些危害后果比较严重和迫切,受损利益不易复原或难以补偿的违法行为,就像是民事侵权领域的禁止令那样,其"目的是在实质争议解决前,防止侵权行为的重复或预期发生,保护当事人正当权益"[1]。一方面,广告只是一种信息营销手段,它不像某些违法行为那样会直接侵犯他人物权乃至剥夺他人生命,造成非常严重的法律后果;另一方面,违法广告从发布到误导消费者认知直至诱发购买行为,有一个相对较长的过程,其损害后果有一定的滞后性,不像盗版之类的违法行为,任何拖延都可能会给权利人带来难以弥补的重大损失。

惠勒-李法案为 FTC 增设申请禁止令这种权利的初衷,是阻止那些对人身健康有即刻危害的广告。[2] 其与同一年出台的《食品、药品和化妆品法案》,有一个共同的历史背景——20 世纪 30 年代美国频发重大公共卫生事故,其中"磺胺制剂"事件在全美影响尤其巨大。"磺胺"在 20 世纪 30 年代初被发现对杀菌消炎特别是淋病及其他链球菌感染,有不同寻常的疗效。随后,各种磺胺类药物纷纷上市。由于磺胺不溶于水,这些药物都只能制成片剂或散剂,这让一些患者吞咽困难。美国一家制药公司 Massengil 用二甘醇和水作溶媒,生产出了口感很好且服用方便的口服液制剂,解决了这一难题,成为儿童用药的首选。当时的法律不要求药品在上市之前进行安全测试,但公司还是对药物本身进行了各个方面的质量和安全检测,遗憾的是忽略了对溶媒进行安全检测。1937 年,新药取名"Elixir Sulfanilamide"投放全美市场。许多人服药后出现了恶心、呕吐、痉挛、昏迷等严重不良反应,事故最终造成 107 人死亡,其中绝大多数是

---

[1] 吴登楼:《论知识产权诉讼中的禁止令制度》,《政治与法律》2000 年第 2 期。
[2] To Amend the Federal Trade Commission Act, Heaiings on H. R. 3143 Before the House Comm. on Interstate and Foreign Commerce, 75th Cong., 1st Sess. 59, 1937.

儿童。负责研发此药的化学师瓦特金斯（Harold Watkins）不堪忍受内疚的痛苦折磨，自杀身亡。"磺胺制剂"事件暴露了美国药品规制的严重漏洞。1906 年生效的《纯净食品与药品法案》只管制假药和假冒商标。而该案中的致命药物既不是假药，也没有添加违禁成分，按照《纯净食品与药品法案》根本无法定罪，最后只能对被告 Massengil 公司判以息忽职责罪。此次事件"对美国震动很大，公众哀叹美国联邦政府对医药控制乏力，强烈要求对药品法律进行修改和补充"①，这正是《食品、药品和化妆品法案》在当时各方意见胶着之际，突然局势扭转获得批准的一个直接因素，也是同年通过的惠勒-李法案增加授予联邦贸易委员会申请禁止令这种权利的一个重要因素。委员会依照《联邦贸易委员会法》新增第十三条（a）申请的头 35 个禁止令中，有 33 个处理的是对健康有严重或即刻危险的产品的广告。② 这表明，委员会是按照该条款的立法初衷而非条款所列的"公共利益"标准来援用这一权利的。后来随着美国对药品、饮食补充剂等危险产品的规制愈发严格，相应的违法广告大幅减少，FTC 就很少向法院申请禁止令这种紧急措施了。当然，也不能排除后期美国行政程序立法和商业言论自由入宪这些变数，增加了 FTC 申请禁止令的难度。

三、停止不实信息还是强推全面信息？

除了在快慢早晚上有所差别，停止令和禁止令都只是停止违法行为。对于最终被裁定违法的广告来说，它们仅仅意味着一句断喝："嘿，放下屠刀！"如此规制既没有对违法行为施以惩戒，发挥法律的震慑作用，也根本没有解决违法广告已经对消费者造成的认知误导，不能避免消费者受此误导而上当受骗的可能。此外，责令停止固然可以让被控广告不再欺骗消费者，但某些虚假表述也许只需要稍作修改或加以限定，就会变成真实可靠的信息。这样一来，既能保护消费者免遭误导，亦可使广告享有商业言论自由，促进市场有序竞争。设想一则药品广告声称能有效缓解腰膝疼痛，事实上这种药品仅对主要由缺铁性贫血造成的腰膝疼痛有效。如果要求该广告停止作出能有效缓解腰膝疼痛的表示，显然忽略了该虚假表述中的部分事实，把孩子连同洗澡水一起泼掉了。换一种方式，如果该广告在

---

① 王建英编著：《美国药品申报与法规管理》，北京，中国医药科技出版社，2005 年，第 1 版，第 10 页。
② 1997："The FTC's Injunctive Authority Against False Advertising of Food and Drugs", *Michigan Law Review*, 75（4），pp. 745-767.

如此宣传的时候，明确告知其产品仅适用于"由缺铁性贫血造成的的腰膝疼痛"这一条件和范围，消费者既可获得真实准确的商品信息，广告主也可以享有合法从事广告营销的权利，平等参与市场竞争。

20世纪60年代兴起的消费者运动，从外部推动了联邦贸易委员会改革广告行政处罚措施的进程，并为改革指明了方向：广告规制的根本目的是保护消费者权益，而非停止或惩罚违法行为。消费者不只是一个需要被保护的对象，而是一个积极能动的消费主体。他们不仅有权利在利益受损后获得相应的救济，还有权利在一个安全的消费环境中获得真实、充分的信息，以保障在进行消费决策时能作出自己的真实意思表示和理性的消费选择。这意味着，广告规制不能一味杜绝不实陈述，上策之选是确保广告向消费者提供可靠、充分、有效的产品和服务信息。20世纪70年代左右，FTC的广告规制从过去以堵为主逐渐转向了疏堵并重的模式，在责令违法广告停止的同时，力求通过责令更正、强制披露等处罚方式，引导广告尽可能成为消费者理性决策的正面力量。

第二节　责令披露信息：不作披露即予禁止

一、从修法授权到在线适用

沉默，是个人自我保护的一种言论自由权利，也可能是商家侵害他人利益的一种欺诈手段。在1937年的一次听证会上，美国国会曾就广告的合法性提出，广告合法的唯一条件是在实质性方面（material respect）的表述没有误导性。1938年增补的惠勒-李修正案明确了广告遗漏产品或服务的实质性信息（material information）——在不该沉默的时候保持沉默——构成虚假广告。据此立法规定，FTC有权强制广告把产品或服务的实质性信息向消费者作出全面的披露说明。修正案通过以后，责令披露便成为FTC越来越常用的一种广告处罚手段。委员会1940年的年报甚至把广告遗漏实质性信息单列为不公平行为的一种突出类型，足见委员会对此种违法行为及披露处罚的高度重视。

这里有两个问题在当时引起了一些争议。其一，何谓"实质性"信息？质疑的声音认为："它是一个可以无限伸缩的弹性概念。制定法使用这个术语削弱了法律的有效性，带来了不必要的不确定性。任何激进的法院都可能通过严格定义这个概念来削弱这部法律。"① 早期法院认为，"实质性"信息既可能是广告文本当中的表示，也可能是广告产品或服务的使用后果，但并未明确究竟什么样的表示或后果才算实质性的。1951年的一个法院判决提出了"影响消费者购买决定"这个内涵特征，成为此后至今FTC判定"实质性"的主要依据。其二，广告所言为真也会触犯法律？法院判决表示，只要委员会认为——在处理这些问题上拥有自由裁量权——最好是坚持一种足够明确的广告形式，以便用先知以赛亚的话说"行路的人即使是傻瓜，也不会犯错"，法院就不会修改它的决定。② 1953年，上诉法院第七巡回法庭进一步强调："广告是否合法，关键是看广告给人的整体印象。……广告只要造成错误的印象，即使文字是真实的，也应该被禁止。广告对公众而言的含义和它们欺骗性的可能是由FTC决定的问题，除非是任意的或者明显错误的，FTC的结论不应受干扰。"③这些判决对FTC的披露处罚给予了明确的支持：广告所言属实不一定满足法律要求，委员会有权禁止没有披露实质性信息的广告，也有权责令广告向消费者披露产品或服务的实质性信息。

早期的披露处罚只强制要求涉事广告的发布须以披露某些信息为前提，包括产品的境外来源地、所含成分、潜在危险等重要信息，并未对披露的方式、形式和效果作出任何要求。例如，FTC在1945年对一起听力恢复器违法广告作出的行政处罚，明令被告在以后所有该产品的广告中披露，未受过专业训练的消费者个人插入和取出这种设备可能会损害其耳朵和听力；否则，禁止被告发布和传播所有该产品的广告。不久，FTC在一些处罚令中要求相对人作出的披露必须"清晰而且显著"，但没有具体明示如何才算"清晰而且显著"。为使披露信息真正能够到达受众，引起消费者的注意、理解和警惕，FTC后来从尺寸、大小、位置、时长等方面，逐步细化了披露处罚的形式要求。"清晰而且显著"成为FTC披露处罚的基准要求，每一份包含披露处罚的处罚令都会首先阐明这一基准要求的含义，并在披露处罚决定中列明这一基准要求的具体标准。正是基于逐案执法中对披露处罚规则的不断细化、丰富和发展，FTC最终创设了一套完整

---

① Milton Handler, 1939: "The Control of False Advertising under the Wheeler-Lea Act", *Law and Contemporary Problems*, 6 (1), pp. 91 – 110.

② Earl Aronberg v. Federal Trade Comm'n, 132 F. 2d 165, 167 (C. A. 7th, 1942).

③ Rhodes Pharmacal Co., Inc. v. Federal Trade Comm'n, 208 F. 2d 382, 387 (C. A. 7th, 1953).

又富有成效的广告披露制度。

互联网进入人类社会以后，各种高新技术的综合应用让在线商业广告拥有了像孙悟空一般七十二变的能力，轻易就能以消费者不知情、不可见的方式，隐秘而精准地直抵他们。与前互联网阶段相比，联邦贸易委员会的广告执法更加倚重披露处罚，以确保广告透明营销和公平竞争。委员会对在线隐私领域的第一个执法，就动用了披露处罚，责令加州 GeoCities 公司必须设置一个醒目的隐私提示，告知消费者哪些信息会被收集，这些信息将被如何使用，会向谁公开，以及消费者如何接触和清除这些信息。[①]

2019 年 2 月，美国联邦贸易委员会裁定，TikTok 在美国未征得家长同意收集 13 岁以下用户的姓名、头像、电子邮件地址等个人信息，违反了美国《儿童在线隐私保护法》。委员会开出了 FTC 在儿童隐私保护领域截至当时最大一笔罚款 570 万美元，同时要求 TikTok 必须放置一个清晰而且显著的标签链接，在线披露其有关儿童个人信息收集的信息实践。仅过了 7 个月，这一罚款记录即被大幅超越。2019 年 9 月，Google（谷歌）旗下子公司 YouTube（油管）同样是因为未征得父母同意非法收集儿童个人信息，被美国联邦贸易委员会处以罚款 1.7 亿美元，并被责令放置一个清晰而且显著的标签链接，在线通知有关儿童个人信息收集的信息实践。

除了在线隐私领域，披露处罚广泛应用于搜索引擎、原生广告、垃圾邮件以及各种智能终端的消费者保护，已经成为 FTC 互联网广告规制最常用的工具。

二、诱发型披露与无条件披露

从披露的发生前提来看，FTC 强制广告披露的方式可以分为诱发型披露和无条件披露。

诱发型披露是指，只要被告日后在广告中作出某种声称或表述，即须披露与这种表述有关的相应信息以限制或补充这种表述。1970 年，FTC 指控家具制造商韦曼有限责任公司（Veiman Co., Inc.）在促销材料、报纸夹页等广告中作了一系列虚假表示：广告声称其家具表面材料全都是实心木材，事实上不过是复合木板；广告声称某些家具的填充物是泡沫橡胶，但事实上是聚氨酯泡沫。FTC 的停止处罚令要求，被告如果再使用"木

[①] FTC v. GeoCities, Decision and Order, No. C-3850, February 5, 1999. http://www.ftc.gov/os/1999/02/9823015cmp.htm.

材""泡沫"及类似术语来描述此类家具产品,必须清晰而且显著地披露相关信息,让消费者知道该"木材"实为复合材料,也不会误把"泡沫"这个词理解为泡沫橡胶。这等于给处罚令设定了一个豁免条件——只要被告同时披露相关的重要事实信息,便可使用处罚令禁用的这些词语或表述。即,作此宣传,必须披露;无此声称,自然免责。这与纯粹否定式的停止处罚令明显不同,被告可以自行决定是否继续使用某些表述或承诺,前提是不误导消费者。

诱发型披露的处罚大多集中在荐证代言、租赁服务、减肥产品等类别的广告当中。荐证广告如果不能让消费者明了代言人与商家之间的利益关系,那么就得在广告中主动披露这种关系。在 2005 年赛托迪公司(Cytodyne,LLC)和永好企业(Evergood Products Corp)的饮食补充剂产品仙纳德恩(Xenadrine EFX)虚假广告案中,几位代言人在被控广告中都表示,该产品让他们迅速减掉了脂肪,而且不反弹。FTC 调查发现的事实是,广告中的那些代言人不是完全通过使用该产品而达到了广告所说的减肥效果,他们都经过严格节食或者参与健身项目才减去了体重,一些人还配备了个人教练。FTC 因此认定,被控广告中的这些代言内容是有误导性的。而且,被告没有在广告中说明这些人通过这样的广告代言得到了 1000~20000 美元不等的报酬这一事实,这是一种欺骗性的行为。这一事实对于消费者决定是否要购买或使用仙纳德恩,显然是一个重要的因素。FTC 责令被告在标签、广告、促销等活动中不得再以任何方式使用代言人推荐该产品,除非被告在广告中清晰而且显著地披露代言人与被告之间的所有实质关系。这种实质关系是指,在物质上影响代言的分量或可信度以及消费者想不到的任何关系,包括但不限于提供给代言人的金钱、实物、服务或其他回报。2009 年 10 月,FTC 新修订的《广告代言与荐证应用指南》进一步明确,博客、论坛等自媒体应向受众披露其中代言人与广告主之间的实质关系,如果这种实质关系不能为受众所预期。在很多有关荐证广告的处罚令中,FTC 还要求广告须向消费者阐明,这些代言人的消费体验不见得对任何人都应验,即消费者不应该期望会经历与这些代言人一样或相似的消费体验或者说产品使用效果。

根据《联邦贸易委员会法》的规定及广告披露制度,以及《消费者租赁法》(*Consumer Leasing Act*)第十五条和《诚实借贷法》第一百四十四条的规定,FTC 要求租赁广告在作有关费用额度或有无首付款等方面的表示时,须向消费者披露相应的具体细节和前提条件。1971 年的克莱斯勒公司租赁案,1997 年五十铃公司租赁案、本田汽车租赁案,1998 年福特公司租赁案、大众汽车租赁案和通用汽车租赁案，等等，都是违反这项规定发布的误导性汽车租赁广告。1999年戴尔电脑公司租赁案和密克罗电子租赁案，涉事的则是电子产品租赁广告。对这些不按规定披露相应信息的误导性租赁广告，FTC的处罚令都强令被告不得再在广告中宣传租赁费用，除非广告按规定披露以下内容：这是一项租赁交易；租赁生效时须支付的总费用；是否需要保证金；定期付款的数量、金额和时间等。也不得含有首付款之类的内容，除非广告清晰而且显著地阐明这些重要术语：首付款的总金额或百分比；还款条件；年利率。

无条件披露是指，被告在未来所有该产品或服务的广告中必须披露相应信息。无条件披露与诱发型披露的区别在于：前者关联的是某类广告，后者关联的是广告中的某种片面、误导性的表述；后者的履行条件是被告在广告中作了某种有误导倾向的表述，而前者是被告在未来的广告中必须无条件进行相应披露。诱发型披露处罚一般是针对当事人的特定广告表述强制加以信息补全，若不作披露补全，则必须停止发布，多属于停止处罚令的一部分。无条件披露处罚限制的是某种类型的广告而非特定广告表述，通常是独立的一项处罚内容，多与广告披露的通行规则相一致。

无条件披露的法律责任多发生在以下两种情况。

（1）广告本身未遵守法律要求的可识别性原则。广告应当让消费者知道其为广告，这是公认的一个基本要求，世界很多国家都有相应的法律规定。美国早在1934年的《通信法》第三百一十七条中已明确禁止在广播电视节目中植入广告，除非其向消费者表明这是一种付费宣传。美国《联邦贸易委员会法》虽然没有关于广告可识别性原则的明确描述，但根据该法第十二条禁止误导广告的规定，FTC在逐案执法中已经反复申明，一切付费的商业广告都应当与其他非广告信息清晰区分开，不得让消费者误以为其不是商业广告。在1991年FTC诉理查德·克鲁（Richard Crew）虚假广告案中，FTC查实，被告克鲁这个人至少从1988年开始就向美国各地销售一款名为"EuroTrym瘦身贴"的减肥药品，并通过很多独立有线电视台和网络发布一个取名"迈克尔·李根秀"的30分钟电视广告，来推销这种药品。在没有任何可靠证据的情况下，该电视广告片声称，使用这种瘦身贴可以让人减肥却又不会产生饥饿感，同时还直接或间接地向受众表明，这是一档无关商业消费的话题讨论节目。FTC裁定，被控广告的宣传内容和自称非商业广告的声明，都具有误导性和欺骗性，违反了《联邦贸易委员会法》。FTC的处罚令首先要求被告立即停止把任何商业广告谎称为独立电视节目的做法，此为责令停止处罚；接着警告被告以后通过广播电视发布的任何商业广告都必须在广告开始前的 30 秒时间内，清晰而且显著地披露"您正在观看的是一个（产品或服务的）付费广告"[The Program You Are Watching Is A Paid Advertisement For (the product or service)]，此为责令披露处罚。

（2）某些对消费者有潜在严重风险的产品或服务，广告发布时必须主动披露这些风险。1971 年，FTC 调查发现费伯奇股份有限公司（Faberge, Inc.）在其塑身带产品广告中宣称，使用该产品能让消费者轻松、安全地减肥塑身、保持健康。事实上，该塑身带没有广告宣称的那种效果，反而还会对消费者造成人身伤害。按照 FTC 的披露处罚，被告日后在参与或从事这款瘦身带或其他类似产品的广告宣传时，必须在所有此类广告中清晰而且显著地标注——"警告：使用本产品可能会损害部分人群的身体健康。请在购买前咨询您的医生"。1997 年，FTC 查明全球媒体公司（Global World Media Corporation, et al.）在其营养补充剂产品 Ecstacy 的广告中声称，Ecstacy 是 100% 纯天然草本，没有任何副作用。真实情况是，该产品的主要成分是麻黄碱，它可能严重危害人的神经系统和心脏。可是，该公司没有在广告当中明确标示这种产品成分，也未就服用该产品可能产生的潜在风险作出任何披露。FTC 的处罚令不仅责令被告立即停止被控的广告，除非被告能够证实；而且要求被告以后所有的该产品广告宣传材料、标签、包装、说明书，都必须标注以下警示内容——"警告：本品含有麻黄碱成分，对中枢神经系统和心脏可能产生严重伤害；过量服用，危害更大"。①

皮肤晒黑仪的广告按要求必须披露，每个皮肤晒黑仪上都有美国食品药品监督管理局的警告标签：请认真阅读其中有关眼睛伤害、皮肤癌、皮肤老化和光敏反应等重要信息。生前信托类服务广告须向消费者告知，这种信托与遗嘱一样会受到挑战，而且它也不适合于所有情况。除此以外，根据《联邦贸易委员会法》及美国有关纺织品、羊毛产品的标签法案，纺织品和羊毛产品的广告必须主动披露产品所含的主要成分及比例。不履行此项披露义务，FTC 就会强制要求被告作出披露，否则剥夺被告发布广告的权利。

---

① FTC v. Global World Media Corporation, et al., 124 F. T. C., 426 (1997).

第三节　责令作出更正：消除广告误导的残余

作为一种广告行政处罚措施，"更正广告"（corrective advertising）是由广告规制部门依法要求发布虚假违法广告的广告商，在不小于违法广告发布的范围内以公开声明公开承认错误的方式，自费对已经发布的违法广告予以纠正。与其他行政处罚措施相比，美国的更正广告出现较晚。1970年，联邦贸易委员会指控坎贝尔公司（Campbell Soup）发布欺骗性广告，责令其立即停止发布。当时，华盛顿大学法律专业的一群学生以"学生反对不公平做法"（students opposed to unfair practices，英文缩写也是 Soup）的名义，请求 FTC 责令坎贝尔公司发布更正广告，向消费者说明真相，否则消费者决不知道自己上当受骗。FTC 当时没有采纳学生们的建议，但许诺将在以后的案件中予以考虑。1971 年在 ITT-Continental 公司侧形面包虚假广告案中，FTC 正式启用了责令更正这一处罚措施，要求被告发布更正广告说明：其生产的侧形面包并不比任何其他面包所含的热量少，食用这种面包不会有助于减肥。此后，这一处罚措施被澳大利亚、法国、中国等很多国家和地区广为采纳。

一、更正处罚的适用与争议

与披露处罚相比，更正处罚更具有行为上的强制性。对于前者，企业可以选择不在广告中作某种表示，或者完全停止被控广告。但更正处罚要求涉事企业必须发布广告，以纠正此前的欺骗性或不公平行为，被执行企业只能按照处罚令要求自费"打脸"。因此，有些企业质疑此举违宪，剥夺了相对人的沉默权。另有一些企业辩称，更正处罚致使企业形象受损和市场销量下降，违反了 FTC 执法的非惩罚性原则。轰动一时的华纳兰伯特公司漱口液广告案，集中了对更正处罚的所有主要质疑及对这些质疑的主流司法意见，为 FTC 引入和适用更正处罚明确了基本的司法原则。

该案中，FTC 指控华纳兰伯特公司发布的李斯特林漱口液广告妄称该产品能够预防或减轻感冒和喉咙肿痛，责令公司立即停止被控广告，并持续发布 16 个月的更正广告，用于更正的总费用不得少于 1962～1972 年间该产品广告的年均预算额度。公司不服处罚，于 1975 年诉至哥伦比亚地区联邦上诉法院,理由是《联邦贸易委员会法》没有授予 FTC 更正处罚权,以前也从未有过这种处罚方式,而且更正处罚超过了限制商业言论自由的合理程度,有违宪法第一修正案。上诉法院引用联邦最高法院的判决先例,认定 FTC 有权在制定法明确授权之外采取宽泛、灵活的救济措施,只要救济措施与违法行为之间存在"合理关系"。[①] 而此案中 FTC 已经证明了更正处罚与被控违法行为之间的"合理关系":如果一则欺骗性广告让消费者对该广告所宣传的产品或服务产生了错误认识,并且这些错误认识在欺骗性广告停止以后仍将顽固存在,那就会继续误导消费者的购买决策,损害消费者和竞争对手的利益。在这种情况下,单单责令被控广告停止发布显然不足以完全杜绝危害继续,委员会因此适当要求行政相对人作出积极行动,纠正和清除被控广告在消费者心目中产生的错误认知,对消费者和竞争对手施以更周全的保护。FTC 引用华纳兰伯特公司的市场调查结果指出,被控广告已经持续发布了 50 多年,约 70% 的受访消费者能够回想起来它的主题是"感冒和喉咙疼痛的良方";在被控广告停止 6 个月之后,这一数字仅降到了 64%。另有两位营销调查领域专家给出的测试结果表明,这种错误认识在被控广告停止之后的 2~5 年内将不会显著减少。1977 年,联邦上诉法院裁定支持 FTC 的更正处罚。1978 年,美国联邦最高法院拒绝了华纳兰伯特公司的再次上诉。

在广告行政处罚的诸多措施当中,FTC 考虑适用更正处罚及其力度大小的主要依据是,被控违法广告的误导性是否存在"延续效应"(lingering effect) 以及这种效应的大小。一则在小范围内刚刚发布就被发现的虚假广告不可能让消费者产生深刻的错误印象,一般也不会影响日后的消费行为。一则临时促销活动类的虚假广告即便令消费者产生了深刻的错误认识,也不会误导活动结束后的消费行为。对于这些没有"延续效应"的欺骗性广告,FTC 通常援用的是停止处罚令。对于因遗漏实质性信息而误导消费者的虚假广告,FTC 会祭出披露处罚令,要求未来发布的所有同类广告都必须清晰而且显著地明示这些实质性信息。如果一则误导性广告不仅让消费者对广告所宣传的产品或服务产生了错误认识,而且这种错误认识大有可能延续到未来,那就需要责令作出更正以避免消费者在被控广告停止刊播以后作出错误的消费选择,剥夺被告未来从违法行为中继续受益的机会。

以 1996 年多恩(Doan)牌止痛药广告案为例,被告诺华公司自 1987

---

① Warner-Lambert Co. v. FTC, 562 F. 2d 749, 752, D. C. Cir. (1977), p. 759, 758.

年至 1996 年间共投放了 5500 万美元的广播广告和 1000 万美元的免费插页广告，推广其生产的多恩牌止痛药，宣称该药因为含有其他品牌都没有的水杨酸镁（magnesium salicylate）这种止痛成分而有更好的止痛效果。可是，被告没有任何科学证据可以证明水杨酸镁比其他止痛剂更有效。按照美国食品药品监督管理局的管理规定，此类非处方止痛药只能暂时缓解轻微疼痛和伴随各类疼痛的痛苦。FTC 的控方律师请求裁定被告在其所有的广告和包装上面都必须一直更正此种不实宣传，直至被告向 FTC 提交调查数据表明消费者对该产品的印象恢复到了指定水平。FTC 内部的行政法官初步裁决认定，被控广告是欺骗性的，违反了《联邦贸易委员会法》，责令被告停止发布任何有关其产品优越性方面的宣传，除非在做这种宣传时拥有或者依据足够的、可靠的科学证据可以证实这种宣传，并禁止被告在没有事实根据的情况下以任何方式描述该产品的功效、安全、益处或性能。但是，行政法官没有采纳控方律师提出的更正处罚请求，理由是来自控方律师提供的一项信任度研究显示，被控广告停止发布以后，消费者认为该产品止痛更有效这种错误印象仅仅延续了 6 个月。而且，与此前著名的李斯特林案中虚假广告连续刊播了 51 年相比，该案中的被控广告前后只刊播了 8 年。所以，行政法官认为，没有充分的证据表明更正处罚是必需的。

  控方律师对行政法官的初步裁决不服，向委员会提出了复议请求。委员会重点围绕控辩双方援引的三项研究结论，就是否必须作出更正处罚作出了分析和裁定。1987 年的一项态度与使用调查显示，在被控广告发布之前，多恩的品牌形象与其他领导品牌的止痛药相比还很弱。1993 年的品牌资产调查表明，当时多恩牌止痛药已经被消费者视为一种含有特殊成分、治疗背痛的特效药，而这正是被控广告着力宣传的重点。1996 年的一项实验研究发现，在被控广告停止发布 6 个月之后，仍有 77% 的产品消费者和 45% 了解但不使用该产品的消费者相信，该产品治疗背痛更有效。委员会因此认定，被控广告制造或强化了消费者对涉事产品的错误认识。其他还有很多证据显示，消费者的这种错误认识在被控广告停止发布之后有可能继续存在。这些证据包括，被控广告的欺骗性内容对消费者而言非常重要，因为产品功效优越是消费者在选择止痛药时考虑的主要因素之一；这些内容一直在被控广告中清晰突出宣传；被控广告发布了长达 8 年，广告总费用大约 6500 万美元；实验也证明广告很有可能存在延续效应——让消费者仅仅接触 1~2 次被控广告，他们就会想起来其中该产品功效更优越的信息。

委员会特别强调，行政法官认为在无法确定错误观念是否"会延续"（will linger）的情况下不适用更正处罚，这一推理使用了错误的法律标准。更正广告适用的标准是，错误观念"有可能延续到未来"（likely to linger into the future），而不需要确认这种错误观念将会延续。因为，未来的事情是不能确认的，这是一个根本不可能满足的条件。还有，行政法官认为，更正处罚措施过于苛重，只有在其是清除错误观念的唯一补救措施时才可使用。针对这一意见，委员会指出，更正广告不是一剂猛药，"要求被告向社会传递正确信息以清除被控广告所产生或加深的错误认识，这是恢复原状和剥夺被告从误导广告中进一步获利的恰当而有效的方法。如果虚假广告确实已经产生或加强了一种错误的认识，并且这种错误认识很有可能延续到未来，那么，更正广告就是一种合适的纠正措施"[1]。委员会最终裁定，该案具备适用更正广告处罚的各项条件，更正广告处罚既是必需的，而且也适格。

二、更正处罚的必要性、责任主体及其制度优势

广告这种商业性言论比政治性言论、公益性言论要接受更严格的法律约束，包括某些情况下的事前审查。很多国家立法规定，一些攸关人身安全的产品或服务的广告在发布之前，必须申请并通过所属行业主管部门的行政审批。在中国，卫生行政部门负责对医疗广告进行事前审查。食品药品监督管理部门负责对药品广告、保健食品广告和医疗器械广告进行事前审查。但各国对广告的行政规制主要还是在广告发布之后，即在广告流入社会之后进行查处。这种事后规制意味着，虚假违法广告在行政规制发现之时可能已经误导了大量消费者。而且，虚假违法广告多是借由大众传播媒体流入社会，这些大众传播媒体具有众所公认的社会影响力。所以，虚假违法广告一经大众媒体刊播，原则上即可推定已经造成了广泛的社会影响，大范围的损害事实已经发生。更进一步说，很多广告不仅影响广泛，而且影响至深。因为，广告既是一种信息传播，更是一种观念灌输。广告无论是感性诉求还是理性诉求，其目的都是要影响消费者对广告中的产品或服务的认知、态度直至观念和行动。

如果以上所言不虚，那么，责令违法广告停止发布不等于终止它们继续侵害消费者利益。展开来说，各国广告法规所规定的责令停止发布、停

---

[1] http://www.ftc.gov/opa/1999/05/doans.shtm.

业整顿、吊销营业执照或者广告经营许可证等这些行政处罚措施,虽然可以惩戒相关责任主体,阻止虚假违法广告继续流入社会,但却无法制止已经流入社会的虚假违法广告继续误导消费者。在功能上,它们都不针对也无法解决虚假广告的残留遗毒。就其实际效力而言,它们也无法让广大受误导的消费者认识到被控广告的欺骗性,进而纠正他们对广告产品已经形成的错误印象。因为,这些处罚令都只会送达涉事的相关主体。美国联邦贸易委员会一般是要求被告在处罚令送达之后的 30 天内,向当时以及将来的所有责任主体,包括企业负责人、董事、经理、职员、代理商、经销商等,发送处罚令复印件并拿到他们每个人签收此复印件的回执。中国的行政处罚令送达的范围更小一些,一般都只送达涉事的广告主、广告公司和媒体。所以,这些处罚措施并不能让受误导的消费者获悉广告虚假这一事实,"更多的消费者因不知情会陷于蒙骗中而永远不了解事件的真相,具有继续上当的可能"[①]。虽然 FTC 按照美国行政程序法的规定在官网上公布这些行政处罚,但其传播范围显然难以匹敌虚假广告的影响力范围,在虚假广告所传播的误导信息和这些公示信息所传递的正确信息之间,仍然存在严重的信息不对称。况且,虚假广告产生的认知误导这种社会后果,不应该完全由政府来买单,即由政府出面来纠正。

　　正如对于缺陷产品不能只靠停止生产销售,还必须适用召回制度来减少缺陷产品的危害一样,对于虚假违法广告,行政机关不能只靠责令停止发布或吊销营业执照来处理,还有必要采取责令发布更正广告这样的行政措施以求尽可能清理其信息和观念上的流毒,减少其社会危害。更何况,虚假违法广告的流毒亦即心理认知上的错误印象,远不像缺陷产品那么容易召回、可以完全召回。一则长期反复刊播的虚假违法广告,不仅入耳入眼,更有可能入脑入心。即使短期刊播的虚假违法广告,也完全有可能攫取部分消费者的情感和观念。纠正一种错误态度显然要比召回一款缺陷产品的难度更大。

　　再者,广告法律责任的配置应以消费者为本,优先维护消费者权益。虚假违法广告多数既违法且侵犯消费者权益,责任人必须同时承担行政法律责任和民事侵权责任。民事侵权的诉讼往往是民不告官不究,属于自诉性质。虚假违法广告多数情况下并没有直接的受害者。现实当中,很多虚假违法广告受到了行政处罚,但少有消费者提起民事诉讼。即使特定消

---

① 谢晓尧:《欺诈:一种竞争法的理论诠释——兼论〈消费者权益保护法〉第 49 条的适用与完善》,《现代法学》2003 年第 2 期。

者针对虚假违法广告提起民事诉讼,实际上也无法让虚假违法广告的责任人承担其理应承担的全部民事责任。因为,在民事侵权的诉讼中,原告只能主张自己的权利,对自己所遭受的损失进行索赔,没有权利要求被告向未提起民事诉讼的其他所有受害者承担民事责任。还有,广告违法行为的民事责任是以财产责任为主,赔偿损失是最主要的民事责任形式。如果广告行为侵害了他人的姓名权、名誉权、肖像权,给当事人造成的主要是精神损害,则应采取精神补偿的方式承担民事责任,即停止侵害、消除影响、恢复名誉、赔礼道歉等。这意味着,虚假违法广告所承担的停止侵害、消除危险、恢复原状、消除影响、恢复名誉等民事责任,仅仅是针对原告民事权利的补偿,绝不等于停止了对所有受害者的民事侵权,消除了对所有受害者已经及未来可能造成的影响,恢复所有受害者此前对产品或服务的认识与态度。所以,特定消费者提起的民事诉讼无法消除虚假违法广告的广泛而长远的信息和观念误导,无法救济不特定多数受害者的民事权利。

　　虚假违法广告主要侵犯的是消费者和竞争对手的权益。自然,对消费者和竞争对手的权利救济应该高于政府的罚没收入。一些没有专门的广告法的国家和地区选择在消费者权益保护法或者反不正当竞争法里面立法规范广告活动,也正是出于法律的公平与公正,切实保护消费者和市场主体的利益。所以,广告违法行为的法律责任设定,应当充分考虑受害者的民事权益保护。针对虚假违法广告特别是长期大范围刊播的虚假违法广告,不能单纯地苛以行政罚款、停止刊播,也不能只仰赖民事侵权追责机制,而应当追求实质上的以民为本,强令责任人面向社会作出公开更正以消除虚假违法广告的错误影响,维护所有消费者和市场主体的权益。为达此目的,这种面向社会的公开更正应与先前虚假违法广告的发布和传播的范围与时长相当。

　　那么,谁来承担更正责任?更正广告费用由谁来付?根据法律当中"先行行为产生后续义务"的原理,以及义务与责任之间的因果关系原则,发布虚假违法广告的行为人应当承担更正责任。先行行为是指行为人实施的能够导致法律所保护的某种利益处于危险状态的违法行为。后续义务是指实施了这种先行行为的行为人采取积极行动阻止损害结果发生的义务。后续之积极作为的义务需要同时满足以下条件:先行行为违法;致使他人利益处于一种危险状态;先行行为与这种危险状态之间有因果关系;如不加以阻止,这种危险就会继续或者加剧。例如行为人交通肇事把他人撞伤,肇事者应当为自己的先行违法行为担负救助伤者的义务,以防止伤者死亡。

　　虚假广告的违法行为在先。这种违法行为通过信息欺诈，误导消费者的消费认知和消费行为，损害消费者和竞争对手的合法权益。广告违法行为的损害结果虽然不一定是即刻的、现实的，法理上却是完全可以认定的。而且，恰恰因为虚假违法广告的损害结果不一定是即刻的、现实的，而是常常存在延续效应，才更需要积极作为以阻止损害结果继续蔓延或加剧。如果行为人不主动为自己的先行违法行为履行这种后续的义务，那么他就必须承担不履行这种义务的不利后果，即必须承担相应的法律责任。因为，义务与权利相对应。权利人实现自己的权利需要义务人履行一定的义务。例如，公民个人的隐私权、名誉权等人格权，需要相对人即义务人保持消极的不作为才有可能实现；公民个人受教育的权利，则需要相对人履行积极作为的义务即主动提供各种条件才有可能实现。义务人不履行这些或消极不作为或积极作为的义务，刺探或宣扬他人隐私，拒不接受享有受教育权的适龄儿童入学，就侵犯了权利人的权利，产生了相应的法律责任。两方面原因决定了虚假违法广告的行为人通常不履行后续的更正义务。其一，虚假违法广告多数是故意所为而非过失所致。行为人多数情况下不可能主动停止自己故意实施的侵犯，更不可能在一番故意之后自行改正；其二，广告主要是一种经济活动。理性经济人为追求自身利益的最大化，自然会选择逃避既耗巨资且损其名的更正广告。换句话说，即使违法行为败露，虚假违法广告的行为人也往往会选择放任危害的继续发生，致使消费者权益进一步受损。在这种情况下，因虚假违法广告而应当履行的更正义务就变成了更正责任，更正广告的义务人就变成了责任人。从这个方面来说，更正广告作为虚假违法广告必须承担的一种行政法律责任，实际上是在义务人不履行更正义务的情况下对权利人施以救济的一种手段，其目的恰恰是强制义务人履行其应当履行的义务，维护消费者的权益和公平竞争的市场环境。

　　更正广告具有民事责任承担方式和其他行政处罚措施所不具备的功能和优势。它首先体现了以民为本、消费者权益保护优先的立法原则，能够最大程度地消除虚假违法广告的流毒，维护消费者、市场主体和社会公共利益。这是停止发布广告、罚款等其他行政处罚措施以及消费者个人进行民事诉讼都无法企及的效果。其次，更正广告处罚要求广告主承担消除其虚假广告产生的错误信息及观念的责任，支付消除工作所需要的资源耗费，这不仅能够使广告主的现实利益和物质利益受到损害，而且能够使其远期利益和市场声誉、社会名誉等非物质利益受到损害。① "从理论上来讲，当广告主能够预见到，一旦自己发布了虚假广告就可能面临后续'更正广告'之处罚，若这种概率足够高，则对于追求利益最大化的理性广告主而言，显然不会再以身试法发布虚假广告。"②因此，无论是从违法成本的合理性这个角度，还是考虑中国广告监管疲于应付的窘况，更正广告都是一个方式恰当、强度适当且效果可期的处罚措施。最后，更正广告综合了政府、市场与社会这三种力量，能够比较有效地保护消费者权益，规范广告活动，维护社会经济秩序。作为一种强制性的行政处罚措施，更正广告首先解决了广告主逃避更正义务之虞；同时它又引入了市场机制，由广告主自费按要求发布更正信息，解决了政府所不能解决的虚假违法广告的市场流弊与社会危害；而且，它把虚假违法广告置于全社会的监督视野之中，调动全社会积极参与广告的监督与管理，既对虚假违法广告形成了社会震慑，又能够提高公众的广告消费素养。

---

① 应飞虎：《对虚假广告治理的法律分析》，《法学》2007年第3期。
② 宋亚辉：《虚假广告的法律治理》，北京，北京大学出版社，2019年，第1版，第148页。

第八章

网络广告治理新政

第一节 互联网广告的发展、问题与综合治理

一、互联网广告的发展

互联网的诞生主要来自冷战时期的军事需要。1957年,苏联发射全世界第一颗人造地球卫星,拉开了苏、美两个超级大国的太空争霸赛帷幕。美国因此开始着手改造其军事指挥系统,以确保不因局部节点受到攻击而致全局瘫痪。1969年,美国高级研究计划署(Advanced Research Project Agency,ARPA)受国防部委托建成了一个试验性质的阿帕网(ARPA net),初步实现了独立计算机之间的数据传输与通信,形成了今天因特网的雏形。1983年,阿帕网的网络控制协议(Network Control Protocol,NCP)升级成为TCP/IP(Transfer Control Protocol/Internet Protocol)协议,大大提升了网络通信的开放性和可靠性。阿帕网的规模迅速扩大,越来越多的大学、科研机构和政府机构加入其中。"1984年,ARPA net分解为两个网络:一个仍称ARPA net,作为民用科研网;另一个是MIL net,作为军用计算机网络。"[①] 意识到计算机网络对于科学研究可能具有异乎寻常的重要性,美国国家科学基金会(National Science Foundation,NSF)此时组建了一个全国规模的科研教育网络NSF net。"NSF net对于Internet的最大贡献是使Internet向全社会开放,而不像以前的那样仅供计算机研究人员和政府机构使用。"[②] Internet(互联网)这个名称也从这一时期开始很快被广泛采用。

1989年,物理学者蒂姆·伯纳斯·李(Tim Berners-Lee)发明的一个全新应用——World Wide Web(万维网,缩写WWW)——成功地为Internet实现广域网奠定了基础。1990年,其他部门的计算机网相继并入互联网,阿帕网宣告解散。20世纪90年代初,商业机构开始进入互联网,成为互联网发展越来越强大的推动力,互联网由此驶入了商业性发展的快车道。1995年,NSF net停止运作,互联网完全转向了商业化。互联网在

---

① 宋继军:《计算机网络基础》,武汉,华中科技大学出版社,2010年,第1版,第132页。
② 周琳、夏永林:《网络广告》,成都,西南交通大学出版社,2008年,第1版,第20页。

美国的巨大成功随后吸引了世界其他各国纷纷加入互联网，很快使其成为全球性的国际互联网络。

　　互联网快速走过了一个从军用、研用到商用的发展过程。一个比较数字可以让它的快速发展更加令人印象深刻：同样是达到美国30%的家庭普及率，电话用了38年，电视用了17年，而个人电脑仅用了13年。① 与互联网一路高歌猛进的是互联网广告。1994年10月27日，美国著名的《连线》(Wired)杂志的网络版HotWired，发布了世界上第一个互联网广告"你有没有在这里点过你的鼠标？你会的"（图8-1），网络广告由此迈开了风一般的步伐。美国互动广告局IAB的年度报告显示，1995年美国网络广告市场规模是0.55亿美元，2021年是1893亿美元，是1995年的3442倍。除2000～2003年因互联网市场泡沫和2008～2009年受全球金融危机影响有小幅下滑以外，市场总体上呈现出高速增长的态势，年均增速35.7%。美国互联网广告仅用3年时间，市场规模就超过了有线电视广告，5年超过了广播电视广告，6年超过了报纸广告。2013年，互联网广告成为美国广告市场的最大板块，2019年，在广告市场总量中的占比首次过半，达到52%。图8-2是综合美国互动广告局数据呈现的1995～2021年美国网络广告市场规模总体情况。②

图8-1　世界上第一个互联网广告

---

①　Robert J. Batson III, 2001: "Personal Privacy on the Internet: Issues and Guidelines for Praticing Attorneys", *Transactions: the Tennessee Journal of Business Law*, 2 (2), pp. 9-24.

②　https://www.iab.com.

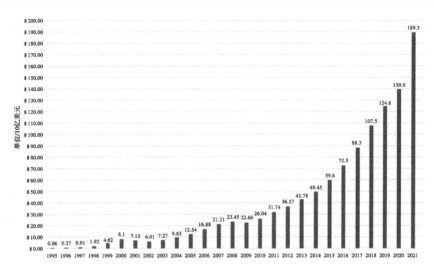

图 8-2　1995～2021 年美国网络广告市场规模

在宽带、移动终端、大数据和云计算等高新技术极速发展的驱动下，网络广告市场内部也是风云激荡，各种广告新业态错叠涌现，竞相发展。2000 年以前，互联网基本上是展示广告①和电子邮件广告的天下，前者横行公共网络空间，后者潜入私人电子邮箱。2000 年 Google（谷歌）推出了 AdWords，拉开了搜索广告市场的大幕。IAB 的报告显示，2000～2015 年间，搜索广告和展示广告始终位列美国网络广告市场份额的第一和第二位。2015 年，移动互联网广告首次超过了搜索广告，成为互联网广告的最大市场。但将移动端和非移动端的搜索广告与展示广告各自合并，2015 年搜索广告市场占比是 49%，展示广告占比是 42%，其余类型的广告仅占 9%。搜索广告和展示广告仍然稳坐互联网广告市场的冠亚军席位。2016～2021 年，搜索广告在网络广告市场中的份额依次是 48%、46%、45%、44%、42% 和 41%，展示广告的份额始终维持在 30% 左右，视频类广告从 12% 增至 21%。

网络广告市场的结构性变化还有两点值得注意。其一，2004 年 Facebook（脸书）的成立与 2006 年 Twitter（推特）的出现，把美国推进了社交媒体时代。社交媒体广告的市场规模快速壮大，在网络广告市场总量中的占比一路走高。2020 年美国社交媒体广告经营额是 577 亿美元，占

---

① 展示广告早期只有横幅广告（Banner），后来出现了弹出式广告（Pop Up）、富媒体广告（Rich Media）和赞助类广告（Sponsorship）。

美国网络广告市场的30%。（见图8-3①）其二，2007年苹果公司发售智能手机Iphone，移动互联网的世界从此一日千里，极大颠覆了传统互联网的结构和模式，也深刻改变了人类社会的日常生活。2016年移动互联网广告市场规模超过了桌面端。2021年，移动互联网广告的份额已经占据网络广告市场的69%。②

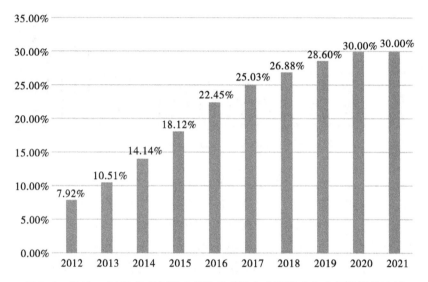

图8-3 2012～2021年美国社交媒体广告收入占网络广告市场总量的比例

二、互联网广告的重点违法领域

互联网广告的突出法律问题与互联网的阶段性发展大体上同步、对应。电子邮件是最早的大规模互联网应用之一，与其如影随形的是大量不请自来的垃圾电子邮件。1994年4月，美国亚利桑那州的律师劳伦斯·坎特（Laurence Canter）和他的妻子玛撒·西格尔（Martha Siegel）向200万互联网用户多次重复发送一个"绿卡抽奖"的广告邮件，宣传他们的移民签证咨询服务。虽然这一行为立即招致了很多强烈的回应，二人的网络接

---

① 综合美国互动广告局年度报告统计数据计算而得，https：//www.iab.com。
② 来自美国互动广告局，https：//www.iab.com。

入服务也被网络服务商停掉,但他们坦言已经从中轻松获利10万美元。[1]这被认为是美国第一封垃圾电子邮件。1995年5月,有人编写了第一个专门大批量发送电子邮件的程序Floodgate,三个月之后就有人公然兜售200万余个邮箱地址。从此,垃圾电子邮件几乎完全商业化,成了侵入个人电子邮箱的垃圾广告,轻而易举就可以把木马病毒、欺骗性广告、色情链接径直发送给千千万万的电子邮件用户。反垃圾邮件很快成为各国初期互联网治理当中的一项艰巨任务。

21世纪以来,搜索广告独占鳌头,但也包藏色情链接、商标侵权、虚假广告、勒索营销等多种不法行为,给消费者、企业和社会带来了很大的困扰乃至严重的法律后果,例如2016年中国发生的魏则西事件。近几年,大数据、云计算和人工智能的广泛深入应用和移动社交媒体的蓬勃发展,催生了原生广告(Native Advertisement)、在线行为广告(Online Behaviour Advertisement,OBA)以及虚拟网红推荐等一些新的广告业态。互联网应用伊始就曾引起人们警觉的隐私侵权问题,至此开始大规模爆发。2018年,脸书爆出泄露8700万用户数据的惊天丑闻。脸书创始人、首席执行官扎克伯格两度接受美国国会质询。2018年5月25日,被外界视为全世界史上最严的隐私立法——欧盟《通用数据保护法案》(General Data Protection Regulation,简称GDPR)正式生效。2019年1月21日,法国数据保护规制机构根据GDPR对谷歌处以5000万欧元(约4亿元人民币)的罚款,理由是谷歌涉及用户个人数据的环节缺乏透明度,个性化广告的用户选择设置不够合理,以及用户获知信息不充分等。日益发展的实践表明,在线隐私的法律问题突出表现为用户在线行为的跟踪,对用户身份信息和在线行为数据的存储、分享以及基于这些大数据的精准推送,这些行为背后多与网络广告尤其是以在线行为广告为代表的精准营销有着极为密切的关系。

本章选择垃圾电子邮件广告、搜索竞价排名广告、在线行为广告这三类广告为代表,展开分析联邦贸易委员会对互联网广告的综合治理。这三类广告是最富有互联网特色的新型广告业态,与传统媒体广告大不相同。反垃圾邮件不仅是政府对互联网广告最早进行立法规制的一个领域,而且这种规制引发的诸多热议焦点——特别是选择加入(OPT-IN)/选择退出

---

[1] Philip Elmer-DeWitt, Battle for the Soul of the Internet, *TIME*, March 18, 2005. http://www.time.com/time/magazine/article/0, 9171, 981132, 00.html. From David J. Rutenberg, 2011: "Silence of the Spam: Improving the CAN-SPAM Act by Including an Expanded Private Cause of Action", *Vanderbilt Journal of Entertainment and Technology Law*, 14 (1), pp. 225-252.

(OPT-OUT）机制——至今仍是互联网治理大局当中相当普遍的重要问题。搜索引擎竞价排名实际上是搜索引擎平台的广告推送，风行至今，一直是互联网广告最大的市场之一。中国的搜索竞价排名乱象丛生，久未根治，而 FTC 的及早合理规制自始至今维持了美国在这一领域较为规范的市场秩序，恰好可以为中国未来改善治理该问题提供经验参照。在线行为广告完全依赖对用户隐私数据的商业化应用，既是在线隐私问题的主要源头，也是隐私问题的高发地带，值得当前以及未来互联网治理的高度重视。

美国互联网广告治理的重点还有儿童广告、荐证广告、减肥广告、食品广告等。儿童广告的规制重点是儿童在线隐私保护，这将在本章第四节对 OBA 规制的分析中适当展开。荐证广告的核心问题是荐证者与其雇主之间利益关系的如实披露，本书第六章第二节和第三节已有相关讨论。食品广告和绝大部分减肥广告都归 FDA 管辖，本书略过不谈。

三、FTC 的及早干预和综合治理

（一）广泛的在线消费者保护

作为对消费者保护的主要政府机构，联邦贸易委员会早在 1995 年 4 月就召开了一个主题为在线隐私保护的公开讨论会，并于同年 9 月举行了在线隐私保护的听证会。这是 FTC 就全球化与技术变革对市场竞争和消费者保护的意义问题，召开的系列听证会的一部分。[①] 此后，FTC 围绕在线消费者保护的一些突出问题，包括在线隐私保护、儿童隐私保护、荐证广告、广告披露、减肥广告等，通过讨论会、听证会以及发布公告征求意见的方式，广泛听取利益各方的诉求及社会各界的声音。例如，1998 年 5 月 6 日，FTC 就既有的规章和指南是否适用于网络公告征询社会意见。2006 年秋季，一个持续三天的听证会讨论了技术发展在未来十年可能带来的有关消费者保护的政策问题。2007 年 11 月的公民大会"在线行为广告：跟踪、定向和技术"，专题讨论在线行为广告引起的隐私问题。2012 年 5 月 30 日，举行讨论是否需要更新 FTC 2000 年发布的网络广告披露指南的专题会议。

---

① 可参考 1999 年 12 月《来自 FTC 的报告：FTC 在线消费者保护的第一个五年》（Federal Trade Commission, A Report From the Federal Trade Commission Staff: the FTC's First Five Years Protecting Consumers Online, 1999. http://www.ftc.gov/os/1999/12/fiveyearreport.pdf.）。

委员会还向国会递交了多个报告,例如 1998 年 6 月的《在线隐私:给国会的报告》①,1999 年 7 月的《自律与在线隐私:给国会的报告》②,提请国会重视对消费者在线隐私的保护。同时,FTC 积极倡导全球合作,制定统一的行为标准,探索通用的争端解决机制。在 FTC 的促动下,国会也开始讨论相关议题。2008 年夏天,众议院能源与商业委员会下属的传播、技术与网络分委员会和参议院商业委员会召开听证会,专门听取在线隐私相关的技术和治理问题。2009 年 7 月 22 日,国会召开了一个题为"广告趋势和消费者保护"的听证会。2009 年 11 月,众议院又组织召开了关于网络广告的听证会。

在美国等一些主要国家的积极倡导下,经济合作与发展组织(Organization for Economic Co-operation and Development,OECD)29 个成员国在 1999 年 12 月共同签署发布了适用于 B2C(Business to Consumer)模式的《电子商务中的消费者保护指南》(*Guidelines for Consumer Protection in Electronic Commerce*)。指南提出了电子商务保护消费者的一般原则,包括:①消费者在电子商务中应当得到有效、透明的保护,这种保护不低于在其他商业形态中获得的保护水平;②公平的交易、广告和营销行为;③向消费者充分披露有关企业、产品或服务、交易的重要信息;④向消费者提供在完成交易之前可以确认、纠正、取消这个交易的程序和条件;⑤向消费者提供安全、方便的支付方式;⑥设置应有的纠纷解决和赔偿机制;⑦遵守 OECD 已经确立的隐私保护原则;⑧政府、企业和消费者应共同推进有关电子商务的消费者教育。为达成这些目标,指南要求各成员国应用适宜于电子商务的法律和自律规范,特别是要充分发挥私人主导的自律机制。最后,指南建议所有成员国协作打击跨国电子商务活动中的欺诈、不公平和欺骗性行为,共同努力建设一种平衡商业与消费者的需求和利益的电子商务环境。2000 年 3 月,FTC 和其下属的消费者保护局、消费者与商业教育办公室联合发布了一个指南,重申了 OECD 的上述指南。③ 2001 年 9 月,委员会下属的消费者保护局又发布了一份题为《全球电子市场中的消费者保

---

① Federal Trade Commission, Privacy Online: A Report to Congress, June, 1998. https://www.ftc.gov/sites/default/files/documents/reports/privacy-online-report-congress/priv-23a.pdf.

② Federal Trade Commission, Self-Regulation and Privacy Online: A Report to Congress, July 13, 1999. https://www.ftc.gov/sites/default/files/documents/public_statements/prepared-statement-federal-trade-commission-online-privacy/pt071399.pdf.

③ Federal Trade Commission, Electronic Commerce, Selling Internationally A Guide for Businesses, March, 2000. http://business.ftc.gov/documents/alt067-electronic-commerce-selling-internationally-guide-businesses.

护：前景展望》的报告。① 这份报告在 OECD 指南的基础上，结合美国电子商务发展中的问题及未来发展趋势，重点提出了一些在线消费者保护的国际协作计划，包括协同发展一个可行的法律适用与裁决国际框架，努力实现国内法与国际法的融合，促进跨境的裁决认可与执行，培育执法合作机制，等等。

(二) 旧法的扩展与调适

无论是《联邦贸易委员会法》，还是既有的贸易管理规章和指南，都是在网络产生之前的社会和媒介环境中发布的。当时所能考虑的只能是传统媒体和传统商业活动的特征、问题及相应的规制，法律政策行文使用的也都是它们领域常用的概念和术语。而今，那些法律制度能否适用于在线环境，该如何理解和执行，出现了很多的疑点和不确定性，迫切需要委员会作出澄清和阐明。1997 年 3 月 12 日，委员会专门就 900 号码规章的披露要求是否足以适用于网络广告这一问题，发布公告听取公众意见。1997 年 6 月 2 日，FTC 又为此召开了一个专题讨论会，与会者建议委员会单独组织一次活动来讨论网络上的信息披露，让利益各方充分发表意见。1998 年 5 月 6 日，FTC 发布公告通知，将要就委员会之前发布的规章和指南如何适用于网络环境发表政策声明，并把声明将要阐述的主要问题提请社会评议。委员会解释说，发表政策声明的目的是减少 FTC 发布的规章和指南是否适用于电子媒介的不确定性，明确这些规章和指南如何适用于这些新媒介，这会鼓励企业自愿遵守相应的规范，促进行业自律。委员会还强调，FTC 发布的指南是对 FTC 执行的法律所作的行政解释，它们没有法律的强制性，但企业如果不遵守这些指南，可能导致 FTC 对企业依法采取法律行动。经过长达两年的公共评议和研究，2000 年 5 月 3 日，联邦贸易委员会以 5∶0 的投票结果一致通过了一个行政指南《在线披露：有关网络广告的信息》②。

这个指南首先表明，《联邦贸易委员会法》同样适用于网络。该法禁止的不公平和欺骗性行为广泛地包括广告宣传、市场营销和一般的销售，而且该法不局限于任何特定的媒体。适用于传统媒体广告的基本规则完全适用于

---

① Federal Trade Commission, Consumer Protection in the Global Electronic Marketplace: Looking Ahead, September, 2000. https：//www.ftc.gov/sites/default/files/documents/reports/consumer-protection-global-electronic-marketplace-looking-ahead/electronicmkpl.pdf.

② Federal Trade Commission, Dot Com Disclosures: Information about Online Advertising, May, 2000. https：//www.ftc.gov/sites/default/files/attachments/press-releases/ftc-staff-issues-guidelines-internet-advertising/0005dotcomstaffreport.pdf.

网络广告。择要来说：其一，广告必须真实，不能误导；其二，广告主必须有证据能够证明自己的宣传；其三，广告必须公平。在确认广告是否合法的时候，广告主不能只关注广告中的具体段落或描述，而应把广告作为一个整体，检查其传达的所有表示和暗含意味是否有可能误导理性消费者。联邦贸易委员会依法执行对消费者的保护，打击的不公平和欺骗性行为的范围包括网络环境中的各种广告、营销和销售。

指南详细阐明了网络广告披露所应达到的"清晰而且显著"的标准，即CCS，并在指南后面附加了大量的示例。这些标准包括：披露内容须邻近它要限制的宣传内容；披露内容必须显著；确保广告其他部分的内容或要素不会把消费者的注意力从披露内容上引开；广告如果很长则需要重复进行披露；音频广告中的披露内容应有足够的音量和适当的节奏；视觉广告中的披露内容要有充分的持续显示时间；披露内容的语言文字对于目标消费者而言必须容易理解。指南特别提醒，一定要在消费者购买之前让他们看到披露内容。在网络上面，如果广告与销售放在一起，那就应该在消费者点击"现在就购买"按钮或者"放入购物车"这样一个链接之前，让消费者看到披露内容。在判断披露是否达标的时候，广告主有必要遵从"理性消费者"的原则，还要假设消费者不会浏览网站的全部内容，就像他们不会阅读一页印刷品上面的所有文字一样。但指南也提示，广告披露的CCS并没有一个固定的公式。只要该披露的都披露了，而且得到了有效的传播，广告传达的整体信息没有误导消费者，广告主就可以灵活进行广告创意。

指南最后指出，随着电脑和其他数字技术的发展，"印刷""手写"等以前表示写在纸上信息的单词，其意义正在发生变化。另外，拜电子邮件所赐，"商业"也不再仅限于使用传统的交流工具像信函或电话。因此，这些术语在很多法规和指南当中的含义不尽一致，每一个术语都必须在其所在的规则文本中分析其含义。所以，委员会将基于对层出不穷的案例及法规与指南的阶段性评估，继续努力研究确定这些法规和指南适用无纸的数字贸易和网络广告的具体原则。但是，指南接着明确，这些法规和指南中的绝大部分都适用于网络上的各种商业活动。另外，企业可以充分利用新技术来遵从FTC的法规和指南，例如使用电子邮件向消费者发送FTC要求发送的信息，只要消费者愿意用这种方式接收这些信息。这对企业和消费者来说，既方便快捷，又可节约成本，而且也符合FTC的基本理念：规制的目的不是要打击对新媒体的使用。

(三）行政执法与鼓励自律

对互联网领域的消费者保护问题，联邦贸易委员会在很早就着手调研和解释旧法的同时，也很早就开始采取正式的执法行动。1994年9月12日，FTC 对 Corzine 公司提出了指控，这是 FTC 在互联网领域的第一次执法。①该案是一个典型的信用修复骗局。被告在"美国在线"网站发布广告宣称提供个人信用修复包，用户利用这个修复包就可以合法建立一个全新的信用记录。FTC 指控被告违反了《联邦贸易委员会法》第五条，发出禁止令并冻结了被告资产。两个月之后，双方达成和解，被告同意不再作关于信用修复的虚假宣传，并遵照 FTC 的要求对消费者作出补偿。委员会乘胜扩展了对类似违法行为的执法。在 1996 年对网络欺诈的一次执法行动中，委员会查处了 9 家在网络上对产品进行虚假宣传或不实表述的公司。其中，有 4 家公司在广告中虚假承诺能消除消费者信用报告中的不良记录，3 家公司虚假夸大商业投资的收益。8 家涉事公司选择与 FTC 签了同意和解令，1 家公司上诉至联邦地区法院，最终以败诉结束。根据委员会的统计，截至 2001 年 3 月 19 日，由委员会提起的涉及因特网和在线服务的诉讼达 170 起，其中 1994 年 1 起，1995 年 0 起，1996 年 13 起，1997 年 8 起，1998 年 18 起，1999 年 60 起，2000 年 49 起，2001 年不到 3 个月就有 21 起。可见，随着电子商务的发展，一方面侵犯消费者权益的实践在增多，另一方面，委员会的执行力度也在逐渐加大。这些案件的处理，为惩罚在线商业的违法行为，保护消费者的合法权利起到了重要的作用。②

不过，面对具有高度开放性和自组织特征的互联网领域，联邦贸易委员会一开始更倚重行业自律建设，鼓励、引导和推动相关行业建立行业自我规范。2000 年 10 月，美国商业促进社（BBB）发布了自律规范性质的《在线商业实践准则》，要求网络广告遵守既有的《BBB 广告准则》，重点强调网络广告要作出足够的披露，应当使用互联网技术增进消费者对于在线提供的产品或服务的知识，而不应反过来使用技术误导消费者。企业如果不遵守这些自律规范，就会遭到 BBB 的处罚。2011 年 11 月，BBB 对 6 家公司作出了处罚，因为它们的在线行为广告没有向消费者提供选择设置，或者设置没有达到 5 年有效期这个行业规范标准。移动营销协会（the Mobile Marketing Association）也制定了它们的隐私政策——移动应用框架（Mobile

---

① FTC v. Corzine, CIV-S-94-1446, E. D. Cal. filed（September 12, 1994）.
② 孙晔：《美国对于网络欺诈的立法规制和实践（上）》，《信息网络安全》2001 年第 12 期。

Application Privacy Policy Framework)。除了常规的隐私政策要求,这个应用框架特别考虑了移动环境中的新情况和新问题,包括从社交网络平台(比如朋友列表、照片或验证)拉出信息之前征得同意,披露移动应用是否通过地理定位功能收集信息,收集到的信息如何使用、分享,消费者如何退出这种收集行为。

综观 FTC 对在线消费者保护的种种努力和政策阐述,至少有三个特点值得我们思考借鉴。

首先,第一时间高调表明自己在互联网领域保护消费者的管辖权。依据国会通过的《联邦贸易委员会法》,FTC 有权对商业中及影响商业的一切不公平、欺骗性的行为和实践进行规制。FTC 通过公告、报告、行政解释、行业指南及行政执法等多种形式和方式,向市场和社会表明,FTC 有权对在线环境中发生的任何不公平或欺骗性行为依法采取措施,保护消费者利益和市场经济秩序。

其次,重视旧法的扩展与调适,而不是盲目制订新法。委员会在多个场合明确表示,互联网领域的消费者保护问题虽然有一些地方不同以往,但还不至于为此制定专门的在线消费者保护法或者网络广告法。在大量调研和充分听取各方意见的基础上,委员会很早就声明其执行的既有法规和指南绝大部分都适用于网络。一些重要的法规、指南,以及一些不完全适用于网络的具体规定,委员会则通过一些行政解释、修订指南、发布公告等灵活的方式,赋予其新的法律效力。

以上这两点——早早明确管辖机构和游戏规则——确保了美国在线商业竞争这一新的领域得到了及时而有效的规范。中国网络广告的治理远远滞后于互联网的应用和发展。

最后,从柔主刚辅到刚柔并济,保护消费者的同时减少妨碍互联网的发展和应用。由于互联网的媒体属性及其天然具有的开放性,早期美国不少有关网络的立法屡屡因违反宪法第一修正案而受阻,美国的"政府、企业还有消费者逐渐形成一个共识:与现在就制定严格的法律规范相比,鼓励并坚持行业自律更为重要"[①]。在互联网广告的各个领域,联邦贸易委员会一开始主要是寻求与行业、消费者、专家等积极接触和沟通,推动行业自我约束和自我净化,对互联网广告的行政干预更多是采取指导、建议、劝告等相对柔性的方式。但越来越多的证据显示,对商业自律的这种幻想和依赖致使互联

---

① 刘兵:《关于中国互联网内容管制理论研究》,北京邮电大学,博士学位论文,2007 年,第 33 页。

网领域的不公平和欺骗性行为日益泛滥。基于广泛深入的调查、研究和协商沟通,委员会开始注重扩大对旧法的适用解释,推动制定新法,特别是加强具体执法。近些年,随着欧盟修订出台全球最严格的个人数据保护条例,美国联邦政府和各州进一步加大了互联网领域立法与执法的力度。联邦贸易委员会的广告规制与在线消费者保护从早期的柔主刚辅,过渡到了刚柔并济的模式和阶段。

第二节 垃圾邮件广告规制的权益平衡之困

电子垃圾邮件是互联网一直摆脱不掉的一个负担和梦魇。美国国会2006年的调查显示,垃圾邮件占所有电子邮件的7%。到2011年10月,这一数字蹿升至73.8%。① 英国网络安全公司SophosLabs 2015年第一季度的统计数据显示,美国是世界上垃圾邮件传播最严重的国家,传播的垃圾邮件数量占到全球总量的10%。② 来自卡巴斯基实验室(Kaspersky Lab)的报告显示,2021年全球垃圾邮件最多的是俄罗斯,占全球总量的24.77%,其后是德国(14.12%)、美国(10.46%)和中国(8.73%),全球垃圾邮件占电子邮件总量的45.56%。③

就像特洛伊木马,大量的垃圾邮件夹带非法内容,肆意侵入、攻击或者冒犯政府、企业和个人的电脑系统。在计算机病毒攻击领域,1996年电子邮件携带病毒攻击仅占病毒攻击总量的9%,2003年已多达88%。④ 联邦贸易委员会在2007年的一份报告中指出"发送垃圾邮件的根本动机发生了变化","新一代垃圾邮件不再仅仅是电子邮件收件人和ISP的烦恼;通常它是犯罪的载体"⑤。电子垃圾邮件还是色情信息和虚假广告的快车道。早在

---

① David J. Rutenberg, 2011: "Silence of the Spam: Improving the CAN-SPAM Act by Including an Expanded Private Cause of Action", *Vanderbilt Journal of Entertainment and Technology Law*, 14 (1), pp. 225–252.

② John Zorabedian, Which Countries Top the New Dirty Dozen Spam List?, April 29, 2015. https://news.sophos.com/en-us/2015/04/29/which-countries-top-the-new-dirty-dozen-spam-list/.

③ https://securelist.com/spam-and-phishing-in-2021/105713/.

④ Miering de Villiers, 2005: "Free Radicals in Cyberspace: Complex Liability Issues in Computer Warfare", *Nw. J. Tech. & Intell. Prop*, 4 (1), pp. 13–60.

⑤ Federal Trade Commission, Spam Summit: The Next Generation of Threats and Solutions, November 5, 2007. http://www.ftc.gov/os/2007/12/071220spamsummitreport.pdf.

1998 年 2 月，FTC 主席 Pitofsky 就向国会陈情："除了数量庞大和潜在的烦恼之外，许多垃圾邮件可能具有误导性或欺骗性。"① FTC 在 2003 年随机抽取了 1000 封垃圾邮件进行分析，发现 66% 的垃圾邮件包含虚假的发件人信息、标题或内容。②

有些垃圾邮件虽然内容合法，但因贸然大批量发送而给社会——主要是政府、网络服务商和个人——带来很大的消耗和危害。FTC 2005 年的一份报告估计，美国企业 2004 年仅用于反垃圾邮件产品的费用就有 10 亿美元，消费者在 2003 和 2004 两年中用于垃圾邮件过滤软件的费用是 26 亿美元。③ 根据美国一家技术与市场研究公司 The Radicati Group 估计，2003 年美国公司阻止垃圾邮件的费用是 205 亿美元，2007 年可能会逼近 2000 亿美元，这个成本包括反垃圾邮件过滤器，额外的服务器空间和网络基础设施，以及信息技术客户服务时间。④ 个体消费者即使花钱购买使用过滤垃圾邮件的软件，也仍然要浪费大量的时间和精力进行手工的辨别、筛选和删除。一些重要的私人电子邮件常常因为被垃圾邮件淹没而被错过，或者被误删。合法的商业电子邮件也难以避免被反垃圾邮件技术误伤，与垃圾邮件一起被过滤掉而无法到达其目标客户，这些企业因此承担了垃圾邮件的外部成本。

一、从鼓励自律到加强立法

为避免政府规制可能阻碍电子商务的发展，美国联邦贸易委员会一开始并不倾向于以立法的方式规制垃圾邮件，而是借重于行业自律和社会的广泛监督。1997 年，FTC 提请互联网行业协会与民间团体组成一个"未经请求的商业电子邮件项目工作小组"（The Ad-Hoc Working Group on Unsolicited

---

① Federal Trade Commission, Internet Fraud Could Chill Consumer Confidence: Pitofsky, February 10, 1998. https://www.ftc.gov/news-events/press-releases/1998/02/internet-fraud-could-chill-consumer-confidence-pitofsky.

② Federal Trade Commission, FTC Measures False Claims Inherent in Random Spam, April 29, 2003. https://www.ftc.gov/news-events/press-releases/2003/04/ftc-measures-false-claims-inherent-random-spam.

③ Federal Trade Commission, Federal Trade Commission Effectiveness and Enforcement of the Can-spam Act: A Repoet to Congress, December 15, 2005. http://www.ftc.gov/reports/canspam05/051220canspamrpt.pdf.

④ Catherine Holahan, Rising Stakes in the Spam Wars: Anti-Spammers Are Losing the Battle Against Unsolicited and Often Harmful E-mail, BUS. WK. ONLINE, September 19, 2006. http://www.businessweek.com/technology/content/sep2006/tc20060919-412904.htm.

Commercial Email),就垃圾邮件相关问题提出行业协会的专业见解。1998年1月,FTC启用了一个专门用于反垃圾邮件的官方电子邮箱 uce@ftc.gov,邀请消费者和网络服务商把垃圾邮件转发到这个邮箱。基于对该邮箱收到的25万封垃圾邮件的分析归纳,1998年7月14日,FTC公布了垃圾邮件最常见的12种诈骗方式清单:商业机会诈骗;批量发送电子邮件的赚钱项目;连锁信;在家工作计划;健康和饮食诈骗;轻松赚钱项目;免费礼品;投资机会;有线电视解码器套件;轻松信贷;信用修复诈骗;度假奖励促销。①2001年4月26日,FTC在向国会汇报时提到,"自1998年1月以来,uce@ftc.gov共收到超过830万件转发来的垃圾邮件。FTC还出版了垃圾邮件相关的9种消费者出版物,向消费者发出了160多万份"。这次汇报还披露,FTC已经有大约30次互联网执法是针对垃圾邮件的,并首次明确表态支持反垃圾邮件立法。②

在反垃圾邮件立法方面,州政府走在了联邦政府前面。内华达州首开先河,于1997年7月通过了反垃圾邮件法律,2001年和2003年先后两次修订。该法禁止发送未经请求的商业电子邮件,除非电子邮件在标题行的开头标明"ADV"或"ADVERTISEMENT",并在邮件中包含发送者的姓名、邮政地址和一个供收件人可以回复表示未来不再接受此类邮件的电子邮箱地址。1998年3月,华盛顿州通过了规范商业电子邮件的法案,规定在本州境内发送的商业电子邮件不得未经允许使用第三人的IP地址为发信源头或路径,标题不得使用虚假或误导的信息,否则属于不公平与欺骗性商业行为,违反消费者保护法。该法案允许个人、互联网服务商以及州司法部办公室对违反上述规定的行为提起诉讼,求偿损失。州司法部门可以对每封商业电子邮件处以500~1000美元的罚款。收件人可以请求每封邮件500美元或实际损害的赔偿。网络服务商可以向发件人请求每封邮件100美元或实际损害的赔偿。法案还赋予网络服务商在合理怀疑信件属于违法商业电子邮件的情况下,对之加以拦截的权利。该法1999年的修正案补充规定,对于违反消费者保护法的商业电子邮件,网络服务商明知或有意避免知悉发件人正在发送或准备发送而仍提供实质性协助的,亦属违法行为。

在联邦政府出台反垃圾邮件法之前,美国已经有36个州在执行各自的反垃圾邮件法案。各州立法大体相似,但是认定和判罚的标准多有不同。电

---

① Federal Trade Commission, FTC Unveils Dirty Dozen Spam Scams, July 14, 1998. https://www.ftc.gov/news-events/press-releases/1998/07/ftc-unveils-dirty-dozen-spam-scams.

② Federal Trade Commission, FTC Supports Legislation to Limit Junk E-mail, April 26, 2001. https://www.ftc.gov/news-events/press-releases/2001/04/ftc-supports-legislation-limit-junk-e-mail.

子邮件的传播往往不显示发送人或收件人的居住地,这让电子邮件传播的各行为主体很难了解他们应该遵从哪些或哪个州的法律。此外,垃圾邮件的数量激增以及国际反垃圾邮件的形势需要,也让美国国会越来越坚信联邦立法规制垃圾邮件的必要性。

20世纪末前后,美国国会曾就反垃圾邮件提出过十几个法律草案,但不是被众议院否决,就是在参议院未获通过。其中,最接近通过的是美国众议院2000年7月18日通过的"未经请求的电子邮件法案"(*Unsolicited Electronic Mail Act of 2000*)。该法案由来自得克萨斯州的议员Gene Green与Heather Wilson议员共同撰写,在众议院以427票赞成、1票反对的绝对优势顺利通过,但因为对州际商业行为的一些限制而遭参议院杯葛。该法案规定,电子邮件经营者对未经请求的电子邮件的发送负有责任;禁止电子邮件经营者发送垃圾邮件,除非邮件标明是主动投递的商业广告;邮件发送者必须在垃圾邮件中附一个有效的回信地址,以便让收信人回复声明未来是否继续接收同一来源的这类电子信件;如果收信人在回复表示明确拒绝接收以后还是收到同一来源发送的垃圾邮件,他们有权把这一来源的垃圾邮件发送者诉至法院。该法案明确授权联邦贸易委员会对垃圾邮件进行规制。没有能力起诉的消费者个人可以向FTC申请调查和追偿。除了消费者个人的诉权,该法案的其他规定基本上都被纳入了后来国会通过的*CAN-SPAM Act*。

此后又有几个草案提出了一些新的立法主张。比如2001年3月美国众议院商业委员会通过的一项关于反滥发电子邮件的草案规定,滥发电子邮件业者如果向收件人提供不实或者无效的回复地址将被课以500到50000美元的罚金。2003年的《减少滥发电子邮件法案》(*Reduce Spam Act*)拟增加消费者个人对垃圾邮件的民事诉权。同年稍后提出的另一项草案参照FTC反电话营销的"谢绝来电"(Do not call)制度,拟对未经请求的垃圾邮件网开一面,只禁止垃圾邮件中的虚假广告和欺诈信息。

在这些立法草案的基础上,2003年11月22日,美国众议院以392票对5票的表决结果通过了《控制不请自来的色情与营销攻击法案》(*Controlling the Assault of Non-Solicited Pornography and Marketing Act of 2003*),又称《反滥发商业电子邮件法》)(*CAN-SPAM Act 2003*)。同年11月25日其在美国参议院审议通过,12月16日经美国总统布什签署,成为美国第一部规制滥发电子邮件的联邦法律。

CAN-SPAM法案对垃圾邮件的定义是不请自来的商业电子邮件(Unsolicited Commercial Email, UCE),不包括不请自来的非商业营销性质的电子邮件,比如只是带有病毒或间谍软件的侵入或攻击性电子邮件,或者政治和宗教宣传性质的电子邮件。这与少数一些国家和地区比如美国康涅狄格州、弗吉尼亚州对垃圾邮件的定义不同，后者把所有不请自来的大宗电子邮件（Unsolicited Bulke Email，UBE）都视为垃圾邮件。UCE 强调的是垃圾邮件的商业性质，UBE 强调的是垃圾邮件的行为特征。虽然 UBE 更符合垃圾邮件泛滥的实际情况①，但世界多数国家和地区的反垃圾邮件立法选择使用的是 UCE 这种定义。这一方面可能是因为多数国家和地区的反垃圾邮件立法较早，非商业性的垃圾电子邮件还不多，但更有可能是为了避免干预享有宪法更高保护程度的通信和言论自由。无论如何，CAN-SPAM 法案抵制的既然是不请自来的商业电子邮件，那么它就更多属于广告立法规制的范畴。

美国法律不禁止商业广告，只是禁止不公平、虚假或误导性的广告。同样，CAN-SPAM 法案不禁止垃圾邮件，只是禁止含有欺诈、误导或色情信息以及不符合法规相应要求的商业电子邮件。法案第四条规定了发送商业电子邮件达到刑事犯罪的五种情况：①未经授权而侵入一台受保护的计算机，并借此发送大量②垃圾邮件；②利用一台受保护的计算机进行转寄或发送垃圾邮件，并蓄意误导收件人或网络服务商对该邮件来源的认识；③大量发送伪造邮件标题信息的垃圾邮件；④使用伪造的身份资料申请或使用五个以上电子邮件地址或两个以上网络域名，并蓄意经由它们滥发垃圾邮件；⑤使用虚假身份申请五个以上互联网协议地址（IP 地址）并蓄意借此滥发垃圾邮件。违反上述规定，可处罚金、五年以下有期徒刑或合并执行，并没收其犯罪的任何设备或工具以及犯罪获益。

最主要的是 FTC 负责执行的该法案第五条，规定商业电子邮件必须同时满足四个条件，否则即属违法行为。其一，邮件标题和"发件人"栏不得含有欺诈性或误导性的信息。其二，邮件内容按照《联邦贸易委员会法》第五条的规定，不得含有欺骗性的信息。其三，必须清晰而且显著地表明此邮件为广告或商业营销，并且包含发送人的一个有效的物理邮政地址。其四，必须包含一个在原始邮件发送后至少 30 天内一直可用的回复电子邮件地址，以供收件人回复并声明未来不再接收同一来源的商业电子邮件，发送方须在收到收件人退出请求后的 10 个工作日内停止向该收件人再次发送商业电子邮件。而且，发送方不得出售或以其他方式转让、分享或公布已选择

---

① 赵晓力：《反垃圾邮件法的立法原则》，《信息网络安全》2005 年第 12 期。赵晓力在该文中建议"我国反垃圾邮件立法应采用 UBE——大量发送的不请自来的电子邮件——来定义垃圾邮件。这样不但能够涵盖目前泛滥的垃圾邮件的所有类型，也能涵盖未来可能出现的新的类型"。

② 该法案所谓"大量"的标准是：24 小时内超过 100 封垃圾邮件，或 30 天内超过 1000 封垃圾邮件，或 1 年内超过 10000 封垃圾邮件。

退出未来商业电子邮件的人的电子邮件地址。此外,发送含有色情信息的商业电子邮件,还必须在邮件标题中包含 FTC 在该法颁布 120 天之内所确定的色情广告标示或警示。

该法第七条(a)款授予 FTC 执行此法之权力,涉及特定经济事项的由相应的联邦机构执行,刑事条款则由司法部门负责执行。2004 年 2 月,纽约州一位 18 岁青年 Anthony Greco 因为向 MySpace 成员发送超过 900 万封垃圾邮件,成为第一个根据该法案被捕的人。2004 年 4 月,联邦刑事当局在密歇根州逮捕了凤凰城阿凡达公司(Phoenix Avatar LLC.)的四位负责人,密歇根州东区检察官对该公司及其负责人提起刑事指控,联邦贸易委员会在伊利诺伊州北部地区法院对他们提起了民事诉讼。2006 年 4 月 1 日,摩洛哥丹吉尔的 Mounir Balarbi 成为第一个根据该法案被逮捕的美国境外公民。

除了联邦政府的行政规制、刑事追责和民事起诉,该法案还赋予网络服务商和州权力部门以民事诉讼的权利。任何因垃圾邮件违法行为而遭受损失的网络服务商,都可以依法提起民事诉讼,寻求禁止令救济或者索赔。州的检察长、其他官员或机构如果有理由相信,本州居民的利益已经或正在遭受违法垃圾邮件的威胁或不利影响,可以代表本州居民向所在地法院提起民事诉讼。但在联邦贸易委员会结束对某一行为主体的执法行动之前,州权力部门和官员不得对之提起诉讼。而且,在提起诉讼前,他们必须通知联邦贸易委员会。联邦贸易委员会有权介入州依据该法对垃圾邮件采取的任何法律行动。

二、CAN-SPAM 法案的执行及后续制度补充

在 CAN-SPAM Act 出台之前,依据《联邦贸易委员会法》第五条对商业中或影响商业的不公平或欺骗性的行为或做法之禁止性规定,FTC 已经开始对垃圾邮件进行法律规制。

1997 年对南加州一家公司 Internet Business Broadcasting(IBB)的起诉,是 FTC 首次针对垃圾邮件广告的违法行为开展执法行动。IBB 发给潜在投资者的大量垃圾邮件声称,投资者可以转租他们公司网站上的广告位,预期每月收入 240~800 美元,第一年投资回报率超过 100%。如果未达到公司承诺的收益水平,公司保证全额退款。但 FTC 调查发现,很少有投资者拿到垃圾邮件声称的回报额度,而且被告并未提供全额退款。马里兰州地区法院判决支持 FTC 的诉讼请求:永久禁止被告从事类似违法行为,责令被告退

还投资者已支付的款项。①

1997年10月，一家开展国际信贷业务的公司 Nia Cano 因为发送含有虚假内容的大批量垃圾邮件，被 FTC 诉至法院。FTC 指控被告虚假承诺投资者将获得无担保的 VISA 或万事达卡，怂恿他们通过批量发送电子邮件招募其他人加入该计划，并保证每月可以赚取 18000 美元。大约 27000 人受骗发布大量垃圾邮件重复被告的虚假宣传。委员会向加州中部地区法院申请获得了对被告的临时限制令，冻结被告近 200 万美元以便将来归还给受害者。1998年6月，被告与 FTC 达成和解协议，协议禁止被告参与金字塔、庞氏骗局或其他类似营销计划，禁止对无担保信用卡作虚假宣传，被冻结的近 200 万美元将用于赔偿受害者。②

2004年1月1日 CAN-SPAM 法案正式生效以后，FTC 对垃圾邮件的法律规制就不再仅限于邮件内容的虚假宣传，而是扩及邮件标题含有欺诈信息、"发件人"栏伪装成收件人熟知的联系人或者明星，邮件没有包含发件人的有效邮政地址，没有清晰而且显著地表明其为广告，或者没有提供选择退出机制等违法行为。法律规制的方式也有变化，除了责令停止、申请禁令、要求返还财产，还增加了没收相关设备、提起民事诉讼、施以民事罚款等追究法律责任的方式。委员会既可以依照《联邦贸易委员会法》第五条和第十三条（b）项的规定，向法院申请判令被告把非法所得返还给消费者，也可以根据 CAN-SPAM 法案，转交司法部诉讼请求对被告处以每次违法行为最高不超过 11000 美元的民事罚款。

2004年4月，FTC 依据 CAN-SPAM 法案开展了第一次执法行动，几乎同时向伊利诺伊州北部地区法院提起了两个诉讼。4月23日，起诉凤凰城阿凡达公司（Phoenix Avatar LLC.）及其负责人通过数百万封伪造邮件标题、不含有效邮政地址和选择退出机制的电子邮件，对他们的膳食补充剂产品作出减肥、预防疾病的虚假承诺和宣传，违反了《联邦贸易委员会法》和 CAN-SPAM 法案。被告拒不承认 FTC 指控的违法事实，辩称 FTC 并未证明那些垃圾邮件是他们发送的。FTC 认为被告发送了电子邮件，或者促成发送了这些电子邮件，总之都是该违法行为的责任主体。法院的意见是，CAN-SPAM 规定的法律责任不限于那些垃圾邮件的实际发送人，还包括那些

---

① FTC v. Internet Business Broadcasting, Inc., Civil No. WMN - 98 - 495, D. Md. filed (February 19, 1998).

② Federal Trade Commission, CDI Pyramid Promoters Settle FTC Charges: Nearly ＄2 Million for Consumer Redress, June 30, 1998. https://www.ftc.gov/news-events/press-releases/1998/06/cdi-pyramid-promoters-settle-ftc-charges-nearly-2-million.

促成垃圾邮件发送和传播的人,认为联邦贸易委员会已经提供了有说服力的证据证明被告的法律行为违反了 CAN-SPAM 法案的相关规定。2005 年 3 月 24 日,伊利诺伊州北部地区法院最终裁定被告违法,判令被告返还非法所得 23 万美元用于向消费者作出赔偿。①

4 月 28 日,在澳大利亚竞争与消费者委员会和新西兰商务委员会的协助下,FTC 向法院起诉澳大利亚的一家公司 Global Web Promotions Pty Ltd. 及其所有人违反了《联邦贸易委员会法》和 CAN-SPAM 法案,指控该公司在美国发送大量垃圾邮件,虚假宣称他们的多款饮食补充剂产品能让消费者的样貌和生物学年龄维持 10~20 年不变,能让消费者永久性减肥,或者预防疾病;把垃圾邮件标题伪造成来自一个无辜的第三方;垃圾邮件没有包含一个有效的邮政地址,没有向收件人说明可以选择退出同一来源未来发送的垃圾邮件。2005 年 6 月 16 日,伊利诺伊州北部地区法院判决支持 FTC 的诉讼请求,永久禁止被告从事或参与任何类似本案裁定的违法广告宣传或促销活动,以及违反 CAN-SPAM 法案的垃圾邮件活动,判令被告返还虚假宣传营销的非法收入 490280 美元和违反 CAN-SPAM 法案的非法所得 1709982.74 美元,总计 2200262.74 美元。②

2008 年,根据加州中部地区法院的判令,FTC 对垃圾邮件违法行为开出了到 2019 年底为止仍然是数额最大的一单民事罚款。FTC 指控在线广告公司 ValueClick 及其子公司 High-speed Media 使用欺骗性电子邮件、横幅广告和弹出式广告来吸引消费者访问其网站。这些电子邮件和在线广告声称,消费者可以获得笔记本电脑、等离子电视、ipod 和高价值礼品卡等"免费"礼物,但没有明确告知消费者这些"免费"礼品都是由第三方提供,而且消费者必须花费大量金钱或者完成一定的任务才能获得。FTC 还指控被告没有按照自己发布的隐私政策保护客户的信息,要么对有些信息根本没有加密,要么使用的是非标准、不安全的加密方式,造成很大的隐私安全漏洞。除了要求被告遵守隐私政策,不再从事联邦法律禁止的虚假宣传和垃圾邮件活动,法院判决的和解协议要求被告为其违反 CAN-SPAM

---

① FTC v. Phoenix Avatar LLC, No. 04-C-2897, N.D. Ill (July 30, 2004).
② United States District Court for the Northern District of Illinois Eastern Division, September, 2005. https://www.ftc.gov/sites/default/files/documents/cases/2005/09/050920defjudg0423086.pdf. FTC V. Globle Web Promotions Pty Ltd., Michael John Anthony Van Essen, and Lance Thomas Atkinson. Case No. 04C 3022.

法案的行为支付 290 万美元的民事罚款。①

民事罚款的现实力度与法律规定的罚款额度远不相符。大多数违法垃圾邮件的发送量少则几十万个，多则几百万乃至上千万个，按照每个 11000 美元的罚款上限，民事罚款的最高金额几乎笔笔都很惊人。果然如此的话，很少有企业能支付这等额度的巨款，法院和 FTC 都会陷入自损威严的境地。所以，民事罚款必须考虑被告的支付能力。此外，法院常常还要考虑被告的违法前科，在此案中应负的法律责任的程度，被告继续做生意的能力，消费者的实际损害，以及法律制裁的效果。总之，对于 FTC 诉讼提出的民事罚款请求，法院拥有很宽泛的自由裁量权。综合考虑上述因素，法院评估的民事罚款数额往往大大低于 FTC 诉讼提出的要求，更与法律规定每封违法垃圾邮件最高 11000 美元的标准相去甚远。最终，原被告双方达成经法院裁定的和解协议，就是各种利弊权衡和力量博弈，也是各方大体都能接受的一个很现实的结果。

除了执法，FTC 按照 CAN-SPAM 法案的明文要求，在规定时间内完成了一系列的制度补充和完善。2004 年 4 月 19 日，颁布了法案要求色情电子邮件必须遵守的成人标签规则。规则要求，自 2004 年 5 月 19 日起，包含性取向的商业电子邮件必须在标题栏最前面注明 "色情内容"（SEXUALLY-EXPLICIT）。2008 年补充明确收件人不需要为回复垃圾邮件并明示不再接收同一来源的电子邮件而支付费用，修改了 "发件人" 的定义以明晰需要对收件人回复作出响应并尊重收件人退出请求的主体，增加了对法案中 "人" 一词的定义以澄清 CAN-SPAM 的义务主体不仅限于自然人。2009 年，FTC 发布了《CAN-SPAM 法案：行业遵从指南》②。

CAN-SPAM 法案还要求联邦贸易委员会在该法通过后的 9 个月之内，向国会提交一份有关垃圾邮件有奖举报系统的报告，6 个月之内向国会提交一份有关建立全国性 Do-Not-Email 注册系统的报告。基于广泛多样的意见征询和 CAN-SPAM 法案出台前反垃圾邮件执法的经验，FTC 在 2004 年

---

① Federal Trade Commission, ValueClick, Inc., Hi-Speed Media, Inc., and E-Babylon, Inc., U. S. (for the FTC) (timeline item) – 2008 – 03 – 17 00：00：00, March 17, 2008. https：//www.ftc.gov/case-timeline-item/valueclick-inc-hi-speed-media-inc-e-babylon-inc-us-ftc-timeline-item-2008-03-17.

② Federal Trade Commission, CAN-SPAM Act：A Compliance Guide for Business, September, 2009. https：//www.ftc.gov/tips-advice/business-center/guidance/can-spam-act-compliance-guide-business.

9月给国会的报告①中对是否以及如何建立一套有奖举报系统给出了较为全面的分析。报告认为，无论是每天向 FTC 转发垃圾邮件的消费者，还是拥有高水平互联网技术的"网络侦探"，都不可能成为有奖举报的主力。唯有垃圾邮件发送的内部人士最有可能进行举报，而且能够提供真实、富有价值的信息。报告分析了阻碍这些人举报的诸多因素，多少赏金才足以让他们克服阻碍进行举报，以及举报系统的各方面潜在成本，包括信息处理、举报有效性的判别认定、系统维护和律师费用等。有奖举报系统的收益是否可能超过建立和维持这套系统与制度的这些成本，报告认为并不清楚。报告提出，国会如果决定要建立有奖举报系统，这个系统至少应有如下设计：①奖励条件应与最终的法院命令挂钩而不是与民事处罚挂钩，以确保有稳定的奖金可以激励举报，因为绝大多数案件最终达成的是经法院批准的和解令，不一定有民事处罚而来的资金；②奖金要足够鼓励内部人士提供高价值信息，估计10万～25万美元应该是合理的；③奖励应向高价值信息倾斜，以提高举报的有效性和系统管理的成效；④奖励决定应完全在 FTC 的自由裁量权范围内，以尽量减少奖金的资格争议和随之而来的新增成本。除此以外，国会还要考虑明确虚假举报是违法行为，但允许匿名举报，并声明 FTC 不能给予举报人以豁免权。

2004年6月，FTC 向国会提交了关于建立 Do-Not-Email 注册系统的分析报告②，明确表示这样一个系统不仅无法减少消费者收到的垃圾邮件数量，反而可能还会增加，而且系统也无法有效开展运行。报告分析了三种可能的 Do-Not-Email 注册系统：①个人电子邮件地址的注册系统；②不希望接收垃圾邮件的域名的注册系统；③规定所有未经请求的商业电子邮件只能通过独立的第三方发送的个人姓名注册系统。第①种存在严重的隐私风险，等于把众多消费者的邮箱地址拱手送给垃圾邮件发送者，注册的那些电子邮箱只会收到更多的垃圾邮件。第②种注册系统，完全不影响垃圾邮件的发送，无助于遏制垃圾邮件。第③种经由第三方转发的注册系统，大有可能被垃圾邮件发送者忽略，而且还会对合法商业电子邮件造成损害。报告认为，比 Do-Not-Email 注册系统更重要也更有效的是建立一个电

---

① Federal Trade Commission, A CAN-SPAM Informant Reward System: A Report to Congress, September, 2004. https://www.ftc.gov/reports/can-spam-informant-reward-system-federal-trade-commission-report-congress.

② Federal Trade Commission, National Do Not Email Registry: A Report to Congress, June, 2004. https://www.ftc.gov/reports/can-spam-act-2003-national-do-not-email-registy-federal-trade-commission-report-congress.

子邮件认证系统，以防止垃圾邮件发送者通过伪造垃圾邮件的来源来隐藏他们的踪迹，从而避开网络服务商的反垃圾邮件过滤和规制部门的执法。没有有效的电子邮件认证，任何注册系统都注定会失败。有了认证系统，加上更好的技术过滤和执法行动，反垃圾邮件可能就根本不需要注册系统了。报告提出，应该先鼓励市场开发测试和广泛实施一个垃圾邮件认证标准，然后再由 FTC 负责推动建立一个全国性的电子邮件认证系统。2004年 11 月，FTC 和美国商务部国家标准与技术研究院联合主办了全球第一个电子邮件认证峰会。

在联邦贸易委员会的敦促和支持下，微软、雅虎等美国主要网络服务商经过三四年的研发、测试和行业内部的协商，到 2008 年前后形成了分别基于对发送人识别（Sender ID）和对域名识别（Domain Keys）这两种反垃圾邮件协议。前一种协议是通过鉴别邮件发送的 IP 地址是否在网络服务商批准的地址列表中以确定是否过滤。后一种协议要求将数字签名放在发送的邮件中，服务器就可以通过验证数字签名以确认来自某公司域名的电子邮件确实就是从这家公司的服务器发送的，而没有在发送中被篡改。对于认证不通过或者可疑的电子邮件，系统会自动拦截，同时向被盗用的电子邮箱的所属公司或个人发送通知。公司或个人就可以向联邦调查局（Federal Bureau of Investigation，FBI）或 FTC 报告，并通知公司客户和员工。伪造邮件来源是垃圾邮件最惯用的欺骗手段，也是反垃圾邮件的难题之一。这些邮件认证协议主要借助于技术手段来防止企业电子邮箱被盗用，既可拦截垃圾邮件，又可以减少企业或个人因邮箱地址被盗用而产生的风险和损害。FTC 于 2007 年 7 月召开的一个"垃圾邮件峰会"披露，使用服务商提供的垃圾邮件过滤器的电子邮件用户比例从两年前的 65% 上升到了 71%，报告收到过色情电子邮件的用户数量从三年前的 71% 减到了 52%，认为垃圾邮件是一个困扰的比例也有明显减少。[①]

三、FTC 反垃圾邮件的现实困境与未来可能

"大多数成功的 CAN-SPAM 执法都来自联邦贸易委员会采取的行

[①] FTC Staff Report, Spam Summit: The Next Generation of Threats and Solutions, November, 2007. https://www.ftc.gov/sites/default/files/documents/reports/spam-summit-next-generation-threats-and-solutions-staff-report-federal-trade-commissions-division/071220spamsummitreport.pdf.

动"①，但 FTC 执法的次数事实上十分有限。法案颁行后的两年时间里，FTC 只有 20 次执法，到 2007 年 11 月也才将近 30 次。② 对违法垃圾邮件的经济处罚大多数是要求返还非法所得，这显然不能给违法企业和个人以应有的震慑。民事罚款按法律规定似乎足可让违法者倾家荡产，让潜在违法者闻风丧胆，但却少有援用，而且实际执行的罚款额度不过万一。这难免让人对美国联邦政府反垃圾邮件的立法初衷与执法成效心生疑窦。

首先，反垃圾邮件工作不是由 FTC 专职独立负责，在 FTC 市场规制的大局中也算不上一个重点领域。FTC 的职责重点是打击欺骗性或不公平行为，反垄断和反不正当竞争。依据《联邦贸易委员会法》和 CAN-SPAM 法案的授权，FTC 主要负责对含有虚假内容的垃圾邮件进行执法，FTC 执行 CAN-SPAM 法案的前 20 个案例中有 12 个都是如此。③ 仅就欺骗性行为而言，垃圾邮件固然也会损害很多消费者的利益，但在传播的影响力和损害后果方面不能与大众媒体广告相提并论。自然，反垃圾邮件在 FTC 的市场规制议程上就排在了打击虚假广告的后面，这从 FTC 历年的年报和一些工作报告的内容排序上也可看得分明。至于严重违法构成犯罪的垃圾邮件，主要是由 FBI 进行调查，司法部负责起诉。为了打击网络诈骗、洗钱、网络安全攻击等网络犯罪行为，对垃圾邮件展开调查和执法已经成为这两个部门的重要工作之一。

其次，技术障碍是最直接的因素。这突出表现在垃圾邮件来源的识别，和嫌疑人参与违法活动的证据提取这两个环节。在 2004 年 9 月提交给国会的关于建立垃圾邮件有奖举报系统的报告中，FTC 总结其在 CAN-SPAM 法案出台前的反垃圾邮件执法经验，强调了委员会反垃圾邮件面临的三个重要障碍，其中两个便是识别垃圾邮件来源和提交违法证据。报告提到，"尽管目前还没有明确的研究来确定不可追踪邮件的比例，但许多行业专家基于各种不同的来源和方法进行了估计，多达 90% 的垃圾邮件是

---

① Dave Lorentz, 2011: "The Effectiveness of Litigation under the CAN-SPAM Act", *Review of Litigation*, 30 (3), pp. 559–606.

② David J. Rutenberg, 2011: "Silence of the Spam: Improving the CAN-SPAM Act by Including an Expanded Private Cause of Action", *Vanderbilt Journal of Entertainment and Technology Law*, 14 (1), pp. 225–252.

③ Rita Marie Cain, 2007–2008: "When Does Preemption Not Really Preempt: The Role of State Law after CAN-SPAM", *I/S: A Journal of Law and Policy for the Information Society*, 3 (3), pp. 751–776.

不可追踪的"①。之所以如此，是因为用于电子邮件的简单邮件传输协议（Simple Mail Transfer Protocol，SMTP）不要求电子邮件消息包含准确的路由信息。垃圾邮件发送者轻而易举就可以伪造电子邮件的部分或全部标题，使网络服务商和执法部门难以确认非法电子邮件的真正来源。此外，盗用他人邮箱从事垃圾邮件的违法活动也非常多见。再加上，垃圾邮件传播的全球性、即时性和动态性，都给来源识别和证据提取带来了极大的挑战。

最后，最惹非议的是立法问题，而不是 FTC 的执法问题。非议主要集中在五个方面。第一，为什么不是完全予以禁止，而是合规即予放行？试想，某商业组织向不属于该组织的人员大批量发送含有商业宣传内容的电子邮件，这些收件人没有与该组织发生过商业交易关系，并且没有向其请求过发送电子邮件；这些大批量发送的电子邮件都包含发件人的有效邮政地址和回复邮箱地址，允许收件人回复请求不再发送类似邮件；而且，邮件没有虚假或误导性的内容。这些显然属于垃圾邮件，美国一些州如加利福尼亚州和特拉华州的立法是完全禁止的，但在联邦立法层面，它们却是合法的。只要符合联邦法律有关垃圾邮件的形式和内容的规定，垃圾邮件就可以通行无阻。就此而言，美国 CAN-SPAM 法案不是反垃圾邮件法，它只是禁止不合乎法律要求的垃圾邮件。不少人因此批评 CAN-SPAM 法案"不是禁止垃圾邮件，而是将其合法化"②。

第二，为何选择的是 OPT-OUT 而非 OPT-IN？前者是只要收件人没有明确表示不再接收，发件人就可以一直向其发送垃圾邮件；后者是只有先征得收件人的明确同意，才可以向其发送垃圾邮件。前者给那些想要远离垃圾邮件的人增加了负担，但方便了垃圾邮件的供需双方，特别是供求方即发送方。后者则相反，保护人们自动免于垃圾邮件的骚扰，但征求接收人同意的义务给垃圾邮件发送者增加了很大的负担，多数情况下这种负担实际上就等于让他们失去了发送垃圾邮件的机会。所以，垃圾邮件经营者当然都会支持 OPT-OUT 机制。至于消费者，看重言论自由或者对垃圾邮件发送的商业信息有需要的那些人可能不介意或赞成 OPT-OUT 机制，而认为垃圾邮件是对个人生活的无端骚扰乃至肆意侵犯的消费者，无疑会选

---

① Federal Trade Commission，A CAN-SPAM Informant Reward System：A Report to Congress，September，2004. https：//www. ftc. gov/reports/can-spam-informant-reward-system-federal-trade-commission-report-congress.

② John E. Brockhoeft，2003 - 2004："Evaluating the Can-Spam Act of 2003"，*Loyola Law and Technology Annual*，4，pp. 1 - 44.

择 OPT-IN 机制。客观来说，OPT-OUT 机制当然会比 OPT-IN 纵容更多的垃圾邮件。

在美国之外，欧盟和澳大利亚的相关立法采纳的是 OPT-IN 机制。在美国内部，联邦立法之前，加利福尼亚州和特拉华州的垃圾邮件立法选择的是 OPT-IN 机制，其他州立法规定的是 OPT-OUT 机制。CAN-SPAM 法案没有像加利福尼亚州和特拉华州那样采取较为严格的事前同意模式，而是同多数州一样选择了较为宽松的事后拒绝模式，这给垃圾邮件发送打开了方便之门，这让不少消费者和消费者组织难以接受。一些计算机安全专家还指出，让收件人以回复邮件的方式申明退出等于向垃圾邮件发送者明示本人的邮箱地址是有效的，这只会增加垃圾邮件进一步骚扰和邮箱地址被转售的风险。结果，治愈方法变得比疾病更糟糕。[①] 美国消费者联盟（CU）因此建议消费者，不要点击垃圾邮件中的"回复链接"。

美国的垃圾邮件发送量一向位居世界前列，联邦立法对垃圾邮件为什么没有完全禁绝，没有采取严格的选择加入机制？有人猜测是立法受到了来自电子营销利益集团的压力。[②] 有人断言，这是国会在协助垃圾邮件商业营销的发展。[③] 无论是压力之下的被动而为，还是为求发展而有意如此，经济这笔账是美国立法建制的重要常规考量，互联网领域的立法尤其如此。在世界范围内，美国以倡导互联网的开放应用著称，这与欧洲一些国家强调发展与规制并重的取向明显不同。作为互联网的发源地，美国的互联网开发技术专家从一开始就高调宣扬了互联网自由开放的天然本色和发展立场。2005 年，美国联邦通信委员会（FCC）发布了"开放网络"的四条基本原则：消费者有权访问他们选择的任何合法的互联网内容；消费者有权在不影响执法的前提下运行他们选择的网络应用；消费者有权在不损害网络的前提下连接他们选择的设备；消费者应当受益于网络接入提供商、网络服务提供商和内容供应商之间的竞争。2009 年，FCC 又增加了互联网应用的不歧视原则——宽带服务供应商不能歧视任何互联网的内容或应用程序，以及透明原则——宽带互联网接入提供商的网络管理措施必

[①] Rita Marie Cain, 2007–2008: "When Does Preemption Not Really Preempt: The Role of State Law after CAN-SPAM", *I/S: A Journal of Law and Policy for the Information Society*, 3 (3), pp. 751–776.

[②] 赵晓力：《反垃圾邮件法的立法原则》，《信息网络安全》2005 年第 12 期。Peter B. Maggs, 2006: "Abusive Advertising on the Internet (SPAM) under United States Law", *The American Journal of Comparative Law*, 54, pp. 385–394.

[③] Jay Reyero, 2007: "The CAN-SPAM Act of 2003: A False Hope", *SMU Science and Technology Law Review*, 11 (2), pp. 195–226.

须透明。① 后来，虽然越来越多的互联网领域有了单独立法，但除了国家安全、儿童保护等少数几个重点领域，美国对互联网始终秉持高度开放发展的理念，鼓励互联网创新的一切可能，以促进美国互联网产业的发展以及这种发展惠及每一个人。

经济考量之外，但凡涉及通信自由和言论自由的立法，无论国会还是各州，都会小心翼翼避免触碰宪法第一修正案这条红线。UCE 这种垃圾邮件虽有"垃圾"之名，虽然是在互联网世界中以电子邮件的方式传播，然而性质上仍然是一种通信行为，属于商业性质的信息传播与言论表达。因此，相关立法必然会涉及合宪性问题。②有研究就认为，除了行业压力，美国 CAN-SPAM 法案之所以确立"选择退出"机制，国会考虑更多的是基于合宪性的自我审查，即认为表达自由的普世价值高于用户的个人利益。③"选择加入"的规定"听起来不错，但收件人的利益和商业自由流动最终将会受到影响"④。加利福尼亚州和特拉华州之所以最终通过了"选择加入"条款，一个重要原因是这两个州的垃圾邮件在全美国是最为猖獗和严重的。总之，美国宪法第一修正案是对所有垃圾邮件立法最重要的上位法限制。立法对垃圾邮件的限制越多，人们对此类立法违反第一修正案原则的担忧就会越大。彻底消除垃圾邮件最有效的立法，当然是立法规定所有形式的未经请求的商业电子邮件都是非法。然而，这样的法律将对第一修正案权利产生寒蝉效应，而且毫无疑问将面临无数的宪法挑战。所以，反垃圾邮件法律的效力必须始终与对言论自由的限制保持平衡。⑤

第三，为何没有赋予私人进行救济的权利？美国大部分州的反垃圾邮件立法都赋予私人对垃圾邮件提起民事诉讼的权利。2005 年，华盛顿一家互联网站的所有人 Gordon 根据华盛顿州的商业电子邮件法（*Washington*

---

① 雁鸣：《创新自由　无须批准——美国"网络中立"立法吹响号角》，《中国数字电视》2009 年第 10 期。

② Jameel Harb, 2006: "White Buffalo Ventures, LLC v. University of Texas at Austin: The CAN-SPAM Act & the Limitations of Legislative Spam Controls", *Berkeley Technology Law Journal*, 21 (1), pp. 531 – 549.

③ 徐剑：《电子邮件广告的表达自由与限制：论美国的反垃圾邮件立法》，《现代传播》2009 年第 3 期。

④ John E. Brockhoeft, 2003 – 2004: "Evaluating the Can-Spam Act of 2003", *Loyola Law and Technology Annual*, 4, pp. 1 – 44.

⑤ Jameel Harb, 2006: "White Buffalo Ventures, LLC v. University of Texas at Austin: The CAN-SPAM Act & the Limitations of Legislative Spam Controls", *Berkeley Technology Law Journal*, 21 (1), pp. 531 – 549.

Commercial Electronic Mail Act）和消费者保护法（Washington Consumer Protection Act），起诉内华达州一家公司发送主题行中含有虚假或误导性信息的电子邮件，并提出每封违法邮件 500 美元的索赔。① 但是，根据联邦的 CAN-SPAM 法案，即使受到违法垃圾邮件的侵扰和损害，像 Gordon 这样的消费者个人无权对其提起民事诉讼和主张索赔。联邦立法仅赋予公诉人和网络服务商以相应的诉权。对此，主张开放诉权给企业和消费者个人的呼声一直不断。然而，不赞成的意见则认为：

  这样做不见得是一种有效的制度安排，无助于许多消费者个人。首先，个人几乎不可能追踪到垃圾邮件发送者的行踪。其次，大多数个人没有条件对垃圾邮件发送者提起民事诉讼，诉讼获得的损害赔偿金也不足以抵消诉讼费用。政府和互联网服务供应商则拥有更多的技术和财政资源，能够更好地对垃圾邮件发送者采取有效行动。第三，政府和互联网服务提供商在资源充足的情况下，可以更好地执行和获得民事赔偿金。最后，如果个人拥有诉讼权，联邦法院可能会被这些诉讼淹没。②

  在制度设计上，反垃圾邮件立法需要兼顾和平衡的各种利益与矛盾关系很多，包括互联网应用的商业利益与社会公共利益，言论自由与个人隐私，各种具体规则的执行成本、预期代价与收益，等等。在反垃圾邮件的工具箱里，各方公认性价比最高也最富有成效的是认证、黑/白名单、过滤等技术手段，在行业自律运行良好的情况下尤其如此。对与恐怖主义、安全攻击、网络诈骗等各种互联网犯罪有关的垃圾邮件，刑事执法则是一把打击和震慑的利剑。在技术规制、行业自律和刑事打击之外，有学者认为，CAN-SPAM 法案已经是世界上执行得最好的反垃圾邮件法了，在补偿网络服务商因垃圾邮件而付出的代价和阻止垃圾邮件滥发方面最为成功，从根本上改变了反垃圾邮件工作的大局。③

  2017 年 6 月 28 日，联邦贸易委员会按照惯例启动了对 CAN-SPAM 法案的评估工作，公开征集社会评议。2019 年 4 月 4 日，FTC 完成并发布了

---

① Gordon v. Impulse Mktg. Group, Inc., 375 F. Supp. 2d 1040, 1045, E. D. Wash. (2005).

② John E. Brockhoeft, 2003 - 2004: "Evaluating the Can-Spam Act of 2003", *Loyola Law and Technology Annual*, 4, pp. 1 - 44.

③ Rebecca Bolin, 2006: "Opting out of Spam: A Domain Level Do-Not-Spam Registry", *Yale Law & Policy Review*, 24 (2), pp. 399 - 435.

评估报告。①报告显示，委员会共征集到92份评议，绝大部分来自消费者个人，7份来自行业协会，2份来自消费者组织，2份来自邮箱服务的提供者，1份来自网络服务提供者。其中，6份意见明确建议废除该法案，11份意见持批评态度但没有建议废除。至少40份评议对OPT-OUT机制表示担忧或不满，建议改为选择加入机制，或者"双重选择"方式。但这些评议或者没有提供明确的替代法案，或者没有说明既有规则和替代法案的各自的具体成本与收益，个别建议则超出了FTC的法定授权范围。FTC评估的最终意见认为，CAN-SPAM法案让消费者受益，同时又不会给企业带来沉重的负担，因此将继续留用，包括OPT-OUT机制。

第三节　竞价排名的法律性质及广告披露规制

一、搜索引擎的吸金利器：竞价排名

1994年是搜索引擎发展的元年。这一年，搜索引擎自己才真正有了强大的"引擎"———一种名为"蜘蛛"的计算机程序，它可以在浩瀚无垠的网络海洋中任意爬行并从中快速抓取目标内容。1994年4月，斯坦福大学的两名博士生David Filo和杨致远共同创办了超级目录索引Yahoo，搜索引擎开始迅速普及。1998年9月，斯坦福大学的学生Larry Page和Sergey Brin创建了Google。成立仅七年多时间，Google的股票市值就超过了传统制造业的两个代表——福特和通用汽车公司——的市值总和，也超过了老牌厂商可口可乐、百事可乐以及传媒巨头时代华纳的市值。在IT产业内部，谷歌后来居上，股票市值超过了惠普、老对手Yahoo和全球半导体产业巨擘英特尔公司，成为仅次于微软的全球第二大信息科技公司。②在各种网络应用中，搜索很快飙升为大多数网民的首选，搜索引擎广告在整个互联网广告市场中的份额也迅速增大。2004年美国搜索引擎广告已

---

① https://www.ftc.gov/news-events/news/press-releases/2019/02/ftc-completes-review-can-spam-rule.

② 沈明：《搜索引擎引发的版权危机》，《法律和社会科学》2010年第1期。

从三年前的不足5%发展到占据网络广告40%的份额。① 2015年占比达到49%以后一直小幅下降，2021年占比41%。

如果说蜘蛛程序是搜索引擎的技术"引擎"，那么"竞价排名"就是它们的吸金利器。1996年，美国搜索引擎服务公司Open Tex发明了优先排序（preferred listings）这种利用关键词响应把客户网站链接嵌入搜索结果中的营销方式。1998年，另一家搜索引擎服务公司GoTo进一步完善了这种网络营销方式，初步形成了今天的竞价排名模式。1999年，Overture公司（前身即是GoTo. com）向美国专利局申请专利——一个可以让广告商通过竞价取得搜索结果中最佳广告位置的系统和方法，并于2001年7月获得批准。在此之前，搜索引擎公司的盈利主要来自一些常见的网络广告形式如旗帜广告，少数公司像谷歌还可以依靠技术转让与授权盈利，整个搜索引擎市场的盈利模式和收益并不像它们的应用那般令人称奇。2000年开始，竞价排名这种商业服务新招数给搜索引擎市场带来了惊人的吸金效应。2004年，美国竞价排名的市场规模达到了80亿美元，Google 99%的收入和Yahoo 84%的收入都来自竞价排名服务。② 全球最大的中文搜索引擎百度2008年第三季度财报显示，公司的线上营收为9.182亿元，占总营收的99.85%。而线上营收超过90%即来自竞价排名。③ 2009年同一季度总收入为12.787亿元，以竞价排名为主的营销收入高达12.782亿元，比重接近100%。④ 时至今日，竞价排名服务仍然是搜索引擎服务商的几乎全部营收来源。

二、社会投诉与FTC的认定及规制

在美国，搜索引擎服务商刚开始挥舞竞价排名这把吸金利器，就遭到了来自消费者团体的投诉。2001年7月16日，一个名为"Commercial

---

① 章剑林、商玮主编：《电子商务概论》，杭州，浙江科学技术出版社，2006年，第1版，第156页。

② Bernard J. Jansen, 2006: "Adversarial Information Retrieval Aspects of Sponsored Search", Conference Paper from *The 29th Annual International ACM SIGIR Conference on Research and Development in Information Retrieval*, pp. 33-36.

③ 金定海：《百度，还是百不度——关于百度竞价排名的思考》，《中国广告》2009年第2期。

④ 俞东进主编：《中国电子商务之都互联网经济发展报告》，杭州，浙江大学出版社，2010年，第1版，第47页。

Alert"的消费者保护团体向联邦贸易委员会发去公开函①,指名投诉 Alta Vista Co.、AOL Time Warner Inc.、Look Smart Ltd.、Microsoft Corp.、Terra Lycos S. A. 等搜索引擎服务商,指责它们在搜索结果中嵌入广告却并未向消费者清晰而且显著地披露其为商业性质的服务,认为这种掩盖会误导用户,让他们以为搜索结果只是基于相关性的一个自然排序而非一种商业广告营销。美国消费者联盟(CU)2002年4月的一项全国调查发现,60%的网络用户不知道这种竞价排名服务。在获悉了这种服务实属商业营销这个事实以后,80%的受访者表示公开作出披露对他们来说很重要,其中44%认为非常重要。② 公开函表示,广告掩盖其商业属性这种欺骗和误导行为一直是FTC打击的对象,利用竞价排名把商业广告嵌入到搜索结果当中已经成为搜索领域的一种惯常现象。FTC应该全面调查这种情况,要求搜索引擎平台以清晰而且显著的方式向消费者说明嵌在搜索结果中的这些内容事实上是商业广告,并禁止搜索引擎凭条利用竞价排名这种方式发布欺骗性的广告。

经过一番调查和商议,2002年6月27日,联邦贸易委员会下属的消费者保护局对该投诉发出了公开的答复函。③ 答复函首先声明,委员会这次不会对被投诉的那些搜索引擎公司采取正式行动,但这个决定不应被视作是消费者保护局或者委员会就此种行为是否违反《联邦贸易委员会法》的一种正式表态。

答复函接着陈述了委员会对搜索引擎竞价排名的定义、调查结论和性质认定。委员会认为,竞价排名是指不受相关度排名方法的限制,通过付费获得在搜索结果中更靠前的位置。按照既有的广告内容与编辑内容应该清晰区分开的法律原则,搜索结果中竞价排名的这部分内容应该向消费者作出清晰而且显著的披露。虽然大部分公司都对这种性质的搜索结果作出某种方式的披露,在竞价排名的搜索结果附近标注"推荐链接"(featured listing)、"推荐结果"(featured search results)或者"推荐网站"(featured sites)等字样,但委员会认为这些披露不够充分、清晰。鉴于竞价排名的

---

① Letter from Heather Hippsley, Acting Associate Dir., F. T. C. Division of Advertising Practices, to Gary Ruskin, Executive Director, Commercial Alert, 2002. http://www.commercialalert.org/PDFs/ftcresponse.pdf.

② Princeton Survey Research Associates, A Matter of Trust: What Users Want from Web Sites, January, 2002. http://consumersunion.org/wp-content/uploads/2013/05/a-matter-of-trust.pdf.

③ Letter from Heather Hippsley, Acting Associate Dir., F. T. C. Division of Advertising Practices, to Gary Ruskin, Executive Director, Commercial Alert, 2002. http://www.commercialalert.org/PDFs/ftcresponse.pdf.

商业性质，搜索引擎服务商应该对它的使用作出更清楚的说明，包括更清晰地描述这些竞价排名是如何运作的及其对搜索结果的影响。

答复函表示，虽然这次不采取正式行动，但 FTC 会向搜索引擎服务商发函警告：他们必须对竞价排名作出充分披露，否则，委员会将来可能采取正式的行动。在对投诉作出答复的同时，消费者保护局向全美国所有的搜索引擎服务商发函，提出了三点劝告：①所有竞价排名的搜索结果都要作出清晰而且显著的披露，以区别于自然排序的搜索结果；②向消费者清晰而且显著地解释和披露竞价排名；③关于一个搜索结果的产生依据不得做任何可能误导消费者的表述。考虑到搜索引擎公司的商业模式各有不同，不宜对披露的具体方式作出统一的要求，委员会因而鼓励他们参考应用 FTC 于 2000 年 5 月 3 日发布的网络广告披露指南。

三、竞价排名的商业模式及法律性质

竞价排名是搜索引擎服务商向客户提供的以关键词付费高低为标准对购买同一关键词的客户的网站链接，在搜索结果中给予先后排序的一种网络营销服务。由于联邦贸易委员会对竞价排名的商业推广性质及法律问题及时作出了回应和认定，竞价排名这种新型商业广告的法律问题在美国基本没有引起学界的争论和研究。

然而，在中国，这个问题在相当长的一段时期内特别突出，甚至屡屡成为全社会的焦点。从 2008 年三鹿奶粉事件中百度涉嫌屏蔽搜索结果，到当年 11 月中央电视台"新闻 30 分"连续两天报道百度竞价排名误导消费者，再到 2009 年 6 月 18 日中央电视台"焦点访谈"曝光谷歌色情链接，搜索引擎服务存在的诸多恶行一下子涌入了人们的视野：不实点击，商标侵权，勒索营销，垄断经营，虚假违法信息链接，等等。作为搜索引擎服务的主要赢利方式，竞价排名是滋生这些不法行为的温床，因此受到了很多的关注。特别是对如何定性竞价排名，其是否属于广告，各方提出了不同的看法。当时，百度网站无论是向客户介绍竞价排名这项服务，还是在搜索结果中向用户呈现相应的内容，对竞价排名的描述使用的都是"推广"这样的词语。在 2008 年末媒体曝光其竞价排名的不良内幕之后，百度 CEO 李彦宏虽然承认百度推广的都是广告主的信息，但又明确表示不应该为这种信息的真实性承担责任。① 一些法学人士也认为，"竞价排名服务不是法律意义上的广告行为。……广告的本质在于介绍产品或服务。但搜索引擎商在竞价排名服务中仅仅是链接客户的网站，只有被链接的客户网站才可能真正的起到介绍产品的作用"②。

回到竞价排名本身的问题上来，若要讨论这种服务的性质，首先需要对搜索引擎的工作原理特别是它的排序机制作一番调查研讨。搜索引擎对结果进行排序的方式基本上有两种：自然排序和竞价排名。自然排序是搜索引擎按照事先设定的计算方法，纯粹以与用户查询内容的匹配程度高低为标准依次排列搜索结果。这既是搜索引擎的主要业务，也是广大用户的主要体验。怎么计算一个网页与用户查询内容的匹配程度？如何向用户提供他们最想要的查询结果？各搜索引擎服务商在这些核心技术方面展开了激烈的竞争，不断发明和优化各自的计算方法和排序技术。PageRank算法是计算一个网页被链接的数量和质量。例如，用户想查询有关"奶粉"的信息，在搜索引擎中键入这个关键词，一个含有"奶粉"这个关键词的网页被其他网页链接的次数越多，意味着这个网页与用户查询内容的匹配程度越高；链接的网页越权威，意味着被链接的网页对用户来说越重要。这与我们通过一篇论文的被引用率和引用方的权威程度来评价其重要性，是一个道理。但是，现实中有些链接可能与被链接网页不同属一个主题，有些甚至是广告。按照HillTop算法，同样含有"奶粉"这个查询内容的两个网页，一个网页被食品、卫生、婴幼儿成长等同类主题的网页链接100次，而另一个网页被军事、航空、电子等非同类主题的网页链接100次，前者的权重即匹配程度显然要比后者的权重高。除此之外，还有根据网页浏览量、网页回头率等数据来衡量一个网页与用户查询内容的关联程度大小。不管采用什么计算方法和排序技术，自然排序的核心是计算网页与用户查询内容的匹配程度，目标是最大程度提供用户想要的查询结果。

与之不同，竞价排名的核心是以价论位。同一个关键词，谁出的价钱越高，谁在搜索结果中的排位就越靠前。正如FTC在前述答复函中所言，这种排序不受关联度排名方式即自然排序的影响，即使与用户的搜索请求关联度不高，也可以通过与搜索引擎服务商的金钱交易获得在搜索结果当中靠前的位置。美国的司法判决和学术界虽然一直没有提出一个非常明

---

① 顾洪洪：《假医药信息只是冰山一角，竞价排名模式后的百度问题依旧》，新华网，2008年11月21日。http://news.xinhuanet.com/newscenter/2008-11/21/content_10389547_1.htm.

② 邓宏光、周园：《搜索引擎商何以侵害商标权?》，《知识产权》2008年第5期。

确、广受认可的定义，不过主流的看法普遍认为，广告是有关商业交易的一种市场营销行为。按照中国1995年版《广告法》第二条第二款规定，商业广告是指商品经营者或者服务者承担费用，通过一定媒介和形式直接或者间接地介绍自己所推销的商品或者提供的服务的信息传播活动。搜索引擎服务商提供的竞价排名服务确系商业性质的广告，理据有三。

第一，竞价排名是一种商业交易，是搜索引擎服务商为客户提供的一种收费推广服务。这里所谓的客户就是商品经营者或服务者，搜索引擎平台就是他们发布广告的平台。收费主要有两个环节。第一个环节是客户首次开户时交纳的开户费。2009年前后，百度规定需要一次性缴纳5600元，其中5000元是客户预存的推广费用，600元是服务费。同时期，谷歌的开户费是50元。第二个环节是对关键词的竞价付费和点击付费。开通服务后，客户开始自助设计推广计划，选择与自己的产品或服务相关的若干专业性关键词，并选择投放的区域和时段。竞价排名主要就发生在这个环节，即对同样的关键词进行竞价以获得搜索结果中的理想排名。例如一个上海的鲜花店在百度开户以后，计划仅针对每天10：00～22：00上海地区的百度用户推广其鲜花速递业务。为了在这些用户搜索"鲜花 速递"时，自己能够位于搜索结果的前面，它可能需要选择"鲜花"和"速递"这两个关键词进行竞价。假如这个鲜花店出价最高（30元），它就会在搜索结果中被置顶。稍后如果有别的鲜花店以更高的价格对这两个关键词进行竞价，它在搜索结果中的排名就会下滑。必须说明的是，竞拍的关键词价位一头决定着在搜索结果中的排名，另一头则意味着客户因用户的每次点击需要向百度交付的费用，行业术语叫CPC（cost per click）。换句话说，不管这个鲜花店在百度搜索结果中的排名如何变化，用户每点击一次，百度就会从其预存款中扣除30元。当然，如果30元这个价位不断被新的出价超越，客户有可能被挤出百度出售的所有位置。在这种情况下，客户要么提高出价，要么放弃竞价。

不难看出，竞价排名服务表面上是出售关键词，背后其实是拍卖广告位，类似于电视媒体的黄金时段招标。从客户的角度来说，竞价排名实际上就是典型的广告位竞价。客户选择关键词不过是确定把自己投放给什么类型的搜索内容，类似于先要确定是在哪个频道刊播广告一样。客户真正购买的是，当用户搜索这种类型的内容时自己在搜索结果中的位置。鉴于新媒体时代信息泛化和近些年新出现的一些商业广告业态，2015年新版《广告法》在第二条对商业广告的解释中剔除了付费交易这个构成要件，但这不等于否认商业广告本质上的商业交易性质。

第二，竞价排名服务不仅仅是对客户网站的技术链接，它在搜索结果中明显为客户的产品或服务作了商业性质的宣传，完全符合商业广告的本质。这主要表现在两个方面：一是标题，即用户在搜索结果中通常点击的内容。客户可以把自己企业或公司的名字作为标题，也可以在标题中加入一些宣传信息。比如在谷歌和百度搜索平台键入"车载 GPS"，得到的第一个搜索结果的标题分别是"东莞车诚电子科技有限公司"和"广东星唯　引领车载 gps 市场"。二是标题下面的简短描述。前者的描述内容是"从事汽车监控、汽车定位、卫星定位 GPS 等系统的开发与运营，欢迎来电"，后者的描述内容是"集 GPS 硬件，软件研发，生产一体化的高新技术企业。产品畅销超过 57 个国家和地区，分别在广州、深圳、东莞、佛山、顺德、中山、惠州、珠海、江门等地建立了销售分公司"。这两部分内容是搜索引擎重点呈现给用户的客户信息，百度称之为推广创意。为了让客户的推广信息更引人注目，搜索引擎服务商为客户提供了很多优化技巧来提高创意的制作水平。比如尽量"突出您的产品或服务的独家卖点"；尽量插入关键词，凡是与用户检索词一致的关键词，在搜索结果中会以"红色"显示，百度谓之"飘红"。数据显示，推广信息中 1～3 次的飘红将显著提高网民对推广结果的关注。①

由此足见，这两部分内容无疑是在宣传介绍客户的产品或者服务。而且从实际体验来看，用户除了受位置因素的影响更多地选择点击搜索结果第一页里面的链接，通常还会根据这些内容来判断哪一项搜索结果更适合自己的需要而选择点击。换句话讲，搜索结果的标题及其下面的简短描述实实在在地影响了用户的认知和行为。

第三，竞价排名的广告属性不以搜索结果中的客户信息和客户网站内容之间的关系为转移。否认竞价排名属于广告宣传的观点多是被搜索引擎的链接技术蒙蔽了。在他们看来，竞价排名主要是对客户网站域名的技术性链接；竞价排名模式产生的搜索结果本身不提供客户网站上的信息内容，即搜索结果不收录或者转载客户网站上的宣传信息。所以，搜索引擎没有在竞价排名模式中为客户进行广告宣传。

这里有必要弄清楚客户与客户网站的区分，以及客户网站与竞价排名之间的关系。客户自设的网站是一个宣传窗口。客户参与的竞价排名是另外一个宣传窗口。它们之间虽有技术上的必然联系，即后者是前者的索引

---

① 来自百度推广业务介绍，2009 年 4 月 15 日。http：//e. baidu. com/pro/cjwt/2009 - 04 - 14/115916220343. html。

和导向，但在宣传上却并行不悖，完全可以相互独立。客户可以在自设的门户网站作这样一番宣传，同时在搜索引擎提供的竞价排名模式中作另一番宣传。即使竞价排名模式所产生的搜索结果里面没有直接来自客户网站的内容，没有为客户网站作宣传，但它照样可以为客户的产品和服务作宣传。所以，是否提供客户网站上的信息内容绝不是搜索引擎服务商是否为客户作广告宣传的依据。只要客户付费购买了搜索结果中的某一位置，并在其中介绍自己所推销的商品或者提供的服务，不管其中的介绍内容是否直接来自客户网站，显然都属于广告行为。

媒体的二次销售理论其实也能够有力地说明，搜索引擎服务商的竞价排名与传统大众媒体的广告发布同属一个性质，都是媒体的第二次销售。搜索引擎的第一次销售，是通过免费的自然搜索服务来吸引大量用户，这与报纸、电视通过新闻、娱乐等免费内容来吸引受众是一样的道理。搜索引擎的第二次销售，是通过竞价排名把第一次销售所积聚的广大用户拍卖给客户，这与报纸、电视把各自的受众出售给广告主是一样道理。

四、魏则西条款与中国竞价排名的法律规制

既然属于商业广告，就应该遵守相应的广告法规。如中国互联网络信息中心（China Internet Network Information Center，CNNIC）分析师赵慧斌所言，不论是百度冠以"推广"字样的竞价排名，还是谷歌的"赞助商链接"，其本质都是网络广告的一种形式，应尽快纳入《广告法》的统一监管。[①] 具体而言，针对搜索引擎竞价排名服务的法律规制最需要从以下三个层面着手。

首先，搜索引擎服务商必须依法具有广告发布资质。依照中国广告法规，任何法人和经济组织必须到当地县级以上工商行政管理局办理广告业务登记手续，经审查符合条件，取得广告经营资格证明以后，才能经营广告发布业务。否则，即为非法经营。这第一步至关重要。只有从法律上明确竞价排名属于广告，才能确认服务商为其竞价排名服务所必须承担的一系列法律责任，例如广告审查责任，广告服务明码标价和备案，签订广告合同而不是一般的商业合同，使用广告业务专用发票；才能明确竞价排名服务的规制部门，即市场规制部门必须起法定的广告规制职责；才有可能

---

① 秦川、金琳：《CNNIC 呼吁竞价排名立法》，中国新闻网，2008 年 10 月 7 日。http://news.xinhuanet.com/newmedia/2008 - 10/07/content_10160589.htm。

保障搜索引擎服务的正当、有序、健康发展。

其次，搜索引擎服务商必须依法履行广告审查责任。根据《广告法》规定，广告发布者对其发布的广告进行审查是一项法定的责任和制度。这种制度要求广告发布单位必须配备专职的广告审查员，对广告主、广告公司和广告作品进行法律审查。报纸、广播、电视等传统的广告发布者是直接发布广告主和广告公司的广告作品。它们既要审查广告主和广告公司的主体资质，也要审查广告作品的形式和内容。搜索引擎所提供的竞价排名服务主要是链接客户的网络地址和在搜索结果中对客户进行宣传，其搜索结果中的宣传内容类似于传统意义上的广告作品。所以，搜索引擎服务商同样不仅要审查客户的主体资质，严防不法客户蒙混过关；还要对搜索结果中的宣传内容进行把关，保证真实、合法。根据中国相关广告法规，服务商明知或者应知搜索结果中的宣传内容虚假而仍然发布的，依法承担行政法律责任。服务商违法发布虚假广告给消费者造成损害，却又不能够提供广告客户的真实名称、地址和有效联系方式的，依法与广告主承担连带责任。服务商明知客户的行为是违反《广告法》的犯罪行为而仍予发布的，应当以共犯追究其刑事责任。总之，无论是链接不法客户的网址，还是在搜索结果中推广违法信息，搜索引擎服务商都必须承担相应的行政、民事甚至刑事责任。

最后，必须遵守法律所要求的商业广告与非商业广告内容清晰区分的原则。中美法律都规定，商业广告应当具有可识别性，能够使消费者辨明其为广告。通过大众传播媒介发布的商业广告应当有广告标记，与其他非广告信息相区别，不得使消费者产生误解。竞价排名服务实为商业广告，却在这方面躲躲闪闪，让消费者误以为所有的搜索结果都是基于相关度的一种客观搜索与排序，影响他们对目标内容的寻找和理性选择。

2013年前后，谷歌主要采用背景色反差、警示语及超链接这三种方式对竞价排名的有关情况进行披露。竞价排名的搜索结果全部采用淡黄色的背景，以区别于自然排序的白色背景。上面标注的警示语"Ads related to milk powder"提示，这部分内容是一些对应搜索请求的商业广告。鼠标放在警示语后面的标记"错误！"上面，会出现另外一个提示语"why these ads?"，点击这个标记出来的对话框里面简要回答了这个问题，而且还有一个超链接可以让消费者进一步了解谷歌设置这些广告的一些原理和政策（Ads Settings），以更清楚地知晓其商业属性以及与消费者搜索请求之间的关系。

同时期，全球最大的中文搜索引擎百度是用背景色和提示词这两种方式进行提示。竞价排名部分的背景色是非常淡的浅灰色。若不仔细看,几乎不会留意到它与自然排序在背景上的差别。百度使用的提示词是"推广链接"。在汉语世界里,"推广"一词既有可能指商业性的宣传,也有可能是指公益性的普及,不能够清晰准确地说明竞价排名的广告性质。据媒体报道,在一次相关案件审理过程中,法官还询问什么叫作"推广"。连法官都不明白,何况普通网民?① 但也有个别人不以为然,认为"推广"所指向的商业宣传的含义对大部分网民而言并不难理解。不久,魏则西之死给出了无声却有力的回答,"推广"一词和背景色等提示内容,完全不足以让普通网民认识到其实为商业营销。联合调查组也指出,百度竞价排名机制存在商业推广标识不清等问题,容易误导网民。

  对竞价排名的标注究竟能否让消费者辨明其为广告,有没有使消费者产生误解这个问题的判断可以参照适用法律上的"理性人"标准。"理性人"是指在知识、经验、判断力等方面处于中等程度的人。法律要求每个人至少应以"理性人"的谨慎和注意行事,以免给他人造成损害。这种谨慎和注意大体上分为三个层次:一般的谨慎和注意;与管理自己的事务同样的注意;"善良家父"般的谨慎和注意。美国法院和联邦贸易委员会在判断虚假广告是否误导消费者时,多考虑采用"理性人"标准的最一般层次。即只要广告宣传让保持了一般注意的消费者产生误解,就可认定为虚假广告。一家广告公司针对消费者喜好法国香水的心理制作了一则广告,他们避开产品的产地这一问题,只在包装上标注"美国瓶装"字样,并在广告中大肆宣传。常人一般理解,既然是"美国瓶装",产品必然是进口的,于是纷纷购买。仔细推敲,"美国瓶装"并不必然意味着香水是进口货。然而,美国联邦贸易委员会还是根据"理性人"的一般注意原则,判定它是虚假宣传,属于违法广告。中国普及使用互联网的时间比美国稍晚一些,广大消费者的媒体素养和消费素养也明显不如发达国家。以此原则要求面向国内消费者的搜索引擎服务商对竞价排名作出清晰而且显著的标注,既显必要,也不为过。在魏则西事件之后,2016年6月25日,国家互联网信息办公室发布《互联网信息搜索服务管理规定》,要求必须醒目区分自然搜索结果与付费搜索信息,对付费搜索信息逐条加注显著标识。禁止以链接、摘要、联想词等形式提供含有法律法规禁止的信息内容。同年7月4日,国家工商行政管理总局公布了《互联网广告管理暂行办法》,

---

① 罗添:《百度"触礁",律师称竞价排名应纳入法律监管》,《北京商报》2008年11月18日。

明确推销商品或者服务的付费搜索广告属于商业广告。中国对竞价排名的制度监管在走过了十多年的探索的道路之后,终于转向了法治化轨道。

第四节 在线行为广告与个人信息保护

一、OBA 精准营销及其隐私侵犯黑幕

2007 年 11 月 6 日,脸书公司上线了一个名为"灯塔"(Beacon)的广告项目。这是脸书公司广告营销战略当中基于行为定向技术而开发的一个新项目,目的是让广告与受众的需求更方便地进行匹配。脸书用户在灯塔广告项目的 44 家合作网站上进行任何操作,包括在这些网站上购物、租赁房屋、评论等,相关的信息都会显示在脸书网站上,所有能够接触该用户的脸书社交圈的人都可以看到这些信息。该项目设定了"选择退出"功能,但用户想要选择退出,必须去了解脸书及与其合作的 44 家网站的隐私政策与相关设置。而且,该系统没有提供可以让用户永久关闭这项服务的选项。一些安全专家还发现,在一些用户选择退出之后,"灯塔"项目还在传送这些用户的个人数据。"灯塔"项目遭到了安全专家、隐私斗士以及大量脸书用户的严词批评和激烈反对。他们认为,脸书未经用户同意就擅自泄露用户的个人身份及行为信息,赤裸裸地侵犯了用户的隐私权益。一个名为"行动起来"(Move On. org)的公民行动政治小组,在 2007 年 11 月 20 日发布了反对"灯塔"项目的一份请愿书,10 天内便收集到了超过 50000 名脸书用户的签名。虽然脸书宣布马上就对"灯塔"进行改进,但诉讼已经先期而至。

一位名叫 Sean Lane 的脸书用户从"灯塔"项目合作网站之一 Overstock.com 上面给他妻子订购了一款钻石项链,想送给她一个惊喜。但在他毫不知情的情况下,这个订购信息出现在了他的脸书社交圈,被泄露给了他的数百好友还有他的妻子,这让他大为光火。2008 年 8 月 12 日,Sean Lane 代表 360 万访问过那 44 家合作网站的脸书用户,向联邦北加利福尼亚地区法院提起了集体诉讼,指控脸书及这些合作网站违反了联邦和州的隐私法规。原告声称,被告违反了《电子传播隐私法》(Electronic Communications Privacy Act)。因为,被告在未经同意也没有告知的情况下,

私自把用户私人信息发送给那些合作网站,并且还用于提高其广告收益。根据该法,原告及其所代表的起诉团体有权获得侵犯行为每发生一天100~1000美元的法定赔偿。被告的行为还违反了《视频隐私保护法》(Video Privacy Protection Act)。作为该法定义的视频服务商,部分合作网站未获得明确同意,故意向脸书泄露了他们的个人身份信息。被告还违反了《加利福尼亚州消费者法律救济法》(California Consumer Legal Remedies Act),因为这些合作网站没有依法告知用户,他们的个人信息会被传送给脸书公司。

经法院裁定,脸书公司最终于2009年9月关闭了"灯塔"这个广告项目,并出资950万美元成立一个隐私安全基金,用于资助消费者教育项目。原告Sean Lane获得了15000美元,其他原告获得了1000至7500美元不等的赔偿。[1]

2016年6月22日,联邦北加利福尼亚地区法院对新加坡一家移动互联网广告公司在美国境内违法进行在线行为跟踪和儿童个人信息收集的诉讼案件作出了判决。被告InMobi Pte Ltd是新加坡的一家私人有限公司,自称是世界上最大的独立的移动广告公司,拥有10亿个移动终端用户,平均每天响应60亿个广告请求。根据美国2013年7月1日生效的修订版《儿童在线隐私保护法》(Children's Online Privacy Protection Act,COPPA),在美国境内活动的移动互联网同样要遵守《联邦贸易委员会法》和COPPA的规定,不得未经通知并获得父母明确授权而收集、使用或分享儿童个人信息。移动终端上的操作系统——比如Android和iOS——本来为各种应用程序App访问用户的当前位置设置了权限,即App若要访问用户的敏感信息(比如消费者的位置或联系方式)或敏感的设备功能(如相机或手机通话),必须向用户发出访问通知并获得用户同意。在安装App的时候,或者使用过程中App请求访问敏感信息的时候,用户可以选择拒绝访问任何敏感信息,或者拒绝访问部分敏感信息而同意访问其他敏感信息。比如同意App进行粗略定位(2000米以内),但拒绝精准定位(精确到经纬度坐标)。

联邦贸易委员会指控,被告提供的一款名为InMobi SDK的软件开发工具包,在App获得访问权限的情况下收集用户的精确坐标和网络信息BSSID(唯一标识符),建立自己的地理编码数据库;在用户拒绝App访问个人敏感信息的情况下仍然可以收集用户所用移动设备周围一定区域内

---

[1] Sean Lane, et al. v. Facebook, No. 5:2008cv03845 (March 17, 2010).

的网络信息（无论消费者是否实际连接到网络），包括 ESSID（网络名称）、BSSID 和信号强度，然后输入其地理编码数据库，便可推断用户的精确位置。被告从数千个面向儿童的应用程序当中收集和使用儿童个人信息，通常是每 30 秒收集一次。然后，向移动应用程序和广告商提供"即时定位""条件定位"和"心理定位"等基于地理定位的广告营销套餐服务，广告主借此就可以基于消费者的物理位置进行营销。

　　法院审理后认定，被告的信息收集行为与其隐私政策——宣称他们仅在应用程序获得访问权限的情况下才跟踪用户的位置并提供行为定向广告，他们不收集和使用来自面向儿童的各种应用程序的信息——不符，构成了《联邦贸易委员会法》第五条所禁止的商业中或影响商业的不公平或欺骗性的行为或做法。被告事实上知道他们从面向儿童的网站或 App 上收集个人信息，但却违反 COPPA 规则，在发布的信息行为通告中没有明确、完整、准确地披露其所有的信息收集与使用行为。在收集及使用儿童的个人信息之前，没有直接通知家长并取得家长的明确同意。根据《联邦贸易委员会法》第五条、第十三条和 COPPA 的处罚规定，法院作出了禁令判决，禁止被告及相关人等收集和使用儿童个人信息，除非作出合理的努力，确保父母收到被告有关此等信息行为的通知并在行为之前获得父母同意，包括之前父母同意的信息行为的实质性变化的通知和同意。必须在判决书生效后 10 天内删除手中持有、保管或控制的在此判决之前获得的儿童个人信息，并永久禁止披露、使用这些信息或从中获益。禁止被告收集或推断位置信息，除非事先获得消费者的明确同意（OPT-IN）。必须在判决书生效后 10 天内删除手中持有、保管或控制的在此判决生效前收集或推断出来的位置信息，并永久禁止披露、使用这些位置信息或从中获益。禁止未来再次违反《联邦贸易委员会法》第五条之规定，对隐私政策和数据安全措施作出任何方式的虚假或错误表示。判决被告建立、实施和运行全面的隐私项目，项目须合理设计以满足于能处理与新产品和现有服务的开发与管理相关的隐私风险，能够保护所有相关信息的隐私和机密性，并且包含与被告的经营规模和复杂性、被告活动的性质和范围以及所涵盖信息的敏感性相适应的隐私控制程序。而且，被告还须聘请隐私与数据安全领域的第三方专业人士使用该领域普遍接受的程序和标准，在未来 20 年内对该隐私项目进行每两年一次的评估。所有从事评估和准备评估报告的人都必须经由 FTC 消费者保护局的批准。判决书还列明了评估的内容、事项和评估报告的完成与提交时间。此外，根据被告与联邦贸易委员会达成的和解，法院对被告处以95万美元民事罚款。①

这两个案件的矛盾焦点都是基于在线行为定向技术的精准商业营销与消费者隐私之间的权利冲突，反映的正是互联网广告的一种新生类型——在线行为广告，与当前全世界共同面临的最大的互联网问题——隐私安全之间，隐秘又紧密的关系。

在线行为广告是指基于对消费者在线行为的监测、跟踪来获得大量、详细的消费者个人信息，然后通过数据分析准确把握消费者的身份特征、兴趣偏好、消费需求，并据此实施个性化精准营销的商业广告。它是商业营销在互联网时代的（定位、跟踪、识别、储存、大数据分析等）技术加持，已经成为在线精准营销的主流。

20世纪50年代中期，美国市场营销学家温德尔·史密斯（Wendell R. Smith）提出了"市场细分"的营销概念和策略。这种策略是在对目标市场进行调研的基础上，针对消费者的人口统计学特征，按照消费者的需求、消费能力、购买行为等方面的异同，把整体市场细分为两个以上不同类型的消费者群及相应的"子市场"。市场细分的目的是更具体更准确地辨认和锁定目标消费者，对其采取更加独特而具有针对性的产品营销手段，以更少的营销投入获得更多的市场收益。参照市场细分理论，企业向不同类型的消费者提供不同售卖点的产品，并在市场细分的基础上，运用不同的分销渠道和广告宣传形式开展有针对性的市场营销活动。然而，市场细分展现给企业的仍然是消费者的群像，而非一个一个的消费者。随着全球化和信息时代的到来，市场越来越趋于同质化，营销推广的成本越来越高。广告投入惊人而效果却波澜不惊，成了很多企业的痛点。广大消费者则被淹没在信息过剩的海洋，难以得到他们真正想要的信息。营销之父菲利普·科特勒因此而悲叹，促销费用的大部分都打了水漂，仅有1/10的促销活动能得到高于5%的响应率，这个可怜的数字还在逐年递减。②

此等营销之困到web2.0时代有了转机。各种层出不穷的跟踪和储存技术，可以大量记录消费者个人的身份信息和在线行为信息。当你初次登陆一个网站，该网站可能会在你的设备上安装一个记录了你对其进行访问的cookie，将来可以自动识别你的设备并借此向你提供个性化的内容。稍后，如果你回到那个网站，它就会读取那个cookie记录下来的信息，可能

---

① United States v. InMobi Pte Ltd. No. 3：16-cv-3474（June 22, 2016）. https：//www.ftc.gov/case-timeline-item/inmobi-pte-ltd-timeline-item-2016-06-22-000000.

② 曾志生、陈桂玲编著：《精准营销》，北京，中国纺织出版社，2007年，第1版，第8页。

包括你的用户名、你所在的城市、你上次游戏的高分、你购物车里的商品，等等。长此以往，网站就可以非常精细地掌握你在线行为的各种偏好（比如经常浏览哪些主题的内容）和规律（比如登录的时间节点和逗留的时长），由此便可以向你提供精准的个性化服务。比如，你只要一登录这个网站，它就向你提供你此刻所在地的天气情况，以及与你偏好高度相关的商品或服务的广告。以上这种模式，属于第一方（first-party）在线行为广告。Cookie 还有可能来自第三方（third-party）。这些第三方可能是数据分析之类的公司，他们通过 cookie 对你的在线行为及信息进行跟踪、记录和储存，目的或者是用于科学研究，或者是进行有偿的商业化应用。第三方还有可能是广告公司，他们利用 cookie 直接跟踪你的在线行为，记录和储存你的个人信息，然后向你推送有针对性的广告。假如你先是在一家旅游网站 A 搜索云南大理的民俗客栈但没有下单预订，转而登录一个门户网站 B 浏览新闻，马上一个大理客栈的广告弹窗会比新闻更强烈地突入你的视线。通常这就是因为某家网络广告联盟与该旅游网站 A 和门户网站 B 之间都有合作，前者可以在你访问 A 的时候在你的电脑上安装一个 cookie，记录你的行踪信息。之后只要你登录这家广告联盟的任何一个会员网站例如门户网站 B，它都能够向你立即推送相关的商业广告或服务。这种属于第三方在线行为广告，它们比第一方在线行为广告更具有侵犯性。

  Cookie，准确地说是 http cookie，是应用最早也是迄今依然最多的在线跟踪与记录的一种技术手段。在它之后出现的 flash cookie 是另外一种广泛应用的跟踪和储存技术，只要有 Flash 应用的网站（目前几乎等于所有的网站）都会有这种设置。它使用 Adobe 公司的 Flash Player 软件存储你的在线活动信息。比如，你用浏览器进入百度音乐盒试听歌曲，音乐盒的视听历史中就会出现之前试听的那些歌单。即使你用浏览器自带设置或者各种软件反复清理 cookies，打开音乐盒之后你会发现那些试听的历史信息依旧还在，这就是 flash cookie 在发挥作用。与 http cookie 相比，flash cookie 可以储存的数据更多，没有默认的过期时间，而且可以被藏匿在设备的多个不同地点。还有一种跟踪手段，不使用 cookie，而是对设备指纹——可以唯一标识出某一上网设备的设备特征或设备标识，比如苹果 iOS 的 IDFA，Android 设备的 IMEI——进行识别，通过浏览器配置的特征来实时跟踪。随着移动互联网技术的迅猛发展，越来越多的在线行为跟踪不再依赖某种单一的技术或手段，而是综合运用侦测、定位、识别、深度学习、大数据运算等各种技术和方法，越来越精准地锁定和洞察一个一个的消费者,这为广告营销提供了深抵消费者内心的直通车。所以,在线行为广告很快就成了互联网广告的主流,未来一定会随着万物互联的发展而遍布我们的周身,与我们如影随形。

在线行为广告在让我们享受个性化贴心服务的同时,如前述案例所示,也给我们的个人隐私带来了极大的风险。在广告迄今为止的全部历史中,没有任何一种广告像 OBA 这般如此广泛而深入地依赖对个人隐私的技术侵入与商业化应用。我们的在线行为(还有越来越多的离线行为)时时处处都在陌生人的监控之下,犹如置身于英国哲学家杰里米·边沁在 200 多年前构想的圆形监狱(panopticon)① 当中。比圆形监狱更可怕的是,数字化的监控手段更为隐蔽和严密。我们知情的时候被监控,我们不知情或者全然以为不会被跟踪或监控的时候——比如拒绝位置访问甚至手机离线的情况下——也会被监控。不仅仅是我们的言行举止被监控,我们的隐私信息还会被悄无声息地转让、分享、出售给我们完全不清楚的第三方、第四方。从最初人们想当然地以为"在互联网上,没有人知道你是一条狗",到如今"在互联网上,没有谁不是在裸奔",隐私威胁已然成为互联网领域的全球性灾难。从扎克伯格因为脸书的大数据泄密而公开接受国会质询,到欧盟 2018 年 5 月颁行的《通用数据保护条例》在全世界引起的震荡波,从 2017 年 3 月通过的中国《民法总则》单列第一百一十一条明确公民个人信息受法律保护,7 月中央网信办等四部门首次开展互联网隐私条款的评审,到 2019 年 10 月 28 日中国人脸识别第一案②,互联网领域的隐私保卫战,已经烽烟四起。

二、从 FIPP 五项基本原则到 OBA 四大自律原则

联邦贸易委员会对消费者在线隐私安全问题的正式关注,始自 1995 年。该年 4 月,委员会组织了第一次关于在线隐私的公共讨论会。1995 年 11 月就此召开了一些听证会。1996 年 6 月,委员会召开了一个为期两天的讨论会,回应社会对在线个人信息收集特别是在线儿童信息收集所引发的隐私关切。会议讨论了保护消费者在线隐私的很多措施,包括行业自

---

① Jeremy Bentham, *Panopticon or the Inspection-House*, Dublin: Thomas Byrne, 1791.

② 2019 年 7 月,杭州野生动物世界引进了人脸识别技术,向年卡使用者发送消息称,原有的指纹识别取消,用户需注册人脸识别后刷脸入园。年卡持有者浙江理工大学特聘副教授郭兵质疑动物世界采集人脸信息的合法性、安全性和隐私性问题,于 10 月 28 日向杭州市富阳区法院提起了诉讼。

律,技术方案,消费者和商业教育,以及政府管制。委员会在1996年12月出版的一份报告《全球信息网络上的消费者隐私》(*Consumer Privacy on the Global Information Infrastructure*),发表了这个会议的纪要。

在早期这些有关在线隐私问题的讨论中,占据上风的意见是自律比政府管制更有效。各种评论大都倾向于相信,市场自然会惩罚那些不充分保护消费者隐私的公司,同时让那些充分保护消费者隐私的公司获得更多的利润。例如,Fred H. Cate 认为,个体责任而非管制在多数情况下是隐私保护的主要和最有效的方式。法律需要发挥的只是一种补充作用,帮助个体保护自己。法律只需要提供有限的、基本的隐私权利,而且这些权利的目的是帮助而不是干预作为评价和保护隐私的个体机制和个人选择的发展。[1] 联邦贸易委员会也认为,自律可以让企业对技术变革作出快速的反应,并应用最新的信息技术来保护消费者隐私。相反,硬性的政府管制不利于互联网和电子商务的全面发展。基于这样一种认识和判断,委员会初期是把鼓励和扶持有效的自律作为保护在线消费者隐私的上策。

一开始,委员会引用既有的"公平信息行为原则"(the Fair Information Practice Principles,FIPPs),作为企业保护消费者在线隐私的行为标准。FIPPs 主要是指美国健康、教育与福利署综合美国、欧盟和加拿大等国家和地区有关企业收集和使用消费者个人信息的一系列报告、指南和行业规范,在1973年提交给国会的报告中总结提出的公平信息行为的五项基本原则:① 通知/知晓(Notice/Awareness);② 选择/同意(Choice/Consent);③接触/参与(Access/Participation);④完整/保密(Integrity/Security);⑤执行/索赔(Enforcement/Redress)。[2]

(1)通知/知晓。这是个人信息保护最基本的原则。只有让消费者知晓企业在收集和使用他们的个人信息,消费者才有可能采取接下来的一系列决定和行动。所以,它是后面四项基本原则的前提条件。企业收集和使用消费者个人信息的具体行为千差万别,这决定了不同企业向消费者告知的范围和内容会相应地有所不同。但以下内容被认为是在收集个人信息之

---

[1] Fred H. Cate, *Privacy in the Information Age*, Washington, DC: Brookings Institution Press, 1997, p. 131.

[2] Department of Health, Education & Welfare, Records, Computers and the Rights of Citizens: Report of the Secretary's Advisory Committee on Automated Personal Data Systems, 1973。http://www.justice.gov/opcl/docs/rec-com-rights.pdf。FIPPs 对美国和全世界隐私法的制定产生了很大的影响,包括美国1974年的《隐私法》、1998年的《儿童在线隐私保护法》,以及1980年的经合组织准则和2004年的 APEC 隐私框架,等等。

前都需要通知消费者的：企业正在收集消费者个人信息；这些信息将被作何使用；谁可能接收这些信息；这些信息的性质以及收集的方式；消费者提供这些信息是自愿的还是被要求的；消费者如果拒绝提供被要求的这些信息，会有什么样的后果；为确保这些信息的机密性、安全性和质量，信息收集者会采取什么样的措施。一些地方的行业规范还要求，通知应讲明消费者所拥有的相关合法权益：是否有接近这些信息的权利；要求确保个人信息准确无误的权利；能够对违反行业规范的行为进行追偿；这些权利如何实现。

（2）选择/同意。选择是指收集到的个人信息如何被使用，应交由消费者选择决定。特别是，当企业以不同于消费者原初同意的方式来使用、处置消费者个人信息的时候，应尊重消费者的自主意见。即，消费者初次接受企业服务时仅同意该企业收集和处置其个人信息，后期该企业如果想要把这些信息分享或售卖给第三方，则须主动征得消费者同意。

（3）接触/参与。该原则是指消费者有权利有条件接触被收集的个人信息，能够对自己的信息进行包括改正、更新、删除在内的编辑加工。

（4）完整/保密。企业应采取合理的措施保护收集到的消费者个人信息，确保不被未经允许的他人接近、窃取或使用。所谓合理的保密措施，是指同行业一般都在实施和达到的保密措施和水平。

（5）执行/索赔。有效的自律一定需要赏罚分明、高效有力的执行机制，以确保自律规范真正得到落实和遵守。会员制、外部稽核、会员自证等都是行业自律组织可以选用的一些具体方式。自律组织还应为消费者提供受到侵害后追索赔偿的有效手段，为此需要建立调查投诉的程序和机制，以及快捷公平的救济措施，等等。

1998年，FTC在给国会的一份报告[①]中披露了其对FIPPs五项基本原则的实际执行情况的首次调查结果。行业协会自愿提交给FTC的9份行为指南都鼓励成员企业向消费者告知他们的信息实践，其中大部分还鼓励向消费者提供选择的机会以确定是否同意向第三方公开他们的个人信息。但是，这些自律规范都没有全部遵守五项基本原则。最重要的是，极少有指南提供某种执行机制，而这是有效自律的重要条件。对1402家网站包括212家直接面向儿童的网站的调查显示，85%以上的网站都从消费者那里收集个人信息，其中只有14%的网站向消费者告知他们的信息收集行为，

---

① Federal Trade Commission, Privacy Online: A Report to Congress, June, 1998. https://www.ftc.gov/sites/default/files/documents/reports/privacy-online-report-congress/priv-23a.pdf.

只有约2%的网站全面遵守了隐私政策。关于儿童信息收集的调查结果同样令人不安。89%被调查的儿童网站从儿童那里收集他们的个人信息,但只有54%的网站作出一定的披露,只有23%的网站告诉儿童在提供个人信息之前必须征得父母的同意。不足10%的网站提供条件让父母可以控制对儿童信息的收集和使用。FTC在报告中很沮丧地坦承,委员会一直鼓励企业重视消费者的隐私担忧并加强自律,可委员会并没有如愿看到有效的自律体系出现,因此需要考虑如何以更强烈的刺激来进一步推动行业自律。紧迫的是对儿童在线隐私的保护,报告声明现在就建议国会通过立法,授权父母控制网站对他们孩子的个人信息的收集与使用。随后不久,美国《儿童在线隐私保护法》(COPPA)在国会获得通过。

1999年12月,FTC成立了在线接近与保密咨询委员会(the Advisory Committee on Online Access and Security),要求其研究确定合理接近在线个人信息和充分保密的决定性因素。咨询委员会于2000年5月15日发布了它的最终研究报告[1],强调指出,每个企业都应采取合适的保密措施,"合适"这一标准需要通过逐案来定义,需要考虑随时间而变化的保密需要,以及各个网站的具体情况,包括它面临的风险、保护的代价及它所拥有的信息。因此,每个网站都应有一个保密计划来保护它所持有的个人信息,这样的保密计划应该具体详细而且适合各种环境。保密措施既要有管理上的,比如制定规则或纪律,明确规定有权接近这些信息的人以及他们的保密义务;也要有技术上的,比如网站应建立防范性能很好的防火墙、严格的进入权限设置,防止他人轻易接近这些信息。

在2000年5月发布的一份给国会的报告中,FTC再次表达了对行业自律的失望,明确建议国会通过立法授权委员会进行法律规制。其根据是,委员会2000年初调查了随机抽取的335个网站样本和美国最受欢迎的前100个网站中的91个样本,发现几乎所有网站都在收集消费者个人信息,但只有20%的网站部分执行了FIPPs的五项基本原则。随机样本中仅有41%的网站和最受欢迎组中60%的网站,满足最基本的"通知"和"选择"要求。委员会在报告中表示"支持私营企业做出的努力,也赞成行业领袖不断发展自我监管措施。然而,2000年的调查显示,只有行业努力是不够的。因为目前的行业自我监管远未达到对有效的自我监管计划的广泛执行,委员会认为仅靠行业自身努力无法确保在线市场整体上都能

---

[1] FTC Advisory Committee, Final Report on Online Access and Security, 2000. http://www.ftc.gov/acoas/papers/acoasfinall.pdf.

效仿行业领导者采纳的标准"。报告呼吁国会立法保护消费者在线隐私，并提出了一些基本的立法要点：①给所有以消费者为主要目标的商业网站设定一个基本的隐私保护水准；②所有这些网站都必须遵守 FIPPs 的前四项基本原则；③授权 FTC 进行执法和制定更具体的标准；④考虑到复杂多样的在线跟踪和信息收集行为，国会立法应当技术中立并使用笼统的词语，以确保执法机构可以灵活制定具体规则。①

这份报告是 FTC 五位委员以 3∶2 的投票结果发布的。委员 Orson Swindle 反对 FTC 抛弃行业自律而过多求助于政府管制。Thomas B. Leary 不同意报告提出的部分立法设想。2001 年布什总统上台和联邦贸易委员会领导层更换以后，委员会主张尽快立法加以规制的态度发生了转变。新任 FTC 主席 Timothy Muris 宣布，委员会将扩大执行既有的法律而不追求新的立法。② 在稍后众议院的一个听证会上，Muris 进一步阐明了他的观点：专门的互联网立法为时尚早，委员会应该通过能动地执行既有的法律来实现它保护消费者的目标。③ 此后，积极逐案执法与促进行业自律相辅相成，成为联邦贸易委员会保护在线隐私的基本模式。

对在线行为广告的监管是联邦贸易委员会在线隐私保护大局中的一个重要部分，于20 世纪末进入委员会的议程。1999 年 9 月，FTC 参与赞助了一个公共讨论会，目的是检查在线跟踪与分析（online profiling）——实际上就是在线行为广告的一个早期形式——所涉及的隐私问题。以这个讨论会为基础，FTC 向国会提交了两份报告。第一个是"在线跟踪与分析：给国会的报告"④，描述了这种商业行为的运作原理，说明了与会者关心的信息收集不透明的问题。第二个报告⑤对第一份报告作了补充，介绍了由网络广告倡议组织 NAI（the Network Advertising Initiative）——一个由在线网络广告联盟联合成立的行业组织——提出的行业自律原则。2006

---

① Federal Trade Commission, Privacy Online: A Report to Congress Fair Information Practices in the Electronic Marketplace, May, 2000. http://www.ftc.gov/reports/privacy2000/privacy2000.pdf.

② Timothy J. Muris, Remarks at the Privacy 2001 Conference, October 4, 2001. http://www.ftc.gov/speeches/muris/privispl002.shtm.

③ Michael D. Scott, 2008: "The FTC, the Unfairness Doctrine, and Data Security Breach Litigattion: Has the Commission Gone Too Far?" *Administrative Law Review*, 60, Issue 1 (Winter), pp. 127 – 184.

④ Federal Trade Commission, Online Profiling: A Report to Congress, 2000. http://www.ftc.gov/os/2000/06/onlineprofilingreportjune2000.pdf.

⑤ Federal Trade Commission, Online Profiling: A Report to Congress (Part 2 Recommendations), 2000. http://www.ftc.gov/os/2000/07/onlineprofiling.pdf.

年11月，在 FTC 召开的"Tech-ad"听证会上，与会者分析了技术进步将如何促进更多更有效的在线行为广告。2007年4月，谷歌宣布以31亿美元收购美国著名的互联网广告软件开发与服务公司 Double Click，引发社会对这一问题的更多关注。

2007年11月，FTC 组织召开了一个名为"在线行为广告：跟踪、定向和技术"（Behavioral Advertising: Tracking, Targeting, and Technology）的市民大会，专题讨论在线行为广告的隐私问题。2007年12月20日，FTC 发布了一个在线行为广告的行政指南"行为广告：从讨论向可能的自律原则前进"①，草拟了在线行为广告自律的四个原则并公开征求社会意见。第一个原则是透明与控制：企业应让消费者知道他们利用行为定向技术收集并使用消费者个人信息这种行为，并向消费者提供是否允许此种行为的选择机会。第二个原则是合理的保密措施和有限的信息保存：企业应采取合理的保密措施确保收集到的消费者信息不落入他人之手，保存信息不应超过合法商业之必需或法律要求的时长。第三个原则是隐私协议之实质性改变的再同意原则：如果企业是以与它收集信息时作出的承诺实质上不同的方式来使用消费者的个人信息和资料，企业应获得消费者明确表示的同意。第四个原则是关于敏感信息使用，即企业在收集和使用关于儿童、健康、金融之类的信息之前，应获得消费者明确表示的同意。

针对 FTC 初拟的这些自律原则，社会各界提出的意见主要集中在以下五个方面：

第一，自律原则的范围。委员会建议的这些自律原则是适用于能识别个人的信息的收集与使用行为（Personal Information Identity, PII），还是不能识别个人的信息的收集与使用行为（non-PII），抑或两者都包括；适用于"单方网站"，还是也包括"网站之间"的在线行为广告；是否适用于情景广告（context advertising）。

多数企业建议排除 non-PII。消费者和隐私支持者则支持包括 non-PII，特别是 IP 地址、cookie 数据和其他一些可能与特定消费者或特定电脑联系起来的信息，即使单从这些信息无法识别出特定的消费者个人。委员会则认为，二者之间的传统区别已经越来越没有意义，不应成为决定隐私保护范围的一个标准，它们毫无疑问都会涉及隐私问题。第一，有可能通过

---

① FTC Staff, Online Behavioral Advertising: Moving the Discussion Forward to Possible Self-Regulatory Principles, December 20, 2007. https://www.ftc.gov/sites/default/files/documents/public_statements/online-behavioral-advertising-moving-discussion-forward-possible-self-regulatory-principles/p859900stmt.pdf.

non-PII 找出 PII，间接却并不费力地锁定特定消费者。第二，随着技术的发展，可能很容易根据 non-PII 识别出一个消费者，比如 IP 地址。第三，虽然有些类型的信息是匿名的，但当这些信息被综合联系起来以后，就会指向一个特定的消费者。第四，某些情况下比如家庭几位成员共用一台电脑，这二者之间的区分不会影响隐私风险的问题。第五，证据表明消费者关心的是在线收集他们的信息，而不管这种信息是 PII 还是 non-PII。

大部分意见建议 FTC 把这些自律原则仅限于那些在不同网站之间跟踪消费者行为的行为广告，反对扩及单一网站的在线行为广告。这些意见认为，单方收集和使用消费者信息的行为，通常是透明的，并且符合消费者的预期。多数消费者更认可需要收集和使用消费者信息才能提供的商品或服务的价值，比如产品建议、内容定制、购物车服务、网站设计和优化、欺诈检测与安全。另有一些意见赞成把单方从事的在线行为广告纳入自律原则的适用范围。委员会认为，单方行为广告伤害消费者的可能性较小，也更符合消费者预期。此外，收集和使用消费者信息有些时候是向消费者提供服务所必需的。最后，保持这些信息仅在单方网站内部使用，大大降低了被收集的消费者信息落入坏人之手的风险。基于此，委员会同意单方的在线行为广告排除适用这些自律原则。

多数意见建议委员会把情景广告排除在外。与在线行为广告不同，情景广告只是基于一个特定网站的内容或一次特定的搜索而向目标消费者推送的广告，它依赖对消费者在线行为信息的持续收集。例如，当一个消费者被推送了一个网球拍广告，只是因为他正在访问一个网球主题的网站或者使用搜索引擎寻找售卖网球拍的网站，这种广告就是情景式的。委员会同意没必要把情景广告包含进去。不过，委员会明确表示，当收集和保存消费者信息是为了将来的销售而不是马上要发送一个广告或提供一个搜索结果，包含这种行为的广告就不再是情景广告，应遵守拟议的这些自律原则。

第二，透明与消费者控制原则。信息收集行为应该在哪里或哪些环节以何种方式告知消费者？有人认为，既有的网站隐私政策已经在履行披露义务，无须新增要求。更多意见强调有必要增加更有针对性的披露，并提出了几种选择方案：①当一个消费者的行为会引发数据收集的时候及时告知；②在广告旁边放置或广告里面嵌入一个信息收集行为的提示文本；③在网站上放置一个显著的披露，并与网站隐私政策的相关领域之间建立有效链接以提供更详细的信息。很多消费者隐私团体还建议，告知的内容不仅要包括信息收集这种行为，还要告知收集的信息类型、它的用处、会被保留多长时间以及与谁分享。但一些企业怀疑建立一个通用标准的可能性，提请FTC考虑不同背景中告知的形式和内容，比如移动端与PC端，ISP与ICP。

委员会的看法是，网站现有的隐私政策基本上包括了绝大部分应有的隐私披露。问题是，这些隐私政策的内容太多而且不宜理解，不是告知消费者的一个有效方式。因此，FTC鼓励企业在隐私政策之外设计新的方式，比如在广告近处进行披露告知，并与网站隐私政策中的相应部分互有链接，这要比仅有隐私政策告知更有效。

第三，合理的保密措施和有限的数据保存时间。大部分意见总体上支持这个原则，但一些意见认为FTC应加强这个原则的某些方面，并提供更详细更清晰的保密标准。委员会认为，不同类型信息的敏感程度不同，最敏感的信息必须得到最大程度的保护。委员会建议，在与现行的数据安全法和FTC的很多数据安全执法行为保持一致的情况下，企业的保密措施应考虑数据的敏感程度、企业商业行为的性质、企业面临的泄密风险以及企业可以采取的合理保护措施。关于保存信息的时长，原则的要求不变：保存信息不应超过合法商业必需或法律要求的时长。

第四，实质性改变原则要求，企业在以实质上不同于他们在收集信息时承诺的方式来使用这些信息之前，必须获得消费者明确表示的同意。很多企业不赞成这个原则，认为应由他们根据不同情况自主作出决定。而且，所有类型的信息都要求告知并获得消费者的同意，这既没必要又在技术上不可行，还会给消费者带来很多不便和困扰。然而，来自消费者隐私团体和消费者个体的声音都强烈支持这一原则。

委员会强调，企业履行他们就其如何收集、使用和处置消费者的信息而向消费者作出的承诺，这是联邦贸易委员会相关法规与政策的一个基本要求。同时也承认，企业可能有合法的理由时不时更改自己的隐私政策，特别是在变化多端的在线市场。此外，轻微的隐私政策改变对消费者来说可能是无关紧要的，不需要为此付出获得消费者同意的成本和负担。综合考虑这些情况，委员会认为，实质性改变原则仅限于既是实质性的又是有追溯力的。所谓实质性，可能是使用的目的不同于收集时作出的承诺或者与一开始的承诺相反，也可能是与承诺之外的第三方分享消费者的个人信息。有追溯力的是指，公司把改变了的隐私政策适用于之前收集到的信息。如果一个企业修改了自己的隐私政策，然后按照这个新的隐私政策来收集和使用新的信息，而不是使用以前收集的旧信息，这是允许的。

第五，使用敏感信息需获得明确表示的同意。何为敏感信息？根据这些意见,敏感信息的种类包括儿童、青少年等需要特别加以保护的群体的个人信息,以及普通人的医疗、金融、账户号码、社保号码、性取向、精准的地理位置等方面的信息。考虑到高度的隐私关切和对消费者潜在的严重危害,委员会重申,敏感信息必须事先获得消费者明确表示的同意。

在吸收各方意见的基础上,2009年2月,FTC发布了修订版的在线行为广告指南。[①] 修订版开头就提出了一个新的在线行为广告的定义:在线行为广告是指持续跟踪消费者的在线活动——包括消费者的网络搜索、网页访问和内容浏览——以瞄准消费者的个人兴趣发送广告的行为。这个定义不包括单方广告即不与第三方分享数据的广告,也不包括情景广告即基于浏览一个网页或一次搜索的广告。修订版的自律原则与前次并无大的不同,不过对每项原则的解释更详细了。按照FTC的建议,所有从事在线行为广告的网站都应遵循四个行为原则:

其一,透明与消费者控制原则。从事在线行为广告的网站应以清楚、简明、界面友好而且显著的方式说明:①消费者的在线活动信息正在被收集,用于针对消费者兴趣发送广告;②消费者可以选择是否允许他们的信息为此被收集,网站还应向消费者提供清楚、易用、能获得的方法来操作这种选择。

其二,合理的保密措施和有限的保存时长原则。在遵从现行的数据安全法和FTC相关政策与执法标准的前提下,企业的保护措施应充分考虑数据的敏感程度,企业商业行为的性质,企业面临的数据风险以及企业可以采取的合理保护措施。保存信息不应超过合法商业必需或法律要求的时长。

其三,企业在以实质上不同于他们在收集信息时承诺的方式来使用已经收集到的信息之前,必须获得消费者明确表示的同意。

其四,收集敏感信息必须事先征得消费者明确表示愿意接收这种广告的同意。

联邦贸易委员会对OBA与在线隐私保护的强烈关注和积极推进,在国会引起了一系列的讨论。2008年7月9日,参议院下属的商业、科学与运输委员会举行了一个题为"在线广告的隐私问题"的听证会。来自FTC、消费者和企业的代表讨论了企业使用在线行为广告的方式,以及政

---

① FTC Staff Report, Self-Regulatory Principles for Online Behavioral Advertising, February, 2009. https://www.ftc.gov/sites/default/files/documents/reports/federal-trade-commission-staff-report-self-regulatory-principles-online-behavioral-advertising/p085400behavadreport.pdf.

府在保护消费者隐私方面的角色。该委员会在 2008 年 9 月 25 日又举行了一个后续的听证会，侧重于 ISP 的在线行为广告。在这个听证会上，一些公司代表表示了对多个实体的自律的支持，特别是他们呼吁要求企业必须获得消费者选择加入的同意后才能从事行为广告的信息收集。众议院下属的能源与商业委员会及其电子传播与因特网分委员会也积极介入这一领域，特别关注了与 ISP 有关的行为。2008 年 7 月 17 日，电子传播与因特网分委员会举行了一个听证会，题为"宽带提供者对你的网络使用知道什么：深度包检测和传播法规与政策"。之后，2008 年 8 月 1 日，众议院四位成员向 34 家企业发函了解他们有关在线行为广告的情况。

在国会、FTC 及社会各方面的促动下，行业组织建立了一个广为人知的"about ads.info"项目。通过这个项目，消费者一旦选择退出行为广告的跟踪，项目成员企业将不再跟踪。网站可以与该项目合作，或者要求它的供应商与该项目合作。"about ads.info"项目可以帮助广告供应商提供警示和选择，包括发放一个可以嵌入到广告中的标志，该标志与选择退出的信息相互链接。自律项目共同体指定商业促进社理事会（the Council of Better Business Bureaus，CBBB）来执行问责和处罚。2011 年 11 月，6 家公司——Forbes Media Extension（FMX），Martini Media，PredictAd，QuinStreet，Reedge，Vertura——因为都没有提供足够的消费者选择程序，遭到了处罚。FMX 和 Martini Media 的选择退出设置不到 6 个月就失效了，PredictAd 的才一个月，Reedge 的是一年，都少于 5 年的行业标准。

三、对 OBA 在线隐私侵犯行为的依法规制

联邦贸易委员会对在线隐私侵犯行为的第一次依法规制，是 1998 年 8 月对加州 GeoCities 公司发出的指控。当时，GeoCities 是美国最大的互联网站点之一，拥有超过 200 万用户，占当时美国互联网用户总人数的 2.1%。[①] FTC 指控被告从事了两个方面的欺骗性行为：其一，被告把自己收集到的消费者信息擅自出售和分享给第三方，这与其声明的隐私政策不符。换言之，被告在其网站上发布的隐私政策具有欺骗性和误导性。其二，被告对消费者隐瞒了其商业合作关系，表面上声明是通过俱乐部会员申请表和比赛报名表自行收集消费者个人信息，背后实际上是由第三方主

---

① http：//www.pewinternet.org/data-trend/internet-use/internet-use-over-time/.

办这两项活动并借此暗暗收集消费者个人信息。[①] 1999年2月，委员会同意与被告达成和解。和解令禁止被告歪曲其收集和使用消费者个人信息的行为和目的，要求被告：①设置一个醒目的隐私提示，告知消费者哪些信息会被收集，这些信息将被如何使用，会向谁公开，以及消费者如何接触和清除这些信息；②建立一个在收集儿童个人信息之前征求父母或监护人同意的系统。[②] 和解令的这些要求反映了委员会早前提出的建议和要求：网站隐私政策应符合FIPPs五项基本原则，特别是最基本的通知和选择原则。

2012年7月27日，FTC指控脸书公司（Facebook）没有遵守其隐私承诺，包括：

（1）Facebook的隐私政策承诺，用户可以通过隐私设置将数据共享限定在有限的范围内，例如"仅限好友"或"仅限好友的好友"。然而，事实是，即使这么设置，他们的信息仍然会被好友使用的第三方应用程序访问和使用。这构成了法律所禁止的虚假或误导性表示。

（2）Facebook在2009年11月修改了它的隐私政策，公开了用户之前提供的某些私人信息，包括姓名、图片、性别、个人主页、好友列表。用户不能再通过隐私设置来限定这些信息被接触的范围。这对消费者造成了伤害，包括而不限于对他们的健康和安全造成的威胁。他们没有事先充分通知用户这一变化，也没有提前得到用户的同意，这属于欺骗性的行为。

（3）Facebook实质性改变了其之前的隐私承诺，却没有获得用户的知情同意，这对用户已经造成或可能造成实质性的伤害，而且这种伤害无可避免或抵消。这是法律所禁止的不公平的行为或实践。

（4）Facebook向用户承诺安装的第三方应用程序只能访问程序运行所必需的用户信息。但事实上，这些应用程序几乎可以访问用户的所有个人数据——与应用程序无关或者这些应用程序运行并不需要的数据。这构成了虚假或误导性的表述。

（5）Facebook向用户承诺不会与广告商分享他们的个人信息。事实是，只要用户点击了广告，或者访问了广告投放的某些应用程序，Facebook就会把这些用户的ID分享给他们。这构成了虚假或误导性表述。

（6）Facebook有一个"应用程序验证项目"，声称凡贴有验证程序标

[①] FTC In the Matter of GeoCities, a corporation. Docket NO. Complaint, August, 1998. https：//www.ftc.gov/sites/default/files/documents/cases/1998/08/geo-cmpl.htm.

[②] FTC v. GeoCities, Decision and Order, No. C-3850, February 12, 1999. http：//www.ftc.gov/os/1999/02/9823015cmp.htm.

示的应用程序都经过了 Facebook 的安全验证。事实上，Facebook 并没有对 254 个贴有"已经验证"标识的应用程序进行安全验证。这构成了虚假或误导性表述。

（7）Facebook 声称，当用户停用或删除他们的账户时，他们上传的照片和视频将无法访问。然而，即使用户已经停用或删除了他们的账户，这些内容仍然可以被访问。这构成了虚假或误导性表述。

（8）Facebook 并未如其所言遵守美—欧安全港框架，这构成了虚假或误导性表述。

2012 年 8 月 10 日，Facebook 签署了与联邦贸易委员会达成的和解协议，同意按协议要求做到：①不得对其保护用户隐私和信息安全性的程度，以任何方式作或明或暗的虚假表述；②在超出用户通过隐私设置限定的范围与第三方分享他们的个人信息之前，必须向用户作出清晰而且醒目的披露，并获得用户明确表示的同意；③和解协议生效后的 60 天之内启动一个程序，确保用户在删除了信息或停用了其账户不超过 30 天以后，任何第三方都不能再访问这些信息；④施行一个全面的隐私保护计划，以应对与新产品和现有服务的开发与管理相关的隐私风险，并保护消费者个人信息的隐私和机密性；⑤协议生效后的 180 天之内进行独立的第三方审计，以证明隐私管理符合或超过了该协议的要求。之后 20 年内，每两年开展一次这样的隐私管理审计。从事第三方审计的机构、人员、方法和程序，都必须符合隐私与安全领域的专业水准和要求。和解令还要求 Facebook 保存和提交遵从此令的各种证据、报告和文件，并接受联邦贸易委员会的监督。

然而，Facebook 并未完全执行和解令。公司在 2012 年底推出了"隐私快捷方式"，2014 年推出了"隐私检查"等服务，声称可以帮助用户更好地管理自己的隐私设置。然而，这些服务没有披露，即使用户选择了最严格的共享设置，Facebook 仍然可以与用户的 Facebook 好友所使用的应用程序共享用户信息——除非他们也进入了应用程序设置页面并选择"不共享"。公司在 2014 年 4 月宣布将在 2015 年 4 月前彻底停止第三方开发者收集好友数据，但期限到来之后却与许多应用程序开发商秘密达成协议，建立所谓的应用程序"白名单"并允许他们继续收集用户信息，直到 2018 年 6 月。公司的桌面隐私设置和移动隐私设置都没有很好地履行通知义务并尊重用户的隐私设置选择，公司也没有施行一个全面的隐私保护计划。根据 FTC 长达一年的调查，Facebook 夸大其对用户个人隐私的保护以鼓励用户分享信息，进而把这些用户信息用于商业广告。2018 年 Facebook

共计558亿美元的巨额收入，绝大部分就是来自它的这一核心盈利模式。2019年7月，因违反2012年的和解令，再度从事欺骗性的隐私行为与实践，Facebook被FTC处以50亿美元的民事罚款。这是截至2022年1月，FTC对侵犯消费者隐私行为开出的最大一笔罚款。

罚款之外，FTC责令Facebook对其整个隐私管理框架和政策作出重大修正。命令公司在董事会层面建立问责机制，由董事会成立一个独立的隐私委员会，不受公司首席执行官的控制。必须指定一个人负责公司的全部隐私计划，并由董事会隐私委员会批准和撤换。公司首席执行官和公司隐私计划的总负责人必须独立向联邦贸易委员会提交季度证明，证明公司遵守了该命令规定的隐私保护计划，以及公司总体上遵守了该命令的年度证明。命令加强了对Facebook隐私计划执行情况的外部监督，强调对公司隐私行为每两年一次的评估必须基于评估者对事实的独立收集、抽样和测试，不能主要依赖于Facebook管理层的断言或认证。禁止公司向评估人作出任何虚假陈述，评估人由联邦贸易委员会批准或否决。评估人须每季度直接向公司隐私委员会报告。新的和解令要求Facebook必须对每一个新的或修改过的产品、服务或实践进行隐私检查之后才能实施，并记录公司关于用户隐私事务的决定。必须清晰而且醒目地向用户告知其有关面部识别技术的使用，并在实质性地超出其告知范围使用之前获得用户的明确同意。FTC主席乔·西蒙斯（Joe Simons）表示："联邦贸易委员会历史上从未有过如此规模的50亿美元罚款和大规模的行为救济。该救济的目的不仅是惩罚未来的违规行为，更重要的是改变Facebook的整个隐私文化，减少其继续违规的可能性。"[①]

2017年4月21日，联邦贸易委员会最终批准了与Turn广告公司的和解协议。这家专职从事在线行为广告业务的互联网广告公司在其隐私权政策中表示，消费者可以通过使用浏览器的设置功能来阻止或限制cookies以拦截公司定向推送的广告。然而，Turn公司在2013年与运营商Verizon Wireless开启合作项目以后，后者可以根据用户手机的流量使用情况为其添加唯一的识别码。借助识别码，即使这些设备的用户停用或删除了来自网站的cookies，或者重置了设备识别码，Turn公司仍然可以追踪到数百万Verizon Wireless用户的设备，并在这些设备上重现cookies，继续对用户

---

① FTC Imposes ＄5 Billion Penalty and Sweeping New Privacy Restrictions on Facebook, July 24, 2019. https：//www.ftc.gov/news-events/press-releases/2019/07/ftc-imposes-5-billion-penalty-sweeping-new-privacy-restrictions.

进行跟踪、定位和发送广告。此外，公司提供的 OPT-OUT 机制仅适用于移动端浏览器，也与其隐私政策声称的可以阻止移动应用程序上的在线行为广告不符。和解令禁止 Turn 互联网广告公司对其涉及用户个人信息的行为，以及用户限制、控制或阻止公司这些行为的能力，作出虚假表示。要求公司必须在其主页上放置醒目的"消费者退出 OBA"的超链接，并在超链接页面向用户清晰而且醒目地解释，公司将收集和使用哪些信息来用于推送在线行为广告。①

2017 年 9 月，联想公司因为在其笔记本电脑里面预安装软件以对消费者定向投放广告，遭到 FTC 的指控。自 2014 年 8 月开始在美国销售的数十万台联想笔记本电脑，预安装了 Superfish 公司开发的软件 Visual Discovery。它在消费者完全不知情和没有表示同意的情况下，通过消费者使用的浏览器来访问和收集消费者在线传输的所有个人信息，包括登陆凭证、社会保险号、医疗信息以及财务和付款信息等。当消费者浏览网页时，只要电脑光标在外观相似的产品图片上稍作停留，软件就会自动推送 Superfish 公司的合作商的弹出式广告。为了克服加密网站对弹出式广告的限制，软件用自己的签名证书替换加密网站的数字证书，但它没有为每一台电脑设置唯一的密码，而是使用了相同的、易于破解的密码，这就给消费者的电脑造成了安全漏洞。联想公司未能发现这些安全漏洞，因为它没有评估预装在其笔记本电脑上的第三方软件可能产生的安全风险。FTC 代理主席 Maureen K. Ohlhausen 指出，联想公司的这些被控行为，"损害了消费者隐私，甚至严重影响到消费者的网络完全"②。

2018 年 2 月，委员会最终批准与联想公司和解的协议。和解令要求联想公司：①不得对涉事的所有类似软件作出虚假表示；②不得预装此类软件，除非公司或者软件供应商事先获得消费者明确表示的同意，提供指引让消费者知道如何撤销对这些软件运行的同意，包括卸载这些软件，并提供合理有效的方法让消费者可以退出、禁用、删除或卸载这些软件；③实施全面的软件安全项目来解决相关的软件安全风险，保护所有相关信息的安全、机密和完整。项目必须包含管理、技术和物理的防护措施，以匹配

---

① Federal Trade Commission, Maureen K. Ohlhausen, Acting Chairman Terrell McSweeny, April 6, 2017. https://www.ftc.gov/system/files/documents/cases/152_3099_c4612_turn_decision_and_order.pdf.

② Federal Trade Commission, Commissioners: Maureen K. Ohlhausen, Acting Chairman Terrell McSweeny, 2017. https://www.ftc.gov/system/files/documents/cases/1523134_c4636_lenovo_united_states_complaint.pdf.

公司的规模、公司行为的性质和范围、应用软件的性质、相关信息的敏感性。项目的内容、执行和维持必须全部书写在案；④未来 20 年，软件安全项目必须接受有资质、客观和独立的第三方每两年一次的评估。每次评估的报告都要在规定时间内提交给委员会。①

四、在线隐私保护的"类普通法"规制模式

截至 2019 年底，联邦贸易委员会对侵犯消费者个人隐私的行为共发起了近 600 个指控。执法的范围覆盖线下、线上以及移动端，包括垃圾邮件、在线行为广告、仿冒欺诈、间谍软件等诸多行为，依法处理过的有推特、脸书、谷歌、微软等很多知名企业。总体来看，委员会对消费者在线隐私的保护表现出以下显著的特点。

第一，法律资源的碎片化与模糊性。欧盟订立有统一、严明的隐私法典：从 1995 年的的《资料保护指令》（Directive 95/46/EC）到 2018 年 5 月 25 日正式施行的《通用数据保护条例》（General Data Protection Regulation，GDPR）。相较而言，美国隐私保护的法律陈旧失修，又支离破碎。各州都有自己多样化的隐私保护法规，联邦层面也有不少，而且大都是对特定信息类型的立法。除了惯常援用的《联邦贸易委员会法》第五条，FTC 执行的隐私相关法律按时间先后主要还有：1970 年通过的保护消费者信息的《公平信用报告法》（Fair Credit Reporting Act，FCRA），1974 年通过的学生信息保护法（Family Educational Rights and Privacy Act，FERPA），1996 年通过的《医疗信息流通与责任法》（Health Information and Portability Accountability Act，HIPAA），1998 年通过的《儿童在线隐私保护法》（Children's Online Privacy Protection Act，COPPA），1999 年通过的金融数据保护的法案（Gramm Leach Bliley Act，GLBA）。这些法律大都订立于互联网普及之前，而且分门别类，常常被称为"部门性的"（sectoral）②。这些法规大都只是作出了较为原则性的规定，对法律概念、违法行为和法律责任等一些关键事项没有在立法中加以明晰确定，而是留给了司法和执法机构释法用法。所以，FTC 对在线隐私保护的具体法律依

---

① Federal Trade Commission, Commissioners: Maureen K. Ohlhausen, Acting Chairman Terrell McSweeny, 2017. https://www.ftc.gov/system/files/documents/cases/1523134_c4636_lenovo_united_states_complaint.pdf.

② Paul M. Schwartz, 2009: "Preemption and Privacy", *The Yale Law Journal*, 118 (5), pp. 902-947.

据,更多是它依法探索制定的法规制度、具体的逐案执法及其接受的司法审查,这与其广告法律规制的传统高度一致。

第二,对自律性隐私承诺的依法他律。美国现行的联邦隐私法规,除了 COPPA 和 GLBA 明确要求对儿童信息和金融信息的收集与使用必须通知并获得当事人或其监护人的同意,几乎都没有对只能或不能收集哪些信息以及如何收集和使用消费者信息作出明确规定。依据《联邦贸易委员会法》第五条来检查企业有没有遵照执行自己公开发布的隐私政策,是 FTC 在线隐私执法的主要模式。企业在自己公开发布的隐私政策中,向消费者作出了信息收集与使用的很多承诺。FTC 一旦查实企业的信息实践违背了自己公开作出的隐私承诺,便依法指控其构成法律所禁止的欺骗性或不公平的行为。

隐私政策是互联网公司自愿采取的一种措施,其中既有免责声明的成分,也有自我约束以避免政府强制干预的考虑。据研究统计,1998 年,美国只有 2% 的网站发布了某种形式的隐私通知;1999 年,排名前 100 位的购物网站中 82 家发布了隐私政策;到 2001 年,几乎所有最受欢迎的商业网站都有各自的隐私公告。① 时至今日,公告自己的隐私政策,已成了互联网领域的标配。起初,一些人把隐私政策视为互联网平台与用户之间的一种正式合同,因此试图求助于合同法来主张他们的隐私权益。但大多数这样的索赔都被法院驳回了,一个原因是有些法院认为企业的政策声明本质上不属于合同,另一个主要原因是原告往往不能举证因企业不履行隐私承诺而对自己造成的损害事实。企业公开发布的隐私政策不具有合同约束效力,法律也没有明文规定企业必须获得消费者的许可才能进行追踪收集和使用消费者个人信息(除了 COPPA 和 GLBA)。但是,公司发布了隐私政策却违背政策许诺而从事相关信息活动,FTC 可以按照《联邦贸易委员会法》第五条之规定,指控这种信息实践是欺骗性或不公平的违法行为。制定并公告隐私政策是企业自愿行为,但企业是否遵从自己公告出来的隐私政策,却是法律性质的行为。对企业的信息实践与其自律性质的隐私承诺是否一致依法进行监督查处,至今仍然是 FTC 规制保护在线隐私的主要模式。

第三,几乎所有指控都以和解告终,鲜有司法诉讼。美国有关行政程序的法规包括联邦贸易委员会的执法规则,允许行政相对人依法选择与行

---

① Allyson W. Haynes, 2017: "Online Privacy Policies: Contracting Away Control over Personal Information?", *Dickinson Law Review*, 111 (3), pp. 587–624.

政执法机关达成和解。只要同意接受委员会的处罚令，同时声明放弃申请司法审查的权利，企业就可以签署一份同意协议草案。委员会如果初步同意接受该协议草案，就会把它公开发布30天以供公众评论，然后投票决定是否将之作为最终和解令。选择和解，对于企业来说，就不需要承认违法，避免名誉损失和诉讼成本，还有可能免受或减少来自FTC的经济处罚。反之，如果选择上诉法院，企业的胜算并不大，因为委员会的行政处罚决定多数会在法院获得肯定，少数仅需作出部分修改，极少有被法院完全推翻的情况。然而，这些共性因素并不能够解释，这一领域的行政指控为何比其他领域达成了明显更多的和解。对此，国内外未见有研究论及。这里仅尝试推断原因有四：其一，委员会指控的隐私侵犯行为较少涉及言论自由的问题，不像传统商业广告那样可以让企业顺手就抄起宪法第一修正案来自卫；其二，选择和解可以避免后面的司法诉讼环节，尽快阻止被控违法行为，更好地保护消费者在线隐私；其三，在线隐私侵犯是一个时刻处于变动之中的前沿领域，委员会的行政执法必须尽可能选择那些违法事实确凿、相对人没什么申辩余地的案件，以保证执法效力，不断推进对这一领域依法规制的威信；其四，委员会对在线隐私侵犯的法律规制尚处于摸索阶段，手段十分有限，选择同意和解既可以更有效地使用手中有限的权力，又可以获得一个依法自主设定的处罚令，这比经由司法裁夺而定的处罚显然更便于FTC自主进行制度探索和建立长效机制。

第四，和解令是一套组合拳，并非委员会与行政相对人之间的一场私下交易。除了一些细微的差别，委员会的处罚令目前基本都包括这些处罚措施：①禁止再作有关收集、使用与保护消费者隐私的虚假表述；②通过被控行为获得的隐私信息必须删除并且将来也不得使用；③必须遵守通知/选择原则，向消费者作出足够清晰醒目的信息披露；④罚款；⑤建立全面的隐私项目或框架并接受长期的专业评估；⑥保存执行和遵从和解令的所有记录并向FTC提交遵从报告；⑦向FTC通知影响遵从命令的重要变化。这套组合拳的特点在于：

(1) 既力求阻断已经发生的违法行为，更指向防范未来可能发生的违法行为。一方面，和解令会责令被告停止被控行为并在规定时间内删除通过这些行为已经获得的隐私信息，同时明确这些信息将来也不得再作任何使用。更重要的是，为防范被告未来再有类似的故意侵犯或过失疏忽，和解令进而还要求被告建立全面的隐私保护项目，并接受长达几十年或无限期的第三方专业评估。

(2) 手段刚柔并济。以隐私项目为例，和解令一方面作出了一系列明确而严格的要求，包括但不限于隐私项目的内容、执行和维持必须记录在案备查，隐私项目必须接受第三方的客观、科学、专业的隐私安全评估；评估机构和人员必须具备合格的专业资质；评估方式和手段必须达到隐私安全评估领域公认的标准；评估必须在和解令生效之后的指定周期内组织一次，并在其后每两年完成一次，持续几年到几十年，乃至无限期；评估报告必须在评估完成之后的规定时期内提交给 FTC 工作人员。另一方面，和解令对隐私项目的具体内容又不作刚性的具体规定，而是要求企业根据自己经营的规模和范围、消费者隐私相关活动的性质以及相关信息的敏感程度，实施相应的全面隐私项目。

（3）自律与他律的合理配置与良性互动。隐私政策原本是企业针对隐私有关事项自愿公开作出的声明和承诺，然而企业一旦违背承诺，和解令就把承诺当中一些重要的自律性要求变成了强制性要求。比如，很多和解令都明确要求被告必须遵从通知/选择原则，以清晰而且显著的方式比如超链接、弹窗，告知消费者哪些信息将被收集、如何使用，以及如何选择拒绝被跟踪或收集。和解令向企业传达了一个非常明确的信息：你若不自律，我便来强制；你若能自治，我自不干预。① 企业有关隐私实践的一些自律性要求由此进入了和解令的常规处罚，并逐渐沉淀为市场和委员会都默认必须共同遵守的基准性法律要求。

（4）罚款不是重拳，建立全面隐私项目且须接受长期的安全评估才是威慑。虽然 FTC 的罚款额度常常被拿来作为新闻标题的噱头，但罚款既非 FTC 常用的处罚措施，更不具有足够的震慑力。因为委员会的民事罚款必须基于被控行为对消费者造成的实际损失，而大部分实际损失事实上是无法评估的。所以，相对于涉事企业总体的经营规模和市场盈利而言，罚款往往是杯水车薪。就拿前述 50 亿美元这笔额度最大的罚款来说，它不过只是脸书 2018 年总收入的 1/10。若按违反和解令的时间周期 2012 年 8 月至 2019 年 7 月共 7 年间脸书的总收入来估算，罚款所占比例就更是不值一提了。相比而言，建立全面严密的隐私项目并且必须接受严苛的项目评估——和解令对评估的机构、人员、方法、内容、周期、结果报告等诸多事项都有相当详尽和严明的要求——对被告来说无疑是一个更大的法律负担。而且，从处罚令的细节要求来看，全面隐私项目应该能向消费者提供较为周全的在线隐私保护。但迄今为止的诸多

---

① David C. Vladeck, 2015: "Charting the Course: The Federal Trade Commission's Second Hundred Years", *The George Washington Law Review*, 83（6），pp. 2101 - 2130.

案例显示，这项处罚的监督执行及对违令不从的惩戒都还远远不足，并未发挥制度本有的效力。

虽然 FTC 有关隐私的执法资源有限，且行政指控大都以和解告终，学者 Daniel J. Solove 与 Woodrow Hartzog 合作的研究却认为，联邦贸易委员会的隐私执法已经悄无声息地形成了一种富有成效的普通法模式。[1] 在他们看来，FTC 的和解令就像一个又一个的司法判例，虽然各有不同，但一直在强化和发展一些基本的要求，试图建立隐私相关实践的基本规则体系。和解令反映了委员会对隐私违法行为的认识和判断，任何相同或类似的行为都可能会受到委员会的调查和指控。和解令常常还指明了 FTC 认为最佳的隐私保护实践，提供了一些有价值的具体行为指引，对企业建立合法乃至最优的隐私解决方案具有重要的指导意义。从和解令的前后变化，企业还可以预测 FTC 隐私执法的重点、发展方向和未来趋势。事实上，不少从业人员很重视并利用这些和解令的先例价值来应诉辩护，或者为公司避免被委员会盯上而提出建议或警告。两位学者因此认为，通过一个类普通法的模式，联邦贸易委员会的隐私执法行动已经形成一个丰富的法律体系，成为美国信息隐私领域最广泛、最有影响力的调节力量，并有可能进一步发展成为一个强大的隐私监管制度。

五、OBA 治理与在线隐私保护的问题和困境

随着智能技术与互联网应用的快速发展，OBA 的技术含量越来越高，应用也越来越深入和广泛，广告业态和法律问题也随之越来越复杂和多样化。除了曾经相对常用的"OBA"之名，现在还有很多叫法来指称这类广告，例如"行为定向广告"（behavioral targeting advertising）、"消费者定向广告"（consumer targeting advertising）、"定制广告"（customized advertising）、"个性化（网络）广告"[personalized (online) advertising]。尽管叫法不一，定义也稍有不同，但它们都包含两个共同特征：前提是基于对消费者在线行为的密切监控和实时跟踪而收集掌握详尽的消费者个人信息；然后依据这些信息对消费者个人进行针对性的产品推送和服务营销。其中，对消费者无时无刻、无处不在的监控、定位和跟踪，是 OBA 最大最快的生长点，也是隐私侵犯的主要环节。

---

[1] Daniel J. Solove, Woodrow Hartzog, 2014: "The FTC and the New Common Law of Privacy", *Columbia Law Review*, 114, pp. 583–676.

虽然 FTC 及早介入了 OBA 引发的消费者隐私问题，持续不断地推进这一领域的行业自律和法律规制，并取得了不错的监管实效和制度成果，但现有治理体系仍然存在很多亟待解决的突出问题。

第一，各主体之间日益严重的信息不对称。一方面，OBA 的驱动和支持技术在极速进化，对消费者越来越无所不知。比如，在线可以定位，离线也可以定位。定位越来越精准，从城市、片区、街道、住所直至误差越来越小的地理经纬坐标。人脸、语音、指纹等生物识别及信息收集技术的应用也越来越普遍。大数据及其智能化应用进一步让消费者"全裸"殆尽，无可逃遁。另一方面，消费者和政府监管机构对这些极速变化反应迟钝，或者欲为而不力。多项研究表明，不要说 OBA 背后那些潜藏的技术了，消费者甚至连 OBA 本身都不甚了了，对自己的网络行为被跟踪的程度也鲜有了解。人们更倾向于认为 OBA 对他人的影响大于对自己的影响，感知明显表现出传播学理论上的"第三人效果"（the Third-person Effect）。认识上的粗浅和偏差，阻碍了他们对自己个人数据的控制与保护。只有少数消费者会有意识地控制他们的个人数据，但也不清楚自己为什么要这么做。①另有研究发现普遍存在一种"隐私悖论"（Privacy Paradox）：消费者尽管也会担忧自己的隐私被侵犯，但只要商品或服务能满足他们的需求，他们就不太在意保护自己的隐私而选择忽略风险。② 总之，消费者醉心于享用 OBA 提供的各种贴心精到的服务，而对内嵌于其中的隐私风险懵然不知，或者不以为然而甘愿犯险。

政府远比消费者强大，联邦贸易委员会高度重视并密切跟进技术的发展，但想要如其所愿"与技术保持同步"③，总是勉为其难。每当市场出现一种新的重大技术应用，委员会基本上都会及早予以关注：进行调查研究，发起内部讨论，组织公共讨论，向国会报告情况，敦促和参加国会讨论，等等。另据委员会下属消费者保护局前局长、乔治城大学法学教授 David C. Vladeck 的说法，委员会对 COPPA 在 1999 年发布之后的三次修订（1999 年，2002 年，2005 年），全都是为了解决技术进步问题。为了应对

---

① Sophie C. Boerman, Sanne Kruikemeier & Frederik J. Zuiderveen Borgesius, 2017："Online Behavioral Advertising: A Literature Review and Research Agenda"，*Journal of Advertising*, 46 (3), pp. 363 – 376.

② Spyros Kokolakis, 2017："Privacy Attitudes and Privacy Behaviour: A Review of Current Research on the Privacy Paradox Phenomenon"，*Computers & Security*, 64, pp. 122 – 134.

③ David C. Vladeck, 2015："Charting the Course: The Federal Trade Commission's Second Hundred Years"，*The George Washington Law Review*, 83 (6), pp. 2101 – 2130.

移动互联网的迅猛发展，委员会主席授权消费者保护局自 2010 年开始专设技术专家岗位，建立实验室以开展专业、科学的调查，并聘用普林斯顿大学的计算机科学教授 Ed Felten 为第一位首席技术官（Chief Technology Officer，CTO），以及聘用一批顶尖技术专家协助其政策与执法工作。2015年，在消费者保护局之下进一步设立了"技术研究与调查办公室"（Office of Technology Research and Investigation，OTech），独立开展有关技术对消费者影响的研究，支持 FTC 消费者保护任务的所有方面，包括隐私、数据安全、联网汽车、智能家居、算法透明度、新兴支付方式、欺诈、大数据和物联网。David C. Vladeck 赞扬说：委员会在隐私监管方面的成功来自于一个关键的洞察力——委员会长期以来一直认为，与技术保持同步对于履行委员会在不断变化的市场中保护消费者的核心使命至关重要。[①] 然而，在努力追赶日新月异的技术应用过程中，联邦贸易委员会还是显得力不从心。这不是 FTC 这一个政府机构的问题，而是当代社会行政力量与其规制对象之间普遍存在的一个突出矛盾。这从 2018 年国会质询脸书创始人马克·扎克伯格的时候，参议员们的提问因为表现出对前沿技术缺乏应有的了解而广受指责，即可略窥一斑。

第二，现有"隐私政策"[②] 不能也没有很好地消除这种信息不对称。从接入互联网的那一刻起，用户对自己是否被跟踪和定位，哪些人会以什么方式收集、记录和保存自己的信息，那些被拿去的个人信息将会被如何处理，由此可能给自己带来什么样的潜在风险等等这些问题没有一个清晰全面的了解。针对涉及消费者隐私权益的这些问题，企业目前普遍的做法是发布隐私政策，以告知并让用户作出选择。但是，企业隐私政策的文本往往繁复冗长，表述非常专业，有些用字太小，背景不够醒目，或者位置偏僻不彰。很多研究证实，少有消费者认真阅读和真正理解，很多时候甚至没有注意到网站或移动应用 App 上的隐私政策。虽然 FTC 早已把"清晰而且显著"的披露要求应用于这一领域，但在表述严谨周全和有效到达消费者之间始终存在难以调和的矛盾，进而在事实上形成了一条难以逾越的鸿沟。再加上，企业情况千差万别，各种互联网应用花样繁多，界面设计、终端显示等方面的情况参差不齐，也给隐私政策的披露留下了很多空子可钻。总之，无论有意还是无意，隐私政策实际上并未按要求"通知"

---

① David C. Vladeck, 2015: "Charting the Course: The Federal Trade Commission's Second Hundred Years", *The George Washington Law Review*, 83 (6), pp. 2101 – 2130.
② 这里仅指企业公开发布的"隐私政策"，不是泛指所有关于隐私保护的制度政策。

到位，消费者的理性选择也就无从谈起：视而不见，或者，逢选必勾。这就无从实现对消费者的实质性保护。

第三，"通知/选择"模式中的赋权假象与"俘囚"① 困境。自从把"公平信息实践原则"引入在线隐私保护领域，"通知/选择"作为其中的一个基本和主要原则，已经在行业自律体系和FTC的行政执法中得到了全面的贯彻，成为在线隐私保护的一个基准模式。这一模式旨在让用户能够在知情同意、自由支配个人隐私的前提下从事在线环境中的交互和交易活动。但是，这种自行决定和自由选择权利的真正实现，一方面依赖于完全竞争市场，即市场有足够多的同类竞争产品或企业可供用户自由挑选；另一方面依赖完全理性的用户，即用户完全掌握影响交易决策的重要事项和信息，有能力据此进行充分的权衡比较而作出完全理性的决策。

然而，互联网市场主要是一种垄断竞争市场。在用户最常使用的互联网平台和应用中，几乎都有一两个垄断性质的企业。中国移动社交媒体的鳌头是微信，2017年其市场占有率是63.4%。② 搜索引擎市场的最大平台是百度，2019年6月其在手机端的市场占有率是66.8%，在PC端的市场占有率是57.2%。③ 在更细分的市场比如手机地图App市场中，高德地图和百度地图两款App在2018年占有手机地图App全部市场的94%，高德地图占比超过50%。④ 在美国，2021年谷歌占据美国搜索引擎市场91.9%的份额。⑤ 2018年脸书的美国用户有1.69亿，是美国总人口的51.5%，即平均每两个美国人中，就有一人是脸书用户，脸书用户占美国所有社交媒体用户的85.1%。⑥

在这些不完全竞争的市场当中，用户可自由选择的机会很小，甚至没

---

① "俘囚"（captive audience）是英美法系国家关于保护受众免受侵扰性言论损害的一个概念，道格拉斯大法官在1952年的一份著名异议书 [Public Utilities Commission of the District of Columbia v. Pollak, 343 U. S. 451, 468（S Ct. 1952, J. Douglas dissenting）] 中首次使用了这个词，描述了通勤乘客在公交车上被迫收听公交电台播放的商业信息而无可逃避这种情况。本书把隐私事项中的"俘囚"定义为没有功能性选择退出机制以避免强制沟通的受众。

② 中国互联网协会：《中国互联网发展报告2018》，转引自人民网，2018年7月13日。http://media.people.com.cn/n1/2018/0713/c120837-30145671.html。

③ CNNIC：《2019年中国网民搜索引擎使用情况研究报告》，2019年10月。http://www.cnnic.net.cn/hlwfzyj/hlwxzbg/ssbg/201910/P020191025506904765613.pdf。

④ 前瞻产业研究院：《中国手机地图市场竞争格局与商业化发展模式分析报告》，2019年12月10日。https://bg.qianzhan.com/report/detail/300/191210-187cc691.html。

⑤ https://gs.statcounter.com。

⑥ DUG（Dotc United Group）：《2018美国互联网广告市场报告》。https://max.book118.com/html/2018/1224/6013223103001241.shtm。

有。面对屏幕上弹出的隐私协议或者个人信息访问权限的询问，用户选择拒绝换来的结果往往是不能使用对方的网络应用，转向其他同类应用也将面临同样的结果。用户要么选择出让访问权限以换取网络应用，要么只能转身离开。因此，就像枪顶着脑袋给人选择要钱还是要命一样，在不完全竞争市场中，"通知/选择"模式向用户提供的实质上是一种胁迫性选择自由：接受协议或者离开不用。① 此外，人的"有限理性"② 在互联网用户这里，似乎更为昭彰。用户对互联网应用的需要及收益都近在眼前，但成本和风险却潜藏深远。用户不仅对有关信息实践的知识和信息掌握严重不足，不清楚自己如何被跟踪和监控，自己的哪些信息将会被收集以及作何使用，而且对成本—收益也非常难以估算和权衡，不了解授权他人收集和使用自己的个人信息会给自己带来哪些风险和损害，难以评估授权所得是否超过这些风险，以及相关的时间成本、精力成本和机会成本。而现有的"通知/选择"模式无助于弥补用户的"有限理性"，不能为用户提供真正自主决定、自由选择的实质性的权利和机会。

在移动互联网情境中，用户对有关个人隐私事项的控制没有增进，而是进一步被削弱了。只要拔掉电脑的网线或者断开网络连接，电脑用户马上就可以享受与互联网完全隔绝的个人世界。但智能手机即使关掉，也仍有可能被追踪定位。而且，借助于越来越高效的大数据分析，商家通过 Non-PII 可以轻松获取 PII，也可以绕开隐私协议径自进行跟踪和监控，并向用户强行推送信息。面对商家的技术优势、数据垄断和强行侵入，用户对自己隐私的支配和控制事实上非常脆弱。Mihaela Popescu 和 Lemi Baruh 两位学者仔细研究了移动营销环境中用户与营销商之间权力关系的严重失衡，批评 FTC 2012 年的隐私指南无法保护用户的隐私自主权，认为用户已经沦为移动数字营销的"俘囚"。③

---

① John A. Rothchild, 2018: "Against Notice and Choice: The Manifest Failure of the Proceduralist Paradigm to Protect Privacy Online (or Anywhere Else)", *Cleveland State Law Review*, 66 (3), pp. 559 - 648.

② Herbert A. Simon, 1955: "A Behavioral Model of Rational Choice", *Ouarterly Journal of Economics*, 99 (1), pp. 99 - 118.

③ Mihaela Popescu, Lemi Baruh, 2013: "Captive But Mobile: Privacy Concerns and Remedies for the Mobile Environment", *The Information Society*, 29 (5), pp. 272 - 286.

六、OBA 治理的美国经验与中国个人信息保护的未来进路

　　国内外很多论著把美国广告治理——包括对 OBA 的治理及在线隐私保护——奉为自律主导型的典型代表,认为这是美国企业自愿寻求自我约束而走出来的一条道路。这无意中夸大了美国与法国、德国等其他一些国家之间的差别,更误导人们以为自律机制可以自主成长起来。相较而言,美国确实高度强调"互联网自治"①,但必须看到,FTC 及早介入互联网广告与在线隐私保护,在法律资源和执法权限捉襟见肘的情况下,筚路蓝缕,持续积极引导,依法严格规范。FTC 的这些治理实践表明:广告行业自律是在政府的督促和引导下发展起来的;只有督促和引导而没有严厉的监管,行业自律常常会令人大失所望,用德国诗人海涅的话说——"种下的是龙种,收获的是跳蚤";适度的行政规制和司法威慑才有可能带动行业自律的真正觉醒与积极发展。

　　即使如此,美国对 OBA 的综合治理及在线隐私保护,也只能说差强人意。与前互联网时代的广告监管相比,FTC 对互联网广告的"类普通法"规制模式力度明显有限,稳定性不足,难以适应新技术极速变革和互联网应用涌现的浪潮,不能为个人信息提供应有的足够保护。② FTC 倡导、行业自律力推的"通知/选择"这一基准模式也存在难以修复的重大缺陷,不能为消费者提供实质性的保护。2018 年 5 月《通用数据保护条例》(GDPR)全面施行以后,欧盟的统一立法模式成为全球个人信息保护立法的典范。印度、巴西等国家紧随其后,纷纷制定出台统一的个人信息保护法。脸书数据泄露事件发生后,美国社会就联邦政府制定统一的隐私保护法律呼声高涨,而且趋向意见一致。2020 年 1 月 1 日生效的《加州消费者隐私法》(California Consumer Privacy Act,CCPA),明显借鉴了欧盟 GDPR 的立法模式。③ 自 2016 年 11 月《中华人民共和国网络安全法》发布以来,

---

① Frank H. Easterbrook, Cyberspace and the Law of the Horse, 1996 U. Chi. Legal F. 207, 216 (1996).

② John A. Rothchild, 2018: "Against Notice and Choice: The Manifest Failure of the Proceduralist Paradigm to Protect Privacy Online (or Anywhere Else)", Cleveland State Law Review, 66 (3), pp. 559 – 648.

③ 魏书音:《从 CCPA 和 GDPR 比对看美国个人信息保护立法趋势及路径》,《网络空间安全》2019 年第 4 期。

中国的个人信息保护立法也表现出向"欧盟式立法"转向的迹象。[①] 2021年11月1日生效的《中华人民共和国个人信息保护法》第一条，把保护个人信息权益放在了立法保护的首要位置，这与欧盟立法保护的取向如出一辙。

不过，保护、促进信息自由流动和互联网开放发展，仍然是各国法律规制的一个共同立场。加州的 CCPA 在参照 GDPR 严格保护公民信息权益的同时，保留了美国重视商业自由竞争这一立法的传统。GDPR 第一章第一条开宗明义宣示，该法的立法目是"针对个人数据处理中的自然人保护及个人数据的自由流动"，规定"不得以保护与处理的个人数据相关的自然人为由，限制或禁止个人数据在欧盟境内的自由流动"[②]。全面深入研究 GDPR 或者中国个人信息保护立法，不是本书的任务。这里仅沿着前述 FTC 对 OBA 及相关个人信息保护的综合规制实践，为中国在这一领域的立法改革与综合治理提出一些参考的思路。

（1）在大力促进互联网应用发展的同时，改变目前"安全"理念主导下对刑法威慑这种事后处置方式的过于倚重，强化私法救济特别是行政依法规制。充分发挥行政机关可以进行事前指引预防、事中督查纠正和事后及时处置的全过程灵活规制的优势，既从源头上引导、规范个人信息采集及使用的行为，又为高科技商业环境中身为"俘囚"的消费者提供周全的权益保护。考虑到消费者个体在高科技企业面前的弱小无力，私法应赋予消费者更多控制个人信息的权利，包括访问权、编辑和修正的权利，并建立集体诉讼的私法救济机制。立法应统一并明确基本概念，放弃"个人隐私"和"个人身份信息"等较为狭隘的用语，转而采用"个人信息"或"个人数据"之类的表述，以适应技术与社会的当前发展和未来趋势。对数据实践的各个环节，规制应作区别对待，重点指向数据的保全和使用，这样既可更好地保护消费者权益，又能减少对互联网发展不必要的干扰。

（2）制度设计灵活，场景细分保护。PC 互联网时代，在线交往主要是家庭和办公场所这两种场景。进入移动互联网和大数据时代，在线交往越来越逼近日常交往的场景，类型多样，随行切换。同时，数据采集和个人信息应用的行为实践，以越来越多样的方式，越来越深入线上线下的各

---

① 宋亚辉：《个人信息的私法保护模式研究：〈民法总则〉第111条的解释论》，《比较法研究》2019年第2期。
② 《欧盟〈一般数据保护条例〉GDPR：英汉对照》，瑞栢律师事务所译，北京，法律出版社，2018年，第1版，第41页。

个角落和各种交往场景。FTC 现有隐私制度的前端主要是隐私政策，其在交往初始提供的一揽子协议和一次性授权同意的模式，徒具程序的空壳，对消费者的实质性尊重和保护明显不足。末端强制相对人施行隐私项目虽然称得上是一个富有威慑力的处罚，但它脱离了信息实践中的具体交往场景和交往关系，惩罚效应大于对消费者权益的救济价值。

为应对大数据带来的个人信息保护难题，有研究建议中国参考美国《消费者隐私权利法案（草案）》及欧盟 GDPR 的立法亮点，吸纳国际主流的"风险与场景导向"新理念，根据具体场景中的风险评估采取差异化保障措施，把信息处理前的静态合规遵循改变为信息使用中的动态风险控制，在提升个人信息保护实效性的同时大幅减轻企业负担，助力数据开发与数据保护的双赢。① 还有学者认为，必须考虑制度实施环节的"激励相容机制"，个人信息从最内核的隐私信息到通常理解的敏感信息再到最外围的大数据意义上的非敏感个人信息，呈现一个放射状扇形结构，应采用不同强度的区别保护，界定信息控制者不同的责任。② 无论是"风险与场景导向"还是"激励相容机制"，都是要超越传统的"通知/选择"模式，试图建构一种更公平合理的隐私协议机制。中国 2021 年通过的《个人信息保护法》第五十一条提出了"分类管理"的要求。第二章第二节单列了敏感个人信息的处理规则，明确此类信息适用严格法律保护，处理此类信息应当取得个人的单独同意。遗憾的是，立法对个人信息的分类尚不够精细合理，忽略了交往场景这个重要的影响因素。

以交往场景及个人信息的细分理念为指导，可以把现有隐私政策的文本改造为服务项目与授权范围相匹配的开放式选择文本，即把所有服务项目以菜单的方式和盘托出，让用户从中自由选择要接受的服务和相对应的隐私授权内容。选择服务项目多，授权同意的隐私内容就多，但无论多少，用户不会因为不同意授权某部分隐私而被完全拒之门外。在某种商品或服务对消费者很重要且没有多元竞争商家可选的场景中，应禁止把消费者同意收集使用其个人信息作为提供该商品或服务的前提条件。即，用户不选择 OPT-IN，不会因此被拒绝接受这种商品或服务。③ 2020 年 10 月 1

---

① 范为：《大数据时代个人信息保护的路径重构》，《环球法律评论》2016 年第 5 期。
② 周汉华：《探索激励相容的个人数据治理之道——中国个人信息保护法的立法方向》，《法学研究》2018 年第 2 期。
③ John A. Rothchild, 2018: "Against Notice and Choice: The Manifest Failure of the Proceduralist Paradigm to Protect Privacy Online (or Anywhere Else)", *Cleveland State Law Review*, 66 (3), pp. 559–648.

日起实施的中国数据保护国家标准《信息安全技术 个人信息安全规范》，要求划分并根据产品或服务的基本业务功能和扩展业务功能这两类，适用不同的告知/同意方式：前者适用 OPT-IN，后者适用逐项同意。个人信息主体不同意收集基本业务功能所必要收集的个人信息的，商品或服务提供者可拒绝向个人信息主体提供该业务功能；个人信息主体不同意收集扩展业务功能所必要收集的个人信息的，商品或服务提供者不应拒绝提供基本业务功能或降低基本业务功能的服务质量。

或者建立"警示灯"模式，允许用户分类打包授权："红灯"提示需要授权同意的隐私内容最多，风险最高，但可享受的服务也最多；"黄灯"次之；"绿灯"最少。前两种授权类型都必须具体列出行为跟踪和信息收集的方式、类型、范围，以及为规避风险而采取的措施等重要内容的详细情况，以供用户基于对授权协议的完全了解而斟酌选择。"绿灯"授权类型可以作为全行业普遍接受的信息收集的最低限度标准，信息收集仅限于本次服务及其提供者，未经用户明确同意不提供给任何第三方以任何方式使用。此外，也可以考虑对协议双方最公平但也是成本负担可能最重的方式，即"一事一通知""一项一授权"，在后续交往每进入一个新的服务项目时弹出隐私协议，以平衡双方之间的隐私协商。

优化隐私分级保护机制，综合考虑个人身份"可识别性"在技术上的实现可能和在商业中的实际应用，动态评估各类信息的敏感程度。参考 FTC 的做法，考虑把地理位置数据增列为高度敏感信息，特别是家庭地理位置的数据。因为，隐私是个人信息最秘密的部分，家庭则是个人隐私最内核的秘密，而现有的地理围猎技术已经可以实现对详细家庭地址的精准定位。有些学者还把移动用户的交往平台视为一种"数字领土"（digital territories）或者"虚拟住宅"（virtual residence），提议对移动交互传播施以"家庭模式"的保护，让用户在移动环境中可以自如"进出家门"。[1]

（3）治理与技术共进化，重视技术治理，倡导技术向善。当前大数据相关的各种技术发明和商业应用，其集成性、普及快、迭代快的特点越来越突出。几十家企业的成百上千乃至成千上万种专利技术合成一种新产品，甫一发布便可以覆盖全球。同时，新产品的迭代速度，如腾讯董事会主席兼首席执行官马化腾在 2017 年世界互联网大会上所言，已经以天为

---

[1] Mihaela Popescu, Lemi Baruh, 2013: "Captive But Mobile: Privacy Concerns and Remedies for the Mobile Environment", *The Information Society*, 29 (5), pp. 272 – 286.

单位。① 这意味着，技术发明在任何一个环节的设计缺陷，都有可能带来难以估量而又无可挽回的风险乃至实际危害；政府机构如果不能够与技术共进化，那么，对广告及隐私的规制就无异于螳臂当车。因此，有必要效仿 FTC，高度重视对技术发展及其市场应用的前沿研究，建立实验室，引入技术型专家，协助开展政策制定和行政执法工作；充分发挥技术治理的价值中立、公平统一和高效稳定的优势，以技术克制技术，继续推广应用加密技术、防火墙技术、数据脱敏技术等，探索应用区块链技术对数据实践进行跟踪和记录，尝试订立智能契约；在源头端，推动伦理价值和人文主义对技术创新的引领，倡导"负责任的研究与创新"(Responsible Research and Innovation，RRI) 和"隐私设计"(Privacy by Design) 理念。

RRI 指的是一个透明互动的创新过程，在这一过程中，社会行动者和创新者彼此反馈，充分考虑创新过程及其市场产品的伦理可接受性、可持续性和社会可取性，让科技发展适当地融入我们的社会中。② RRI 现已成为欧美科技政策的指导性理念。中国在 2016 年印发的《"十三五"国家科技创新规划》也明确提出了"倡导负责任的研究与创新"。"隐私设计"理念强调，在产品发明和服务设计之初就前瞻性地充分考虑各种隐私泄露风险，据此在设计中预先嵌入隐私保护机制，最初是由加拿大安大略省信息和隐私委员会主席 Ann Cavoukian 提出，后来被 FTC 和欧盟引入各自的隐私政策和法律。谷歌的数据仪表板（Dashboard）主动向用户公开自己采集的用户数据，苹果拒绝预安装第三方软件并默认阻止第三方 Cookie，都是企业对"隐私设计"理念的具体实践。2019 年 11 月 11 日，腾讯选择在 21 周年纪念日发布公司全新的使命愿景——"用户为本，科技向善"。笔者认为，各大互联网服务平台、终端操作系统、广告联盟和数据经纪公司都应带头践行"隐私设计"理念，逐步形成全行业的行为自律框架。

---

① 品途网:《马化腾：全球互联网公司都站在了风口上，新产品的迭代速度以天为单位》，2017 年 12 月 3 日。https: //tech. sina. com. cn/roll/2017 - 12 - 03/doc-ifyphkhm0048737. shtml。

② René von Schomberg, Prospects for Technology Assessment in a Framework of Responsible Research and Innovation, Richard Beecroft, Technikfolgen Abschatzen Lehren: Bildungspotenziale Transdisziplin rer. Methoden: VS Verlag fur Sozialwissenschaften, 2012, pp. 39 - 61。转引自廖苗《欧洲政策思想史中的"负责任研究与创新"》，《科学学研究》2019 年第 7 期。

参考文献

英文参考书目

[1] American Bar Association, *FTC Practice and Procedure Manual*, Chicago: ABA Book Publishing, 2007.

[2] Bentham, J., *Panopticon or the Inspection-house*, Dublin: Thomas Byrne, 1791.

[3] Pope, D. A., *The Making of Modern Advertising*, New York: Basic Books, 1983.

[4] Aaker, D. A. and Day G. S., *Consumerism: Search for the Consumer Interest*, New York: Free Press, 1978.

[5] Jung, D. J., *The Federal Communications Commission, the Broadcast Industry, and the Fairness Doctrine 1981 – 1987*, Lanham: University Press of America, 1996.

[6] Pember, D. R. and Calvert, C., *Mass Media Law*, New York: The McGraw-Hill Companies, 2005.

[7] Cox, E. F. and Fellmeth, R. C., Schulz, J. E., *The Nader Report on the Federal Trade Commission*, New York: Richard W. Baron, 1969.

[8] Cate, F. H., *Privacy in the Information Age*, Washington: Brookings Institution Press, 1997.

[9] Innis, H. A., *The Newspaper in Economic Development, Political Economy and the Modern State*, Toronto: University of Toronto Press, 1946.

[10] Preston, I. L., *The Great American Blow-Up: Puffery in Advertising and Selling*, Madison: University of Wisconsin Press, 1975.

[11] Jacoby, J., Hoyer, W. D. and Sheluga, D. A., *Miscomprehension of Televised Communication*, New York: American Association of Advertising Agencies, 1980.

[12] Austin, J. L., *How to Do Things with Words*, Cambridge: Harvard University Press, 1962.

[13] Cohen, J. and Cohen, P. , *Applied Multiple Regression/Correlation for the Behavioral Sciences*, New York: Lawrence Erlbaum Associates, 1983.

[14] Cooper, J. C. , *The Regulatory Revolution at the FTC: A Thirty-Rear Perspective on Competition and Consumer Protection*, Oxford: Oxford University Press, 2013.

[15] Maxeiner, J. R. and Schotthofers, P. (editors), *Advertising Law in Europe and North America*, Alphen aan den Rijn: Kluwer Law International, 1999.

[16] Ryans, J. K. and Wills, J. R. , *Consumerism's Impact on Advertising*, New York: International Advertising Association, 1979.

[17] Healey, J. S. , *The Federal Trade Commission Advertising Substantiation Program and Changes in the Content of Advertising in Selected Industries*, Oakland: University of California, 1978.

[18] Huthmacher, J. and Susman, W. , *Herbert Hoover and the Crisis of American Capitalism.* , Cambridge: Schenkman Books, 1974.

[19] Sivulka, J. , *Soap, Sex, and Cigarettes: A Cultural History of American Advertising*, Boston: Cengage Learning, 2011.

[20] Clarkson, K. and Muris, T. , *The FTC Since 1970*, Cambridge: Cambridge University Press, 1981.

[21] Feldman, L. P. , *Consumer Protection: Problems and Prospects*, Eagan: West Publishing Company, 1976.

[22] Gordon, L. J. and Lee, S. M. , *Economics for Consumers*. New York: D. Van Nostrand Company, 1972.

[23] McLuhan, M. and Powers, B. R. , *The Global Village: Transformations in World Life and Media in the 21st Century*, Oxford: Oxford University Press, 1989.

[24] Steinwall, R. and Layton, L. , *Annotated Trade Practices Acts 1974*, New York: Lexis Nexis Butterworths, 1996.

[25] Wright, R. G. , *Selling Words: Free Speech in a Commercial Culture*, New York: New York University Press, 1997.

[26] Harris, R. A. and Milkis, S. M. , *The Politics of Regulatory Change: A Tale of Two Agencies*, Oxford: Oxford University Press, 1996.

[27] Posner, R. A. , *Regulation of Advertising by the FTC*, Washington: A-

merican Enterprise Institute for Public Policy Research, 1973.

[28] Kaplar, R. T. , *Advertising Rights: The Neglected Freedom—Toward a New Doctrine of Commercial Speech*, Fairfax: The Media Institute, 1991.

[29] Cushman, R. E. , *The Independent Regulatory Commissions*, Oxford: Oxford University Press, 1941.

[30] Shiner, R. A. , *Freedom of Commercial Expression*, Oxford: Oxford University Press, 2003.

[31] Cass, R. A. , Diver, C. S. , Beermann, J. M. and Freeman, J. , *Administrative Law: Cases and Material*, Frederick: Aspen Publishers, 2011.

[32] Petty, R. D. , *The Impact of Advertising Law on Business and Public Policy*, Santa Barbara: Praeger, 1992.

[33] Moriarty, S. E. , *Creative Advertising: Theory and Practice*, Hoboken: Prentice-Hall, 1991.

[34] Moriarty, S. and Duncan, T. , *How to Create and Deliver Winning Advertising Presentations*, Chicago: NTC Business Books, 1989.

[35] Arens, W. , Weigold, M. and Arens, C. , *Contemporary Advertising*, New York: McGraw-Hill/Irwin, 2010.

[36] Wilkie, W. L. , *Consumer Research and Corrective Advertising: A New Approach*, Cambridge: Marketing Science Institute, 1973.

英文参考论文

[1] Haynes, A. W. , 2006: "Online Privacy Policies: Contracting Away Control over Personal Information?", *Dickinson Law Review*, Vol. 111, No. 3, pp. 587 - 624.

[2] Person, A. N. , 2010: "Behavioral Advertisement Regulation: How the Negative Perception of Deep Packet Inspection Technology May Be Limiting the Online Experience", *Federal Communications Law Journal*, 62 Fed. Comm. L. J. , pp. 435 - 464.

[3] Woodside, A. G. , 1977: "Advertisers' Willingness to Substantiate Their Claims", *Journal of Consumer Affairs*, Vol. 11, No. 1, pp. 135 - 144.

[4] Abernethy, A. M. and Franke, G. R. , 1998: " FTC Regulatory Activity

and the Information Content of Advertising", *Journal of Public Policy & Marketing*, Vol. 17, No. 2, pp. 239 – 256.

[5] Abernethy, A. M., 1993: "Advertising Clearance Practices of Radio Stations: A Model of Advertising Self-Regulation", *Journal of Advertising*, Vol. 22, No. 3, pp. 15 – 26.

[6] Abernethy, A. M. and Franke, G. R., 1998: "FTC Regulatory Activity and the Information Content of Advertising", *Journal of Public Policy & Marketing*, Vol. 17, No. 2, pp. 239 – 256.

[7] Jansen, B. J., 2006: "Adversarial Information Retrieval Aspects of Sponsored Search", Conference Paper from The 29th Annual International ACM SIGIR Conference on Research and Development inInformation Retrieval, pp. 33 – 36.

[8] Bhalla, G. and Lastovicka, J., 1984: "The Impact of Changing Cigarette Warning Message Content and Format", *Advances in consumer research*, Vol. 11, pp. 305 – 310.

[9] Bladow, L. E., 2018: "Worth the Click: Why Greater FTC Enforcement Is Needed to Curtail Deceptive Practices in Influencer Marketing", *William & Mary Law Review*, Vol. 59, No. 3, p. 1123.

[10] Boerman, S. C., Kruikemeier, S. and Borgesius, F. J. Z., 2017: "Online Behavioral Advertising: A Literature Review and Research Agenda", *Journal of Advertising*, Vol. 46, No. 3, pp. 363 – 376.

[11] Becker, B. W., 1983: "Injunction Powers of the Federal Trade Commission: Immediate Relief from Deceptive Advertising", *Journal of Advertising*, Vol. 12, No. 3, pp. 43 – 45.

[12] Brockhoeft, J. E, 2003: "Evaluating the Can-Spam Act of 2003", *Loyola Law and Technology Annual*, Vol. 4, pp. 1 – 44.

[13] Jokubaitis, C., 2018: "There and Back: Vindicating the Listener's Interests in Targeted Advertising in the Internet Information Economy", *Columbia Journal of Law & the Arts*, Vol. 42, pp. 85 – 122.

[14] Cain, R. M., 2007: "When Does Preemption Not Really Preempt—The Role of State Law after CAN-SPAM", *I/S: A Journal of Law and Policy for the Information Society*, Vol. 3, No. 3, pp. 751 – 776.

[15] Chan, V., 2019: "When AD Is BAD: Why the FTC Must Reform Its Enforcement of Disclosure Policy in the Digital Age", *Ohio State Busi-*

ness Law Journal, Vol. 13, No. 2, pp. 303 – 333.
[16] Shafer, C., 1986: "Developing Rational Standards for an Advertising Substantiation Policy", *University of Cincinnati Law Review*, Vol. 55, No. 1, pp. 1 – 79.
[17] Hackley, C. E., 1999: "The Meanings of Ethics in and of Advertising", *Business Ethics: A European Review*, Vol. 8, No. 1. pp. 37 – 42.
[18] Cohen, S. E., 1972: "Government, Consumers, Business: They're All Banking on the Coming Year", *Advertising Age*, p. 3.
[19] Comber, G., 2021: "Presume We're (Commercially) Speaking Privately: Clarifying the Court's Approach to the First Amendment Implications of Data Privacy Regulations", *George Washington Law Review*, Vol. 89, Issue 1, pp. 202 – 232.
[20] Attas, D., 1999: "What's Wrong with 'Deceptive' Advertising?", *Journal of Business Ethics*, Vol. 21, No. 1, pp. 49 – 59.
[21] Solove, D. J. and Hartzog, W., 2014: "The FTC and the New Common Law of Privacy", *Columbia Law Review*, Vol. 114, pp. 583 – 676.
[22] Vladeck, D. C., 2015: "Charting the Course: The Federal Trade Commission's Second Hundred Years", *The George Washington Law Review*, Vol. 83, No. 6, pp. 2101 – 2130.
[23] Rutenberg, D. J., 2011: "Silence of the Spam: Improving the CAN-SPAM Act by Including an Expanded Private Cause of Action", *Vanderbilt Journal of Entertainment and Technology Law*, Vol. 14, No. 1, pp. 225 – 252.
[24] Krueger, D., 1998: "Ethics and Values in Advertising: Two Case Studies", *Business and Society Review*, Vol. 99, Issue 1, pp. 53 – 65.
[25] Gardner, D. M., 1975: "Deception in Advertising: A Conceptual Approach", *Journal of Marketing*, Vol. 39, No. 1, pp. 40 – 46.
[26] Stewart, D. W. and Martin, I. M., 2004: "Advertising Disclosures: Clear and Conspicuous or Understood and Used?", *Journal of Public Policy & Marketing*, Vol. 23, No. 2, pp. 183 – 192.
[27] Scammon, D. L. and Semenik, R. J., 1983: "The FTC's 'Reasonable Basis' for Substantiation of Advertising: Expanded Standards and Implications", *Journal of Advertising*, Vol. 12, Issue 1, pp. 4 – 11.
[28] Cohen, D., 1978: "Advertising & the First Amendment", *Journal of*

Marketing, Vol. 42, No. 3, pp. 59 – 68.

[29] Cohen, D., 1980: "The FTC's Advertising Substantiation Program", Journal of Marketing, Vol. 44, No. 1, pp. 26 – 35.

[30] Shannon, E., 1948: "A Mathematical Theory of Communication", The Bell System Technical Journal, Vol. 27, pp. 379 – 423, 623 – 656.

[31] Kintner, E. W., 1966: "Federal Trade Commission Regulation of Advertising", Michigan Law Review, Vol. 64, No. 7, pp. 1269 – 1284.

[32] Quilliam, E. T., Lee, M., Cole, R. T. and Kim, M., 2011: "The Impetus for (and Limited Power of) Business Self-Regulation: The Example of Advergames", The Journal of Consumer Affairs, Vol. 45, Issue 2, pp. 224 – 247.

[33] Easterbrook, F. H., 1996: "Cyberspace and the Law of the Horse", The University of Chicago Legal Forum, pp. 207 – 216.

[34] McChesney, F. S., 1997: "De-Bates and Re-Bates: The Supreme Court's Latest Commercial Speech Cases", Supreme Court Economic Review, Vol. 5, pp. 81 – 139.

[35] Morgan, F. W. and Stoltman, J. J., 2002: "Television Advertising Disclosures: An Empirical Assessment", Journal of Business and Psychology, Vol. 16, No. 4, pp. 515 – 535.

[36] Barbour II, F. L. and Gardner, D. M., 1982: "Deceptive Advertising: A Practical Approach to Measurement", Journal of Advertising, Vol. 11, No. 1, pp. 21 – 30.

[37] Fredricks, T., 2019: "Not Content with Content Influencers: How the FTC Should PromoteAdvertisement Disclosure", Virginia Sports and Entertainment Law Journal, Vol. 19, No. 1, pp. 29 – 53.

[38] FTC Opposes "Truth Bill": Moss Seeks Consumer Unit, Advertising Age, 1971, p. 70.

[39] Armstrong, G. M., Kendall, C. L. and Russ, F. A., 1975: "Applications of Consumer Information Processing Research to Public Policy Issues", Communications Research, Vol. 2, pp. 232 – 245.

[40] Armstrong, G. M. and Russ, F. A., 1975: "Detecting Deception in Advertising", MSU Business Topics, Vol. 23, pp. 21 – 32.

[41] Armstrong, G. M., Gurol, M. N. and Russ, F. A., 1978: "Detecting and Correcting Deceptive Advertising", Journal of Consumer Research,

Vol. 6, No. 3, pp. 237 - 246.

[42] Ford, G. T. and Calfee, J. E., 1986: "Recent Developments in FTC Policy on Deception", *Journal of Marketing*, Vol. 50, No. 3, pp. 82 - 103.

[43] Thain, G. J., 1972: "Advertising Regulation: The Contemporary FTC Approach", *Fordham Urban Law Journal*, Vol. 1, Issue 3, pp. 349 - 394.

[44] Rotfeld, H. J., 2003: "Desires Versus the Reality of Self-Regulation", *Journal of Consumer Affairs*, Vol. 37, pp. 424 - 427.

[45] Rotfeld, H. J., 1992: "Power and Limitations of Media Clearance Practices and Advertising Self-Regulation", *Journal of Public Policy & Marketing*, Vol. 11, No. 1, pp. 87 - 95.

[46] Hoy, M. G. and Stankey, M. J., 1993: "Structural Characteristics of Televised Advertising Disclosures: A Comparison with the FTC Clear and Conspicuous Standard", *Journal of Advertising*, Vol. 22, No. 2, pp. 47 - 58.

[47] Russo, J. E., Metcalf, B. L. and Stephens, D., 1981: "Identifying Misleading Advertising", *Journal of Consumer Research*, Vol. 8, No. 2, pp. 119 - 130.

[48] Beales III, J. H., 2003: "The Federal Trade Commission's Use of Unfairness Authority: Its Rise, Fall, and Resurrection", *Journal of Public Policy & Marketing*, Vol. 22, No. 2, pp. 192 - 200.

[49] Houston, M. J. and Rothschild, M. L., 1980: "Policy-Related Experiments on Information Provision: A Normative Model and Explication", *Journal of Marketing Research*, Vol. 17, No. 4, pp. 432 - 449.

[50] Jacoby, J. and Small, C., 1975: "The FDA Approach to Defining Misleading Advertising", *Journal of Marketing*, Vol. 39, No. 4, pp. 65 - 68.

[51] Jacoby, J., Nelson, M. C. and Hoyer, W. D., 1982: "Corrective Advertising and Affirmative Disclosure Statements: Their Potential for Confusing and Misleading the Consumer", *Journal of Marketing*, Vol. 46, No. 1, pp. 61 - 72.

[52] Harb, J., 2006: "White Buffalo Ventures, LLC v. University of Texas at Austin: The CAN-SPAM Act & the Limitations of Legislative Spam

Controls", *Berkeley Technology Law Journal*, Vol. 21, No. 1, pp. 531 – 549.

[53] Wicks, J. L., 1991: "An Exploratory Study of Television Advertising Practices: Do Profitability and Organization Size Affect Clearance Formality?", *Journal of Advertising*, Vol. 20, No. 3, pp. 57 – 68.

[54] Handler, J., 1983: "Pfizer Revisited: From 'Reasonable Basis' to 'Establishment Claims' in Advertising Substantiation", *Food Drug Cosmetic Law Journal*, Vol. 38, pp. 325 – 333.

[55] Reyero, J., 2007: "The CAN-SPAM Act of 2003: A False Hope", *SMU Science and Technology Law Review*, Vol. 11, No. 2, pp. 195 – 226.

[56] Richards, J. I. and Preston, I. L., 2007: "Preston, Proving and Disproving Materiality of Deceptive Advertising Claims", *Journal of Public Policy & Marketing*, Vol. 11, No. 2, pp. 45 – 56.

[57] Schmidt, J. L., 2019: "Blurred Lines: Federal Trade Commission's Differential Responses to Online Advertising and Face to Face Marketing", *Journal of High Technology Law*, Vol. 19, pp. 442 – 476.

[58] Olson, J. C. and Dover, P. A., 1978: "Cognitive Effects of Deceptive Advertising", *Journal of Marketing Research*, Vol. 15, No. 1, pp. 29 – 38.

[59] Rothchild, J. A., 2018: "Against Notice and Choice: The Manifest Failure of the Proceduralist Paradigm to Protect Privacy Online (or Anywhere Else)", *Cleveland State Law Review*, Vol. 66, No. 3, pp. 559 – 648.

[60] Villafranco, J. E., Pippins, R. R. and Wolff, K. L., 2011: "Working Together: How Growing FDA and FTC Collaboration Changes the Regulatory Landscape for Food and Dietary Supplement Marketers", *Nutritional Outlook*, pp. 32 – 35.

[61] Healey, J. S. and Kassarjian, H. H., 1983: "Advertising Substantiation and Advertiser Response: A Content Analysis of Magazine Advertisements", *Journal of Marketing*, Vol. 47, No. 1, pp. 107 – 117.

[62] Garon, J. M., 2012: "Beyond the First Amendment: Shaping the Contours of Commercial Speech in Video Games, Virtual Worlds, and Social Media", *Utah Law Review*, No. 2, pp. 607 – 651.

[63] Donohue, J., 2006: "A History of Drug Advertising: The Evolving Roles of Consumers and Consumer Protection", *The Milbank Quarterly*, Vol. 84, No. 4, pp. 659 – 699.

[64] Boedecker, K. A., Morgan, F. W. and Wright, L. B., 1995: "The Evolution of First Amendment Protection for Commercial Speech", *Journal of Marketing*, Vol. 59, No. 1, pp. 38 – 47.

[65] Fitzpatrick, K. R., 2005: "The Legal Challenge of Integrated Marketing Communication (IMC): Integrating Commercial and Political Speech", *Journal of Advertising*, Vol. 34, No. 4, pp. 93 – 102.

[66] Keegan, C. and Schroeder, C., 2019: "Unpacking Unfairness: The FTC's EvolvingMeasures of Privacy Harms", *Journal of Law, Economics & Policy*, Vol. 15, No. 1, pp. 19 – 40.

[67] Callahan, K., 2021: "CGI Social Media Influencers: Are They above the FTC's Influence?", *Journal of Business and Technology Law*, Vol. 16, pp. 361 – 386.

[68] Schaefer, K., 2003: "E-Space Inclusion: A Case for the Americans with Disabilities Act in Cyberspace", *Journal of Public Policy & Marketing*, Vol. 22, No. 2, pp. 223 – 227.

[69] Coney, K. A. and Patti, C. H., 1979: "Advertisers' Responses to Requests for Substantiation of Product Claims: Differences by Product Category, Type of Claim and Advertising Medium", *Journal of Consumer Affairs*, Vol. 13, No. 2, pp. 224 – 235.

[70] Kessler, D. A. and Pines, W. L., 1990: "The Federal Regulation of Prescription Drug Advertising and Promotion", *JAMA*, Vol. 264, No. 18, pp. 2409 – 2415.

[71] Sheehan, K. B., 2003: "Balancing Acts: An Analysis of Food and Drug Administration Letters about Direct-to-Consumer Advertising Violations", *Journal of Public Policy & Marketing*, Vol. 22, No. 2, pp. 159 – 169.

[72] Kokolakis, S., 2017: "Privacy Attitudes and Privacy Behaviour: A Review of Current Research on the Privacy Paradox Phenomenon", *Computers & Security*, Vol. 64, pp. 122 – 134.

[73] Lorentz, D., 2011: "The Effectiveness of Litigation under the CAN-SPAM Act", *Review of Litigation*, Vol. 30, No. 3, pp. 559 – 606.

[74] Ha, L. and James, L, 1998: "Interactivity Reexamined: A Baseline Analysis of Early Business Web Sites", *Journal of Broadcasting & Electronic Media*, Vol. 42, No. 4, pp. 457 – 474.

[75] De Arruda, M. C. C. and De Arruda, M. L. , 1999: "Ethical Standards in Advertising: A Worldwide Perspective", *Journal of Business Ethics*, Vol. 19, No. 2, pp. 159 – 169.

[76] Hoy, M. G. and Andrews, J. C. , 2004: "Adherence of Prime-Time Televised Advertising Disclosures to the 'Clear and Conspicuous' Standard: 1990 Versus 2002", *Journal of Public Policy & Marketing*, Vol. 23, No. 2, pp. 170 – 182.

[77] Hoy, M. G. and Stankey, M. J. , 1993: "Structural Characteristics of Televised Advertising Disclosures: A Comparison with the FTC Clear and Conspicuous Standard", *Journal of Advertising*, Vol. 22, No. 2, pp. 47 – 58.

[78] Hoy, M. G. and Lwin, M. , 2007: "Disclosures Exposed: Banner Ad Disclosure Adherence to FTC Guidance in the Top 100 U. S. Websites", *Journal of Consumer Affairs*, Vol. 41, No. 2, pp. 285 – 325.

[79] Redish, M. H. and Siegal, P. B. , 2012: "Constitutional Adjudication, Free Expression and the Fashionable Art of Corporation Bashing", *Texas Law Review*, Vol. 91, pp. 1447 – 1473.

[80] Jones, M. G. , 1988: "The Federal Trade Commission in 1968: Times of Turmoil and Response", *Journal of Public Policy & Marketing*, Vol. 7, Special Issue on the FTC, pp. 1 – 10.

[81] Mazis, M. B. and Adkinson, J. E. , 1976: "An Experimental Evaluation of a Proposed Corrective Advertising Remedy", *Journal of Marketing Research*, Vol. 13, No. 2, pp. 178 – 183.

[82] Gartner, M. , 1988: "Commercial Speech and the First Amendment", *University of Cincinnati Law Review*, pp. 1173 – 1178.

[83] Brandt, M. T. and Preston, I. L. , 1977: "The Federal Trade Commission's Use of Evidence to Determine Deception: F. T. C. Shifts from Reliance on Its Own 'Expertise' to Consumer Testimony and Surveys", *Journal of Marketing*, Vol. 41, No. 1, pp. 54 – 62.

[84] De Villiers, M. , 2005: "Free Radicals in Cyberspace: Complex Liability Issues in Computer Warfare", *Northwestern Journal of Technology*

and *Intellectual Property*, Vol. 4, No. 1, pp. 13 – 60.

[85] Popescu, M. and Baruh, L., 2013: "Captive But Mobile: Privacy Concerns and Remedies for the Mobile Environment", *The Information Society*, Vol. 29, No. 5, pp. 272 – 286.

[86] Kirkpatrick, M. W., 1972: "Advertising and the Federal Trade Commission", *Journal of Advertising*, Vol. 1, No. 1, pp. 10 – 12.

[87] Kirkpatrick, M. W., 1989: "Report of the American Bar Association, Section of Antitrust Law, Special Committee to Study the Role of the Federal Trade Commission", *Antitrust Law Journal*, Vol. 58, No. 1, pp. 43 – 178.

[88] Handler, M., 1939: "The Control of False Advertising under the Wheeler-Lea Act", *Law and Contemporary Problems*, Vol. 6, No. 1, pp. 91 – 110.

[89] Drumwright, M. E. and Murphy, P. E., 2004: "How Advertising Practitioners View Ethics: Moral Muteness, Moral Myopia, and Moral Imagination", *Journal of Advertising*, Vol. 33, No. 2, pp. 7 – 24.

[90] Watkins, M. W., 1932: "An Appraisal of the Work of the Federal Trade Commission", *Columbia Law Review*, Vol. 32, No. 2, pp. 272 – 289.

[91] Nader, A. C., 1973: "Claims Without Substance", *The Consumer and Corporate Accountability*, pp. 90 – 97.

[92] Costello, P., 1997: "Strange Brew: The State of Commercial Speech Jurisprudence Before and After 44 Liquormart, Inc. v. Rhode Island", *Case Western Reserve Law Review*, Winter, pp. 681 – 750.

[93] Nelson, P., 1970: "Information and Consumer Behavior", *Journal of Political Economy*, Vol. 78, No. 2, pp. 311 – 329.

[94] Parsons, P. R. and Rotfeld, H. J., 1990: "Infomercials and Television Station Clearance Practices", *Journal of Public Policy & Marketing*, Vol. 9, pp. 62 – 72.

[95] Schwartz, P. M., 2009: "Preemption and Privacy", *The Yale Law Journal*, Vol. 118, No. 5, pp. 902 – 947.

[96] Maggs, P. B., 2006: "Abusive Advertising on the Internet (SPAM) under United States Law", *The American Journal of Comparative Law*, Vol. 54, pp. 385 – 394.

[97] Kuehl, P. G. and Dyer, R. F., 1977: "Applications of the 'Normative Belief' Technique for Measuring the Effectiveness of Deceptive and Corrective Advertisements", *Advances in Consumer Research*, Vol. 4, No. 1, pp. 204.

[98] Pines, W. L., 1999: "A History and Perspective on Direct-to-Consumer Promotion", *Food and Drug Law Journal*, Vol. 54, No. 4, pp. 489 – 518.

[99] Ramirez, V. N., 2018: "Fashion Statements Turned Endorsements: How FTC Enforcement Could Cripple the Internet's Trendsetters", *Syracuse Law Review*, vol. 68, No. 2, pp. 483.

[100] Sauer, R. D. and Leffler, K. B., 1990: "Did the Federal Trade Commission's Advertising Substantiation Program Promote More Credible Advertising?", *The American Economic Review*, Vol. 80, No. 1, pp. 191 – 203.

[101] Bolin, R., 2006: "Opting out of Spam: A Domain Level Do-Not-Spam Registry", *Yale Law & Policy Review*, Vol. 24, No. 2, pp. 399 – 435.

[102] Higgins, R. S. and McChesney, F. S., 2011: "Materiality, Settlements and the FTC's Ad Substantiation Program: Why Wonder Bread Lost No Dough", *Managerial and Decision Economics*, Vol. 32, No. 2, pp. 71 – 83.

[103] Cain, R. M., 2005: "Federal Do Not Call Registry Is Here to Stay: What's Next for Direct Marketing Regulation?", *Journal of Interactive Marketing*, Vol. 19, No. 1, pp. 54 – 62.

[104] Wilkes, R. E. and Wilcox, J. B., 1974: "Recent FTC Actions: Implications for the Advertising Strategist", *Journal of Marketing*, Vol. 38, No. 1, pp. 55 – 61.

[105] Dyer, R. F. and Kuehl, P. G., 1978: "A Longitudinal Study of Corrective Advertising", *Journal of Marketing Research*, Vol. 15, No. 1, pp. 39 – 48.

[106] Batson III, R. J., 2001: "Personal Privacy on the Internet: Issues and Guidelines for PracticingAttorneys", *Transactions: the Tennessee Journal of Business Law*, pp. 9 – 24.

[107] Petty, R. D., 1992: "FTC Advertising Regulation: Survivor or Casu-

alty of the Reagan Revolution?", *American Business Law Journal*, Vol. 30, Issue 1, pp. 1 – 34.

[108] Petty, R. D., 1993: "Advertising and the First Amendment: A Practical Test for Distinguishing Commercial Speech from Fully Protected Speech", *Journal of Public Policy & Marketing*, Vol. 12, No. 2, pp. 170 – 177.

[109] Laczniak, R. N. and Grossbart, S., 1990: "An Assessment of Assumptions Underlying the Reasonable Consumer Element in Deceptive Advertising Policy", *Journal of Public Policy & Marketing*, Vol. 9, pp. 85 – 99.

[110] Peltzman, S., 1981: "The Effects of FTC Advertising Regulation", *Journal of Law and Economics*, Vol. 24, No. 3, pp. 403 – 448.

[111] Scammon, D. L., 1977: "Information Load and Consumers", *Journal of Consumer Research*, Vol. 4, No. 3, pp. 148 – 155.

[112] Schwartz. A. and Wilde, L. L., 1979: "Intervening in Markets on the Basis of Imperfect Information: A legal and Economic Analysis", *University of Pennsylvania Law Review*, Vol. 127, pp. 630 – 682.

[113] Costello, S. P., 1997: "Comment: Strange Brew: The State of Commercial Speech Jurisprudence before and after 44 Liquormart, Inc. v. Rhode Island", *Case Western Reserve Law Review*, Vol. 47, Issue 2, pp. 681 – 750.

[114] Shirooni, C., 2018: "Native Advertising in Social Media: Is the FTC's Reasonable Consumer Reasonable", *Washington University Journal of Law & Policy*, Vol. 56, pp. 221 – 240.

[115] Simon, H. A., 1955: "A Behavioral Model of Rational Choice", *Quarterly Journal of Economics*, Vol. 99, No. 1, pp. 99 – 118.

[116] Alexander, S., 1995: "'Unfair' Advertising and the FTC: Structural Evolution of the Law and Implications for Marketing and Public Policy", *Journal of Public Policy & Marketing*, Vol. 14, No. 2, pp. 321 – 327.

[117] An, S., Kang, H. and Koo, S., 2019: "Sponsorship Disclosures of Native Advertising: Clarityand Prominence", *The Journal of Consumer Affairs*, Vol. 53, Issue 3, pp. 998 – 1024.

[118] Stigler, G. J., 1971: "The Theory of Economic Regulation", *The Bell Journal of Economics and Management Science*, Vol. 2, No. 1,

pp. 3 – 21.

[119] Bentz, T. V. and Veltri, C., 2020: "The Indirect Regulation of Influencer Advertising", *Food and Drug Law Journal*, Vol. 75, No. 2, pp. 185 – 194.

[120] 1977: "The FTC's Injunctive Authority Against False Advertising of Food and Drugs", *Michigan Law Review*, Vol. 75, No. 4, pp. 745 – 767.

[121] Kinnear, T. C., Taylor, J. R. and Gur-Arie, O., 1983: "Affirmative Disclosure: Long-Term Monitoring of Residual Effects", *Journal of Public Policy and Marketing*, Vol. 2, No. 1, pp. 38 – 45.

[122] Kauper, T. E., 1968: "Cease and Desist: The History, Effect, and Scope of Clayton Act Orders of the Federal Trade Commission", *Michigan Law Review*, Vol. 66, No. 6, pp. 1095 – 1210.

[123] Kauper, T. E., 1962: "Permissible Scope of Cease and Desist Orders: Legislation and Adjudication by the FTC", *The University of Chicago Law Review*, Vol. 29, No. 4, pp. 706 – 727.

[124] Thompson, K. A., 2019: "Commercial Clicks: Advertising Algorithms as CommercialSpeech", *Vanderbilt Journal of Entertainment & Technology Law*, Vol. 21, Issue 4, pp. 1019 – 1040.

[125] Trzaskowski, J., 2018: "Identifying the Commercial Nature of Influencer Marketing on the Internet", *Scandinavian Studies in Law*, Vol. 65, pp. 81 – 100.

[126] Brudney, V., 2012: "The First Amendment and Commercial Speech", *Boston College Law Review*, pp. 1153 – 1223.

[127] Weiner, L. M., 1980: "The Ad Substantiation Program: You Can Fool All of the People Some of the Time and Some of the People All of the Time, But Can You Fool the FTC?", *American University Law Review*, Vol. 30, pp. 429 – 476.

[128] Baer, W. J., 1988: "At the Turning Point: The Commission in 1978", *Journal of Public Policy & Marketing*, Vol. 7, pp. 11 – 20.

[129] Wilkie, W. L., 1987: "Affirmative Disclosure at the FTC: Communication Decisions", *Journal of Public Policy & Marketing*, Vol. 6, pp. 33 – 42.

[130] Wilkie, W. L., 1985: "Affirmative Disclosure at the FTC: Objectives

for the Remedy and Outcomes of Past Order", *Journal of Public Policy & Marketing*, Vol. 4, pp. 91 – 111.

[131] Wilkie, W. L., 1986: "Affirmative Disclosure at the FTC: Strategic Dimensions", *Journal of Public Policy & Marketing*, Vol. 5, pp. 123 – 145.

[132] Wilkie, W. L., 1983: "Affirmative Disclosure at the FTC: Theoretical Framework and Typology of Case Selection", *Journal of Public Policy & Marketing*, Vol. 2, pp. 3 – 15.

[133] Wilkie, W. L., 1982: "Affirmative Disclosure: Perspectives on FTC Orders", *Journal of Marketing & Public Policy*, Vol. 1, pp. 95 – 110.

[134] Wilkie, W. L., McNeill, D. L. and Mazis M. B., 1984: "Marketing's 'Scarlet Letter': The Theory and Practice of Corrective Advertising", *Journal of Marketing*, Vol. 48, No. 2, pp. 11 – 31.

[135] Oi, W. Y., 1973: "The Economics of Product Safety", *Bell Journal of Economics*, Vol. 4, No. 1, pp. 3 – 28.

中文参考书目

[1] 〔美〕阿拉斯戴尔·麦金太尔：《谁之正义？何种合理性？》，万俊人等译，北京：当代中国出版社，1996年。

[2] 〔印〕阿玛蒂亚·森：《理性与自由》，李风华译，北京：中国人民大学出版社，2006年。

[3] 〔美〕阿塔克、帕塞尔：《新美国经济史》，罗涛等译，北京：中国社会科学出版社，2000年。

[4] 〔美〕爱泼斯坦、尼克尔斯：《消费者保护法概要》，陆震纶、郑明哲译，北京：中国社会科学出版社，1998年。

[5] 〔美〕鲍叶：《美国行政法和行政程序》，崔卓兰等译，长春：吉林大学出版社，1990年。

[6] 〔美〕本杰明·卡多佐：《司法过程的性质》，苏力译，北京：商务印书馆，2000年。

[7] 〔英〕边沁：《道德与立法原理导论》，时殷弘译，北京：商务印书馆，2000年。

[8] 〔美〕查尔斯·R.麦克马尼斯：《不公平贸易行为概论》，陈宗胜等译，北京：中国社会科学出版社，1997年。

[9]〔美〕丹尼尔·F.史普博：《管制与市场》，余晖、何帆等译，上海：格致出版社、上海三联书店、上海人民出版社，2008年。

[10]〔美〕丹尼尔·耶金、约瑟夫·斯坦尼斯罗：《制高点：重建现代世界的政府与市场之争》，段宏等译，北京：外文出版社，2000年。

[11]〔美〕道格拉斯·C.诺斯：《经济史上的结构和变革》，厉以平译，北京：商务印书馆，1992年。

[12]〔美〕E.博登海默：《法理学：法律哲学与法律方法》，邓正来译，北京：中国政法大学出版社，1998年。

[13]〔美〕福克讷：《美国经济（上卷）》，王锟译，北京：商务印书馆，1989年。

[14]〔美〕福克讷：《美国经济（下卷）》，王锟译，北京：商务印书馆，1989年。

[15]〔英〕弗里德利希·冯·哈耶克：《法律、立法与自由（第一卷）》，邓正来等译，北京：中国大百科全书出版社，2000年。

[16]〔英〕弗里德利希·冯·哈耶克：《法律、立法与自由（第二、三卷）》，邓正来等译，北京：中国大百科全书出版社，2000年。

[17]〔美〕菲利普·希尔茨：《保护公众健康：美国食品药品百年监管历程》，姚明威译，北京：中国水利水电出版社，2006年。

[18]〔美〕H.N.沙伊贝、H.N.瓦特、H.N.福克纳：《近百年美国经济史》，彭松建、熊必俊、周维译，北京：中国社会科学出版社，1983年。

[19]〔美〕赫伯特·斯坦：《美国总统经济史——从罗斯福到克林顿》，金清、郝黎莉译，长春：吉林人民出版社，1997年。

[20]〔法〕亨利·勒帕日：《美国新自由主义经济学》，李燕生、王文融译，北京：北京大学出版社，1985年。

[21]〔美〕杰里米·阿塔克、彼得·帕塞尔：《新美国经济史（上）》，罗涛等译，北京：中国社会科学出版社，2000年。

[22]〔日〕金泽良雄：《经济法概论》，满达人译，北京：中国法制出版社，2005年。

[23]〔德〕卡尔·拉伦茨：《法学方法论》，陈爱娥译，北京：商务印书馆，2003年。

[24]〔美〕卡普洛：《美国社会发展趋势》，刘绪贻等译，北京：商务印书馆，1997年。

[25]〔美〕Kenneth C.Creech：《电子媒介的法律与管制》（第五版），王

大为译，北京：人民邮电出版社，2009年。

[26]〔美〕朗·L.富勒：《法律的道德性》，郑戈译，北京：商务印书馆，2005年。

[27]〔美〕理查德·A.波斯纳：《超越法律》，苏力译，北京：中国政法大学出版社，2001年。

[28]〔美〕理查德·A.波斯纳：《法理学问题》，苏力译，北京：中国政法大学出版社，1994年。

[29]〔美〕理查德·A.波斯纳：《法律的经济分析》，蒋兆康译，北京：中国大百科全书出版社，1997年。

[30]〔美〕理查德·A.波斯纳：《法律理论的前沿》，武欣、凌斌译，北京：中国政法大学出版社，2003年。

[31]〔美〕罗伯特·考特、托马斯·尤伦：《法和经济学》，史晋川等译，上海：格致出版社、上海三联书店、上海人民出版社，2010年。

[32]〔美〕罗伯特·麦科洛斯基（桑福德·列文森增订）：《美国最高法院》（第三版），任东来等译，北京：中国政法大学出版社，2005年。

[33]〔美〕劳伦斯·M.弗里德曼：《法律制度：从社会科学角度观察》，李琼英、林欣译，北京：中国政法大学出版社，2004年。

[34]〔美〕罗纳德·德沃金：《自由的法：对美国宪法的道德解读》，刘丽君译，上海：上海人民出版社，2001年。

[35]〔英〕罗纳德·科斯：《企业、市场与法律》，盛洪、陈郁译，上海：格致出版社、上海三联书店、上海人民出版社，2009年。

[36]〔美〕罗纳德·里根：《里根回忆录》，萨本望、李庆工译，北京：中国工人出版社，1991年。

[37]〔美〕罗斯科·庞德：《法理学》，邓正来译，北京：中国政法大学出版社，2004年。

[38]〔美〕罗斯科·庞德：《通过法律的社会控制》，沈宗灵译，北京：商务印书馆，2009年。

[39]〔加〕马尔尚：《麦克卢汉：媒介及信使》，何道宽译，北京：中国人民大学出版社，2003年。

[40]〔德〕马克斯·韦伯：《法律社会学》，康乐、简惠美译，桂林：广西师范大学出版社，2005年。

[41]〔德〕马克斯·韦伯：《新教伦理与资本主义精神》，于晓等译，北京：生活·读书·新知三联书店，1987年。

[42]〔美〕马歇尔·C.霍华德：《美国反托拉斯法与贸易法规：典型问题与案例分析》，孙南申译，北京：中国社会科学出版社，1991年。

[43]〔法〕孟德斯鸠：《论法的精神》，张雁深译，北京：商务印书馆，1995年。

[44]〔英〕密尔顿：《论出版自由》，吴之椿译，北京：商务印书馆，1958年。

[45]〔美〕米克尔约翰：《表达自由的法律限度》，侯建译，贵阳：贵州人民出版社，2003年。

[46]《欧盟〈一般数据保护条例〉GDPR：英汉对照》，瑞栢律师事务所译，北京：法律出版社，2018年。

[47]〔美〕欧内斯特·盖尔霍恩、罗纳德·M.利文：《行政法和行政程序概要》，黄列译，北京：中国社会科学出版社，1996年。

[48]〔美〕乔治·贝尔奇、迈克尔·贝尔奇：《广告与促销：整合营销传播视角》，张红霞、庞隽译，北京：中国人民大学出版社，2006年，第6版。

[49]〔美〕萨缪尔森：《经济学（下册）》，高鸿业译，北京：商务印书馆，1982年。

[50]〔美〕斯坦利·L.布鲁、兰迪·R.格兰特：《经济思想史》，邸晓燕等译，北京：北京大学出版社，2008年。

[51]〔美〕唐纳德·M.吉尔摩、杰罗姆·A.巴龙、托德·F.西蒙：《美国大众传播法：判例评析》，梁宁等译，北京：清华大学出版社，2002年，第6版。

[52]〔美〕特伦斯·A.辛普：《整合营销沟通》，熊英翔译，北京：中信出版社，2003年。

[53]〔美〕托马斯·奥吉恩等：《广告学》，程坪等译，北京：机械工业出版社，2002年。

[54]〔美〕威廉·阿伦斯：《当代广告学》，丁俊杰、程坪、钟静、康瑾译，北京：人民邮电出版社，2005年，第8版。

[55]〔德〕乌尔里希·贝克：《风险社会》，何博闻译，南京：译林出版社，2004年。

[56]〔美〕W.吉帕·维斯库斯等：《反垄断与管制经济学》，陈甫军等译，北京：机械工业出版社，2004年。

[57]〔英〕约翰·密尔著：《论自由》，许宝骙译，北京：商务印书馆，1959年。

［58］〔美〕约翰·斯蒂格利茨：《信息经济学：基本原理》，纪沫等译，北京：中国金融出版社，2007年。

［59］〔日〕植草益：《微观规制经济学》，朱绍文等译，北京：中国发展出版社，1992年。

［60］〔美〕詹姆斯·M.伯恩斯、杰克·W.佩尔塔森、托马斯·E.克罗宁：《民治政府》，陆震纶等译，北京：中国社会科学出版社，1996年。

［61］白艳：《美国反托拉斯法/欧盟竞争法平行论：理论与实践》，北京：法律出版社，2010年。

［62］包锡妹：《反垄断法的经济分析》，北京：中国社会科学出版社，2003年。

［63］北京大学法学院司法研究中心编：《宪法的精神：美国联邦最高法院200年经典判例选读》，北京：中国方正出版社，2003年。

［64］陈刚：《证明责任法研究》，北京：中国人民大学出版社，2000年。

［65］储玉坤、孙宪钧：《美国经济》，北京：人民出版社，1990年。

［66］杜骏飞等：《中国网络广告考察报告》，北京：社会科学文献出版社，2007年。

［67］范志国主编：《中外广告监管比较研究》，北京：中国社会科学出版社，2008年。

［68］方福前：《公共选择理论——政治的经济学》，北京：中国人民大学出版社，2000年。

［69］高家伟：《论行政诉讼举证责任》，北京：法律出版社，1998年。

［70］龚维敬、甘当善：《美国垄断财团》，上海：上海人民出版社，1987年。

［71］龚维敬：《美国垄断资本集中》，北京：人民出版社，1986年。

［72］关保英：《行政法的价值定位：效率、程序及其和谐》，北京：中国政法大学出版社，1997年。

［73］辜笑海：《美国反托拉斯理论与政策》，北京：中国经济出版社，2005年。

［74］顾文钧：《顾客消费心理学》，上海：同济大学出版社，2011年。

［75］国家工商总局广告监督管理司编著：《中华人民共和国广告法释义》，北京：中国法制出版社，2016年。

［76］韩大元：《宪法学基础理论》，北京：中国政法大学出版社，2008年。

[77] 何宝玉：《英国合同法》，北京：中国政法大学出版社，1999 年。
[78] 胡国成：《塑造现代美国经济之路》，北京：中国经济出版社，1995 年。
[79] 胡廷熹：《国际药事法规解说》，北京：化学工业出版社，2004 年。
[80] 黄学贤主编：《行政法学名著导读》，北京：中国政法大学出版社，2006 年。
[81] 蒋恩铭编著：《广告法律制度》，南京：南京大学出版社，2007 年。
[82] 江平：《民法学》，北京：中国政法大学出版社，2011 年。
[83] 李昌麟、许明月编著：《消费者保护法》，北京：法律出版社，2005 年。
[84] 李道揆：《美国政府和美国政治》，北京：商务印书馆，1999 年。
[85] 李娟：《行政法控权理论研究》，北京：北京大学出版社，2000 年。
[86] 李猛编：《韦伯：法律与价值》，上海：上海人民出版社，2001 年。
[87] 李明合、史建：《国外广告自律研究》，郑州：河南人民出版社，2010 年。
[88] 梁慧星：《民法解释学》，北京：中国政法大学出版社，1995 年。
[89] 刘继峰：《竞争法》，北京：对外经济贸易大学出版社，2007 年。
[90] 邱小平：《表达自由：美国宪法第一修正案研究》，北京：北京大学出版社，2005 年。
[91] 全国人大法工委编：《中华人民共和国广告法释义及相关法律法规》，北京：中国方正出版社，1995 年。
[92] 任东来：《美国宪政历程：影响美国的 25 个司法大案》，北京：中国法制出版社，2004 年。
[93] 邵建东：《德国反不正当竞争法研究》，北京：中国人民大学出版社，2001 年。
[94] 舒咏平：《广告传播学》，武汉：武汉大学出版社，2006 年。
[95] 宋亚辉：《社会性规制的路径选择：行政规制、司法控制或合作规制》，北京：法律出版社，2017 年。
[96] 苏永钦：《走入新世纪的私法自治》，北京：中国政法大学出版社，2002 年。
[97] 孙笑侠：《法律对行政的控制：现代行政法的法理解释》，济南：山东人民出版社，1999 年。
[98] 孙晔、张楚编著：《美国电子商务法》，北京：北京邮电大学出版社，2001 年。

[99] 孙颖：《消费者保护法律体系研究》，北京：中国政法大学出版社，2007年。

[100] 谭克虎：《美国铁路业管制研究》，北京：经济科学出版社，2008年。

[101] 王建新：《英国行政裁判所制度研究》，北京：中国法制出版社，2015年。

[102] 王建英：《美国药品申报与法规管理》，北京：中国医药科技出版社，2005年。

[103] 王俊豪等：《美国联邦通信委员会及其运行机制》，北京：经济管理出版社，2003年。

[104] 王俊豪：《政府管制经济学导论——基本理论及其在政府管制实践中的应用》，北京：商务印书馆，2001年。

[105] 王黎明、沈君：《反垄断：从国别走向世界》，济南：山东人民出版社，2007年。

[106] 王名扬：《美国行政法》，北京：中国法制出版社，2005年。

[107] 王振海等：《寻求有效社会治理：国内外社会组织发展范式分析》，北京：社会科学文献出版社，2010年。

[108] 温智、王桂霞：《广告道德与法规》，北京：清华大学出版社，2009年。

[109] 谢晓尧：《竞争秩序的道德解读———反不正当竞争法研究》，北京：法律出版社，2005年。

[110] 徐国栋：《诚实信用原则研究》，北京：中国人民大学出版社，2002年。

[111] 应飞虎：《信息、权利与交易安全：消费者保护研究》，北京：北京大学出版社，2008年。

[112] 应松年主编：《比较行政程序法》，北京：中国法制出版社，1999年。

[113] 应松年主编：《行政行为法——中国行政法制建设的理论与实践》，北京：人民出版社，1993年。

[114] 应振芳：《商业言论及其法律规制》，北京：知识产权出版社，2016年。

[115] 尹田：《民法典总则之理论与立法研究》，北京：法律出版社，2010年。

[116] 俞东进：《中国电子商务之都互联网经济发展报告》，杭州：浙江

大学出版社，2010 年。

[117] 俞可平主编：《治理与善治》，北京：社会科学文献出版社，2000 年。

[118] 袁曙宏、张敬礼：《百年 FDA：美国药品监管法律框架》，北京：中国医药科技出版社，2007 年。

[119] 张德霖：《竞争与反不正当竞争——反不正当竞争法理论实践与国外法律规范》，北京：人民日报出版社，1994 年。

[120] 张强：《垄断与竞争——美国反托拉斯政策剖析》，天津：南开大学出版社，1994 年。

[121] 张世鹏：《虚假广告民事责任研究》，北京：中国政法大学，2009 年。

[122] 张为华：《美国消费者保护法》，北京：中国法制出版社，2000 年。

[123] 张文显主编：《法理学》，北京：法律出版社，2007 年。

[124] 张新宝：《隐私权的法律保护》，北京：群众出版社，2004 年。

[125] 张严方：《消费者保护法研究》，北京：法律出版社，2003 年。

[126] 章剑林、商玮：《电子商务概论》，杭州：浙江科学技术出版社，2006 年。

[127] 赵洁编著：《广告经营与管理》，厦门：厦门大学出版社，2007 年，第 3 版。

[128] 郑永流：《法律方法阶梯》，北京：北京大学出版社，2008 年。

[129] 中共中央编译局：《马克思恩格斯全集（第十九卷）》，北京：人民出版社，1963 年。

[130] 中国出口商品包装研究所、商务部出口商品包装技术服务中心编：《北美国家与欧盟包装法规和技术标准》，北京：中国商务出版社，2007 年。

[131] 钟海帆：《走进美国广电传媒》，广州：南方日报出版社，2003 年。

[132] 钟瑛、牛静：《网络传播法制与伦理》，武汉：武汉大学出版社，2006 年。

[133] 周琳、夏永林：《网络广告》，西安：西安交通大学出版社，2008 年。

[134] 翟年祥、邹平章：《广告学教程》，成都：四川人民出版社，2001 年。

[135] 张文显：《二十世纪西方法哲学思潮研究》，北京：法律出版社，2006 年。

［136］朱钰祥：《虚伪不实广告与公平交易法》，台北：台湾三民书局，1993年。

中文参考论文

［1］陈炳良：《滥发商业电子邮件法律研究》，华东政法学院2007年博士学位论文。

［2］陈会平：《美国消费者自主媒体代言规范：原理与启示》，《现代广告》2012年第7期。

［3］陈明辉：《言论自由条款仅保障政治言论自由吗》，《政治与法律》2016年第7期。

［4］陈先红：《论广告信息的不对称性》，《现代传播》2004年第2期。

［5］陈拥军：《论政府主导型广告监管体制》，《社会科学论坛》2006年12月（下）。

［6］崔广平：《欺诈概念辨析》，《河北法学》2003年第2期。

［7］戴榆：《我国网络广告法律问题研究现状》，《中国广告》2010年第1期。

［8］邓宏光、周园：《搜索引擎商何以侵害商标权?》，《知识产权》2008年第18卷第5期。

［9］邓辉：《言论自由原则在商业领域的拓展：美国商业言论原则评述》，《中国人民大学学报》2004年第4期。

［10］邓念国：《从放松管制到重新管制：新公共管理运动中政府微观干预的嬗变》，《社会科学辑刊》2007年第4期。

［11］丁俊杰、刘祥：《广告宣传也要讲导向》，《中国广播》2017年第4期。

［12］窦锋昌：《新〈广告法〉的规制效果与规制模式转型研究——基于45起典型违法广告的分析》，《新闻大学》2018年第5期。

［13］鄂振辉、刘飞宇：《论"商业性言论"的法律保护》，《新视野》2002年第6期。

［14］范为：《大数据时代个人信息保护的路径重构》，《环球法律评论》2016年第5期。

［15］方英、国燕翔：《医疗广告市场的信息不对称与博弈》，《现代传播》2007年第5期。

［16］郭琛：《不实荐证广告的多重赔偿理论分析：以名人代言广告为研

究对象》,《理论导刊》2009 年第 9 期。
[17] 郝建臻:《美国的独立管制机构》,《党政论坛》2003 年第 12 期。
[18] 胡国成:《公司的崛起与美国经济的发展(1850—1930)》,《美国研究》1993 年第 3 期。
[19] 黄铭杰:《美国法上的言论自由与商业广告》,《台大法学论丛(台湾)》1998 年第 27 卷第 2 期。
[20] 姜峰:《言论的两种类型及其边界》,《清华法学》2016 年第 1 期。
[21] 蒋抒博:《美国社会性管制的经济学分析》,吉林大学 2009 年博士学位论文。
[22] 焦健:《美国的农业合作社》,《中国合作经济评论》2011 年第 2 期。
[23] 金定海:《百度,还是百不度——关于百度竞价排名的思考》,《中国广告》2009 年第 2 期。
[24] 孔祥俊:《引人误解的虚假表示研究:兼论〈反不正当竞争法〉有关规定的完善》,《中国法学》1998 年第 3 期。
[25] 梁慧星:《消费者运动与消费者权利》,《法律科学》1991 年第 5 期。
[26] 廖苗:《欧洲政策思想史中的"负责任研究与创新"》,《科学学研究》2019 年第 7 期。
[27] 黎邦勇、张洪成:《重新认识虚假广告罪的法益位阶及构成要件》,《中国刑事法杂志》2009 年第 7 期。
[28] 李莉等:《电子商务市场质量信息不对称问题研究》,《管理评论》2004 年第 3 期。
[29] 李明伟:《论搜索引擎竞价排名的广告属性及其法律规范》,《新闻与传播研究》2009 年第 6 期。
[30] 李明伟、董蕾:《以信息对抗信息:美国广告披露制度的法经济学分析》,《国际新闻界》2016 年第 8 期。
[31] 李明伟:《谁来负担广告证明的义务?——广告证实制度的法理求证及其对中国广告制度的矫正》,《国际新闻界》2014 年第 10 期。
[32] 李明伟、尚彦卿:《论中国广告的行政监管》,《国际新闻界》2013 年第 7 期。
[33] 李明伟:《网络广告的法律概念与认定》,《新闻与传播研究》2011 年第 5 期。
[34] 李明伟:《以消费者为本的适度强管机制——美国广告监管机制的

演进及启示》,《新闻与传播研究》2019 年第 12 期。

[35] 李友根:《惩罚性赔偿制度的中国模式研究》,《法制与社会发展》2015 年第 6 期。

[36] 李友根:《经济法规的合宪性审查标准——基于对美国联邦最高法院判例的考察》,《法学评论》2020 年第 1 期。

[37] 李友根:《论产品召回制度的法律责任属性——兼论预防性法律责任的生成》,《法商研究》2011 年第 6 期。

[38] 李友根:《论广告法中的"消费者"——基于案例与法条的研究》,《中国工商管理研究》2012 年第 9 期。

[39] 李友根:《美国惩罚性赔偿制度的宪法争论——过重罚金条款与我国的惩罚性赔偿制度》,《法学论坛》2013 年第 3 期。

[40] 刘兵:《关于中国互联网内容管制理论研究》,北京邮电大学 2007 年博士学位论文。

[41] 刘洪波:《美国反托拉斯法律评述》,《河南省政法管理干部学院学报》2003 年第 3 期。

[42] 刘松山:《治理街头小广告的法律问题》,《法学家》2003 年第 4 期。

[43] 孟凡壮:《中国宪法学言论自由观的再阐释》,《政治与法律》2018 年第 2 期。

[44] 欧爱民:《限制与保护:商业性言论的宪法学分析》,《理论月刊》2006 年第 8 期。

[45] 茹洋:《反不正当竞争法对消费者权益的保护》,《唯实》2004 年第 7 期。

[46] 沈明:《搜索引擎引发的版权危机》,原载《法律和社会科学》第六卷,苏力主编,法律出版社 2010 年。

[47] 盛学军:《证券公开规制研究》,西南政法大学 2002 年博士学位论文。

[48] 舒咏平:《数字传播环境下广告观念的变革》,《新闻大学》2007 年第 1 期。

[49] 宋华琳:《美国行政法上的独立规制机构》,《清华法学》2010 年第 6 期。

[50] 宋亚辉:《个人信息的私法保护模式研究:〈民法总则〉第 111 条的解释论》,《比较法研究》2019 年第 2 期。

[51] 宋亚辉:《广告发布主体研究:基于新媒体广告的实证分析》,《西南政法大学学报》2008 年第 6 期。

［52］宋亚辉：《论广告管制规范在契约法上的效力：基于海峡两岸司法判决的整理与研究》，《华东政法大学学报》2011年第3期。

［53］宋亚辉：《网络直播带货的商业模式与法律规制》，《中国市场监管研究》2020年第8期。

［54］宋亚辉：《虚假广告的立法修订与解释适用》，《浙江学刊》2015年第11期。

［55］孙峰：《国家治理现代化视域下运动式治理模式转型研究——以深圳禁摩限电为例》，《甘肃行政学院学报》2017年第2期。

［56］孙晔：《美国对于网络欺诈的立法规制和实践（上）》，《信息网络安全》2001年第12期。

［57］唐明良：《我国广告行业监管方式检讨：围绕"信息不对称"的展开》，《公法研究》2007年第00期。

［58］唐绍欣：《美国垄断与反垄断：案例、趋势和借鉴》，《国际经济评论》2001年第9－10期。

［59］王炳毅：《政府医疗管制模式重构研究》，西南财经大学2008年博士学位论文。

［60］王涵：《转型期美国社会治理结构研究》，《法制与经济》2012年第4期。

［61］魏书音：《从CCPA和GDPR比对看美国个人信息保护立法趋势及路径》，《网络空间安全》2019年第4期。

［62］吴登楼：《论知识产权诉讼中的禁止令制度》，《政治与法律》2000年第2期。

［63］吴飞：《西方传播法立法的基石："思想市场"理论评析》，《中国人民大学学报》2003年第6期。

［64］吴瑞坚：《新公共管理放松政府管制取向与行政法发展》，《云南行政学院学报》2001年第2期。

［65］谢国廉：《规范烟酒广告之法令与言论自由权保障之冲突——横跨健康传播与人权理论之分析》，《新闻学研究（台湾）》1999年第61期。

［66］谢晓尧：《论竞争法与消费者权益保护法的关系》，《广东社会科学》2002年第5期。

［67］谢晓尧：《欺诈：一种竞争法的理论诠释——兼论〈消费者权益保护法〉第49条的适用与完善》，《现代法学》2003年第2期。

[68] 徐邦友：《自负的制度：政府管制的政治学研究》，复旦大学2007年博士学位论文。

[69] 徐会平：《中国宪法学言论自由观反思》，《学术月刊》2016年第4期。

[70] 徐剑：《电子邮件广告的表达自由与限制：论美国的反垃圾邮件立法》，《现代传播》2009年第3期。

[71] 徐伟敏：《美国〈谢尔曼法〉研究》，山东大学2009年博士学位论文。

[72] 徐卫华：《从"缺位"到"强化"——我国广告行业自律改革的合理性路径》，《现代广告》2006年学刊。

[73] 雁鸣：《创新自由无须批准——美国"网络中立"立法吹响号角》，《中国数字电视》2009年第10期。

[74] 叶卫平：《反垄断法的举证责任分配》，《法学》2016年第11期。

[75] 叶卫平：《反垄断法分析模式的中国选择》，《中国社会科学》2017年第3期。

[76] 叶卫平：《反垄断法的价值构造》，《中国法学》2012年第3期。

[77] 叶卫平：《在经济分析与法律形式主义之间——反垄断法制度嬗变解析》，《经济法研究》2018年第1期。

[78] 易涤非：《国会的武器：美国独立管制机构探析（上）》，《中国电信业》2003年第2期。

[79] 应飞虎、葛岩：《软文广告的形式、危害和治理》，《现代法学》2007年第3期。

[80] 应飞虎、涂永前：《公共规制中的信息工具》，《中国社会科学》2010年第4期。

[81] 应飞虎：《对虚假广告治理的法律分析》，《法学》2007年第3期。

[82] 应飞虎：《经营者信息披露制度研究》，《经济法论坛》2003年第1卷。

[83] 应飞虎：《信息失灵的制度克服研究》，西南政法大学2002年博士学位论文。

[84] 余凌云、周云川：《对行政诉讼举证责任分配理论的再思考》，《中国人民大学学报》2001年第4期。

[85] 余平：《美国广告规制研究》，上海大学2019年博士学位论文。

[86] 余芸春：《上市公司信息披露制度建设》，中国社会科学院研究生院2003年博士学位论文。

[87] 臧旭恒：《从哈佛学派、芝加哥学派到后芝加哥学派——反托拉斯与竞争政策的产业经济学理论基础的发展与展望》，《东岳论丛》2007年第1期。
[88] 张钢花：《美国儿童媒体保护政策及其启示》，《社会科学论坛》2012年第12期。
[89] 赵践：《试论行政指导原则在广告监管中的应用》，《中国工商管理研究》2006年第4期。
[90] 赵洁、骆宇：《美国网络广告监管以及对我国的启示》，《中国广告》2007年第11期。
[91] 赵娟、田雷：《论美国商业言论的宪法地位：以宪法第一修正案为中心》，《法学评论》2005年第6期。
[92] 赵娟：《商业言论自由的宪法学思考》，《江苏行政学院学报》2009年第4期。
[93] 赵双阁：《商业言论的法律保护：兼论广告表达权》，《经济与管理》2005年第9期。
[94] 赵晓力：《反垃圾邮件法的立法原则》，《信息网络安全》2005年第12期。
[95] 周汉华：《探索激励相容的个人数据治理之道——中国个人信息保护法的立法方向》，《法学研究》2018年第2期。
[96] 周汉华：《行政立法与当代行政法：中国行政法的发展方向》，《法学研究》1997年第3期。
[97] 周茂军：《广告道德自律：路在何方？》，《广告大观（综合版）》2006年第10期。
[98] 周雪光：《运动型治理机制：中国国家治理的制度逻辑再思考》，《开放时代》2012年第9期。
[99] 周又红：《论网络广告的政府监督和管理》，《浙江大学学报（人文社会科学版）》2001年第4期。
[100] 左根永：《FDA和FTC围绕广告规制的争议》，《中国处方药》2007年第7期。
[101] 左亦鲁：《从自由到平等：美国言论自由的现代转型》，《比较法研究》2021年第1期。
[102] 左亦鲁：《告别"街头发言者"美国网络言论自由二十年》，《中外法学》2015年第2期。

［103］左亦鲁：《公共对话外的言论与表达：从新〈广告法〉切入》，《中外法学》2016 年第 4 期。

［104］左亦鲁：《社交平台公共性及其规制——美国经验及其启示》，《清华法学》2022 年第 4 期。

后　　记

2019年大概是5月的一天中午，我到深大沧海校区三楼食堂用餐，随机找了一个空位坐下来。对面低头用餐的女生抬起头看了我一眼，就在我觉得眼熟，立刻开始在大脑中搜索名字的时候，那位女生已经惊讶地低呼了一声："哇，李老师，怎么是您？"不容我接话，她有些紧张地接着说："我太激动了！没想到会跟您面对面坐在一起。"我忙说："你是今年要毕业的这一届学生吧？我实在想不起来名字，抱歉！"她赶快说："没事，没事，我是2015级新闻专业莫宇婷。"我坐下来后，她忙不迭地说："老师，您讲的传播法课程太好了，让我完全迷上了法律。我现在初步想跨专业考法硕。您觉得怎么样？"我鼓励她大胆争取，然后相互加了微信即别。

时隔一年多，2020年6月6日，我在朋友圈刷到一条她的消息，联系后确认她刚刚被中国刑事警察学院录取了！后来我才得知，这是中国刑警和刑侦人才的"黄埔军校"，有中国"警界清华"之誉。她在朋友圈发文："我真的无敌推荐新闻系师弟师妹选修李明伟老师的'传播伦理与法规'。"得知这个消息后，2017级新闻专业学生庄楠第一时间单独跟我微信联系表示："您这门课真的在好多学生心里种下了法律的种子。"

再往前几年，为响应学校推行的本科教学改革，我连续为本科生开设了一个又一个的短课，吸引了一些不满足大班上课的同学。师生围坐，撒豆成兵，唇枪舌剑，一切鲜活。学生乐此不疲，直言思想受益。一位学生说："大学期间，可以参加体验这样的课，足以令人有一种'泪流满面'的感动之情。"

如此回响，实足欣慰！感谢这些学生，他们让我真切感受到了教育播下种子的那份无上喜悦，一棵树晃动另一棵树，一个灵魂触动另一个灵魂的那种难以名状的美妙。当年，青春懵懂如他们的我，也曾在大学里面被老师投放出来的光芒照亮：胡老师的文学赏析课启发了我对终极问题的思考，由此对哲学产生了兴趣；梁老师的逻辑学选修课让我幸而得窥文字世界里的逻辑之邃密；还有一门法律基础课程让我第一次感受到了法律匡扶正义解放自由的力量。怦然一心动，种子已入土。

冥冥中似有注定。入职深大不久，吴予敏院长安排我去负责深圳市工商局广告监测中心的运行管理。我身不由己，就那么一下扎入了广告监管的实践前沿,不足三年的时间里,对中国广告法律监管的细节和总体有了较为全面的认识,并在有意无意间开始从业务中琢磨学术问题。我好奇究竟什么样的规制才能真正有效？一种良性制度从何而来,又如何运行？制度是怎么因应社会变迁而更张演化的？2011~2012赴韩交流那一年,无事一身轻,我开始潜心研究美国联邦贸易委员会的广告规制：从其官网所载的历年年报和成千上万执法案例的完整档案中,我越来越多地看到了其广告规制运行的毛细血管；然后循着这些材料,上下追索美国广告制度演化和机制形成的过程；再由追索中发现的问题,求道于法学、经济学和管理学等学科的相关理论。而广告监管实践的经历,让我始终有一个在地的视野和比较的意识。在历史追溯、制度叩问、理论思索和参详比较中,我发现的矛盾越来越多,理论上的困惑也越来越多。这就有了这些年不成气候的一点所谓研究成果,和勉强出手的这本专著。

写完这本书,我对一个人的跨学科研究（跨学科团队和其他国家另当别论）再也不敢轻易开口和相信。经此一役,我深深体会到,任何一个学科都有星罗棋布又交错互通的分支和领域,即使想要吃透其中一个分支,也需要对其他分支有至少三分的理解。想要入门一个新的学科,还要旁通这个学科的相关学科。新闻传播学的近亲如果说有社会学、心理学、符号学,那么法学的近亲可以说是哲学、政治学、经济学和管理学。从新闻传播学科跨向法学,不是在两个学科之间进出那么简单,而是在两个学科群之间穿梭往来。虽然我对法学兴致浓厚,也算是猛啃恶补了一些法学理论知识,但终究是才疏学浅,而阻碍还有我个人不可解的最大魔咒——时间。

感谢我的博士阶段导师陈力丹教授和传播学院前院长吴予敏教授对本研究的扶助。感谢我的恩师王振铎先生一直对我的鼓励和鞭策。先生是我的学问启蒙导师,也是我的人生领路人,在我毕业后一直关怀我的生活和事业。就在本书快要交付出版的时候,他在开封驾鹤仙逝,而我因为疫情锁困,未能回去吊唁送别,沉痛更添恨憾。感念恩师,我一定谨记您的教诲,向善前行。

感谢南京大学宋亚辉教授为拙著拨冗写序,和对我在研究写作中的一些困惑热诚给予的专业点拨。还要感谢西南政法大学许明月教授、广州大学应飞虎教授、深圳大学叶卫平教授、深圳市中级人民法院高级法官尚彦卿博士在法律学科方面给我的帮助。

感谢韩国仁荷大学法学院（법학전문대학원）丁莹镇（정영진）教授在我访韩交流期间对我照顾有加,帮我联系促成了我对韩国公平交易委员

会的学术访谈，还多次邀我户外游玩，一起会友吃饭。

感谢英国牛津大学罗杰先生（Rogier Creemers）邀请我出席牛津大学主办的国际学术会议并作主题发言，让我与国际同行围绕广告规制作了一次难得的学术交流。

感谢修习相关课程的同学们在课堂互动和作业讨论中的输出，感谢我的研究生参与了此系列研究中的一些工作。特别要感谢我指导的研究生董蕾，本科生齐惠奴和林昱彤，她们是非常棒的研究助手，对于各种或紧急或棘手的问题，总能及时回应并圆满解决。

感谢国家留学基金委员会公派我到美国密苏里大学新闻学院访学一年，感谢深圳大学资助我到韩国大田大学交流一年，这些访学交流为本研究的开展提供了非常宝贵的自由思考的时间和空间。

最后要感谢国家社科基金、学校社科部和学院对本书出版提供的资助和支持。感谢中山大学出版社曾育林编辑为本书顺利出版付出的专业努力。

狠人在内卷，倦者在躺平。看自己，已进中年，近来常有累感，既不想被内卷，又不甘心躺平。眼下的状态大概像是仰卧起坐，醒来就忙，累了就躺。行过风霜薄凉，还是乐于多想，好像其他一切都不可靠，唯有思考才是真活着。

李明伟

2022 年 8 月 1 日　深圳南山